미래 세계정치질서와 권역이론

미래
세계정치질서와
권역이론

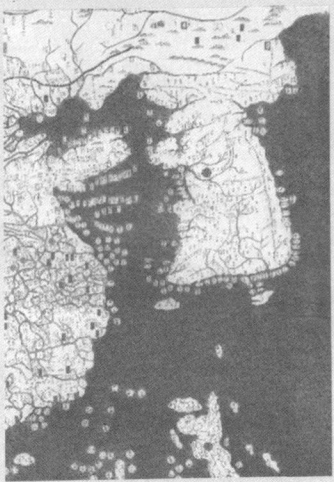

전재성 지음

차례

제1장 서론

위기를 맞고 있는 세계질서 13
세계질서를 분석하는 국제정치이론의 한계 16
권역이론과 세계질서의 분석 21
권역이론과 현대 세계질서의 미래 28
각 장의 구성 32

제2장 권역이론

권역이론의 방법론 39
권역이론의 인식론과 미술사학 이론 43
권역의 5층 구조 49
주요 권역들 58
권역의 분류: 권위형 권역과 강제력형 권역 65
권역 내 중심과 주변 75
권역의 전파 78
권역질서의 형성과 유지 82

제3장 근대 유럽의 베스트팔렌-세력균형 권역

베스트팔렌 권역 연구의 필요성	89
근대 이전 세계의 권역들	92
근대의 시작과 유럽 베스트팔렌 권역의 출현	96
근대국가의 본질: 군사국가, 경제국가, 식민지국가	99
세력균형 운영원리	107
권역과 정치 의미권	111
유럽 권역의 핵심인 단일민족주의 국가	121
근대 권역의 자기모순	125

제4장 현대 세계정치의 출현과 냉전기 권역의 자기분열

현대 세계정치의 출현	133
현대 세계정치와 집단안보	138
현대 세계정치와 국제주의 경제	142
현대 세계정치와 탈식민의 정치질서	145
개인의 정치의식	148
현대국가의 출현	150
현대 강대국의 등장: 미국과 소련	153

냉전기 미국 주도 베스트팔렌-자유주의 권역　　　　157

자유주의 운영원리　　　　161

패권적 자유주의의 운영원리　　　　166

자유주의 국제정치이론과
　　베스트팔렌-자유주의 권역　　　　169

냉전기 베스트팔렌-자유주의 권역의 자기모순　　　　171

소련 주도의 국제주의-공산주의 권역　　　　175

제5장　현대 세계정치의 지향점과 미래 지구 신권역

현대 세계정치가 지향하는 이상적 권역　　　　183

세계화, 지구화의 심화　　　　188

첫 번째 과제: 국제질서의 민주화　　　　191

두 번째 과제:
　　국가를 넘어서는 다차원적, 지구적 자유주의　　　　198

세 번째 과제: 지구적 자유민주주의　　　　201

유럽 국가연합 권역의 출현과 통합,
　　분산화의 양방향 변화　　　　204

국가연합의 지구적 전파 가능성　　　　208

탈냉전기와 권역이론　　　　213

유럽연합 모델 이후의 권역이론　　　　216

제6장 탈냉전/지구화 이행기
미국 주도의 베스트팔렌-자유주의 권역

베스트팔렌-자유주의 권역과 도전들	225
탈냉전/지구화 이행기 자유주의 권역을 둘러싼 구조적 변화	228
미국 주도 자유주의 권역의 새로운 과제	233
패권적 능력의 한계	240
패권적 운영원리의 한계	244
새로운 권역질서의 모색: 국제적, 지구적 공공재 제공 능력	249
공공재의 역사와 종류	253
공공재의 성격과 국제정치	256
신현실주의 관점에서 본 월츠의 국제정치이론과 공공재	260
패권과 국제공공재	264
지구화 이행과 지구적 공공재	269
베스트팔렌-자유주의 권역의 구조적 모순	273

제7장 미래 권역의 사상적 기초

자유주의 운영원리의 한계	279
자유의 개념과 국제정치적 자유의 실현	282
자유주의와 민주주의 간 협력, 갈등의 이중 관계	288
국제정치에서 자유민주주의 운영원리의 수립 가능성	296
자유민주주의와 개인주의적 존재론	301
국제정치의 무정부상태와 개체주의적 국가의 존재론적 가정	304
월츠의 개체주의 존재론	308
다원주의 자유주의에 대한 비판으로서 공동체주의와 공화주의	311
자유주의 정치사상 비판과 탈베스트팔렌 이행의 가능성	322
자유주의에 대한 현실주의의 비판	324

제8장 미래 세계질서: 다권역 질서의 가능성

미중 전략경쟁의 새로운 특징	330
베스트팔렌-자유주의 권역의 불완전한 전파	336
중국의 탈권역을 위한 조건들	340
새로운 권역 창출을 향한 중국의 과제	346

미래의 세계질서 방향	352
미래 세계질서의 시나리오	359

제9장 결론: 다권역 세계질서와 한국의 과제

권역이론의 이론적 공헌	389
탈냉전/지구화 이행과 권역이론	398
권역이론과 한국의 과제	408

참고문헌	417
미주	421
찾아보기	434

제1장

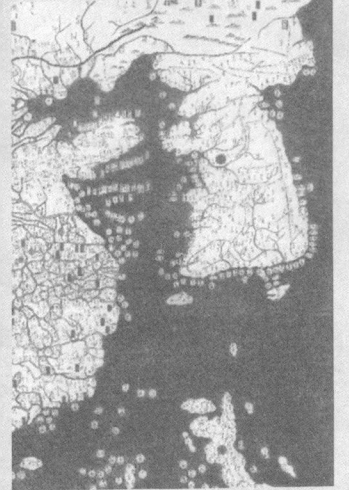

서론

위기를 맞고 있는 세계질서

21세기가 진행되면서 인류가 지속가능한 평화와 번영, 자유와 평등의 세계질서를 이룩하리라는 기대는 점차 불확실해지고 있다. 20세기 세계를 양분해 군사적 대결로 규정했던 냉전이 종식되고, 세계가 긴밀히 연결되는 지구화가 진행되고, 놀라운 속도로 과학기술이 발전한 최근 수십 년의 흐름을 생각해 보면 비관적인 현실이다. 오히려 인류는 스스로 종 전체의 존속을 파괴할 수 있는 위기에 직면해 있다. 인류의 생존 여부가 달린 실존적 위기이다. 인류는 번영과 편의를 위해 기술을 발전시켜 왔지만 이제 자신의 종을 파괴할 수 있는 기술을 소유하게 되었다. 현재 우리가 경험하는 현실은 인류의 생존 자체가 얼마나 가능할지 의심하게 하는 대규모 위기들로 얼룩져 있다.

위기는 다양한 형태로 다가오고 있다. 현재와 같은 기후변화가 이어지면 인간의 생존 자체가 불확실해질 것이다. 과학자들의 진단을 넘어 일상의 날씨에서 모든 인간들이 느끼는 바가 되었다. 코로나 사태는 인류가 겪어온 전염병 사태와 크게 다르지 않은 하나의 사태일 수 있다. 그러나 지구화 이후 촘촘해진 세상 속에서 인간들의 생리적 거리가 얼마나 가까운지를 느끼게 해 준 사건이었다. 하나의 치명적 병균이 한 인간에게 발현될 때 지구 전체가 위험해질 수 있다는 깨달음의 순간이었다. 2022년 2월 24일 발발한 러시아의 우크라이나 침공 이후 푸틴 대통령은 핵무기 사용을 수 차례 공언했다. 핵전쟁의 공포는 전 세계로 퍼져 나가는 전쟁들 속에서 언제든 발생할 수 있는 위험이 되고 있다. 한반도는 그 두려움의 복판에 놓여 있다. 핵무기를 가진 나라는 9개이다. 이 나라들과 얽힌 전쟁은 보다 쉽게 핵전쟁으로 화할 위험성을 가지게 되었다. 국가들은 기존의 핵무기를 줄여 나가거나 없애기보다 스스로 핵무기를 가져 안전을 도모하려 하고 있다. 기술이 발전하면서 생긴 문제는 더욱 발전된 기술로 해결할 수 있을지 모른다. 혁명적 기술인 인공지능은 불의 발명, 전기의 발명, 수학의 사용처럼 모든 영역에서 인간의 문제를 해결하는 데 혁명적 편의를 주고 있다. 양자기술, 바이오기술 등 인류의 기술은 다양한 분야에서 기하급수적으로 증폭되고 있다. 그러나 이러한 첨단기술들이 악용되거나 남용될 경우 기술의 혁명성만큼이나 폐해도 클 것이다. 기술을 통제하지 못하는 사태가 올 경우 인류는 초유의 위험에 처할 수 있다.

　인류 모두가 함께 당면한 문제가 심각한 만큼, 개인 및 국가 간 협력이 당연히 심화할 것이라는 기대가 있었다. 그러나 우리는 여전히 국가들의 자국 이기주의와 경쟁이 증폭되는 현실을 겪으며 오히려 전쟁의 시간을 보내고 있다. 러시아-우크라이나 전쟁과 이스라엘-하마스 전쟁에서 시작된 중동 전쟁이 두 대륙을 휩쓸고 있다. 미국과 중국 간에 벌어지고 있는 치열한 전략경쟁은 양국 간 화해와 협력이 불가능할 것이라는 우려를 강화하고 있다. 인류 공멸의 위기 속에서 국제협력은 더욱 가속화될 것 같지만 2차 세계대전 이후 가장 불안한 세계가 도래했다. 과연 미래의 세계질서는 어떠한 모습일까.[1]

세계질서를 분석하는 국제정치이론의 한계

현재 우리가 살고 있는 근대 국제정치 질서 전체의 본질과 이행 과정을 파악하는 것이 근본적으로 중요하지만, 보다 가깝게 냉전 종식 이후 30여 년간 세계질서의 본질이 무엇이었는지, 팽배했던 낙관주의가 사라진 이유는 무엇인지, 앞으로 어떠한 세계질서가 도래할 것인지를 파악하는 것이 국제정치학에게 주어진 거대한 학문적 도전이다. 100여 년의 역사를 가진 현대 국제정치학이 과연 인류를 구원하는 데 어떠한 도움을 줄 수 있을지, 위기를 극복하고 새로운 세계질서의 전망을 제시할 수 있을지의 문제와 연결된다.

냉전이 종식된 1990년대 초 이후 지난 30년 동안 세계질서의 변화를 분석하고 미래 질서를 예측하는 많은 이론적 논의들이 제시되었다.[2] 그러나 여전히 현실의 세계는 학문과 이론보다 앞서 변화하고 있다. 세계질서를 좀 더 체계적이고 정확하게 파악하기 위해 몇 가지 기본적인 고려사항을 생각해 보면, 첫째, 기존의 국제정치학 이론이 어느 정도 도움이 되는지 평가가 필요하다. 20세기 주류 국제정치학 이론들, 즉, 현실주의, 자유주의, 구조주의, 구성주의 등 다수의 패러다임이 21세기 국제정치를 분석해 왔다. 그러나 20세기의 현실과 21세기의 현실은 너무나 빨리 변화했다. 테러와 같은 비전통 안보위협, 2008년 경제 위기, 코로나 사태, 비서구 지역의 복잡한 지역질서 변화, 기후변화, 인구변화, 사이버 국제정치, 인공지능과 같은 첨단기술의 발전 등을 목도하면서 기존 국제정치학의 부족함은 두드러졌다. 새로운 현상을 익숙한 개념들로 분석하는 것은 위안감을 주기는 하지만, 정확한 분석과 선제적 정책을 제시하는 데 많은 한계를 보였다.

둘째, 21세기의 새로운 변화들이 어떠한 성격의 변화이며, 이러한 변화의 준거가 되는 과거의 경험을 어디에서 찾을 수 있는가의 문제이다. 현재의 변화들이 역사적이고 거시적인 이행을 유발한다면 긴 역사적 시각이 필요하다. 서구의 주류 국제정치이론은 2차 세계대전 이후 국제정치현실을 대상으로 한다. 제국주의 시대 이후 제3세계 국가들이 독립하여 현재와 같은 주권국가로 구성된 시점으로부터의 현실이다. 시대적 배경은 대략 80년의 역사이다. 물론 이전의 제국주의 시대와 유럽에서 주권국가체제가 성립된 16세기 전후로 소급하는 이론들도 있다. 그러나 주류 국제정치이론의 핵심적 분석 대상은 현대 주권국가 간의 상호작용이다. 주권국가체제가 성립되는 역사적 배경, 혹은 주권국가체제 자체를 상대화할 수 있는 긴 역사적 과정을 연구하기보다 현대의 시간을 이론화의 선험적 조건으로 전제한다.

현재 발생하는 변화가 주권국가 간의 관계 변화에 국한되는 것일까. 냉전이 종식되면서 단극체제가 양극체제, 혹은 다극체제로 이행한다고 볼 수 있다. 이는 기존의 국제정치이론에서 다룰 수 있는 변화이다. 그러나 주권국가체제 자체를 변화시키는 거시적 변화가 일어나는 중이라면, 즉, 주권국가 중심의 조직원리 자체가 변화하는 것이라면 기존의 국제정치이론으로 다루는 데 큰 한계가 있다. 이와 비교할 만한 더욱 근본적인 유사 사례와 비교가 필요하다. 유럽의 경우라면 중세에서 근대로 이행하는 사례, 아시아의 경우라면 전통지역질서에서 유럽의 주권국가체제로 편입되는 사례를 생각해 볼 수 있다. 기존의 국제정치이론 중에서는 역사사회학 이론이 시도하는 바이다. 거시 이행은 긴 기간, 포괄적 분야에 걸쳐 진행되므로 현재의 변화가 그러한 변화인지 판단할 수 있는 기준과 풍부한 역사적 연구, 이에 바탕을 둔 이론화가 필요하다.

셋째, 주류 국제정치이론들은 서구 중심의 이론들이다. 서구 이론들이 불가피하게 한계를 가지고 있다고 상정할 필요는 없다. 현대 세계질서가 유럽에서 기원한 질서라는 점을 생각해 보면 당연한 점도 있다. 세계질서를 분석하는 과정에서 서구 중심의 시각이 가지는 한계가 있다면 이를 정확히 판단하는 것이 중요하다. 국제정치가 국가 간 메울 수 없는 불균등한 국력 분포에 기초한 것은 주지의 사실이다. 개인 간의 관계와 달리 국가들은 엄청난 격차를 가진 영토, 인구, 경제력, 군사력의 불균등에 기반하고 있다. 더욱이 서구의 제국주의를 거치면서 비서구의 발전은 억압되고 착취되었다. 어쩌면 서구와 비서구의 격차 자체가 제국주의적 착취와 침탈에 의해 애초부터 만들어진 것일 수도 있다. 현재 이러한 격차는 주권국가로서 국가 형태의 완전성, 군사적, 경제적 격차, 국제지위의 격차 등 다양한 형태로 나타나고 있다.

근대 주권국가체제가 유럽에서 전 세계로 확장되면서 세계 모든 지역의 정치단위들은 어엿한 주권국가의 자격을 갖기 위해 노력했다. 제국적 지배를 벗어나 형식적 주권을 취득하고 더 나아가 실질적인 측면에서도 보다 평등한 자격을 얻기 위해 노력한 것이다. 이러한 노력의 장이 주권국가 간의 국제법적 평등으로 마련되기는 했지만, 국력의 불평등은 물론 강대국과 약소국 간 벌어지는 치열한 공방은 여전히 평등한 세계질서를 요원하게 해 왔다.

20세기 민족자결주의와 비서구 국가들의 국제무대 진출로 제3세계 국가들의 역할이 강화된 것은 사실이다. 국제정치 커뮤니케이션의 증가, 지구적 공공 담론 영역의 출현, 국제연합(유엔) 총회 등 지구 거버넌스에서 비서구 약소 국가들의 중요성은 증가했다. 특히 20세기 후반이 되면서 유엔 총회 투표와 같은 국제기구 내 국가들의 외교적 활동, 원유, 핵심 광물 등 자원을 둘러싼 비서구 국가들의 중요성도 더욱 강조되는 추세이다. 멀지 않은 미래에 제3세계 국가들의 인구 비중은 빠르게 증가하고 경제 성장 역시 서구 국가들보다 가속화될 것이다. 이러한 변화를 서구의 경험에 발딛고 있는 서구의 이론가들, 혹은 서구 국제정치이론에 젖어 있는 많은 이론가들이 발빠르게 반영할 수 있을지가 문제이다.

국제정치이론계는 서구의 주류 국제정치이론이 주도해왔지만, 소위 글로벌 국제정치이론Global IR을 비롯한 많은 비서구 이론들의 시도가 보여 주듯이 전 세계를 포괄하는 연구와 대안들이 모색되고 있다. 지난 탈냉전 30년의 세계질서 분석과 미래 질서의 연구 및 규범적 대안 제시 등에서 이러한 포괄적 시각, 지구적 전회global turn는 더욱 중요할 것이다.

넷째, 분석과 설명이론뿐 아니라 규범이론이 필요하다는 점이다. 인류 전체가 실존적 위기에 봉착해 있는 가운데 원인 분석도 중요하지만 새로운 세계질서 구상도 중요하다. 인류의 생존을 보장하고 필요한 가치를 실현할 수 있는 규범이론, 실천의 중심세력, 실천의 구체적인 방향과 전략 등을 제시하는 것도 국제정치학의 과제이다. 현실의 객관적 설명 임무 때문에 규범적 주장과 대안을 제시하는 학문적 노력은 상대적으로 약화되었다. 세계질서 분석도 필요하지만, 규범적 기준에 의한 평가와 실천계획, 이를 설득할 수 있는 논리도 중요하다. 한국을 예로 들면 19세기까지 존재했던 전통 유교권역, 제국주의 단계에 전파된 유럽 베스트팔렌 권역, 냉전기 미국 주도 자유주의 권역, 탈냉전/지구화 시대의 자유주의 권역을 규범적으로 평가해 볼 필요가 있다. 우리가 살아온 세계질서, 그 권역들의 윤리성과 도덕성을 비교할 수 있는 기준을 마련하는 것이 중요하다. 각각의 세계질서가 인간과 개인의 삶에 어떠한 전망과 희망을 주었는지의 문제이다. 이를 바탕으로 미래에 바람직한 지구 신권역을 어떻게 이루어 갈지 고민해야 한다.

권역이론과 세계질서의 분석

 이 책은 국제정치학이 당면한 이론적 과제를 다루는 방법으로 동주 이용희(1917-1997)의 권역이론을 중심으로 삼는다. 권역이론과 함께 생각하면서 현재까지 세계질서의 변화 과정을 분석하고 향후 세계질서의 향방을 살펴본다. 동주는 권역이론과 전파이론의 창시자이다. 또한 한국 외교사 연구 및 냉전기 한국 외교정책 연구, 한국 민족주의와 근대화에 대한 이론화를 비롯하여 한국 회화사론에 이르기까지 많은 학문적 업적을 남겼다.
 동주의 권역이론과 전파이론은 19세기 한국이 유럽 주권국가체제에 편입되고 일본의 식민지로 전락하는 한국의 역사적 현실을 설명하고자 하는 학문적 문제의식을 반영하고 있다. 아시아와 한국에게는 낯선 유럽의 근대주권국가체제를 우선 이해하는 것이 동주 시대의 학문적 과제였고 유럽 권역의 아시아 전파 과정이 한국에게 미치는 역사적 흐름을 파악하는 것이 학문적 도전이었다.

동주 이후의 많은 후속 연구들이 한국 외교사에 대한 권역이론과 전파이론적 분석을 계속하고 있다. 한국과 아시아뿐 아니라 유럽 주권국가체제에 관한 심도 있는 연구들도 생산되고 있다. 이 책은 동주의 여러 연구 분야 중에서도 20세기, 특히 1차 세계대전 이후 현대 세계정치에 대한 동주의 이론적 견해를 나름대로 정리하는 한편, 복합거시 이행을 맞이하고 있는 21세기 현재의 세계질서를 권역이론에 기초하여 설명해 보고자 한다.[3]

동주의 권역이론이 가지는 특징, 한국에서 국제정치학을 하면서 세계질서를 분석하는 데 권역이론이 줄 수 있는 의미들을 생각해 보면 다음과 같다. 첫째, 동주의 국제정치 인식론이다. 동주는 국제정치를 보는 주체의 인식론적 배경, 의미권으로서 권역의 시공간적 맥락을 강조한다. 국제정치학의 연구에서 구체적 삶의 터, 환경, 장소의 맥락의 중요성이다. 국제정치가 이론가의 견해와 독립적으로 존재하는 객관적 사실이라고 상정할지 모르지만 사실 각자의 입장, 특히 자신의 의미체계 속에서 파악된 개념과 상징으로서의 국가를 중심으로 국제정치를 본다는 것이다. 여기서 개념과 의미는 거창한 학문적 의미이기 이전에 친근한 생활세계에서 사용되는 일상어들이다. 국제정치라는 개념 역시 학문적 개념이기 이전에 자신이 살고 있는 삶의 터를 규정하는 일상어이다. 각자가 사용하는 일상어로서의 국제정치가 어느 사회에서나 통용되는 동질적인 국제정치의 의미는 아닌 것이다. 아마도 한국인들에게 국제정치는 한국의 역사를 규정해온 거대한 힘, 한국이 좌우하지 못해 한국을 고난에 빠트려 온 외부의 힘으로 인식될 수도 있고, 앞으로는 한국의 발전과 번영을 실현하는 장으로서 인식될 수도 있을 것이다. 어쨌든 많은 국가들이 각자의 국제정치라는 의미체계를 가지고 있고 그 안에서 벌어지는 협력과 경쟁, 투쟁의 장으로서 국제정치가 이루어진 것이다.[4] 동주는 우리가 학문적 개념으로서 국제정치를 분석할 때 분석자 역시 이러한 일상적 관용어의 지배로부터 자유로울 수 없다는 점을 강조한다.

이러한 배경에서 권역이론은 동주가 국제정치학 강의를 처음 시작한 1948년부터 『국제정치원론』을 출간한 1955년 사이에 구상된 것으로 보인다. 권역이론의 현실적 배경이 1950년대까지 한국의 현실에 대한 문제의식이었던 것이다. 당시 한국은 독립과 분단, 한국전쟁을 거친 1인당 국민소득 50달러 안팎의 세계적 최빈국이었다.[5] 권역이론의 내용에서 한국의 국제정치현실을 주조한 역사의 힘이 무엇이었는가에 대한 치열한 문제의식이 존재할 수밖에 없는 현실이다. 그러나 역설적으로 서구 국제정치에 대한 학문적 이해가 축적되지 않은 시대에서 한국을 이해하는 방법은 서구를 이해하는 것이었다. 따라서 동주의 권역이론은 서구 국제정치체제에 대한 역사적, 이론적 연구가 핵심 내용이 된다. 전 지구인이 현재 하나의 조직원리, 즉 근대 유럽에서 기원한 주권국가체제에서 살고 있기 때문에 이에 대한 연구가 시급했던 것이다.

동주는 현대 세계에서 국제정치를 인식할 때 필연적으로 구미적 문물과 관념을 벗어날 수 없다고 보았다. 현대의 국제정치는 유럽 권역의 팽창에서 비롯된 역사적 배경을 가지고 있기 때문이다.[6] 주권국가체제는 30년 전쟁(1618-1648)이 종식되면서 성립된 다자적 입법조약인 1648년 베스트팔렌조약을 통해 뿌리를 내렸다. 소위 베스트팔렌 권역의 출현이다. 근대 주권국가 권역의 기점에 대해서는 물론 역사적으로 많은 논쟁이 있다. 그러나 이 시기에 성립된 새로운 권역이 성립된 것은 분명하다. 주권국가체제의 성립을 정초한 기점이자 상징적 분기점이라는 의미에서 베스트팔렌 조직원리라고 부를 수 있겠다. 이는 매우 독특한 체제로서 1차 세계대전 이후 지구 전역의 삶의 방식을 근본적으로 바꾸어 놓았다.

동주는 한국의 식민지화 및 약소국의 지위가 유럽 베스트팔렌 권역의 동아시아 전파 과정에서 비롯되었다고 상정했다. 제국주의를 타고 전파된 새로운 국제질서에 적응하지 못한 역사가 한국의 처지를 규정한 것이다. 한국의 문제를 유럽, 더 나아가 지구 전체를 포괄하는 국제정치 권역의 전파와 이행 과정에서 찾고자 했다는 점에서 권역이론의 큰 특징이 있다.[7] 다수의 국가들이 주권을 소유하고 서로의 권력과 이익을 위해 대립하는 국제체제는 동주에게 낯선 것이었다. 다른 비서구 국가들의 전통 지역체제의 관점에서도 유럽의 국제체제는 매우 특이했다. 한국이 속해 있던 유교권역의 조직원리는 베스트팔렌 권역과 판이했다. 동주는 폭력적인 제국주의가 유럽체제를 세계적으로 전파하는 과정을 체험하면서 유럽 주권국가체제, 즉, 베스트팔렌 권역의 본질을 연구해 보고자 하는 문제의식을 권역이론을 통해 전개했다.

둘째, 서구 강대국 중심의 일반국제정치학에 대한 비판의식이다. 동주는 1차 세계대전 이후 국제정치학이 구미의 "자유주의 세계질서"를 정착시키기 위한 자유주의 프로젝트였다고 본다. 21세기 현재 자유주의 국제질서에 대한 많은 논쟁이 진행 중이다. 동주는 매우 일찍부터 자유주의 세계질서의 개념을 쓰면서 자유주의 세계질서를 광범위하고 역사적인 개념으로 사용한다. 뒤에서 살펴보겠지만 유럽 근대 세력균형 권역의 모순을 해결하는 과정에서 도출된 광범위한 운영원리의 개념으로 사용했다고 본다.

국제정치학은 냉전기를 거치면서 강대국, 특히 미국의 국가전략과 밀접한 관련을 가지는 학문으로 발전한다. 동주는 단순히 미국 국제정치학에 대한 학문적 비판이 아니라 국제정치학의 학문적으로 국제정치를 연구하고 개념화하는 인식체계에 뿌리내리고 확산되는 권력적인 성격의 현상을 중시한다. 동주는 강대국의 국제정치이론이 곧 일반국제정치이론이 될 수 있는 현실을 경계했는데, 특히 한국을 비롯한 비서구 제3세계 국가들의 국제정치 인식체계에 큰 관심을 기울였다. 동주는 "역사적인 국제적 불평등 위에 수립된 민주 정체와 그것을 유형화하여 엮어놓고 일반타당적이라고 일컫는 정치학을, 국제적인 피지배지역의 학도들이 당연한 것으로 알고 공부한다는 것은 기가 막힌 일"이라고 언급하고 있다.[8]

이러한 문제의식은 앞서 살펴본 국제정치학의 지구적 전회, 비서구적 전회의 문제의식, 혹은 한국적/한국발 국제정치학의 문제의식과도 상통한다. 21세기의 국제정치학 이론들은 점차 제국주의의 과거 유산을 청산하고, 신생국들의 탈식민 과제를 해결하며, 국가 간의 평화와 배분 정의를 구현하는 데 관심을 기울이고 있다. 서구 주류 국제정치학 이론들이 지구의 다양한 문제들을 이론화하고 대안을 제시하는 데 많은 공헌을 한 것은 분명한 사실이다. 문제는 중요한 학문적 의제를 설정할 때 탈식민의 과제를 얼마나 중심에 놓았는가, 주류 학문의 영역으로 들어오지 못하고 있는 세계의 많은 문제들을 지속적으로 주변화하지 않았는가 하는 반성이 중요하다는 점이다. 서구의 주류 국제정치학 이론이 장소성을 극복하거나 혹은 장소의 다양성을 수용하는 포용성을 보이지 못하면서 일반국제정치학의 위상을 점하고 있다면 이를 해결할 수 있는 방법을 모색해야 한다. 권역이론은 국제정치

현실에 대한 분석과 더불어 권역적 배경을 벗어날 수 없는 국제정치 인식체계에 대한 문제의식도 함께 제시한다. 동주는 이를 사회과학의 대부분, 특히 정치학은 넓은 의미에서 프로파간다의 세계와 같다는 말로 표현하고 있기도 하다.[9]

셋째, 권역이론이 분석하고 있는 세계질서의 장기적인 이행의 중요성이다. 동주의 이론은 권역 내 정치질서의 변화, 그리고 권역 간 관계 변화의 동학을 다루고 있다. 권역이론이 다루는 시간적 범위는 사실상 고대부터 현재까지이고 장소적 범위 역시 전세계에 걸쳐 있다. 경험적 연구가 집중된 대상은 근대의 유럽권역과 이후 전 세계에 걸친 현대 세계정치 권역이다. 이 과정에서 유교권역과 이슬람 권역이 중요한 비교의 대상으로 다루어지고 있다.

권역이론은 특히 유럽의 근대 권역 성립 이후의 단계적 변화를 세세하게 다루고 있다. 즉 15세기 말부터 30년 전쟁까지의 기간, 베스트팔렌 조약체계의 성립 이후 프랑스 혁명까지의 기간, 프랑스 혁명부터 1차 세계대전까지의 기간, 과도기적인 전간기, 그리고 2차 세계대전 이후의 기간을 나누어 설명하고 있다.[10] 군사적 측면에서 용병, 왕군, 국민군, 집단안보 등 군사질서가 어떻게 이루어지고 변화했는지 진화의 경로를 제시한다. 경제질서의 변화 과정도 기본적으로 자본주의 체제를 기반으로 중상주의의 시대, 영국 주도의 19세기 자유주의 경제의 시대, 1870년대 이후 제국주의 시대, 1차 세계대전 이후 세계경제의 시대로 나누어 변화의 동학을 설명한다. 식민지국가의 변천 과정은 권역 간 불평등, 국가 간 불평등이 어떻게 국제질서로 굳어져 왔는지의 문제를 다룬다. 제국과 식민지의 관계 형성과 변화는 경제국가의 흐름에 맞추어 상업, 무역 식민지의 형성기, 자유주의 시대, 그리고 제국주의 시대로 나누어 설명되고 있다.

중요한 점은 동주가 이러한 변화를 단순한 시기 구분이 아니라 권역 내에 내재한 모순의 전개 과정, 즉 필연적 변화로 보고 있다는 점이다. 동주는 권역질서, 권역 간 관계의 이행을 설명할 때 자기전개, 자기변이, 자기모순, 자기분열 등의 용어를 사용하고 있다. 이는 대체로 변증법의 용어들이다. 동주는 변증법이란 용어를 자주 사용하고 있지 않지만, 내재적인 요소 간의 길항, 대립, 모순 관계가 결국 변화를 이끌어 내고 필연적인 이행을 불러일으킨다는 논리체계를 보여 주고 있다.11 변화와 동학의 이론에 내재적 모순의 발현, 이로 인한 운동과 변화를 저변에 깔고 국제정치, 특히 유럽 근대권역의 단계적 이행을 설명하고 있다.

마지막으로 동주의 이론이 동주 이후의 시대에 어느 정도의 함의를 주고 길잡이가 될 수 있는가 하는 점이다. 권역이론에 대한 동주의 본격적 언급은 대략 1993년에 미래 세계정치의 마지막 강의를 기점으로 끝나고 있다. 소련이 붕괴되고 클린턴Bill Clinton 정부가 등장하는 시점이다. 미국 주도의 단극패권체제가 구체적인 운영원리를 모색하면서 전 지구적으로 팽창하는 시기로 탈냉전이 막 시작되는 시기이다. 과연 동주의 권역이론이 탈냉전기, 그리고 앞서 살펴본 인류의 실존적 위기를 일으키는 현재와 미래 세계질서 분석에 어떠한 함의를 주는가가 핵심적인 질문이다. 이 책은 권역이론이 지구적 차원에서 세계질서의 장기 이행을 연구하는 데 유용한 틀을 여전히 제공해 준다고 본다.

권역이론과 현대 세계질서의 미래

　권역이론의 관점에서 현재는 1차 세계대전 이후 성립된 현대 세계 질서의 한 국면이자 그 연속선상에 있다. 유럽의 주권국가체제가 성립되면서 자리잡은 베스트팔렌-세력균형 권역이 1차 세계대전으로 종식되고 이후 지구 전체는 하나의 정치공간으로 등장했다. 동주는 세계질서의 관점에서 현대라는 시기를 길게 잡아 1차 세계대전 이후로 보고 있다. 그리고 이러한 관점에 의하면 현대는 지금까지 지속된다고 보아야 할 것이다. 100년이 조금 넘는 현대 세계질서의 시기는 보다 구체적으로 세분될 수 있다. 1차 세계대전 직후부터 냉전의 성립, 냉전기, 그리고 탈냉전기의 시기가 큰 분류이다. 이러한 인식은 냉전 종식이라는 초강대국 세력배분구조의 변화를 국제정치 변화의 중요한 핵심으로 보는 서구 주류의 인식과는 일정한 차이가 있다. 뒤에서 다루겠지만 권역이론에 의하면 1차 세계대전 이후 수립된 베스트팔렌-자유주의 권역이 여러 단계를 거치면서 현재까지 지속되고 있는 것으로 본다. 냉전의 종식은 하나의 국면이지만 본질적인 변화는 아니다.

현대 세계질서를 이끄는 가장 중요한 권역은 베스트팔렌-자유주의 권역이다. 주권국가 중심의 베스트팔렌 조직원리가 지배적인 가운데 미국은 자유주의 운영원리에 기초한 자유주의 권역을 수립했다. 1차 세계대전 이후 지구화된 정치공간 속에서 과거 유럽의 세력균형 권역의 모순을 해결하고자 고안한 새로운 권역이다. 1차 세계대전 이후 1947년경까지 30년 동안 지속된 초기의 현대 세계정치 지구권역은 냉전기에 둘로 분열되었다. 소련은 프롤레타리아 국제주의 조직원리와 공산주의 운영원리를 결합하여 새로운 권역을 수립했다. 유럽 근대 권역의 모순을 해결한다는 공통의 문제의식에서 출발했지만, 자유주의 권역과 공산주의 권역이 분열된 것이다. 소련은 제국을 지향했다. 결국 권역의 자체 모순으로 붕괴했다.

냉전 종식 이후 세계는 다시 자유주의 권역으로 통일되었다. 그러나 새롭게 등장한 자유주의 권역이 시대적 도전을 극복하고 현대 세계정치에 걸맞은 단일한 지구 신권역을 수립할 수 있을지는 아직 알 수 없다. 동주는 현대 세계정치의 핵심 모순이 지구적으로 형성된 정치공간과, 여전히 주권국가로 나뉘어진 베스트팔렌 조직원리 간의 갈등 관계로 규정된다고 보았다. 1차 세계대전 이후 지구가 하나의 정치공간이 되었다는 인식은 20세기 후반 지구화를 거치는 입장에서 조금 빠르다고 볼 수 있다. 그러나 지구적 통치체제, 혹은 지구적 거버넌스가 정착되지 못한 지구정치공간의 수립, 혹은 지구화라는 점에서 100여 년의 현대 세계질서는 일관성을 가진다.

이 핵심 모순을 해결하지 못하는 한 현대 세계정치는 과도기적 성격을 벗어날 수 없다. 미국 주도 자유주의 권역은 냉전 경쟁에서 살아남았다. 동주는 미국 주도 베스트팔렌-자유주의 권역이 현대 세계정치의 과도기를 종식시킬 수 있는 잠재력을 가지는지 명확한 답을 제시하지 않는다. 미국 주도 권역이 유럽의 근대 권역과는 다른 현대의 권역이며 냉전의 상황에 영향을 받고 있다는 논의를 제기하지만, 보다 구체적인 권역질서의 진화과정에 대해서는 많은 논의를 하지 않고 있다. 1960년대 이후의 저작에서 냉전기 한국의 현실 외교정책 관련 한미관계, 미국의 동북아 및 한반도 전략 등의 분석에서 냉전기 국제질서에 대한 동주의 생각을 엿볼 수 있다.

냉전의 종식으로 현대 세계질서의 모순이 함께 끝나고 새로운 시대가 시작된 것은 아니다. 소련 권역의 실패가 미국 권역의 승리를 의미하지는 않았기 때문일 것이다. 더구나 지구화 이행의 거시 변화가 함께 일어나고 있는 현재, 현대 세계정치의 과도기적 모순을 종식시킬 새로운 권역이 출현할 수 있을지는 알 수 없다. 미국이라는 패권국가 중심의 자유주의 권역이 새로운 조직원리에 기반한 권역으로 진화할 수도 있다. 그러나 더 이상 패권적 권역질서가 불가능한 시대가 도래할 수도 있다. 자유주의 권역을 유지하더라도 일국 패권의 시대가 막을 내리고 여러 국가들, 이해상관자들이 함께 효과적인 집합적이고 협력적인 패권과 리더십을 도모해야 할지도 모른다. 혹은 자유주의 권역의 위상이 현격히 약화되고 대안적 권역이 부상할 수도 있다. 현대 세계정치의 모순을 해결하는 새로운 전망을 보인다면 다른 주도 세력의 등장도 가능한 일이다. 놀라운 경제적 성장과 영향력 강화를 이룩한 중국이 자유주의 권역을 대신하는 새로운 권역을 제시할지도 모른다. 다른 세력이 나타날 수도 있다. 탈냉전기 지구를 하나의 권역으로 운영했다고 해서 앞으로도 하나의 권역만 존재하리라는 보장도 없다.

지구 정치질서를 어느 한 권역이 주도하지 못한 채 다수의 권역이 경쟁하는 양권역, 다권역 질서를 이룰 수도 있다.

동주는 1990년대 초 현대 세계정치의 모순을 해결하는 미래의 대안으로 유럽연합에 주목하고 있다. 동주는 유럽연합이 새로운 성격을 가진 권역질서를 수립할 수 있다는 견해를 흥미롭게 제시하고 있다. 미래의 세계정치를 주제로 하는 강의에서 "제1강에서는 근대국가에서 현대의 문제가 일어날 수 있는 기본 계기에 관해 살펴보려고" 한다고 서술하고 있다.**12** 현대의 문제는 근대의 문제와 연속성을 가지지만 단절성을 가진다는 논의이다. 동주는 분화와 통합이 새롭게 대두하는 중요한 조류라고 규정하면서 베스트팔렌 권역의 조직원리의 변화를 염두에 두고 있는 것으로 보인다. 유럽연합을 통한 통합의 흐름을 중요한 변화로 인식하면서, 이와 동시에 나타나는 분화의 조류 역시 탈냉전기의 중요한 흐름으로 본다.

사실상 국제정치에 대한 동주의 마지막 언급으로는 1994년 5월 4일의 동아일보 인터뷰를 들 수 있는데, 『미래의 세계정치』 책에 대해 논하면서 "300년 전 근대 민족국가라는 새로운 현상이 나타나 세계정치에 근본적인 변화가 왔듯이 국가연합이란 새 형태가 나타나 세계정치의 방향도 달라질 것"이라는 전망을 언급하고 있다.**13**

각 장의 구성

 이 책은 권역이론을 우선 재구성하고, 권역이론의 관점에서 21세기 현재 세계질서가 성립된 과정을 분석한다. 현재 지구 전체를 아우르고 있는 미국 주도 자유주의 권역이 부딪힌 거대한 위기를 살펴보면서 규범적 관점에서도 권역의 진화를 위한 조건들을 생각해 본다. 인류의 실존적 위협이 성큼 다가온 지금, 세계질서의 가능한 미래 모습들도 살펴본다.

 책의 구성을 살펴보면 다음과 같다. 2장은 권역이론을 재구성하는 장으로서 권역이론의 방법론, 개념체계, 가설들을 살펴본다. 특히 권역을 구성하는 조직원리, 운영원리, 정치적 핵심단위, 사회경제, 개인과 정치철학의 5층 구조를 제시한다.

 3장은 유럽 근대 권역인 베스트팔렌-세력균형 권역이 어떻게 형성되고 발전해 왔는지 설명한다. 근대국가는 군사국가, 경제국가, 식민지국가의 성격을 지닌다. 그리고 민족주의, 민주주의, 자유주의를 핵심 이념으로 하고 있다. 이러한 근대 유럽 국가가 경제적 팽창과 제국주의적 식민지 개척으로 전세계로 확장되는 과정을 분석한다. 그리고 유럽 권역의 모순이 궁극적으로 20세기 세계대전의 원인이 되는 과정을 설명한다.

4장은 1차 세계대전 이후 현대 세계정치가 출현하는 과정과, 냉전기 미국과 소련이 주도하는 두 권역으로 자기분열되고 경쟁하는 과정을 다룬다. 제1차 세계대전 이후 세계가 하나의 정치 공간으로 통합되었으나, 이내 미국과 소련 간 이념적 대립이 심화되면서 냉전 체제가 출현하였다. 이 과정에서 유럽은 기존의 영향력을 상실하고, 미국과 소련이 새로운 강대국으로서 세계질서를 주도하게 되었다. 자유주의와 공산주의라는 상반된 이념을 기반으로 양 권역은 상호 견제를 통해 내부 질서를 유지했으며, 이는 현대 국제질서에 큰 변화를 가져오게 된 것이다.

5장은 현대 세계정치에 부합하는 이상적 권역의 구조에 대해 논의한다. 동주는 현대 세계정치의 과도기적 특성을 극복하기 위해서는 지구적 차원에서 통합된 권역이 필요하다고 생각했다. 유럽 국가연합모델에 착안하여 다층적인 주권의 공유와 자유민주주의 운영원리의 가능성을 살펴본다.

6장은 냉전 종식 후 미국이 주도한 자유주의 권역이 직면한 변화와 도전을 다룬다. 탈냉전기의 단극체제에서 미국은 베스트팔렌 주권국가 체제와 자유주의 운영원리에 기초하여 질서를 유지하려 했다. 미국의 상대적 권력은 여전히 막강하지만, 국제공공재 제공의 부담이 증가하며 단독으로 자유주의 권역을 유지하는 데 한계를 드러내고 있다. 또한 자국 우선주의, 민족주의와 같은 대내외적 반발과 비판이 커지면서 자유주의 운영원리를 통한 권역의 지속 가능성에 다양한 도전이 제기되고 있다. 향후 미국 주도의 패권적 자유주의 권역의 지속가능성의 문제를 다룬다.

7장은 새로운 권역의 정치이념으로 자유주의 정치사상의 한계를 다루고 향후 자유주의적이고 민주주의적인 권역의 운영원리 출현 가능성을 살펴본다. 이 장은 자유주의와 민주주의 이념의 길항관계를 다루고, 자유민주주의의 운영원리의 실현을 위해 민주주의 운영원리와 국가 간의 평등을 보장할 필요성을 강조한다.

8장은 미중 전략경쟁과 함께 미래의 다권역 세계질서 가능성을 논의한다. 또한 미래 세계질서의 5가지 시나리오를 다룬다. 미국 주도의 자유주의 권역은 중국과 갈등을 겪으면서 점차 자기분열의 징후를 보이고 있고, 다권역 세계질서가 등장할 가능성이 커지고 있다. 미국 주도 자유주의 권역의 진화 가능성을 점검하고 다가오는 세계질서의 다양한 시나리오를 제시한다.

제2장

권역이론

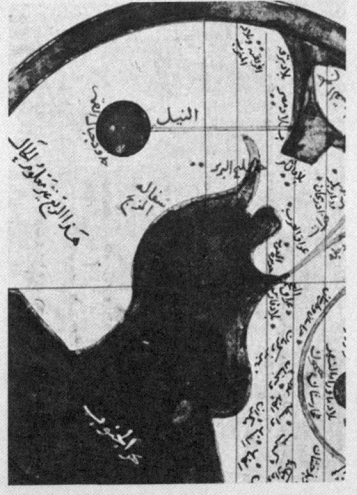

동주 권역이론은 『국제정치원론』과 『일반국제정치학(상)』에서 집중적으로 전개되고 있고, 여타 저작들에서 개념적 설명과 사례연구들이 진행되고 있다.[1] 두 저서는 국제정치학 개론 혹은 총론의 성격을 가지고 있다. 그 속에서 권역이론이라는 독특한 이론이 설명되고 있기 때문에 권역이론을 중심으로 저작의 내용들을 재구성할 필요가 있다. 다른 저작들에서는 권역이론을 기초로 한 개별 권역의 분석, 외교사적 접근 등이 혼재되어 있어 역시 종합적 재구성이 필요하다. 또한 동주 시대 이후 전개된 서구를 비롯한 지구 전역의 국제정치학 이론의 발전도 함께 고려할 필요도 있고, 20세기 후반 이후의 시대에 권역이론을 적용하기 위해서는 이론적 정비도 필요하다고 본다.

국제정치에서 권역은 무엇보다 지리적으로 일정한 경계를 가진 영역을 의미한다. 지리라는 물리적 조건이 중요한 것은 당연한데, 다른 영역과 차별화되는 어떠한 질서를 가지는지, 그 영역 내에서 질서를 구성하는 어떠한 단위들이 기본 단위가 되는지 등이 우선 중요하다고 하겠다. 단위들 간의 군사, 경제와 같은 물리적 요소들의 배분도 중요하다. 질서의 기초가 되는 물리적 조건들이기 때문이다.

그러나 권역은 단순히 자연지리적 경계와 물리적 힘의 배분만으로 결정되지 않는 개념이다. 권역의 구성단위들이 정치적 관계를 설정하고 유지하는 공통의 의식과 인식이 기반이 되어야 한다. 동주의 정의에 따르면 권역은 한마디로 "폐쇄적인 정치공감권"이다.[2] "충분히 커뮤니케이트되는 공동의 관념체계와 공통의 개념구조와 공유의 정치의식"으로 엮여 있는 국제질서의 영역인 것이다.[3] 달리 말하면 "특정한 정치행위의 양식과 행위의 규칙이 타당하고 이에 따라 심벌과 이데올로기가 수반되는" 국제정치의 영역이다.[4] 결국 권역은 여러 단위

간 관계로부터 그 단위를 이루는 개인에 이르기까지 다층적으로 구성된 질서의 지리적 총체를 의미한다. 우리가 살고 있는 주권국가체제를 예로 들면, 국가들이 중심이 되어 벌어지는 국가 간의 관계, 즉 국제질서에서부터 개인의 정치적 생활세계에 이르기까지 여러 층위의 정치적 관계를 포괄하는 영역이라고 하겠다.

권역이론의 방법론

　동주가 제시한 권역이론의 내용을 살펴보기 전에 권역이론의 방법론적 구성요소를 살펴보기로 한다. 첫째, 역사사회학의 방법론이다. 국제정치학의 한 이론으로 자리잡고 있는 역사사회학은 역사적 관점에서 사건들의 흐름을 분석하는 역사적 방법을 중시한다. 동시에 거시적 이행을 이론화할 수 있는 사회과학의 개념과 가설들을 활용한다. 사회학에서 발전해 온 다양한 역사사회학의 접근법을 취해 세계질서의 역사적 변화를 분석한다. 국제정치학에서는 역사사회학 연구의 방법론과 개념, 가설과 성과를 받아들여 국제정치의 장기이행을 분석해 왔다. 동주의 국제정치, 혹은 권역질서 분석은 고대부터 세계 각 지역의 질서가 역사적으로 어떻게 형성되고 변화되는지가 중요하다고 상정한다. 세계가 하나의 권역으로 통합되어 하나의 질서를 갖추기 전까지 각 지역의 질서는 근본적으로 상이한 점을 가지고 있다. 이들을 비교의 측면, 즉 비교권역, 비교국제사회, 비교제국의 측면에서 분석하고 권역 간 관계, 통합과정을 거시적으로 분석하는 것이 중요하다. 역사사회학의 방법은 장기이행에 좀 더 집중하여 권역질서의 거시적 이행을 이해할 수 있는 개념과 가설을 제시하고자 한다. 따라서 미시적인 사건 분석에는 덜 유용할 수 있다. 그러나 미시적 사건이 기반하는 장기적 흐름을 분석하여 큰 흐름을 볼 수 있는 장점이 있다. 탈냉전기 질서에서 이행하고 있는 현재와 같은 복합거시이행기에 장기적 이행을 분석하는 역사사회학의 방법은 특히 유용하다.

둘째, 지식사회학의 측면이다. 동주는 모든 국제정치 지식이 시간과 장소의 논리에 입각한다고 전제한다. 자신이 속한 시공의 상황 속에서 국제정치 사건을 분석할 수밖에 없는 것이다. 지식과 이론의 시공 구속성을 자각하는 것이 학문적 분석의 정치적 왜곡을 바로잡는 데 중요하다. 동주는 칼 만하임 Karl Mannheim을 언급하면서 각각의 현실을 이해하려면 지식의 사회학적 성격을 인식해야 한다고 강조한다. 국제정치학에서는 특히 구미라는 장소적 배경이 중요하다고 강조한다. 국제정치학이 1차 세계대전 이후 시작될 때 구미 국가들이 유지하고자 한 질서, 즉 자유주의 세계질서를 옹호하는 학문적 전통을 확산시키고자 했기 때문이다. 국제정치적 환경과 여건으로 조성되는 국가들의 국내정치의 특성 역시 중요한 연구 대상이 된다.[5]

셋째, 동주의 권역이론은 무엇보다 정치적 현상을 다루는 정치학 이론이다. 정치학 이론의 핵심은 힘과 정당성을 매개로 한 지배 현상이다.[6] 권역이론은 세계에 존재했던 각각의 권역에서 정치가 어떠한 의미를 가지는지, 어떠한 원리와 제도를 통해 권력현상이 만들어지고 전개되는지를 분석한다. 동주가 동시대의 학자로 간혹 인용하는 카아 Edward Hallett Carr나 모겐소 Hans Morgenthau의 정치적 현실주의도 정치현상의 매체는 기본적으로 권력, 혹은 힘이라고 본다. 권역이론 역시 정치

현상을 분석하는 것이기 때문에 권역 내의 정치현상과 권역 간 힘의 관계를 분석한다. 권역 간 힘의 차이에서는 전파와 전파에 대한 저항의 전개과정을 중시하고 있다.

권역질서의 성격에 따라 국제와 국내가 구분되는 공간으로 등장할 수도 있고 구분 자체가 의미 없을 수도 있다. 권역 내 보편적 힘이 작동하여 일률적인 지배현상이 나타나기도 하고, 권역 내 단위들이 주권적 권한을 보유하여 단위 간 관계와 단위 내의 정치가 명확히 구별될 수도 있다. 또한 하나의 권역에서 존재했던 권역질서와 정치의 의미가 권역 간 충돌을 통해 전파되기도 한다.

넷째, 동주의 권역이론은 인간의 의미 현상을 핵심에 놓는 해석학적 방법을 채택한다. 동주의 권역이론이 미술사학 이론에서 비롯되었음은 잘 알려진 사실이다.[7] 미술적 대상에 대한 실증주의적 연구인 미술사 연구 자체도 중요하다. 그러나 미술 작품의 감상에서 오는 미감의 철학적 연구 또한 중요한데, 이는 미술사학, 혹은 미술에 대한 철학적 이론의 기저를 이룬다. 미술 작품이 주는 미적 교감의 본질, 혹은 미의 의미를 다루는 것이 미술사학의 핵심이며 동주는 이를 바탕으로 권역이론을 접한 바 있다.[8] 인간은 주어진 대상에서 의미를 찾기 때문에 의미에 대한 연구 없이 미술사학이 성립할 수 없다고 동주는 설명하고 있다.[9]

정치 역시 하나의 의미, 상징, 이미지를 대상으로 놓는 사회현상이다. 인간이 각 권역별로 가지고 있는 정치에 대한 이미지, 의미가 권역이라는 하나의 장소 속에 통용된다. 미술의 미감이 언어와 개념 이전에 존재하는 것처럼 정치의 의미 역시 개념화되기 이전 일상언어로, 혹은 내러티브와 서사로 존재한다. 인간들은 자신이 태어나기 전에 이미 존재하는 정치의 의미세계와 서사세계 속에 태어나 이를 흡수하여 존재한다. 동주가 생각하는 권역의 핵심적 정치현상은 정치와 국제정치라는 말 속에 녹아 있는 의미이다. 그 의미를 파악하는 해석적인 작업이 중요할 수밖에 없다.[10] 더 나아가 두 권역 간에 질서가 전파된다면 이는 전파권역의 정치의미의 전파이며, 전파되는 정치의 의미세계를 파악하는 것이 중요하다. 물리적, 제도적 권역질서가 전파되어도 권역질서를 지탱하는 의미세계가 전파되지 않으면 전파는 불완전하게 남는다. 불완전한 전파는 결국 피전파국의 탈권역으로 이어질 수 있다는 점에서 권역질서의 의미 기반에 대한 해석학적 파악은 매우 중요하다.[11]

권역이론의 인식론과 미술사학 이론

　권역이론은 정치, 혹은 국제정치의 의미와 현실을 논할 때 그 배경이 되는 권역을 분석하지 않고는 불가능하다고 전제한다. 동주는 특정한 사회현상을 정치로 관념하는 특정한 시기와 특정한 장소의 전체적 구조를 파악하고, 그 속에서 정치적 사회현상을 이해할 것을 주문하고 있다. 정치 관념에 포함되는 특정한 태도와 의미 부여는 그것이 특정한 역사적 시기에 존재하는 특정한 장소를 매개하여 비로소 가능하다. 그러한 의미에서 장소적이라는 것이다. 그러나 장소, 즉 토포스topos는 단순히 지리적 개념으로서 고장이 아니다. 특정한 시기에 가능한 사회적 정형이라는 점에서 시간-공간의 복합체이다. 결국 정치를 관념하는 개인들은 시간과 공간의 종합적 맥락으로서의 장소를 벗어날 수 없다.

　문제는 자신의 장소성, 혹은 환경 구속성에 대한 인식이 부족하거나 자신의 맥락을 보편화하려는 정치적 의도를 가지는 경우가 있다는 것이다. 이러한 의도가 학문에 반영되면 그릇된 일반화를 추구하게 된다. 장소적 입장을 도입하지 않으면 결국 특정한 지역의 정치 관념을 보편화하여 초장소적인 기준으로 삼으려는 과오를 범할 수 있다. 혹은 현실 정치의 시녀로서 학문은 프로파간다화한다고 논한다. 이는 국제정치학이 일반국제정치학이라는 명분하에 자신의 장소적 특수성을 보편타당한 진리 체계라고 여길 수 있다는 경고와 상통한다.[12]

권역이 의식에 관한 것이라면 여기서 의식은 언어 이전의 관념을 의미한다고 볼 수 있다. 물론 언어가 의식을 매개하고 언어 없는 의식은 사고의 형태로 존재하기 어렵다. 문제는 인간이 태어나 존재하기 시작하면서 생활세계 속의 언어환경에 접하고 그 속에서 사회질서에 대한 관념을 형성한다는 것이다. 그러한 점에서 개념적 언어체계 이전에 일상적 언어를 통해 정치의 의미를 내재하기 시작한다는 것이 중요하다. 동주는 인간의 인식, 더 상세하게는 외부 사물을 인식하는 감각적 지식과 사물을 이를 일상언어를 중시한다. 세상을 인식하는 일상언어의 습득 과정, 이후 언어적 행위 과정이 뒤따른다. 그 다음에 일상어를 개념으로 바꾸는 추상화 과정, 그리고 학의 입장에서 체계적인 인식을 도모하는 학술 과정이 이루어지게 된다. 이 모든 과정은 시간과 장소라는 맥락에 의존할 수밖에 없다.[13]

이러한 인식론적 입장은 미술사학의 영향이 크다고 보인다. 동주 스스로도 미술사학 연구 과정에서 권역개념을 국제정치학에 도입했다는 점을 명시적으로 밝히고 있다. 미술사에서 권역이라는 범주의 설정, 혹은 존재론적 가정은 미술이라는 특정한 분야 때문에 독특한 인식론으로 이어진다. 정치를 외면적으로 관찰하거나 물질적 요소로 분석하는 것이 아닌, 관념과 인식의 문제로 보는 해석학적 인식론을 주장하게 된 것이다. 동주는 하나의 국제정치 권역이 성립되기 위해 개인이 일상언어를 통해 정치를 어떻게 이해하고 느끼는가, 국가의 역할과 사회 속에서 인간 간의 정치 관계를 어떻게 인식하는가, 그리고 국제정치라는 것을 어떻게 인식하여 국내와 국제의 관념을 형성하는가 등의 문제를 제기한다. 국가와 나라를 생각할 때 모든 인간은 생활세계에서 내 나라라고 하는 관념을 가진다. 이러한 관념은 인간들마다 다르고 내 나라라는 개성적이며 역사적인 현실 국가가 단위일 수밖에 없다. 그 속에서 인식되는 국제정치 역시 내 나라의 목적, 의사, 상황과 관련하여 파악될 수밖에 없다.[14]

동주가 회화 연구 과정에서 설정한 인식론의 기반은 회화미 혹은 미감이다. 이는 개념화, 이론화되기 이전 미술 작품과 감상자 간의 관계를 설정하는 가장 기본적인 인식의 기초이다. 중요한 점은 이러한 미감이 문화권에 따라 상대적인 차이가 있다는 점이다. 동주는 미감이 문화권에 따라 상대적인 차이가 있다는 점을 인식하고 이를 자신의 인식론의 핵심 전환점으로 삼았다. 아름다움을 구성하는 요소는 각 문화권마다 다른 기준을 가지며, 이러한 기준을 공유하는 과정에서 권역별로 같은 미감과 회화미를 가질 수 있다는 것이다.

문화권은 가장 넓은 개념이며, 하부에 다양한 권역의 개념이 성립될 수 있다. 회화권은 이러한 문화권 내의 회화라는 특정 분야의 특수한 것이다. 같은 회화권은 같은 미감을 가지며, 여러 회화권은 서로 우열을 가릴 수 없는 상대적인 차이를 보일 뿐이다. 이러한 미감의 차이는 각자가 속한 시대와 장소에 따라 다르게 나타난다. 특히 회화에서는 인간이 자연을 어떻게 생각하고 이를 회화 속에 포괄하고자 하는가에 따라 결정된다는 점에 착안하여 동주는 자신의 미술사학 이론을 전개해 나갔다. "첫째는 미술에도 문화적 권역圈域이 있다는 생각이요,

둘째는 지역문화에 따라 같은 권역 내에서도 표현의 차이와 미 향수가 다르다는 것"을 핵심 전제로 삼게 된 것이다.[15]

동주는 보링거W. Worringer의 미술사학 이론을 연구하면서 추상적이고 영혼을 추구하는 회화권과, 구체적인 자연과의 조화를 중심으로 자연주의적이고 사실적인 미를 추구했던 회화권의 차이에 주목했다.[16] 또한 회화권 안에서도 중심과 주변의 차이가 있을 수 있는데, 주변이 중심에 비해 열등한 것은 아니며, 같은 회화권 내에서 세분화되는 미감의 차이라고 본다. 주변 내에서도 여러 민족으로 나뉠 수 있다. 회화권의 내부 구조로 유교 회화권을 예로 들자면 권역 내에서 중국이라는 중심과 여러 주변들이 존재한다. 주변에 속하는 한국의 회화는 자연에 대한 아름다움을 표현하는 자연주의적 미감을 가지게 되었는데, 이러한 미감은 우열의 문제가 아니라 상대적인 문제라는 것이다.

동주는 회화권의 개념에 착안했지만 정치권, 경제권, 가치권 등 다양한 변용을 생각한 것으로 보인다. 미적 감각이라는 시각에서 비롯되는 일차적 감각 경험이 권역의존적인 것처럼, 인간 간의 지배, 종속 관계를 결정하는 정치과정도 맥락과 환경에 의해 영향을 받는다는 것이다. 정치도 문화권에 따라 개념의 차이가 난다고 볼 수 있다. 정치 개념은 보편적 인간 본성에 기반한 일률적인 합리주의 이론으로 파악될 수 없다. 시간과 공간에 따라 인간 간 권력관계와 인간과 자연의 관계가 다르게 설정된다. 의미를 찾는 양식도 다르다. 미감과 마찬가지로 정치에 대한 의미 혹은 정치에 대한 감각, 즉 정치감, 정치에 대한 일차적인 내러티브, 서사가 존재한다. 이는 합리주의적 정치 관계에 대한 분석과는 차이가 난다.

동주의 저술과정에서 권역의 개념은 『일반국제정치학(상)』에서 본격적으로 나타난다. 『국제정치원론』에서는 권역 개념을 거의 사용하지 않는다. 『국제정치원론』 중 외교정책의 양태를 설명하는 과정에서 권역의 형태 구분을 시도할 때 소제목을 외교정책의 두 개의 권역이라고 쓰고 있는 것이 거의 전부이다.17 『국제정치원론』의 본론의 내용에서는 정치 관계, 정치 질서, 진영의 개념을 사용하고 자유권, 공산권 등 권역개념의 초기 형태로 "권"의 개념을 사용하고 있다. 이는 『국제정치원론』과 『일반국제정치학(상)』의 저술 사이의 기간 동안에 미술사학 이론을 본격적으로 연구하여 이를 권역이론으로 발전시켰기 때문이 아닌가 한다.

동주가 국제정치권, 국제정치권역의 개념을 본격적으로 발전시키면서 역사 속에 존재했던 권역의 종류, 권역의 발전과정, 권역의 내부 구성 등에 대한 세부 논의도 발전한다. 우선은 권역의 지리적, 시간적 경계를 확정하고 다양한 권역을 선별하는 인식이 생겨난다. 동주는 "회화미의 세계는 범세계적인 것 같이 생각됩니다만 사실은 그런 것이 아니고, 어떤 일정한 지역에 역사적으로 있었던 것"이라고 설명한다. "이 말이 나타내는 것은, 독특한 회화미의 세계는 모든 지역에 있었던 것이 아니라 특정한 지역에 한정되어 있었다는 점"이다.

동주가 생각한 전통시대 권역의 3분법은 회화와 국제정치에 공통적으로 적용된다. 동주는 회화의 영역에서 "19세기 말까지 회화미의 독특한 세계는 소위 기독교 세계라고 하는 서양 세계, 유교 세계라는 동양 세계, 이슬람, 힌두라고 말할 수 있는 그런 세계로 나뉘어져 있었"다고 본다. "세계의 회화미는 각기 독특해서 다른 회화미에서 볼 때는 그 미감을 잘 느끼질 못한다"는 것이다.

회화권에서 본격적으로 논의되지 않은 중심과 주변의 관계도 국제정치에서 강조된다. 국제정치 권역에서는 중심과 주변의 관계가 중요하기 때문이다. 같은 유교권에 있더라도 중심에 해당되는 중국과 주변에 해당되는 한국에서 정치에 대한 의미 설정은 다르게 나타난다. 유교 회화권의 구성 집단은 "한국, 일본, 유구, 월남 등인데…회화권에도 중심이 되는 곳이 있고, 주변이 되는 곳"이 존재한다. 또한 중심에 비해 주변의 그림이 떨어진다고 하는데 "절대로 그렇지는 않"다는 것이다. "중심이라는 말은 재료, 용구, 기법 같은 것의 유행, 사용이 중심의 영향을 받는다는 의미이지, 주변이 중심의 그림 됨됨이보다 수준이 떨어진다는 의미"는 아니라는 것이다.[18]

동주는 회화 이론에서 예술가의 능력과 예술 의지, 예술 의욕을 구분하는 점도 중시한다. 국제정치권의 논의에서 예술가의 능력은 국제정치의 물적 조건에 해당한다고 볼 수 있다. 반면 예술 의욕은 국내정치와 국제정치에 어떻게 의미를 부여하는가에 관한 상대주의적이고 관념적인 부분과 통한다는 비유도 성립한다.[19]

권역의 5층 구조

하나의 국제정치권역은 여러 층의 구성요소들이 존재하고 서로 밀접하게 상호작용하면서 권역질서를 만들어낸다. 동주는 권역의 구성 층위들을 분류하거나 세부적으로 개념화하지는 않았지만 여러 논의들을 재조직하고 현대 국제정치이론들의 도움을 받으면 권역의 구성요소들을 식별할 수 있다고 본다. 권역 내 정치질서는 다음과 같은 5층의 구성요소들로 나누어 개념화할 수 있다: (1) 조직원리, (2) 운영원리, (3) 핵심 정치단위, (4) 사회와 경제, 그리고 (5) 개인과 인간 및 정치철학의 다섯 층위이다.

첫째, 조직원리organizing principle는 다수의 단위들이 정치질서를 이루게 하는 근본적인 구성원리이다. 질서원리ordering principle, 구성원리constitutive principle, 근본적 제도fundamental institutions 등 다양한 개념으로 불릴 수 있다. 정치질서의 핵심이 되는 행위자가 누구인지, 행위자 간 어떠한 구성적 관계가 성립되는지에 대한 가장 근본적인 원리의 층위이다.[20] 하나의 권역에서 어떠한 행위자 단위가 정당한 단위로 상호 인정되는지, 그러한 단위 간의 정치적 관계를 설정하고 상호관계가 가능하도록 구성하는 기본원리가 무엇인지에 관한 것이다. 예를 들어 근대 주권국가체제에서는 주권을 소유한 국가들이 가장 핵심적인 기본단위가 되고 여타의 행위자들은 핵심단위의 지위를 갖지 못한다. 국가들은 국제사회에서 주권을 소유한 행위자로 상호 인정되어야 하고 다른 집단이 소유하지 못한 정치질서의 핵심인 군사력을 정당하게 독점한다. 이들 간의 관계는 국내적으로 최고이며 대외적으로 독립적이면서 형식적 주권 평등의 원칙을 기본으로 성립되어 작동한다. 동주는 역사상 존재했던 다양한 권역들을 나누었는데 권역들을 성립시키는 조직원리의 차이를 다양한 용어로 설명하고 있다. 전통시대 한국이 속했던 유교권과 이슬람권은 기본적으로 제국의 조직원리를 가지고 있었다. 이는 강제력보다는 권위에 기초한 권역들이고, 왕조를 핵심단위로 하고 있었다. 중원을 중심으로 위계적인 조직원리를 기초로 정치질서가 성립되어 있었다. 반면 유럽에서 시작된 베스트팔렌 권역, 즉 주권국가체제는 주권을 소유한 국가 간의 질서로 명확한 영토와 국민의 관념을 가지고 배타적 국경선, 최고의 권위로서 주권의 개념을 내재하고 있었다. 국내와 국제의 구별을 하지 않는 여타 동시대 권역들, 즉 제국의 조직원리와는 판이한 조직원리로 소위 무정부상태 조직원리로 불리기도 한다.[21]

둘째, 운영원리 operating principle 는 조직원리를 바탕으로 이를 조작화하고 유지, 관리하는 보다 피상적 차원의 원리이다. 조직원리에 의해 성립된 핵심적 단위들과 구성적 관계 위에서 단위들 간 세력과 권위가 어떻게 배분되어 있는지, 이들 단위들 간에 어떠한 제도가 성립되

는지, 관계를 규정하는 규범과 규칙은 어떠한지, 관계들의 패턴과 양상이 어떠한지 등을 보여 준다.[22]

첫째, 단위 간 세력과 권위가 어떻게 배분되어 있는가 하는 세력배분구조와 권위구조는 권역질서의 운영원리를 규정하는 데 매우 중요하다. 제국적 권역에서 중심과 주변이 존재하지만, 중심이 소유한 힘과 세력, 권위의 견고성 등은 권역의 운영원리의 중요한 측면을 규정한다. 유교권을 예로 들어보면 천하의 중심을 차지했던 중원왕조가 주변에 대해 가지는 군사력, 경제력 등 힘의 상대적 크기가 권역질서에 중요했다. 또한 중원왕조가 주변에 대해 정통적인 통치세력으로 권위를 어느 정도 소유하고 있는지, 주변이 중원의 권위를 정당하다고 얼마나 인정하는지 등이 주변의 복속을 이끌어내는 데 중요했다. 특히 제국적 권역은 강제력보다 권위에 기초한 권역으로서 정상성의 운영원리가 중요했다. 이에 비해 베스트팔렌 주권국가 권역은 형식적 주권평등에 기반한 국가들 간 힘의 배분구조, 특히 군사력의 배분구조가 중요하다. 하나의 국가가 월등한 국력을 소유하고 있을 때 단극적 운영원리가 성립되고, 강대국의 숫자에 따라 양극적, 다극적 운영원리가 성립될 수도 있다. 단극구조에서는 단극국가의 외교대전략이 운영원리의 전체 방향을 결정하게 된다.

둘째, 힘의 배분구조와 더불어 단위 간의 관계의 성격, 이러한 관계들을 고정시키고 유지하는 제도 역시 중요하다. 권역 전체를 아우르는 일관된 규범과 규칙이 있고, 이들이 제도화될 때 권역질서는 안정될 수 있다. 유교권의 경우 권역질서를 안정시키는 권위구조, 권역전체를 아우르는 정체성의 관계와 제도가 작동했다. 이를 뒷받침하는 군사구조 및 조공체제와 같은 경제구조도 존재했다. 베스트팔렌 권역에서는 세력균형의 운영원리와 자유주의의 운영원리가 작동해 왔다. 1차 세계대전 이전 유럽 국가들은 강대국을 중심으로 견고한 합의 위에서 세력균형의 원리를 작동시켰다. 중세로부터 이어진 국제사회의 동질적 정체성이 작동하는 가운데 외교와 전쟁, 국제법, 약소국 공동관리 등을 통해 세력균형의 운영원리를 유지, 발전시켰다. 1차 세계대전 이후 세계가 하나의 국제정치공간, 즉 지구권역으로 성립된 이후 구미 국가들은 자유주의 권역을 창출하여 유지해 왔다. 세계 모든 지역의 정치단위들이 유럽의 주권국가 모델에 따라 재편된 이래 자유주의적 다자주의를 기반으로 권역질서를 만들어 온 것이다. 미국이 주도가 된 자유주의 권역에서는 주권국가 간 형식적 평등에 기초한 국제적 다자주의, 개방적인 국제시장, 국제법과 외교에 의한 분쟁 해결 등을 주된 운영원리로 삼아 왔다.

셋째, 권역질서의 창출과 유지에 필요한 권역 전반의 공공재 생산에 관한 문제이다. 권역질서를 유지하기 위해 단위 간의 상호작용이 중요하지만 질서의 유지에 필요한 기본적인 자원들, 즉 권역질서의 공공재가 존재하지 않으면 질서의 창출과 유지가 어렵다. 제국 권역에서는 권역의 중심세력이 이러한 공공재를 제공한다. 유교권의 경우 중원의 군사적 안전을 도모하는 군사력을 소유하고 주변단위들이 중심에 도전하는 것을 방지한다. 또한 주변국 간 전쟁을 막는 집단안보적 계기도 작동한다. 경제적으로도 중심의 자원 방출을 무릅쓰더라도 안정적인 무역제도를 도모하였다.

반면 베스트팔렌 권역에서는 제국적 권역과 달리 국제공공재를 안정적으로 공급하는 하나의 중심 세력이 존재하지 않는다. 세력균형의 운영원리하에서는 다수의 국가들이 경쟁하면서도 암묵적인 공통의 합의 위에서 다극적 질서를 유지한다. 명시적으로 공공재의 생산체제가 존재하지 않지만 권역질서를 유지해야 하고 이를 위해 공헌해야 한다는 암묵적 합의 위에 권역질서를 유지하는 것이다. 이러한 합의가 무시될 경우 협력적associational 세력균형은 무너지고 적대적adversarial 세력균형으로 이행하게 된다.[23]

현대 자유주의 권역은 지구적 차원에서 성립되기 때문에 유럽 세력균형 권역에서처럼 보편적이고 광범위한 암묵적 합의와 공통의 정체성을 기대하기 어렵다. 형식적 주권평등의 원칙 위에 규범적이고 규칙적인 권역질서를 유지해야 하는 것이다. 이 과정에서 가장 효율적인 방법은 강력한 국력을 가진 월등한 강대국이 출현하여 권역질서에 필요한 공공재를 제공하는 경우이다. 패권적 국제공공재 생산의 경우라 할 수 있다. 1차 세계대전 이후 유럽 강대국들이 약화되고 미국과 소련이 등장한 이후 베스트팔렌 권역에서 미국은 자유주의 권역을 이끌어 왔다. 미국과 같은 패권국가가 권역질서에 필요한 국제공공재를 생산할 수 있는 능력을 유지하는 한, 자유주의 권역은 패권적 운영원리에 기초하여 지속가능한 질서를 도모할 수 있다.

셋째, 권역을 이루는 핵심 단위로서 조직원리와 짝을 이루는 구성요소이다. 조직원리에 따라 왕조가 기본 단위가 되기도 하고, 주권국가가 되기도 하며, 계급이 될 수도 있고, 국제기구로부터 개인에 이르기까지 다수의 이해상관단위가 될 수도 있다. 베스트팔렌 유럽 권역의 세계적 전파 이전에 각 지역에 존재했던 전통권역들에서는 왕조가 기본 단위였고, 현재의 베스트팔렌 권역에서는 물론 주권국가가 핵심 단위이다. 공산주의 혁명을 통해 여러 국가를 포괄했던 20세기 공산주의 권역은 국가의 소멸을 내세우고 계급을 권역의 기본 단위로 내세웠다. 미래 권역에서 개인의 주권을 대변하는 국가의 권능이 약화되고 분산되고 공유될 경우 국제기구, 지역기구, 국가, 시민사회집단, 개인에 이르기까지 다차원적인 단위가 함께 작동할 수도 있다.

기본 핵심단위의 다양성은 정치권력의 궁극적 소재지가 어디인가, 그리고 그러한 권력을 어떠한 기구가 대표하는가에 따라 다르게 나타난다. 각 권역은 표준적인 단위의 모델을 가지고 있고, 단위의 성격도 다양하게 변화한다. 주권국가를 핵심단위로 하는 근대 권역이라 할지라도 단일 민족주의국가인지, 연방국가인지의 차이도 존재하고, 개인의 주권을 기초로 하는 민주주의 국가인지, 권위주의, 혹은 독재 국가인지도 중요하다. 국가라는 핵심단위를 기본으로 하는 권역이라 하더라도 체제의 성격에 따라 권역질서가 매우 다양하게 전개될 수 있다.

넷째, 권역의 정치질서의 핵심단위는 개인 간의 정치관계를 결정하는 정부와 같은 공식적인 단위이지만, 정치관계의 기초는 개인 간의 사회관계, 공동체의 성격이라고 할 수 있다. 개인들은 공식적인 정치권력을 형성하기 이전에 사회를 이루어 공동체를 만들고 이 속에서는 개인 간의 생활세계적 관계, 경제 및 계급관계, 문화관계, 종교관계, 인종관계 등 다양한 관계가 성립된다.

개인의 자유와 평등을 기본으로 하는 자유민주주의 사회와 개인의 정치적 자유를 제약하는 독재 사회의 차이는 시민사회의 존재 여부와 연결된다. 또한 사회영역과 정치단위의 성격을 결정하는 중요한 변수가 된다. 사회적 차원의 변화 속에서 권역질서가 어떻게 변화되는지를 밝히는 것이 중요한 것이다.

개인들의 정치적 주권에 대한 인식이 정치적으로 공식적인 단위들을 구성한다면, 개인 간의 경제관계는 권역의 경제적 기초를 구성한다. 경제외적 강제가 존재하는 전통적 제국권력과 경제외적 강제가 작동하지 않는 자본주의 사회를 비교해 보면 권역의 경제적 질서가 차이를 보인다. 영토에 결박된 자본주의 이전의 권역질서와 달리 유럽의 베스트팔렌 권역은 자본주의와 밀접한 관계를 가지면서 권역질서를 형성해 왔다. 자본주의 경제원리 속에서는 개인이 주권국가의 영역에 얽매이지 않는 국제적 이윤추구활동을 목표로 하기 때문에 국민경제와 국제시장 간의 긴장관계는 근대 권역의 변화를 추동하는 중요한 요인이었다.

다섯째, 개인과 인간, 정치철학의 차원은 권역이론에서 가장 흥미로운 부분이다. 권역이라는 단위는 규모가 크고 조직원리 역시 개인의 생활세계와 유리된 채 존재하는 것으로 생각하기 쉽지만 결국 온전한 권역질서가 형성되기 위해서는 이와 상통하고 권역질서를 뒷받침하는 인간관, 개인과, 그리고 정치철학이 존재해야 한다고 본다.

이 층위는 개인들이 생활세계에서 느끼는 정치의 의미, 즉, 지배와 복속의 의미권의 층위이자 생활세계 일반을 지배하는 행위, 양식, 의식 등의 층위이다. 앞서 논의한 대로 정치를 인식할 때 우선 일상언어로 인식하고, 표현하는 내러티브, 즉, 서사의 세계이다. 그리고 이러한 일상의 의미권은 이후에 개념화되고 정치사상으로 정교하게 발전하는 관념적 층위를 이루게 된다. 동주는 이 층위를 매우 강조한다. 개인의 정치의식 차원으로부터 권역의 조직원리 차원에 이르기까지 권역질서 전체를 관통하는 일관성이 없으면 권역질서가 견고하지 않다고 생각했다. 의미권은 상징 체계, 관념 체계, 정당성 의식, 그 중에서도 국가 관념, 정치 개념, 정치적인 옳고 그름, 권위와 신념 표지에 관한 층위이다.[24]

유교권의 사대질서를 예로 들어보면 권역질서는 필연적으로 봉건질서와 연결되어 있다. 사대라는 위계적 관계를 유지할 때 각 개별 정치체 내에 봉건제도의 위계성을 함께 유지해야 하는 것이다. 사대질서 속에서 중원왕조와 주변왕조의 위계관계는 왕조 내 위계적 봉건정치, 사회질서, 그리고 이를 뒷받침하는 인간관과 정치철학에 의해 유지될 수 있었다. 결국 권역질서의 보편적 위계성은 개인을 보는 철학적 관점과 연관되어 있었던 것이다. 개인이 독자적이고 주권적인 정치적 개체로서 인식되는 것이 아니라 위계적 공동체의 일원으로 인식되는 정치철학이 작동한 것이다. 사대질서라는 권역 보편적인 질서는 개인과 사회, 왕조라는 핵심 단위와 국내정치, 그리고 정치체들의 대외정책과 지역 질서 전체의 차원을 포괄하는 구조이다.

동주는 권역 내 구조를 그 자체로 개념화거나 이론화하지는 않지만 권역의 작동에 대한 논의 속에서 이러한 구조를 논의했다고 본다. 우선 권역 간 전파를 논의하는 과정에서 개별 권역의 다양한 층위에 대한 논의를 전개한다. 즉 전파권역은 피전파권역의 체계를 하나씩 변화시키는데, 가장 근본적인 층위는 조직원리이다. 한 권역의 조직원리가 전파되어 권역질서를 이루는 기본적인 원리가 전파되는 것이다. 전통적인 제국 권역을 유지하던 지역들을 근대적 제국주의로 타파한 유럽이 그 예이다. 유럽 강대국들은 베스트팔렌 조직원리를 전파하면서 제국주의 운영원리를 작동시킨다. 유럽 조직원리는 국제법의 원리를 내용으로 조약이나 협상을 통해 전파되기도 하고 폭력적 정복의 형태를 취하기도 한다. 뒤이어 법관념, 법체계, 제도 등 유럽의 운영원리를 전파하지만 전체적으로 볼 때 베스트팔렌의 조직원리와 제국주의 운영원리로 세계를 재조직하려 했음을 알 수 있다. 많은 피전파 단위들은 닥쳐오는 압도적 권역의 조직원리와 운영원리를 불가피하게 받아들이지만, 단위의 성격, 사회경제, 개인과 정치사상 차원의 핵심 요소들을 지키려고 한다. 예를 들어 19세기 동아시아 국가들이 전파에 최대한 저항하기 위해 제시했던 동도서기, 중체서용, 화혼양재 등의 담론을 들 수 있다.

전파의 과정에서 전파가 더욱 진전되면 조직원리와 운영원리에 이어 핵심 단위인 근대주권국가 자체의 수용, 이어서 다양한 정치체제를 둘러싼 수용의 과정이 진행된다. 동주가 새 정치의 개념, 체계, 제도의 취미 등이라고 언급한 층위이다.[25] 이를 받아들이지 않고 저항하기는 쉽지 않다. 유럽권역이 전파될 때 결국 부국강병의 국가모델, 이를 가능하게 하는 사회경제체제 및 인간관을 지향하지 않으면 식민지로 전락할 수밖에 없었기 때문이다. 권역의 전파에 관한 동주의 이론은 권역 자체의 구성에 대한 동주의 생각을 볼 수 있게 한다. 앞의 논의들을 정리한 내용은 다음의 표와 같다.

표 1 | 권역의 5층 구조

차원	설명
조직원리	권역의 질서를 결정하는 기본적인 원리와 원칙
운영원리	권역 내에서 실제로 작동하는 관계, 규범과 규칙, 제도
핵심 정치단위	권역 내 핵심 행위자의 본질과 성격
사회와 경제	권역 내 핵심 정치단위와 개인을 매개하는 공동체의 사회적, 경제적 층위
개인과 정치철학	권역 내 개인의 생활세계의 인식과 의미, 정치에 대한 철학과 사상

주요 권역들

권역이론의 관점에서 보면 세계의 여러 지역에는 각각의 권역들이 존재했다. 고대로부터 문명교류 차원의 상호작용은 있었지만 자기 완결적인 권역 정치질서의 경계는 뚜렷하게 설정되어 있었다. 16세기 전후로 유럽 국가들의 팽창이 시작되었고 19세기 중후반에 이르러 유럽 강대국들은 본격적인 제국주의적 팽창을 계속했다. 이후 세계는 하나의 정치적 공간으로 통합되기 시작한다. 1차 세계대전은 지구 전체를 뒤덮은 인류 최초의 세계대전이었다. 1차 대전 이후 세계의 권역은 하나의 현대 세계정치권역으로 통합되었다. 세계 각 곳에서 일어나는 모든 현상이 지구적으로 연결되는 시대가 도래한 것이다.

동주는 1차 세계대전 이후 현대가 시작되었고, 정치는 세계적 차원의 세계정치가 시작되었다고 명확하게 규정하고 있다. 현대 세계정치라는 지구적 단일 권역의 출현이다. 이 시점을 기준으로 볼 때, 이전에 분립하던 다수의 권역을 구별해 볼 수 있다. 대표적인 권역들은 유교 권역, 이슬람 권역, 그리고 지구 전체로 전파되기 이전 유럽에 국한되어 있던 유럽권역이다. 각 권역은 고대 사회로부터 유구한 역사를 지니며 자체적으로 복잡한 양상을 띠면서 진화해 왔다. 유럽의 근대 권역이 세계적으로 확산하며 20세기 현대 세계정치의 표준을 제공했기 때문에 유럽의 근대 권역은 특별한 중요성을 가진다.

현대 세계정치 권역의 출현 이후 지구적 단일권역은 양대 권역으로 다시 분할된다. 전간기 나치즘과 파시즘, 군국주의 세력들이 자유주의 권역질서에 도전을 가해 오다 2차 세계대전이 발발한다. 이들의 도전은 좌초되었지만 미국 주도의 자유주의 권역과 소련 주도의 공산주의 권역이 출현했다. 이미 단일한 세계권역 성립 이후의 상황이기 때문에 동주는 냉전의 상황을 현대 세계정치의 자기분열이라고 칭한다. 공산권의 몰락 이후 미국 주도 자유주의 권역은 전 세계로 다시 전파된다. 탈냉전기 지구적으로 단일한 세계정치권역이 정착된 것이다. 탈냉전기의 상황 속에서 유럽은 국가연합을 추진하면서 미국 주도의 세계권역 내에서 독자적인 국가연합 권역을 만들어 낸다.

이상의 흐름을 권역질서를 이루는 5층 구조, 그 속에서도 조직원리와 운영원리에 따라 새롭게 구분하고 명명해 볼 수 있다. 1차 세계대전 이전까지 유럽권역은 주권국가를 기본 단위로 하고 소위 무정부상태 조직원리를 기반으로 하는 베스트팔렌 조직원리와, 세력균형 운영원리를 핵심으로 전개되었다. 그러한 관점에서 조직원리-운영원리의 짝으로 근대의 유럽 권역은 베스트팔렌-세력균형 권역으로 명명할 수 있다. 유럽 강대국들은 자신들 간에 세력균형의 운영원리를 추진하면서, 유럽 내 약소국, 비유럽 약소국들에 대한 제국주의적 침탈을 추진하였다. 유럽 강대국들은 상호 이해에 기초하여 제국주의 침탈의 정책을 그 시대의 국제법적 질서로 정착시켰다. 베스트팔렌 조직원리와 제국주의 운영원리가 결합된 권역으로 존속한 것이다.

1차 세계대전을 계기로 유럽권역의 자기모순은 결국 지구적 차원의 전쟁과 식민지들의 독립으로 폭발한다. 유럽의 구열강들, 즉 단일민족주의 국가들의 세력과 영향력은 급속히 약화되고 세력균형 운영원리는 쇠퇴한다. 베스트팔렌 조직원리를 존속시키지만 미국과 소련이라는 새 강대국이 출현하여 각각의 권역을 수립하기에 이른다. 미국은 베스트팔렌 조직원리와 자유주의 운영원리에 기반한 베스트팔렌-자유주의 권역을 건설한다. 러시아는 볼셰비키 혁명을 통해 새로운 권역을 창출한다. 베스트팔렌 권역 내에서 출현했지만 이 권역의 조직원리를 부정하며 출현했고, 독자적 권역을 형성했다. 공산권은 개별 국가 차원을 넘어선 프롤레타리아 국제주의 조직원리와 공산주의의 운영원리를 새롭게 창출한다. 이러한 공산권 권역을 프롤레타리아 국제주의-공산주의 권역이라고 할 수 있다.

2차 세계대전 이후 국가연합을 추구해 오던 유럽 국가들은 냉전 종식 이후 국가연합의 추세를 더욱 가속화한다. 미국 주도 베스트팔렌-자유주의 권역이 지구적으로 확대되는 가운데, 유럽국가연합은 자유주의 권역 내에서 중층적인 권역질서를 만들어 가면서 현재에 이르고 있다. 공산권의 경우와는 달리 미국 주도 권역에서 이탈하여 판이한 조직원리를 만든 것은 아니기 때문에 지구적 자유주의 권역 내에서 준권역의 성격을 가지며 공존하고 있다. 내부적으로는 베스트팔렌 권역의 조직원리를 넘어서고자 하면서 대외적으로는 유럽연합이 하나의 주권국가와 같이 행동하기도 한다. 향후 유럽연합이 주권국가 중심의 베스트팔렌 조직원리를 완전히 변화시키고 기존의 지구권역질서 역시 이를 모델로 변화한다면 현재의 미국 주도 베스트팔렌 권역과 모순 관계에 처할 수도 있다.

이 과정에서 제기되는 중요한 문제는 탈냉전이라는 사건이 세계질서의 추이에 미치는 영향이다. 탈냉전의 도래는 소련 주도 공산권역의 붕괴이며, 미국 주도 자유주의 권역의 지구적 전파를 의미했다. 냉전의 붕괴로 지구적 세력배분구조는 엄청난 변화를 겪게 되었다. 미국 주도 권역이 팽창하면서 과거 소련 주도 공산권, 더 나아가 제3세계 지역으로 광범위하게 전파되었다. 그러나 미국 주도 자유주의 권역의 성격이 근본적으로 바뀐 것은 아니다. 오히려 냉전의 한 축이었던 미국 주도 권역이 지구적 차원의 권역으로 자리잡을 수 있는가를 시험하는 새로운 변화와 도전의 시간이 시작되었다.

미국 주도 자유주의 권역의 지난 30년을 돌아보면 역사적으로 유례가 없는 강력한 상대적 힘을 가진 미국이라는 단극 국가의 등장, 그리고 지구적 자유주의 권역질서 유지를 위한 공공재를 미국이 제공한다는 패권적 운영원리가 핵심이었다. 역사상 최초로 지구 전체에 걸친 권역의 질서를 한 국가가 패권적 운영원리에 의해 유지하게 된 것이다. 이 시기는 또한 첨단기술의 발전으로 지구화가 더욱 가속화되고, 기술 발전의 부정적 외부재, 혹은 공공악재 public bads로서 기후변화와 생태파괴 등의 문제가 발생한 시기이기도 하다. 더불어 과거 식민지로 전락했다가 냉전기 초강대국 경쟁에 고통을 겪었던 제3세계 국가들이 세계질서의 부당함, 불평등함에 대해 본격적으로 문제 제기를 하는 시기였다.

탈냉전기 미국 주도 자유주의 권역은 많은 위기에 봉착해 왔다. 기존의 자유주의 제도들과 패권국이 제공하는 지구적 공공재에도 불구하고 자유주의 권역은 냉전기와는 다른 새로운 문제들에 부딪힌 것이다. 미국은 신자유주의 세계화를 통해 자국의 경제적 부흥과 단극패권 권역을 이끌 수 있는 경제적 기초를 다졌다. 1990년대 성공적이었던 신자유주의 세계화는 21세기 들어서면서 과도한 규제 완화 및 불평등 심화 등으로 많은 문제를 발생시켰다. 2008년 경제 위기는 신자유주의 세계화가 주도국인 미국의 경제로부터 지구적 파장을 가져올 수 있음을 보여 주었다. 9.11 테러는 지구적 차원에서 새롭게 대두한 군사력의 통제 문제와 더불어 제3세계 국가들과 집단들이 제기하는 국제질서의 문제에 대처하기가 어렵다는 사실을 새롭게 각인시키는 계기가 되었다. 코로나 사태는 지구화 속 압축된 시공간 환경에서 지구적 보건 위기에 대처하는 것이 얼마나 어려운가를 보여 준 사건이었다.

그러나 보다 심대한 위기는 권역질서 근본에 대한 도전에서 온다. 중국, 러시아 등 자유주의 권역질서에 문제를 제기하며 대안적 질서를 모색하는 세력이 등장한 것이다. 탈냉전기가 미국 주도 베스트팔렌-자유주의 권역의 세계적 전파 과정이었다면 그 전파가 세계 모든 지역에서 온전히 완성되기에는 어렵다는 사실을 보여 주었다. 러시아는 2022년 2월 24일 우크라이나를 침공했다. 미국이 시도했던 1990년대 유럽의 새로운 군사, 안보, 정치질서가 모든 구성원들, 특히 러시아를 온전히 포괄하기에 충분하지 못했음을 보이는 사건이다. 러시아는 점차 탈베스트팔렌 제국 권역을 추구하는 양상이다. 탈권역의 길을 걷고 있는 것이다.[26] 한편, 빠른 국력 성장으로 미국과 전략경쟁을 벌이게 된 중국과, 글로벌 사우스 국가들의 도전도 가속화되고 있다. 이들 국가는 미국 주도 베스트팔렌-자유주의 권역에 편입되어 왔지만 동시에 주변, 혹은 절역으로 존재하는 양상도 보여 왔다. 자유주의 권역의 문제점이 심화되면서 이들은 보다 근본적 문제를 제기하고 있다. 러시아와는 달리 주권국가 중심의 국제정치조직원리 자체에 도전한다기보다는 자유주의 국제질서라는 운영원리의 전개 방식에 문제 제기를 하는 모습을 보이고 있다.

미국 주도 베스트팔렌-자유주의 권역은 역사의 한 단계이다. 권역 내에 존재하는 자체 모순들을 동력으로 다음 단계의 권역으로 발전할 것이다. 이 과정은 과거처럼 전쟁과 파국으로 점철될 수도 있다. 선제적인 문제 제기와 현명한 대처, 권역질서의 진화를 위한 노력으로 순조롭게 다음 단계로 발전할 수도 있다. 미국 주도 권역 이후 어떠한 권역질서가 가능한 대안인지도 살펴볼 필요가 있다.

이상에서 논한 다양한 권역들의 특징과 배경이 되는 시대를 일별해 보면 다음과 같다.

표 2 | 권역의 특징과 시간적 맥락

권역	특징	시간적 맥락
유럽의 근대 베스트팔렌-세력균형 권역	주권국가 중심의 새로운 권역 창출. 1648년 베스트팔렌 회의 이후 유럽 전체에 정착. 강대국 간 세력균형 원칙에 대한 합의로 유지, 진화	15세기 후반부터 1차 세계대전까지의 기간
비서구 권역들	베스트팔렌 권역 이전에 존재, 이후 피전파의 대상이 됨. 유교권과 이슬람권이 대표적.	제국주의 이전에는 독립 권역, 이후 제국주의 피침탈로 유럽 권역의 전파 대상이 됨.
1차 세계대전 이후 현대 세계정치 권역: 베스트팔렌-자유주의 권역	구미국가들이 주도하는 자유주의 세계질서의 성립, 전간기를 거쳐 2차 세계대전 이후 냉전기 자유주의 권역과 소련 주도 국제주의-공산주의 진영으로 자기분열	1차 세계대전 이후 성립, 소련 해체까지의 기간
공산권역 몰락 이후 탈냉전기 베스트팔렌-자유주의 권역의 세계적 확산	공산권의 몰락 이후 미국 주도 베스트팔렌-자유주의 권역의 지구적 확산	1990년대 전후 공산권의 분열과 1991년 12월 소련의 해체 이후 현재까지의 기간
유럽 국가연합 준권역	냉전기 국가연합 노력 지속, 탈냉전기 유럽연합의 발전으로 통합 노력 약진 및 자유주의 권역 내 준권역으로 공존	1950년대 석탄철강 공동체ECSC로 시작, 냉전기 발전, 탈냉전기 급속히 발전
탈베스트팔렌-제국 권역에 근접한 새로운 권역의 모색	러시아 및 수정주의, 비서구 국가들의 도전	미중 전략경쟁과 2022년 우크라이나 침공 이후 세계질서의 혼란기

권역의 분류: 권위형 권역과 강제력형 권역

　권역의 정치질서는 결국 힘의 동학으로 결정된다. 동주는 국제정치 현상을 지배하는 가장 중요한 요소는 힘이라고 보며, 정치권력을 강제력과 권위로 나눈다. 물리적 강제력은 다양한 국력의 조건들이 취합되어 구성된다. 국토, 자원, 산업, 노동인구 동원 등 여러 가지 조건들을 함께 고려할 필요가 있다. 정확히 계량할 수 있는 조건들이 강제조치가 되어 힘으로 완결된다. 강제력은 발동되면 무엇보다 군사력의 형태로 현실이 된다. 평상시의 강제력은 발동되지 않아도 각 행위자들이 잠재력을 계산할 수 있기 때문에 지배의 조건이 된다. 문제는 발동되기 전에는 정확한 계량이 어렵다는 것이다. 따라서 미발동 상태의 강제력은 결국 심리적 지배 관계의 성격을 띠게 된다. 한 번 강제력이 발동되어 위세를 보이면 평상시의 잠재력에 대한 평가와 믿음이 생긴다.
　강제력이 힘의 외면적 측면이라면 내면적 측면은 정치적 권위이다. 정치적 권위는 정치적 복종을 가져오는 상징체계이다. 권위는 합당한 존경, 복종 경위를 포함한다. 주관적 입장에서는 정당성이 인정되는 현상이다. 정치적 복종을 위해서는 가치를 포함하는 상징이나 표상, 부호 등이 필요하다. 정치권위는 정치집단을 구속하는 관념 체계이다. 이러한 관념체계는 한편으로는 합리적 이데올로기의 모습을 가진다. 그러나 동시에 권위는 신비성, 비합리성과 같은 심리적 측면도 가진다. 이러한 점에서 신화적인 측면도 있다. 결국 권위는 논리로 만들어진 이데올로기와 심리적으로 구성된 신화의 측면을 동시에 갖는다.

권위는 가치 포함적인 관념과 의식에 그치는 것은 아니다. 권위는 실제로 구속적이고 사회적, 물리적 제재를 겸비한다. 파문이나 비난과 같은 도의적, 법률적 제재를 예로 들 수 있다. 이러한 권위가 형성되는 것은 집단의 사회 관념과 관습, 이러한 관습에 부합하는 개인의 행위 체계 때문이다. 복종의 사회습성, 즉 복종 습성은 제재에 대한 공포의 측면이 있다. 특정한 사회의 특정한 가치 체계, 곧 권위의식의 발현 때문에 일어나기도 한다. 순수한 무력에 의한 정복 관계는 강제력에 의해 이루어진다. 이후 권위에 따른 지배가 따라오고 민중이 복종하며 이와 더불어 공동체 의식이 만들어진다.

동주는 강제력과 권위를 두 축으로 고대사회에서 현대에 이르기까지 어떻게 정치질서가 만들어지고 전개되어 왔는지 설명한다. 이를 통해 각 권역에 형성된 정치질서를 이론적으로 파악할 수 있는 기반을 제공한다. 고대사회에서는 공동체 의식과 정치적 권위가 매우 중요했다. 정치사의 전개 과정에서 권위 중심적 정치 사회는 강제력 중심의 사회로 옮겨 간다. 가족, 종족, 씨족 등 혈연적 권위로 일관된 고대사회에서 사회 기능이 분화된 근대 사회로 이행했다. 국가 간 정복이 더욱 빈번해지면서 강제력이 지배 복종 관계를 만들어내고 이에 따라 사회 권위 구조가 변화되었다. 근대 이전의 권역에서는 권역 전체를 아우르고 나라를 넘어서는 보편적 권위가 존재한다. 그러나 근대 이후 다원적 국제질서에서는 고대나 중세의 강렬한 권위감은 보유하기 어렵다.

결국 인간사는 권위 중심적 정치사회에서 강제력 중심의 사회로 이행했다. 중요한 것은 역사적 현실에서 권역을 바라볼 때 권위만이 지배하는 정치 사회도 없었고, 강제력만이 통용되는 사회도 없었다는 점이다. 이상형으로는 권위형과 강제력형을 양극단으로 하지만 그 사이에 여러 가지 현실적인 유형이 존재한다는 것이다.

권위형 권역

동주는 정치의 본질을 강제력과 권위로 구분하고 이에 따라 권역을 크게 양분한다. 권역은 보편적 권위를 조직원리로 하여 구성될 수도 있고, 강제력의 충돌과 균형을 조직원리로 해서 구성될 수도 있다. 동주는 국제정치 권역을 권위와 강제력을 기반으로 한 두 조직원리에 따라 권위형과 강제력형으로 구분하고 있다.

권위형 권역은 동일한 권위관념에 의하여 국제관계가 만들어질 때 구성된다. 본질상 초국가적인 권위가 보편적으로 권역에 적용되기 때문에 초국가적인 국제사회가 형성된다. 권위는 초국가적으로 작동하면서 국가 간의 서열, 결합, 연결을 이룩하는 매개체의 역할을 담당한다. 보편적이고 위계적인 조직원리가 단위 간의 기본적 정치관계를 관장하게 되는 것이다. 권위형 국제관계의 특징으로는 첫째, 주권국가의 국가폐쇄적 권위를 초국가적 권위로 압도하고, 둘째, 권역 내 국가를 포함한 모든 정치집단과 권력을 배타적으로 통합한다는 것이다.[27]

동주는 권위형 권역를 정의하면서 우리라는 권위, 동질적 권역, 질서, 서열과 연대 관념 등을 강조한다. 우리를 바탕으로 한 권위가 형성된다는 것이다. 이 경우 개별 단위의 폐쇄적 권위를 넘는 초국가적 권위가 압도하게 된다. 권역 내의 모든 정치 집단과 권력을 배타적으로 통합하는 것이다. 권위형 권역에서는 기본적으로 국제관계와 국내관계의 구별이 의미가 없다. 하나의 권위가 국가 간 관계는 물론, 국가 내 사회와 개인 차원의 정치관계를 관통하기 때문이다.

국제권위가 통용되는 국제사회에서 정치단위로서 국가가 지니고 있는 성격은 유아독존적 근대국가와는 유형이 크게 다르다. 형식적으로는 국가들 간 형제자매 국가의 모습을 띠게 된다. 국제권위가 지배하는 국제사회 속의 국가관계 혹은 국제정치는 본질상 계층적이며 서열적인 정치관계를 이룬다. '우리'를 관통하는 권위를 매개로 하는 것만큼 동질적인 권위에 기초하는 것이다.[28] 권위형 권역에서는 각 단위의 권력층이 서로 연결된다. 권력층 간의 밀접한 관계와 더불어 서열이 만들어지는 것이다.

동주는 권위형 권역을 설명할 때 제국이라는 용어를 사용하지는 않는다. 권위형 권역이 국제와 국내를 구별하지 않고 전체 권역을 하나의 정치공간으로 삼는다는 점에서, 제국은 권위형 권역의 전형적인 종류이다. 제국의 초기 형성 과정은 역사적 경로에 따라 다양하게 구별될 수 있다. 정복에 의한 제국의 형성 과정에서는 강제력이 결정적으로 작용한다. 강제력으로 강압적인 제국을 형성되는 것이다. 그러나 강제력만으로 제국을 유지하기는 쉽지 않다. 이후에는 보편권위가 권역 전체에 확장되면서 권역이 보편권위에 기초한 조직원리를 형성한다.

권위형 국제관계 속에서는 이를 대표하는 중심 세력의 역할이 중요하다. 권위의 내용 자체도 중요하고, 권위가 발생하는 연유, 그리고 어떻게 전통적 위신이 형성되는가에 주목할 필요가 있다. 중심 세력은 권역에서 권위의 해석권을 장악하는 힘을 소유한다. 권위의 해석권을 장악한다는 것은 권위형 권역의 국제적 대표가 된다는 것이다. 외교정책의 정당성을 판단할 권리를 점유하는 것이다. 권위형 권역 내에서는 베스트팔렌 권역에서 도출된 국가 주권 사상 같은 정치신화가 용납될 여지가 없다.

동주는 권위형 권역으로 중세 기독교 사회, 이슬람 사회, 구 불교권, 유교권, 그리고 공산권 등을 예로 들고 있다. 20세기 이전의 권위형 권역에서는 근대 주권체제에서 보듯이 개별 단위들의 다원주의적 공존은 비정상상태이다. 개별 국가들이 주권을 갖는다는 의식이 없는 상태이기 때문이다. 20세기 공산권은 하나의 현대 세계정치가 형성된 이후 등장한 권위형 권역이다. 주권국가체제를 거치면서 변용된 것이다. 공산권 내 보편권위가 형성되어도 베스트팔렌 권역에서 파생된 만큼 주권국가 의식이 복원될 가능성이 높은 권역이었다.

동주는 순수한 이념형으로서 강제력형과 권위형을 양분하지만, 현실에서는 강제력과 권위가 혼합되는 혼합형이 존재할 수밖에 없다는 사실에 주목한다. 중요한 것은 강제력과 권위가 혼합되는 비율, 포뮬러라고 할 수 있다. 권위형 권역에서 강제력이 작동하지 않는다고 보기는 어렵다. 권위형 권역 내에서도 국가 간 강제력에 해당하는 힘의 관계가 동시에 존재하는 것이다.[29] 개념적으로는 권위에 기반한 조직원리를 갖추고 있지만 실제 운영 과정에서 경우에 따라 강제력이 개입하는 것으로 볼 수 있다. 권위형 권역에서 이탈하고자 하는 국가가 나타날 때 권역의 중심국가는 이를 강제로라도 제압해야 한다. 동주가 자주 드는 예는 공산권에서 탈피하고자 했던 티토Josip Broz Tito가 이끄는 유고슬라비아이다. 프롤레타리아 국제주의라는 권위형 조직원리에 기반하고 있어도 권역의 통합성을 유지하기 위해 강제력을 사용하는 운영원리를 가지고 있었다. 소련이 권역의 합의에 기반하여 대외적으로 자유주의 진영에 대처하고 권역 내적으로 감독, 제재를 하지 못한다면 권역이 약화될 수밖에 없었다.

20세기에 현대 세계정치가 성립하기 이전 여러 개의 권역들이 공존했다. 특히 다수의 권위형 권역들이 공존했다. 동주는 권위관념이 서로 다른 권역 간 관계도 설명하고 있다. 국제권위가 지배하는 문명권이 다른 문명권 혹은 권역 밖의 다른 나라와 관계를 맺는 경우이다. 충돌은 배타적이며 적대적인 권위형 권역, 혹은 강제력형 권역 모두와 일어날 수 있다. 이는 문명권 간의 충돌의 모습을 띠며, 한 권역의 권위가 통용되지 않는 타 권역에서 자신의 권위는 아무런 적극적인 위력을 발휘할 수 없다. 따라서 권위관념이 다른 권역 전체 혹은 다른 권역 내 다른 나라와 충돌할 때에는 불가피하게 강제력에 의한 관계로 귀결된다. 또한 한 권역의 외교정책은 다른 권역을 상대로 할 때 필연적으로 권역 전체의 구성원을 동원하는 국제 공동의 정책으로 나타난다. 과거 기독교 권역의 십자군이 이슬람권에 대항할 때나, 자유주의 권역이 공산권에 대항할 때 이러한 인식과 정책의 예를 볼 수 있다.

때로는 하나의 권역에서 성립한 권위가 유포되고 전파될 수 있다. 그리고 그러한 전파가 동기와 취지의 면에서 권력적인 면과 상관없이 발생할 수 있다. 비정치적이며 숭고한 이념에서 우러나오는 권역의 팽창이다. 그러나 동주는 정치적 결과에는 별 차이가 없는 것이 상례라고 평가한다. 아시아 사회에 기독교가 전도되는 경우를 예로 들 수 있다. 기독교의 전파는 아시아 정치권위의 핵심에 중대 위협을 주게 되었다. 역사상 수많은 종교 박해, 사상 탄압은 숭고한 이념과 무관하게 정치권위가 국제정치적으로 어떠한 기능을 가지는가 하는 측면에서 이해해야 한다는 것이다. 이는 권위형 권역에서 강제력이 권위의 앞잡이로 작동하는 경우이다.[30]

강제력형 권역

권위형 권역의 대척점에 강제력형 권역이 있다. 현재 세계를 관장하는 주권국가체제가 대표적이다. 대외적으로 배타적이고 독립적인 국가주권에 기초하여 권력정치로 국제정치를 이끌어가는 권역이다. 전쟁과 같은 강제적 수단을 권역질서의 핵심요소로 포함하는 권역으로 현대인에게는 낯익은 체제이다. 강제력형 권역은 강제력의 상호관계, 세력의 대소를 중심으로 유지된다.

강제력형 권역은 주권국가가 독립된 원자처럼 움직이는 원자형, 혹은 당구공형 모델로 개념화될 수 있다. 현대 국제정치이론에서 논하는 소위 무정부상태의 조직원리와 통하는 개념이다. 원자형 권역에서는 보편적인 국제권위가 부정된다. 즉, 국내정치에 대한 불간섭의 공리가 성립하는 것이다. 국제권위가 결여된 정치관계란 결국 강제력이 최고의 기준이 되는 세계이다. 이 세계는 강제력의 상대적 배분구조의 변화에 따라 결정될 수밖에 없다.

순수한 강제력형 권역이 원자형의 모습을 띠지만, 권위형 권역의 경우와 마찬가지로 이는 이상형이다. 현실 세계에서는 국제권위가 존재하는 혼합형이 출현한다. 강제력이 기준인 국제관계에서 강제력의 상대적 크기에 따른 메커니즘이 권역질서를 만들어 낸다. 그러나 강제력에 의해 질서가 생성, 유지되어도 국제적 권위가 매개되지 않으면 안정될 수 없다. 권위가 온전히 결여된 강제력형은 동주의 표현에 따르면 국제적 무질서상태라고 할 수 있다. 이러한 무질서상태는 권역이 형성되는 초기 일정 기간 존재할 수는 있겠지만 권역을 이루려면 최소한의 합의가 필요하다. 원자형의 무정부상태가 무질서상태는 아닌 것이다.[31]

동주는 강제력형 권역을 설명하면서 강제력형 속에 권위가 함께 작동하는 혼합형이 형성될 수 있다고 본다. 유럽에서 기원한 근대 주권체제의 권역은 일견 강제력만이 작동하는 무질서상태인 것처럼 보인다. 그러나 강제력이 작동하는 방식에 대한 국가 간 합의가 필요하다. 이러한 합의가 권위로 정착되면 강제력 권역에 대한 권위의 영향이 커질 수 있다. 근대 유럽의 세력균형체제는 네댓 강대국의 합의가 중요하게 작동했다. 근대 권역이 진화하면서 이러한 합의는 보다 견고한 권역 전체의 권위로 작동하게 되었다. 강제력형 권역을 이끄는 권역 전체에 내재하는 권위였다. 1815년 유럽협조체제는 다수의 강대국 간 합의에 기초하여 성립했다. 한 국가가 권역질서를 독점하는 권위는 아니지만 강대국 간 협력과 합의에 기초하고 있었고, 권역 전체의 약소국에 대한 공동간섭이라는 권위에 근접한 모습을 보였다. 근대 유럽권역은 강제력에 기반한 원자형 권역이었지만 세력균형이라는 운영원리가 작동했고, 이 운영원리는 구성원 간에 존재하는 암묵적이면서 공고한 합의에 기초했던 것이다.

20세기에 들어 현대 세계정치 권역이 만들어진 이후 미국은 자유주의라는 운영원리에 기초하여 강제력 권역을 이끄는 질서를 만들어 갔다. 세계적 차원에서 공통의 문화나 역사에 기초한 합의가 불가능한 상황에서 미국은 자유주의라는 정치이념을 권역질서의 정당성의 기초로 제시했다. 자유주의는 모든 국가의 주권적 권리, 평화와 안정, 개방과 번영, 인권과 자유, 반공산주의 등의 정당성과 권위를 부분적으로 제시했다. 강제력 권역에서 작동하는 권위는 부분적이지만 강제력형을 유지시키는 중요한 요소이다. 동시에 강제력형의 조직원리와 권위를 정착시키고자 하는 운영원리 간의 갈등이 권역의 변화를 추동하기도 한다.

강제력형에 권위형이 개입하는 또 다른 이유가 있다. 한편으로 권역 내 질서를 원만히 유지하고자 하는 이유가 있었다면, 다른 한편으로는 타 권역과 경쟁하면서 공동체의식과 자기 권역에 대한 정당성이 자리잡게 된다. 동주는 냉전기 공산권과 대결했던 자유주의 권역의 예를 들고 있다. 공통의 적을 대하면서 자유주의 권역 내에 공통의 운명의식과 동질감이 생겨나게 되었다는 것이다. 그렇게 되면 권역 간 우적友敵관계에서 도덕적 판단이 작동하게 된다. 권위형 권역 간 관계는 본질적으로 상대방을 악마시하는 도덕적 우적관계로 형성된다. 이제 강제력형 권역에 권위가 게재되면서 비슷한 메시아주의가 만들어지는 것이다.[32] 권위가 작동하게 되면서 권역질서에 필요한 국제적 공공재의 생산 역시 권역 내 많은 국가들이 동참하게 된다. 패권 국가가 이를 요구할 수도 있고, 자발적인 팔로워십이 생겨나기도 한다. 권역질서를 유지하기 위한 권역 공공재의 공동생산이 이루어지고 무임승차의 여지가 줄어드는 것이다.

그러나 대항적 필요에서 생긴 권역 내 권위감이 근본적인 것은 아니라는 점에 주목할 필요가 있다. 대항적 권역을 형성한다는 것과 권역 내 국제권위가 수립된다는 것이 완전히 같은 말은 아닌 것이다. 동주는 공통된 이념, 즉 민주주의, 자유, 민족, 국민주권과 같은 이념을 제시한다고 해도 이는 단순한 국제적 모토에 불과하다고 본다. 권역감이 나타나도 강제력 권역의 기본 조직원리가 극복되지는 않기 때문이다.

불완전하나마 권위를 바탕으로 하는 혼합형에서 나타나는 현상은 군사력의 통합, 결집, 그리고 국제적 경제협력이다. 강제력의 증강과 경제개선을 계기로 하여 새로운 서열과 국제적 계층이 나타난다. 강제력이 단결하여 국제적으로 결집되면 권역 단위의 집합적 강제력이 가능해진다. 동맹이나 전략적 파트너 국가들과의 군사협력이 그러한 예가 될 수 있다. 또한 경제적 측면에서 시장의 개방으로 국민경제의 국제적 통합이 나타나고 이를 계기로 새로운 국제적 서열이 형성된다고 본다.[33]

표 3 | 권역의 분류

권위형		강제력형	
전통적 권위형	현대의 권위형	원자형 권역	권위혼합형 권역
중세 기독교권, 유교권, 이슬람권	베스트팔렌 권역의 현대적 자기분열 이후 형성된 공산주의 권역	근대 유럽권역이 원자형 권역에 가장 근접	냉전기와 탈냉전기 미국 주도 자유주의 권역

권역 내 중심과 주변

동주는 국제정치권역이 "구조적으로 중심, 근접, 주변의 지대"로 엮여 있다고 정의한다.[34] 앞서 살펴본 바와 같이 권위형 권역에서 중심국가는 권역을 관통하는 권위를 해석하는 힘을 장악한다. 중심국가의 해석은 권역질서에 맞는 행동과 대외적으로 함께 추구할 공동 정책을 결정한다. 중심 근처에 있는 근접국가들은 권역의 권위를 수용하여 내재화한다. 주변에 권역의 권위를 전파하고 중심을 도와 권역질서를 유지한다. 주변은 보편적 권위의 수용자이지만 권역의 모든 층위의 형식과 내용들을 내재화하지 않을 수 있다. 권역의 조직원리와 운영원리에 따라 행동하고, 표준적인 행위단위의 모습을 채택할 수는 있다. 권역 내 경제관세 속에 편입되고 부분적으로는 사회의 모습도 변화할 수 있다. 그러나 주변에서 살고 있는 구체적인 개인들은 생활양식과 사상을 온전히 수용하지 않고 외면적으로만 권역질서를 따를 수도 있다. 사회는 전파 이전 전통권역의 생활세계와 의미체계, 사회적 조직 등을 유지할 수도 있다.

권위형 권역은 사실상 제국의 형태를 띠기 때문에 중심국가는 근접 및 주변국가의 내정에까지 관여할 수 있다. 근접과 주변 국가는 주권을 소유하지 못하고 중심에 복속되는 관계이다. 물론 제국적 조직원리가 작용하여도 중심국가가 근접과 주변의 자율성을 인정할 수 있다. 근접과 주변의 단위들이 상당한 자율성을 가지고 내부 정치를 유지하고 독자적인 생활양식을 보존할 수 있다. 주변이 중심의 정치적 권위와 정당성을 온전히 수용하지 못하거나, 반발이 조직화될 때 탈권역을 시도하는 주변의 세력들이 나타날 수 있다.

강제력 권역에서 중심은 가장 강한 힘을 소유한 하나, 혹은 여러 개의 국가로 이루어져 있다. 하나의 국가가 강제력으로 권역 전체를 장악하고 있을 경우 패권적 권역이 만들어질 수 있다. 근접과 주변의 국가들은 막강한 중심의 강제력 때문에 복속된다. 중심에 다수의 중심국가들, 혹은 근접국가들이 존재할 때 권역질서는 강고해진다. 필요에 따라서는 근접, 그리고 주변에 대한 공동간섭의 제도도 만들어진다. 강제력 권역에서는 모든 국가가 주권을 가지고 있고 독립적이기 때문에 주변에 대한 강제적 관리가 유지되어야 한다.

그러나 권역질서가 항상적인 강제력의 행사로만 유지될 수는 없다. 하나의 중심국가에 대한 근접 및 주변 국가들의 추종이 힘에 의해서만 이루어지기는 어렵다. 가장 강한 중심 국가가 권역을 유지하려면 다른 국가들의 인정과 추종이 있어야 한다. 중심에 여러 국가가 존재한다면 이들 간 관계의 조정, 권역질서에 대한 합의도 필요하다. 중심을 제외한 모든 국가들이 반패권 연합을 이룰 때 권역질서를 유지할 가능성이 크지 않다. 원자적 강제력형에 가까운 유럽의 세력균형체제도 여러 강대국 간의 합의에 기초했다. 강대국과 약소국 간의 관계 역시 강제력에 기반하고 있지만 공동간섭의 틀이 마련될 때 지속가능성이 높다. 결국 강제력 권역에서도 중심과 근접, 주변의 관계는 일정한 정도의 권위에 의해 매개될 때 원만히 유지될 수 있다.

표 4 | 권역 내 중심과 주변

구분	중심국가	근접국가	주변국가
권위형 권역	권위를 장악하고, 내정에 개입	권위를 적극적으로 수용, 내재화	권위의 모든 층위를 내재화하지 않을 수 있음. 외면적으로만 권역질서에 복속 가능성
강제력형 권역	한 국가의 패권, 혹은 여러 국가의 암묵적 합의 하에 강제력으로 권역질서를 유지	주권을 소유, 중심의 강제력에 복속되지만 권역질서에 협력, 이익 추구	주권을 소유하지만 막강한 강제력 아래 복속

권역의 전파

　권역의 경계는 고정되어 있지 않다. 권역의 중심 세력이 권역 밖의 행위자, 혹은 정치집단을 강제력으로 포섭하거나 권위로 심복시켜 권역의 구성원으로 끌어들일 수 있다. 동주는 피정복자가 문물에 동화되거나 문명의 파급으로 흡수되는 경우를 논의한다. 중국이 주변 이민족을 흡수하거나 유럽이 게르만 민족을 흡수한 사례가 여기에 해당한다. 군사적 점령, 통치, 지배 이후 정치의식의 밑받침을 얻어 정당화, 합리화된다. 정치행위의 국제기준으로 침전되면 비로소 권역 안으로 흡수된다. 권역의 형성, 확대 과정에서 나타나는 전파현상이다.

　이미 존재하고 있는 권역 간 전파도 발생한다. 권역 경계의 확장, 새로운 세력의 포섭과정보다 더 대규모이고 변화의 폭도 큰 전파가 발생하는 것이다. 역사적으로 여러 권역이 다양한 방식으로 끊임없이 상호작용해 왔다. 여러 권역이 접촉, 공존, 충돌하고 하나의 권역이 다른 권역으로 확대되고 전파되어 왔다. 권역의 상호 작용 속에서 권역의 5층위의 전부, 혹은 일부가 조절되고 수정되어 왔다.[35]

동주는 권역 간 전파의 요건을 든다. 첫째, 우월한 정치세력이 매개되어야 된다는 것, 둘째, 그것이 시간적으로 상당히 지속되어야 한다는 것, 셋째, 전파는 피전파 사회의 지배층을 매개로 하여야 한다는 것이다.36 전파가 이루어지기 위해서는 전파자가 우월한 정치세력이어야 하고 상당한 시간에 걸쳐 중압이 지속되어야 한다. 전파 과정은 피전파 지배층의 특권을 해체하기 때문에 격렬한 반대를 불러오기 마련이다. 따라서 전파 과정에서 국내적 지배에 대한 불간섭을 표방하면서 타협을 통해 전파의 계기를 마련하기도 한다.

전파는 앞서 논한 권역의 5층위에서 모두 이루어진다. 조직원리부터 개인의 정치적 생활세계에 이르는 순서로 이루어지는 것이 상례이다. 동주는 이를 법관념이나 법체계의 전파, 전쟁과 평화에 따른 여러 제도, 국가관념, 정치개념, 그리고 정치적 정의 개념, 권위와 신념 표지에 관한 상징체계 등으로 나누어 논의하고 있다. 법관념과 법체계는 권역의 구성에 관한 조직원리이고, 전쟁과 평화에 관한 제도는 운영원리에 해당한다. 국가와 정치관념은 행위자 단위에 관한 것이다. 경제, 사회에 대한 논의는 직접적으로 하고 있지 않지만 후에 근대와 현대 유럽권역을 설명할 때 경제국가의 틀에서 자세하게 논의하고 있다. 마지막으로 정의, 권위와 신념 등은 생활세계의 의미권에 관한 것으로 개인과 사상의 차원이라고 할 수 있다. 동주는 권역의 구성 자체를 개념화하지는 않았지만 전파의 순서에 따른 논의에서 권역의 내적 구성을 논의하고 있는 셈이다.

전파의 속도와 성공 여부는 전파자와 피전파자 권역 간에 존재하는 격차에 따라 결정된다. 전파자가 정치, 군사, 문화의 모든 면에서 강력하며 발달되어 있고, 피전파자가 강제력에서 약세일 때 전파는 쉽게 이루어진다. 피전파자가 정치, 문화 부문에서도 뒤졌을 때 전파의 심도는 더 강렬하다. 반면 전파자가 군사, 경제적으로 우월하지만 피전파자의 문화도가 높은 경우가 있다. 유럽에 대한 유교권의 경우가 그러하다. 이때 피전파자는 문화, 정치의 전통적 가치를 고수한다. 피전파 권역의 중심에 있는 국가, 그리고 중심과 가까운 근접국가 역시 전파에 치열하게 저항한다.[37]

전파 과정을 중심부와 중심의 근접부, 그리고 주변으로 나누어 볼 때 전파의 성공과 심도도 다르다. 전파가 성공적으로 이루어지는 피전파자의 중심부는 가장 순응적인 결과를 보인다. 미국의 경우 전통적인 전파세력인 서유럽의 새로운 계승자가 되었다. 새로운 중심부를 이룬 경우이다. 피전파 중심부에 대하여 견고한 외곽을 형성하고 다른 주변 지역에 전파자의 구실까지 하는 세력을 근접세력 혹은 근접지역이라고 할 수 있다. 전통시대 유교권에서 조선의 경우에 해당한다. 전파도가 얕고 중심세력의 정치압력이 비교적 약하며 저항도가 강한 지역이 주변이 된다. 다른 세력권으로 일탈하거나 반발의 가능성이 높고 적응과 동조의 성적이 나쁜 지역이다. 주변세력은 전파자의 견지에서는 국제 행위양식의 소화도가 나쁘고 국제정치의 틀에 어긋나는 면이 많다. 전파자의 상징, 개념 체계가 국내정치 체계로 완전히 침투되지 않거나 외면화에 그친다. 동주는 메이지 이전의 일본이나 유럽 권역 내 러시아가 이에 가까웠다고 설명한다.[38]

권역 간 관계에서 전파와 흡수로 귀결하지 않는 관계도 존재한다. 상당기간 동안 권역 간 공존이 지속되는 관계이다. 권역 간 관계는 같은 권역의 동질적인 규범에 입각하고 있지 않기 때문에 순수한 무정부 상태에 가깝다. 따라서 극한적 충돌을 가져올 수 있다고 상정할 수 있다. 그러나 동주는 권역 간 조우의 경우에도 "상당한 시일 접촉하게 되면 그 사이에 반드시 모종의 질서"가 생긴다고 본다. 대치관계를 일정 기간 유지할 수 있지만 결국 제도적인 외교교섭, 정치적 호혜에 따른 맹약관계, 교역 등이 수립된다는 것이다.[39]

부분적 전파와 교섭이 이루어지는 가운데 공존을 이루는 권역 간 관계도 목격할 수 있다. 대표적으로 중세와 근대 초에 걸쳐 유럽 권역과 이슬람 권역이 상호관계를 유지한 사례를 들 수 있다. 두 권역은 매우 다양하고 밀접한 상호관계를 통해 공존했다. 때로는 전쟁을 하면서도 외교관계를 통해 상호 작용한 것이다. 중세의 유럽 권역과 이슬람 권역은 십자군 전쟁과 이슬람의 유럽 침략과 같은 폭력적 관계를 보이면서도 문화적 교류를 유지했다. 이슬람 권역이 고대 그리스와 유럽 권역의 문화적 지식을 흡수하여 보존한 것은 잘 알려진 사실이다. 중세 말, 근대 초 유럽은 이슬람 권역이 보존하고 있던 많은 지식 자원을 수입하여 르네상스와 인문주의 부흥을 이루었다. 결국 두 권역은 일방에 의한 완전한 전파와 흡수 없이 공존의 관계를 유지한 것이다.

권역질서의 형성과 유지

이상에서 살펴본 바와 같이 인간 사회에서 권역이 형성되고 권역이 내부 각 층위에서 안정적으로 이루어질 때 지속가능한 권역질서가 형성되고 유지된다. 사회질서는 일반적으로 규칙성과 예측가능성을 가진다. 지속성도 필요하다. 그 가운데 정당성과 규범성을 획득한다. 적응성을 확보하여 변화된 환경에 따라 적응하면서 유지된다. 사회질서를 이루기 위해서는 물적 기반과 관념적 기반을 동시에 가져야 한다. 강제력과 권위가 모두 필요한 것이다.

동주는 국제질서를 여러 측면에서 논의하고 있다. 즉, 국제법적인 질서, 정치질서, 경제 질서, 분야에 따라서는 군사, 문화, 사상 질서를 논하고 있다.[40] 국제법적 질서는 권위와 정당성에 기초한 질서이다. 정치질서는 권역 내 중심이 근접과 주변을 이끌면서 발생하는 질서이다. 분야에 따라 경제, 군사, 문화, 사상 분야 등에서 독특한 질서가 형성될 수 있다.

권익질서를 유지하기 위한 요소들을 재구성해 보면 다음과 같다. 첫째, 권역의 중심국, 주도국이 충분한 힘을 보유해야 한다. 다른 국가들보다 월등히 강한 국력을 갖추고 있어야 한다. 시대의 조건에 따라 강제력의 조건은 달라진다. 일반적으로 주도국은 군사력과 경제력을 갖추고 있어야 한다. 앞선 기술을 바탕으로 군사력과 경제력 부문에서 다른 국가들을 압도해야 한다.

그러나 상대적으로 우월한 힘만으로는 부족하다. 권역질서를 유지할 수 있는 공공재의 수요를 충당해야 한다. 각 권역의 질서를 유지하기 위해 필요한 국제적 공공재들이 있다. 권역 내부의 무력충돌과 전쟁을 막을 수 있는 군사력과 안보전략이 있어야 한다. 권역 내 다른 국가들의 안보지원도 확보해야 한다. 경제적으로도 권역 내 경제질서를 유지하고 혼란의 위기를 막을 수 있는 경제력이 있어야 한다. 패권안정이론에서 논하는 자유주의 경제질서의 최종대부자 역할을 하나의 예로 들 수 있다.

강제력뿐 아니라 권위 역시 힘의 중요한 요소이다. 주도국의 힘은 권위에서 나온다. 권위는 권역 전체를 아우르는 개인 차원의 생활양식, 정치에 대한 개념과 상통해야 한다. 권역 내 국가들과 개인들이 주도국의 정치철학과 이념에 동조할 수 있어야 한다. 주도국이 공통의 정치관념에 기반하여 정당한 질서를 이룩한다는 합의를 만들 수 있어야 한다.

이러한 논의는 기존의 패권이론과도 상통한다. 패권국은 힘과 다른 국가들의 동의, 그리고 국내적 합의를 필요로 한다. 권역의 주도국이 국내적 합의에 기반한 권역 주도의 힘과 의지를 확보하지 못하면 권역질서는 약해질 수밖에 없다.

둘째, 권역 내 중심 국가들, 즉 권역 내 근접 국가들과의 합의와 동의이다. 권역을 이끄는 강대국과 선진국들이 권역질서에 대해 합의를 가지고 협력하고 이를 제도화하는 노력이 있어야 한다. 중심 국가들 간 이해관계의 조정과 권역의 운영에 대한 합의가 없다면 주도국의 노력도 한계가 있을 수밖에 없다. 유럽 근대 권역은 네댓 중심 국가 간의 세력균형 운영원리로 유지되었다. 세력균형은 일견 전쟁을 수단으로 적대적 관계를 이룬 것으로 생각하기 쉽다. 그러나 세력균형이란 운영원리가 권역의 안정을 가져온다는 암묵적 합의에 기반해야 한다. 강제력에 기반한 권역질서이지만 암묵적 합의에 기반한 운영원리가 존재했기 때문에 권역질서가 가능했던 것이다.

셋째, 권역 주변 지역 국가들이 권역의 기본 질서에 얼마나 동조하고 있는가의 문제이다. 권역은 권역질서를 이루는 폐쇄적인 의미권이다. 주변은 비록 힘이 약소하지만 권역의 기본 질서와 가치에 동조할 수 있어야 한다. 만약 전파 과정을 통해 강제력으로 주변에 편입된 주변이라면 권역의 질서, 가치, 생활양식을 완전히 체화하지 못할 수도 있다. 권역의 조직원리와 운영원리에 복속했어도 국가의 형태나 사회경제질서, 정치적 의미권에 반발하는 상태일 수 있다.

이러한 경우 주변은 권역질서에서 이탈할 유인을 보유할 것이다. 탈권역 의지를 가진 주변국가 간 연대가 이루어질 수도 있다. 주변에 존재하는 국가가 강대해질 경우 독자적으로 탈권역을 시도할 수도 있다. 권역의 중심은 권역질서의 정당성을 강화해야 한다. 강제적 편입 이후 권위의 정립, 생활양식의 동화를 이루어 주변을 아우르는 정책을 취해야 한다. 주변이 권역질서의 운영에 적절한 방식을 통해 참여하시 못하면 권역질서의 권위가 약화되고 결국 강제력으로 권역질서를 유지하는 데 한계에 봉착할 것이다.

    넷째, 다른 권역과 권역 간 관계를 적절히 유지하는 것이 중요하다. 권역 간 관계는 안정적 병존, 갈등적 대립, 군사적 충돌 등 다양한 형태로 나타날 수 있다. 갈등적 대립 관계의 두 권역은 서로 간에 치열한 경쟁 속에서 각자의 권역 내 협력을 강화할 수 있다. 대표적으로 냉전기 두 권역은 권역 간 갈등의 환경 속에 권역 내 권위감을 강화했다. 미국 주도의 자유주의 권역은 강제력형 권역이었다. 그러나 다른 근접 국가들의 전폭적인 지지와 지원 속에 소련 권역과 경쟁을 유지할 수 있었다. 주변 국가들의 탈권역 시도도 보다 효과적으로 방지할 수 있었다. 권역 간 갈등 자체가 권역 내 보편 권위를 창출할 수는 없다. 그러나 일정 수준의 권위감을 가져올 수 있었다. 이러한 보편적 권위감은 권역 내 갈등을 방지하고 권역질서 유지에 필요한 공공재 생산에 도움을 줄 수 있다. 다른 국가들의 무임승차 욕구를 방지하여 권역질서에 필요한 공공재를 공동생산하여 공급 부족을 막을 수 있기 때문이다.

제3장

근대 유럽의
베스트팔렌-세력균형 권역

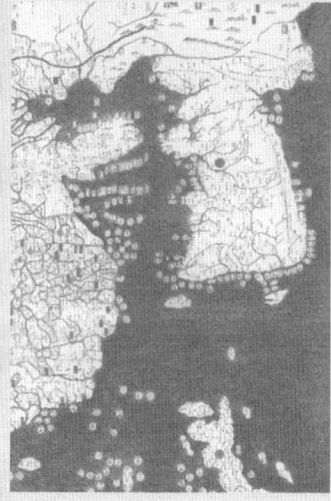

베스트팔렌 권역 연구의 필요성

　세계사에서 근대 유럽 베스트팔렌 권역의 성립은 현대를 사는 우리에게 큰 의미를 지닌다. 현재의 국제정치는 베스트팔렌 권역의 확장으로 성립되었기 때문이다. 베스트팔렌 권역은 세계사 대부분의 시기를 점유했던 권역들과 성격이 매우 다르기도 하다. 인류 역사를 돌아보면 여러 구성집단이 주권을 가지고 다원적으로 존재했던 기간은 그리 길지 않다. 대부분의 기간 동안 인간은 제국의 조직원리를 받아들여 하나의 중앙집권적 권위를 중심으로 정치질서를 만들어 왔기 때문이다. 하나의 권역 내에 주권, 혹은 제권을 주장하는 여러 집단들이 경합을 벌이며 병립하던 시기도 존재했다. 그럴 때에도 이는 비정상의 상태로 여겨졌다. 하나의 최고 권력하에 재정비되는 것이 정상으로 회귀하는 것으로 생각되었다. 예를 들어 중국의 경우 춘추전국시대는 길었지만 결국 진秦 제국으로 통일되었다. 반면 유럽의 근대 주권국가체제는 제국으로 귀결되지 않았다. 다수의 구성집단이 주권을 소유하고

이들 간의 관계를 정비하여 새로운 정치질서를 이룬 것이 유럽의 근대 권역이다.1

동주는 세계사와 정치사상사를 개괄하면서 근대 유럽 권역의 독특성을 강조한다. 권역이론의 차원에서 근대 유럽이 언제, 어떻게 시작되었는가를 두고 다양한 각도의 논쟁이 진행되었다. 여기서 중요한 것은 국제정치적 근대이다. 서구의 국제정치학은 자신들의 역사에 관한 문제이기 때문에 역사학과 역사사회학의 관점에서 많은 논의를 전개해 왔다. 동주 역시 탈중세 근대 이행을 중시하며 국제정치적 근대의 시원을 탐구한다. 근대국가의 출현을 가능하게 한 거시적 이행 조건으로 전쟁기술의 발달과 근대 전쟁의 출현, 자본주의 생산양식의 발달, 근대 주권관념과 영토국가의 성립, 인쇄술의 발전, 르네상스와 인문주의에서 비롯되는 유럽 근대 문화의 진화 및 세속화 등 다양한 구조적 요소들을 들 수 있다. 군사와 경제, 정치와 문화 측면의 거시이행 조류들이 근대국가 출현에 중요한 역할을 했다.2

동주는 근대의 시작을 15세기 후반으로 잡는다. 유럽 국가들이 투르크 제국에 막혀 해외 진출을 위해 신대륙 발견과 동양 항로를 개척하는 시점이다. 동주는 유럽 내부의 변화와 함께 유럽이 세계로 진출하는 시점을 중시한다. 국제정치적 근대 역시 유럽의 팽창을 중요한 기점으로 본다. 『일반국제정치학(상)』 말미의 부표를 보면 유럽 권역의 식민지 팽창 시점을 1415년으로 잡고 있다. 아시아에 대한 팽창의 시작은 1498년으로 잡고 있다. 전체적으로 15세기 후반이 유럽 권역의 팽창이 시작되었다고 본다. 이 시기는 이탈리아 전쟁, 문예 부흥 등 동시대 사건과 더불어 국제정치의 근대의 시작점을 형성한다.3

고대와 중세는 지구적으로 단일한 권역이 성립되기에는 기술문명이 충분히 발달되지 않았다. 권역 간 통합이 아니라 교류와 접촉, 충돌과 공존의 관계가 발생했다. 동주는 유럽 근대 권역 이전에 산발적으로 존재했던 권역들과 문명들을 개관하고 이들 간의 일종의 역사적 공통발달 단계, 혹은 유사성이 있음을 지적하고 있다. 고대에 존재했던 많은 문명들도 그러하고, 특히 중세 유교권과 이슬람권의 유사성을 지적하면서 역사적 비교 연구의 필요성을 강조하고 있다.[4]

유럽 근대국가체제의 시원과 전개과정에 관해서는 1500년 전후부터 30년 전쟁까지 유럽의 근대 권역이 형성되기 시작하여, 30년 전쟁이 마감되는 1648년에 베스트팔렌조약이 성립된다. 다양한 논의의 여지가 있지만 대부분의 유럽 국가들이 참여한 베스트팔렌으로 근대주권국가체제의 성립을 확인하는 다자적 입법조약이 수립된다.[5] 유럽에서 성립된 베스트팔렌 권역은 주권국가체제의 조직원리를 가지고, 시대에 따라 다양한 운영원리를 채택하면서 변화한다. 21세기 현재 모든 국가들이 베스트팔렌 권역 속에 살고 있다는 점에서 이 권역에 대한 연구는 매우 중요하다.

근대 이전 세계의 권역들

　동주가 세계정치 질서의 역사를 권역의 관점에서 어떻게 서술했는가는 여러 저작을 통해 확인할 수 있다. 동주는 세계사와 정치사상사를 여러 글에서 다루면서 역사적으로 명멸한 다양한 권역을 개괄하고 있다. 이후 유럽 근대권역을 집중적으로 다루고, 유럽권역의 세계적 팽창을 주된 연구주제로 삼았다.

　동주는 세계정치에서 권역을 나누는 시점을 고대, 중세, 전기 근대, 후기 근대로 나눈다. 고대의 정치질서는 고제국의 신전정치, 고전시대, 그리고 고대 몰락의 이행기로 나뉘어진다. 첫 번째 시대는 약 5000년 전부터 1700~1800년 전까지의 시점에 걸쳐져 있다. 이집트, 수메르, 아카드, 바빌론, 아시리아, 히타이트, 히브리 등의 나라와 은, 주 등 고대 중국, 그리고 고대 인도가 해당한다. 고대 제국들은 신화적 지배의 세계로 신전 정치를 수행했다. 제사장과 신전을 중시했던 권력 현상이 도읍 국가에서 지역 국가로 바뀌면서 왕권 중심으로 재편된다. 그러나 여전히 왕권은 신의 뜻에 기반한 것으로, 왕권에 복종하는 것은 신을 섬기는 도리로 이해되었다.⁶ 고대의 전제적 왕권은 약화되는 씨족공동체 위에 외부의 세력과 노예의 지배를 기반으로 만들어진 정치체제였다. 정복과 교육에 의해 국부가 늘어나고 노동력과 병력이 필요해지면서 빈부의 격차와 대립의 문제가 정치사상의 문제로 등장한다. 이를 유지하기 위한 정치력이 더욱 필요하게 되었다.

둘째, 기원전 8세기경부터 기원전 4세기경에 이르는 동안 중국과 그리스를 축으로 한 고전 시대가 이어진다. 문명권 의식이 탄생하고, 권력과 정의를 두 축으로 하는 현실 정치와 이상 정치가 마련된 중요한 시점이었다. 국제의식의 문제가 등장하고 정치윤리의 관심도 등장했다. 동주는 이전의 사회적, 경제적 유제가 깨져 나가고 점차 추상적이고 보편적인 정치사상과 형태가 자리 잡았다고 본다. 그리스의 도시국가 민주 정체와 춘추전국 시대의 다양한 사상이 이러한 시대를 대표하는 모습들이다.

셋째, 기원전 3세기부터 기원후 4세기경에 이르는 동안 중국, 인도, 지중해 연안의 각 문명권이 모두 하나의 통일 국가로 바뀌게 된다. 이 과정에서 단일 종교 혹은 단일 교파가 각 문명권을 독점하고 정치적 통일에 이르는 이데올로기의 통합이 이루어진다. 결국 고대는 세계 국가의 출현과 이를 정당화하는 국교의 등장으로 새로운 역사의 전환점을 이루게 된다고 본다.⁷

중세적 세계는 중국, 이슬람, 유럽의 기독교 사회의 3대 문화권이 본격적으로 모습을 나타내는 시기이다. 동주는 중세의 각 문화권이 나름대로 역사의 발전과정을 거치지만 공통점을 가지고 있다고 본다. 중국의 중세는 3세기의 위진남북조로부터 수, 당을 거쳐 오대에 이르는 기간이다. 이슬람 세계의 중세는 7세기의 사라센 제국 창설부터 오스만 투르크 시대까지이다. 유럽은 5세기 성 아우구스티누스 시기부터 12세기와 13세기의 절정기를 거쳐 14세기에 이르러 근대로 이행한다고 본다.[8]

각 문화권의 공통점이 만들어진 배경은 무엇인가. 민족 대이동, 봉건제도, 신앙 혹은 문명의식의 통일이 각각의 문화권에 공통적으로 나타났다는 점이다. 이 시기 민족의 대이동 이후 고대는 급속도로 몰락한다. 각 문화권 내 민족의 군사적 이동이 빈번해짐에 따라 군사가 중요한 조직원리로 등장했다. 제후의 군비 조달을 핵심으로 왕토가 나뉘어지고 이를 지원하는 농지의 체계가 중요해진 것이다. 봉건제도의 군사적인 면과 토지 겸병의 모습, 그리고 그 아래의 일반 대중, 특히 농민의 숙명적 빈곤이 중세를 이루는 핵심 요소들로 등장한다.

봉건제도적인 정치권력은 여러 토막으로 나뉜 분산을 특징으로 한다. 각각의 문화권은 하나의 신앙 혹은 문명의식으로 단합되어 있었다. 이슬람권과 기독교권, 유교권은 각각 보편적 신앙을 기반으로 하고 있다. 이슬람교는 그 자체가 초민족적이고 초지역적인 종교이기 때문에 국가를 초월한 국제적인 정치권위가 되었다. 초국가적 국제권위는 개별 구성단위를 정당화하고, 이슬람 국제사회 내에서 각 단위가 연결되기 때문에 근대 유럽권역과는 사뭇 다르다. 이교도에 대한 지하드 역시 중요한 임무로 자리 잡게 된다.

기독교 역시 유럽 사회 전체를 관통하는 국제적인 정치권위로 자리 잡게 된다. 개별 국가들은 기독교 평화의 세계라고 하는 초국가적인 권위의식 아래 하나의 단위로 연결된다. 십자군에서 보이는 바와 같이 기독교 사회는 하나의 세력으로 군사적이거나 정치적으로 뭉치게 되어 근대나 고대와는 뚜렷한 차별을 나타낸다고 본다.

유교권 내에는 여러 민속들이 다양한 특징을 가지고 있었지만, 중국 문화권에 속해 있으면서 정권, 정체, 법제 등의 공통성이 매우 뚜렷하게 나타난다고 본다. 모든 구성단위들은 예외 없이 유교적인 예교사상을 정치의 명분으로 삼았다. 이 과정에서 사대주의는 예교의 국제 정치사상으로 독특한 동양적 국제정치 질서에 응하는 국제정치사상을 기반으로 했다. 중국 문화권은 예교 사상에 의해 유기적으로 하나의 세계를 이루고 있었다고 보는 것이다.[9]

중세의 세계에서 경제와 사회는 농노와 같은 노예적 존재 혹은 빈농의 처지에 있는 대다수의 백성 위에 자리잡고 있는 시대였다. 노동력의 집결이 필요한 상황에서 종족주의나 대가족주의가 만들어지고 가부장적인 특색이 나타난다. 이러한 사회 조직 속에서 개인의 자유라는 것은 불가능했고, 향촌의 질서가 핵심적으로 유지되었다. 가문이라는 사상이 모든 문화권에 나타나 가문에 예속된 노동력, 가문의 보호, 가문의 가부장적 성격이 중세 정권의 공통된 성격이기도 했던 것이다.[10]

근대의 시작과 유럽 베스트팔렌 권역의 출현

동주는 근대에 접어들면서 세계 권역의 대분기가 본격적으로 나타난다고 간주한다. 권역의 세계사를 고찰할 때 근대 초기가 가장 중요한 역사의 변환점인 셈이다. 유럽은 르네상스를 시발점으로 명확히 근대가 출현하는 양상을 보인다. 반면 이슬람과 유교의 문화권에서는 여전히 전통적인 정치의식, 즉 초국가적인 정치권위 아래 천자나 칼리프라는 인격을 중심으로 한 통일적인 정치세계가 유지된다. 유럽 문화권은 다른 문화권의 역사와 완연히 다른 길을 걷게 되고, 세계사의 주류를 이루게 된다. 유럽에서는 초국가적 권위 형태와는 완전히 다른 국가주권 사상 아래 국민주의 정치의식이 형성된다. 따라서 15세기 이후 동양과 서양은 판이한 역사 과정을 겪게 되어 이후의 시기 구분은 양자가 완전히 다르게 이루어진다는 것이다.[11]

유교권과 이슬람권이 단일 정치세력 속에서 질서를 유지했던 것과는 달리, 유럽은 14세기 이래 여러 열강이 무력으로 다투며 공존했다. 16세기 이후에는 이러한 경쟁적이고 군사적인 공존 형태가 국제질서의 원칙으로 공인되기에 이른다. 이 과정에서 세력균형이 중요한 정상 상태가 된다. 비유럽 지역에서는 정치세력의 통일이 정상 상태였음에 반해서 유럽 근대사에서는 이러한 분립과 균형이 정상 상태로 간주되기에 이른 것이다.

1789년의 프랑스 혁명은 유럽권역의 성격을 바꾸는 중요한 분기점이다. 절대왕권 중심의 근대국가가 민주주의 혁명을 통해 변화하면서 권역의 성격도 바뀐 것이다. 인민주권의 기치 아래 민족주의, 국민주권 사상이 발전한다. 국제관계도 절대왕조 간 관계에서 국민군, 시민계급이 중심이 되는 자본주의 국민경제에 기반한 관계로 변화된다.

유럽의 근대 베스트팔렌 권역은 1914년 1차 세계대전이 발발하고 전후 처리의 기간까지 유럽을 중심으로 변화해 왔다. 인류 최초의 세계대전 이후 전 세계를 아우르는 현대적 세계정치가 출현하게 된다. 유럽의 권역은 20세기부터의 세계적 차원의 현대 정치권역에 족적을 남기고 세계정치에 흡수된다.

표 5 | 시대별 권역 변천

시대 구분	주요 특징 및 설명
고대	고제국의 신전정치: 약 5000년 전부터 1700년~1800년 전까지. 이집트, 수메르, 아카드, 바빌론, 아시리아, 히타이트, 히브리, 은, 주, 중국, 고대 인도 등. 신화적 지배와 신전 정치 중심. 왕권은 신의에 기반.
	고전시대: 기원전 8세기경부터 기원전 4세기까지. 중국과 그리스 중심. 문명권 의식 탄생, 권력과 정의에 대한 정치적 논의 시작. 폴리스적 민주정체와 춘추 전국 시대의 다양한 사상 등장.
	고대 몰락의 이행기: 기원전 3세기부터 4세기까지. 중국, 인도, 지중해 연안 문명권이 통일 국가로 변화. 단일 종교 혹은 교파가 정치적 통일을 이룸.
중세	중국: 3세기의 위진남북조부터 수, 당, 오대까지를 중세로 봄.
	이슬람: 7세기의 사라센 제국 창설부터 오스만 투르크 시대까지.
	유럽: 5세기 성 아우구스티누스 시기부터 14세기까지. · 세 권역에 공히 민족 대이동, 봉건제도, 신앙 통일 등의 공통점 존재.
전기 근대	유럽: 르네상스를 시작으로 국민주의적 정치의식 형성. 세력균형이 국제질서의 운영원리로 정착.
	이슬람과 유교 문화권: 전통적인 초국가적 정치 권위 유지. 천자나 칼리프 중심의 통일적 정치 세계 유지.
후기 근대	프랑스 대혁명을 계기로 시작됨. 산업혁명과 계몽주의 사상의 발달. 경제력과 군사력에서 유럽의 세계적 우위 확립. 자유민주주의와 민족주의 발전.
현대	제1차 세계대전 이후 지구적 정치공간의 출현과 현대 세계정치의 시작

근대국가의 본질: 군사국가, 경제국가, 식민지국가

군사국가

유럽 근대 베스트팔렌 권역은 주권국가체제라는 조직원리에 기초하고 있다. 주권국가는 대내적으로 최고성, 대외적으로는 독립성을 가지고 있고 국가 상위의 권한을 인정하지 않는다. 현대 국제정치학 이론에서는 무정부상태 조직원리라는 용어를 사용하기도 한다. 국가 간 강제력에 기반한 권역이었기 때문에 국가 간 힘의 논리가 작동한다. 힘을 독점한 국가가 핵심 단위가 되었고, 다수의 강대국 간 세력균형의 원칙이 중요한 운영원리가 되었다.

유럽 근대주권국가는 역사상 매우 독특한 형태를 가진다. 군사력을 독점적으로 소유하고 있고, 경계가 명확한 영토에 기초한다. 국가 단위의 경제를 토대로 군사적 기반과 국민복지를 추구한다. 군사력과 경제력을 확장하기 위해 자체적인 힘을 강화하기도 하지만 영토를 넓혀 팽창하기도 한다. 세계의 모든 나라가 주권국가로 탈바꿈하기 전에 유럽의 강대국들은 유럽 내, 그리고 비유럽 정치단위들의 주권을 인정하지 않고 식민지화했다.

동주는 근대국가의 본질을 군사국가, 경제국가, 식민지국가로 설명한다. 국가 단위가 필연적으로 소유할 수밖에 없는 성격을 설명하면서 동시에 베스트팔렌 조직원리와 시대별로 출현하는 여러 운영원리들을 함께 설명하고 있다. 군사국가, 경제국가, 식민지국가는 역사적 전개과정에서 필연적으로 이행할 수밖에 없는 내재적 모순도 가지고 있다. 시작은 영토에 국한된 단일국가로 시작되지만 결국 국제주의, 세계주의, 코스모폴리타니즘 등으로 이행할 수밖에 없는 요인과 계기를 가지고 있다.

우선 군사국가란 군사적 목적과 필요를 구현하기 위해 군사정책을 최우선시하는 국가이다. 사회구조, 국가재정 등 핵심 분야에서 군사적 필요에 따라 국가 정책의 목적과 필요를 설정하는 국가를 의미한다.[12] 군사국가는 세 시기로 구분된다. 첫째 시기는 근대 초기로 샤를 7세 시기 상비군의 설치로 시작된다. 이때 상비군은 용병으로 군왕 직속이 아니라 청부적인 용병대장에 직속하는 용병 상비군이었다. 중앙집권적인 상비용병이 나타나기 이전의 시기이다. 둘째 시기는 18세기 루이 14세 때 나타난 변화다. 상비군 용병이 국왕에 직속되고, 국가의 현물 보급에 의존하는 나라의 군대가 등장한 때이다. 셋째 시기는 프랑스 대혁명 이후 시기이다. 귀족 장교와 국민 지원병으로 이루어진 국민병의 체제가 출현한다. 고용, 외인부대도 혼합된 구성이다. 이상과 같이 군사국가는 용병, 왕군, 국민군의 세 단계 진화의 경로를 밟으면서 진화한다.[13]

유럽의 군사국가들은 끊임없이 전쟁을 통해 권력과 이익을 조정하고 제국의 출현을 방지하고자 했다. 동주에 의하면 16세기부터 19세기까지의 400년 동안 대략 2년 중 1년은 전쟁 중이었다. 17세기 100년간 완전한 무전쟁 상태는 불과 7년에 지나지 않았다. 병력 증강과 군비경쟁을 위해서는 재정력과 경제력이 반드시 필요한 상황이었으므로 부국강병은 하나의 구호였다.[14] 이 과정에서 군사력을 증강하는 방법은 재정을 늘리면서 유럽 내에서 영토를 확장하고, 국민경제를 활성화하는 것이었다. 다른 한편으로는 식민지를 개척하여 경제력을 더욱 늘리고 식민지에서 군사력을 징발하는 것이다.[15]

근대 유럽주권국가가 군사국가라는 점은 서구의 역사사회학 연구에서도 상세하게 밝혀져 왔다. 국가가 정당하게 폭력을 독점할 수 있는 정치적 구조가 만들어진 것인데, 이는 국가 간 관계에서 핵심적인 요소로 자리잡게 된다. 전쟁이 근대국가를 만들고 근대국가는 지속적으로 전쟁을 수행한다는 찰스 틸리Charles Tilly의 명제도 이러한 점을 나타낸다.[16]

결국 군사국가로서 근대국가는 방대한 국민상비군, 군사비, 군사산업, 징병제, 동원체제를 가지고 있었고 이념적으로는 강렬한 국가 경계의식, 장기국방교육에 기초한 국민의식, 민족의식이 하나를 이루는 국가가 되었던 것이다.[17]

경제국가

경제국가로서 근대국가의 성격 역시 유럽 근대 권역의 이해에 필수적이다. 경제국가는 국가의 대내외 정책이 부의 추구와 상공 정책에 치중하는 국가이다. 도시, 지방, 영방領邦의 한계를 넘어 필요한 경제력을 정부가 강력하게 추진하게 되고 이에 따라 국민경제가 성립되기에 이르렀다. 부의 추구에 골몰하고 대외 정책의 지침으로 상업국가와 산업 국가의 특징이 현저하게 드러났다.[18]

근대 전기는 중상주의의 시대이다. 이 시기에 근대국가의 성장과 국민경제의 형성이 호혜적으로 작용했다. 자본 활동과 군사력 증강도 밀착하여 이루어졌다. 해외 무역은 거대한 병력, 특히 해군력의 엄호가 중요했기 때문에 군사국가와 경제 국가는 함께 가는 관계였다. 또한 식민지는 국가 단위 시장의 확대일 뿐 아니라 본국에 정책적으로 의존하는 부속시장의 조성을 의미한다. 식민지는 본국과 경쟁이 되는 상품 생산은 제한하고 경제관계는 본국에 의해 독점되어야 했다.

근대 후기에 접어들면서 나타난 중상주의와 대치되는 시장 중심의 사상, 경제 중심의 사상은 큰 변환점이다. 자본의 국제적 활동을 지지하는 자유주의 경제사상이 출현한 것이다. 자유무역 정책은 18세기 말 중농파에서 시작되어 19세기 중반 영국에서 최고조에 이르렀다. 학술적으로는 고전경제학과 자유경제 이론의 영향으로 심화되었다. 경제정책은 경제 자체의 고유한 법칙에 따라 실시되어야 한다는 주장이다. 경제 현상의 자율성, 경제 가치의 법칙성, 자본 활동 자유 등이 초국가적 세계시장에서 보장되어야 한다는 것이다. 보다 넓은 국제시장을 통해 생산력을 확대할 수 있고, 국제시장에서 자본 활동이 자율적인 극대의 자유시장 곧 단일한 세계 시장이 필요하다는 점이 강조되었다.

이러한 자유경제론은 중상주의와 대척점에 있는 것처럼 보인다. 그러나 양자 간에는 긴장관계와 더불어 긴밀한 연결고리가 있다고 동주는 주장한다. 자유무역은 경제적 패권국가였던 영국의 국가 이익이라는 입장에서 이해되고 추진되었다는 것이다. 자유무역론은 영국 산업의 국제적 우세 때문에 가능했다. 1870년대 경제 위기 이후 영국의 경제가 어려워지면서 다시 국민경제 중심의 전략과 제국주의가 추진된 것을 보면 더욱 확실하다. 자유무역이라 하더라도 결국 국민경제의 이익과 관점이 중요한 기반으로 작용했다는 것이다.[19]

경제국가는 권역의 사회경제적 차원에서 자본주의를 축으로 하고 있다. 자본주의는 경제를 담당하는 자산계급의 이해에 따라 필연적으로 국제화되어 정치의 간섭을 받지 않는 국제시장을 지향하고자 한다. 자본주의의 지구적 팽창과 개별 주권국가 단위의 국가 이익 추구는 항상 일치하는 것은 아니며 양자의 모순은 이후 경제국가 전개의 동력이 된다. 20세기 브레튼우즈 체제 속에서 주권국가들이 거시경제 정책의 타협에 의해 국민경제의 이익을 조정하려 했던 것이나, 1980년대 전후 신자유주의가 보편화되면서 국제화되는 자본의 힘을 국가가 일면 활용하고 제어하고자 했던 것도 경제국가 모순의 장기적 전개 과정이다.

근대 주권국가의 중요 과제는 국제화하려는 시장의 힘을 길들여 국가의 경제이익을 극대화하는 논리를 개발하는 것이다. 국가의 발전 정도에 따라 때로는 중상주의적으로, 때로는 자유주의적으로, 때로는 후발 자본주의 국가의 보호주의에 의해 국제적 시장의 힘은 국민경제에 종속되는 경향을 보인다. 따라서 자본주의의 자체 발전, 자본주의를 국가 중심으로 운영하려는 국가들의 정치적 의도, 그리고 자본주의의 동력에 의해 식민지국가로 변해가는 과정 등이 근대 권역의 이해에 필수적이다.

자본의 국제주의 요인과 더불어 계급의 국제주의 요인도 근대 시기에 출현한다. 자본은 최대의 이익을 위해 국제화되는 세계경제주의의 입장을 보이는 한편, 노동계급은 자본주의 착취를 해결하기 위해 국가를 넘는 국제주의적 연대를 모색한다. 19세기 마르크스주의가 이를 대변하는 이념이며 경제국가는 국민경제와 더불어, 계급에 기초한 국제주의 요인과 대결해야 하는 문제에도 봉착하는 것이다. 이러한 모순은 결국 20세기 공산권역의 형성으로 귀결된다.

식민지국가

군사국가, 경제국가라는 근대국가의 성격은 국가 간 치열한 생존경쟁, 이익과 권력의 쟁투 때문에 결국 식민지국가로 귀결된다. 식민지를 통해 군사력을 보충하고 경제적 발전의 기반을 넓힌 것은 경쟁적 주권국가체제의 결과였던 것이다. 유럽 내에서 영토 확장을 통한 국력 증강이 점차 불가능해지면서 국가들은 군사기술의 발전, 식민지를 통한 군사력의 보충, 국민경제의 강화, 시장과 노동력을 제공하는 식민지 개척 등의 경쟁을 지속적으로 벌일 수밖에 없게 된다.

우선 동주는 식민지와 식민주의를 정의하면서, 식민지라는 구체적인 형태가 아니더라도 남의 땅이나 남의 지역을 대상으로 하여 간접적으로 유사한 효과를 거두려는 정책을 식민지 정책으로 정의하고 있다. 이러한 의미에서 동주는 '식민지 없는 식민주의'도 가능하다고 본다.[20]

식민지국가는 근대 초기에는 통상권의 장악과 농원plantation의 개척을 추진했다. 19세기 이후에는 자본의 논리에 따라 출이민, 자본수출, 그리고 공식적인 식민지 개척으로 이어졌다. 흥미로운 점은 자유경제론자 역시 본질적으로는 식민지주의자라는 것이다. 식민지란 본국 과잉 자본 및 과잉 인구 배설지이며 본국 통상 이익 유지되어야 한다. 대표적 자유주의자인 J. S. 밀John Stuart Mill 역시 강력한 식민지론을 주장했다. 프랑스의 경우 자유경제학파 일원인 르루와 볼리외Paul Leroy Beaulieu 도 같은 입장을 보였다.[21]

근대국가의 식민지국가의 성격은 유럽 국제정치 확대, 세계정치 성립을 가져온다. 그러나 유럽 문명 우월 의식, 군사 정복, 여타 권역의 토착 문명 타파, 그릇된 문명-야만 기준 설정 등 많은 문제도 남기게 된다. 또한 유럽 제국들의 식민지 획득은 배타적 영토관념을 세계적으로 확산시켰다. 유럽 권역질서의 측면에서 식민지 확장은 유럽 국가들의 영토 국경선의 확대였다. 이에 따라 비유럽 지역에서도 유럽적인 배타적 영토관념이 발달하게 되었다. 정치체제, 법제, 경제 분야의 유럽화도 초래했다. 결국 식민지 개척은 유럽권역의 전파에 이바지했고 이에 따라 현대 세계정치 성립에 뜻하지 않은 중대한 공헌을 한 셈이 되었다.[22]

유럽 국가들의 식민지 정책은 유럽 정치가 지니는 군사주의, 경제주의의 역사적 표현이자, 세계를 우적 관계로 일변해 놓은 최대의 자기모순이다.[23] 식민지에 처하게 된 민족들은 저항의 민족주의를 추구할 수밖에 없게 된다. 제국주의적 팽창 속에서 유럽 열강들은 우월의 민족주의를 갖게 되었고, 피지배 억압의 대상이 된 약소국들은 불만과 오욕에서 오는 저항의 민족주의를 실현하게 된다.

표 6 | 근대국가의 본질

근대국가의 성격	특징	영향 및 결과
군사국가	- 전쟁이 근대국가 형성에 기여 - 지속적인 전쟁 수행 - 세력균형 원칙에 따른 운영원리 구축	- 상시적인 군사적 경쟁과 세력균형이 국제정치 질서의 원칙으로 작용 - 국가 간 전쟁과 조약을 통해 생존과 안정을 추구
경제국가	- 자본주의를 축으로 한 경제 발전 - 중상주의, 자유무역주의, 제국주의 등의 단계적 전개 - 국제적 계급 개념 형성	- 자본주의의 초국가적 경제구조와 국가중심 정치질서 간 관계 수립 - 20세기 국가경제주의와 세계경제주의의 긴장관계 지속 - 탈냉전기 지구화와 초국가주의적 경향 출현
식민지국가	- 단일 국가 이익을 위해 식민지 지배를 통한 경제적 이익 추구 - '식민지 없는 식민주의' 가능성도 존재 - 유럽 문명 우월 의식과 군사 정복	- 유럽의 정치, 법률, 경제의 세계적 전파에 기여 - 단일 민족 국가의 비단일 민족적 구조로 인한 자기모순 발생

세력균형 운영원리

　베스트팔렌 권역은 조직원리 차원에서 각 국가들이 주권국가로서 법적 주권을 가지고 있음을 상호 인정하였다. 이러한 조직원리를 운영하는 근대 유럽 국가 간의 운영원리는 세력균형의 원리였다. 잦은 전쟁을 수행하더라도 상대방을 정당한 적으로 인정하여 합의에 의해 생존의 권리를 전제한 것이다. 더불어 제국의 출현을 막고 개별 국가들의 이익을 조정하고, 더 나아가 공통의 이익을 추구하도록 합의를 이룬 것이 세력균형 운영원리이다.

　유럽 권역이 주권국가체제 조직원리에 기반하고 있기 때문에 주권국가들을 규제하는 국제주의적, 초국가주의적 규범과 규칙이 존재하지 않는다고 상정하기 쉽다. 그러나 주권국가 간 관계, 즉, 초국가적 권위가 없는 무정부상태 역시 이에 합의하는 기본 규범의식이 있어야 한다. 조직원리에 대한 합의는 세력균형 운영원리의 기반을 이루는 권역적 합의기반이 된다. 특히 유럽정치의 틀에서 동류의 기독교 문화권이라는 역사적 전통, 하나의 유럽사회라는 일종의 공동체관념은 현실

의 국제정치를 규제하는 합의로 존재했다. 이러한 정치윤리의 표현이 유럽국제법으로 나타나기도 했다.[24]

동주는 세력균형이 유럽 권역의 중요한 국제정치 질서의 원칙이라고 서술하고 있다. 동주는 겐츠Friedrich von Gentz를 따라 세력균형을 정의하면서 "근접해 있거나 다소 간 연결 관계에 있는 국가 간에 있어서 일국이 타국의 독립 혹은 기본 권리를 침해하면 효과적인 저항을 받게 되어 따라서 자국의 존립을 위태롭게 하는 열국간의 기구"였다고 설명하고 있다. 또한 현대적 견해로 "일국이 타국에게 자기 의사를 강행할 만치 충분히 강대해지는 것을 막기 위해 국제사회 구성국 간에 이루어진 힘의 의한 균형"이라고 정의하고 있다.[25] 전자는 구성원들의 기본 생존과 권리에 대한 합의이고 후자는 제국 출현 방지에 대한 합의이다.

중요한 점은 개별 국가의 공동 안전을 위해 조약권을 발동하여 개별적 혹은 공동적으로 세력균형을 유지하자는 합의가 있었다는 것이다. 모겐소도 논의했듯이 상호 간의 합의가 없는 세력균형은 유지될 수 없다. 정확한 산술적 균형이라는 것은 존재하지 않기 때문에 균형에 대한 상호 인식 속에서 현상유지의 합의가 별도로 존재해야 한다는 것이다.[26] 유럽 국가들은 중세로부터 유지된 전통, 그리고 근대에 들어 국가연합, 유럽공화국 등에 대한 논의 속에서 이러한 합의를 찾아내어 유지했다. 세력균형은 오직 강대국 간에 유지되는 것이기 때문에 현상유지적 측면을 가진다. 열강 간의 이해조정과 2류 이하의 국가들에 대한 열강의 공동간섭에 합의하고 있었다. 이렇게 보면 강제력형의 베스트팔렌 조직원리에서도 이를 가능하게 하는 초국가적 요소 혹은 국제주의가 중요한 기반임을 알 수 있다.[27] 이러한 합의 위에 권역질서 유지에 필요한 기본적인 국제공공재를 주요 강대국 간 공동생산할 수 있었다. 국제법과 규범, 조약과 국제제도, 약소국의 공공관리, 국제경제관계를 유지하기 위한 타협과 조율 등이 그러한 요소들이다.

세력균형 원칙은 크게 두 가지 목적을 추구한다. 다수국의 독립과 권익을 위협, 침해하는 일국의 우세를 막는 것이 첫 번째 목적이다. 즉 제국의 출현을 막는 것이다. 두 번째 목적은 국제 이해의 타협 절충을 통해 공동의 안전과 이익을 보호하는 것이다. 공동 안전은 개별 국가의 타산을 초월한 법질서나 국제사회를 실현하는 것은 아니다. 이해 조정 과정에서 절충, 타협의 방법도 사용되지만 전쟁의 방법도 사용된다. 전쟁은 중대한 권익, 자구권, 자존권과 같은 여러 가지 목적으로 국제법으로 공인된 수단이다.

국제분규와 세력균형은 모순되지 않는 연결고리를 가진다. 강제력의 합법화야말로 세력균형의 중요한 축이기 때문이다. 전쟁은 개별 이해를 권력정치적으로 조정하는 과정이다. 중요한 것은 평화적 방식과 동시에 군사적 방법이 국제적으로 합의되고 국제법적 조정을 거친다는 사실이다. 전쟁은 세력균형 원칙의 부인이 아니라 오히려 세력균형 계획의 일부이다. 결국 세력균형의 원리는 여러 강대국의 공존과 전쟁의 합법화, 그리고 이러한 정치적 이해를 조약을 통해서 확인하는 절차에 기반한다. 자연히 개개 국가의 균형 유지에 대한 권리 의무라는 사상이 국제법으로도 도입되었다. 균형은 조약 형식을 통해 이루어지며, 개별 국가들이 균형 유지를 위한 권리와 의무를 국제법적으로 인정받는 사상이 정착되었다.[28]

동주는 유럽권역에서 오랫동안 세력균형의 운영원칙이 작용해 왔으며, 이는 근대적 주권 개념, 강대국의 공존, 전쟁의 합법화, 그리고 이러한 정치적 이해를 조약으로 제도화하는 질서를 초석으로 하는 보편적 합의 속에서 이루어졌다고 본다.[29] 물론 세력균형은 국제적 성격을 가진 운영원리이지만, 베스트팔렌의 조직원리를 넘어설 수는 없다는 점을 인식하는 것은 중요하다. 그럼에도 불구하고 동주는 근대적 주권국가 관념, 복수 강국들의 공존, 전쟁의 합법시, 그리고 정치적 이해의 조약화라는 합의 속에서 세력균형 원칙이 줄기차게 생동해 왔다고 설명한다.

권역과 정치 의미권

　권역이론은 권역질서를 이루는 최상위의 조직원리로부터 개인의 정치의미, 생활양식까지의 통합성을 강조한다. 권역의 인간상이 권역질서를 뒷받침하는 가장 근본적인 층위가 되는 것이다. 이러한 통합성은 정치와 사회를 보는 사상에서부터, 자연과 인간의 관계, 우주에 대한 관념 등을 포함한다. 예를 들어 유교권은 수신제가치국평천하의 단계적 정치의미권을 형성했는데, 개인의 인간상으로부터 천하의 다스림까지 일관된 예교질서가 관통하고 있었다. 이슬람권 역시 이슬람 종교를 기초로 개인의 종교적 생활양식에서 이슬람권의 조직원리, 타 권역에 대한 지하드에 이르기까지 통합된 세계관와 우주론이 존재했다. 근대 유럽 권역 역시 중세로부터 다층적, 복합적 이행을 거쳐 형성되었다. 중세의 기독교 세계관을 비판하고 극복하는 르네상스, 인문주의, 종교혁명 등 정신과 사상의 변혁을 거쳐 유럽의 정치권이 형성된 것이다.

동주는 의미권의 배경을 주로 정치사상에 대한 연구를 통해 밝히고자 했다. 동주는 정치의 핵심을 사람에 의한 사람의 지배라고 정의한다. 그 지배에는 매우 복합적인 요소들이 존재하며, 행위의 틀로서 생각되는 제도나 기구는 여러 층위를 가진다. 정치적 지배를 위한 권력 수단으로 병력과 경찰력 같은 물리적 강제력의 조직과, 지배가 정당하다는 의식을 가져오는 권위가 핵심적이라고 본다. 이러한 정치과정 가운데 생겨나는 정치사상이란 정치적 권위에 대한 복종과 항거의 관념이다. 한 시대의 정치사상은 그 시대에 존재했던 관념의 집단적 표출, 혹은 복종과 항거의 관념 형태인 것이다. 한편으로는 물리적 강제력의 구조를 탐구하고, 다른 한편으로는 권위감의 역사적 구조를 밝히는 것이 정치를 보는 데 핵심적이다. 중요한 것은 정치에 대해 우리가 품고 있는 정당감 혹은 부정당감의 연유와 의미를 밝히는 것이다. 그 핵심은 민족, 법 의식, 내 나라와 같은 개념들이다.[30] 정치사상은 권역의 5층 구조에서 정치의 의미권을 형성하는 만큼 가장 근본적인 것이고 개인들의 정치에 대한 관념, 감각을 결정한다. 이는 인간상의 개념 자체와 관계가 있다. 이를 바탕으로 권역 내 기본 정치단위의 성격이 결정된다.

민족주의

유럽 베스트팔렌-세력균형 권역질서를 구성하는 정치사상은 민족주의, 자유주의, 민주주의이다. 부분적으로 마르크스주의도 출현했다. 20세기 공산권으로 이어지는 사상의 뿌리이다. 우선 민족주의에 대해 살펴보면, 동주에게 민족주의, 즉 내셔널리즘은 근대 주권체제의 핵심이자, 지역 및 권역, 국가, 시대에 따른 국제정치 변화를 이해하는 중심 개념이다. 유교와 이슬람의 권역에서는 전통적인 정체적 농업 사회의 가부장적 정치권력관이 관통하고 있었다. 반면 유럽에서는 지상 절대적인 불가양, 불가분의 주권 사상이 나타났다. 이는 곧 '내 나라 의식'이라고 하는 민족주의로 전환되었다.

동주는 민족주의를 근대 국제정치 질서가 발딛고 있는 조직원리의 기초로 상정한다. 근대 국제정치의 조직원리에 민족주의 정치사상이 상호 대응하는 이데올로기일 수밖에 없다는 것이다. 근대 국제정치 질서의 장에서 복수적이고 원자적인 개별 국가는 주권적 독립이라는 절대권을 보유하고 있다. 국가 간의 어떠한 국제적 서열도 공인되지 않는다. 국제정치에서 한 나라는 본질적으로 다른 나라의 잠재적인 적국이며, 개인은 국가에 대한 귀속을 명확히 해야 한다. 이 과정에서 민족주의 개념을 둘러싼 다양한 개념적 변이가 발생한다. 이는 내셔널리즘의 다의적 번역, 즉, 국가주의, 민족주의, 국민주의 등으로 나타난다.[31]

민족주의는 대외적으로는 다른 나라와 다른 민족을 대립 관념으로 놓고 내 나라와 내 민족을 강조하는 입장이다. 대내적으로는 나라 안의 정치적 혹은 공법적인 동질체를 국민주의로 이해할 수 있다. 역사적으로 대내적인 민족 개념이 성립되기 이전에 유럽 국가의 민족은 분열되어 있었다. 특히 천민과 빈농은 국민의 공적 존재에 포괄되지 못했고, 일반 백성과 전체 국민의 외연이 일치하지 않았다. 그러다가 대혁명 이후로 시민적 민족주의가 발전하게 되고, 소수 계급에 국한되었던 국민이 모든 백성을 포함하는 민족으로 변화된 것이다. 그리고 이러한 국민의 개념은 대외적으로 다른 나라 백성에 대한 하나의 민족 개념으로 짝을 이루게 된다. 이렇게 되면서 이슬람권과 유교권의 관계에서는 성립되지 않는 내 나라, 내 민족 개념이 만들어지고 단일 민족주의 사상이 성립하게 된다.

동주에 따르면 네이션Nation은 원래 지역 단위의 사람을 의미했다. 시간이 흐르면서 국가의 통일체에 속하는 사람을 뜻하는 개념으로 변하게 된 것이다. 프랑스 혁명 전까지는 네이션이 신분적 의미에서 상류층을 지칭하는 말로 사용되었다. 현재 네이션은 우리말에서 '국민', '민족', '나라'의 세 가지 뜻으로 사용된다.32 민족은 혈연적, 문화적, 역사적 공동체로 정치적 관계보다 문화적 관계가 더욱 중요한 공동체이다. 동주는 민족을 에스닉 그룹으로 칭하기도 하고, 한국 고유의 경험을 담고 있는 두레집단이라는 용어를 제안하기도 한다.33 '민족'은 타 민족과의 대립, 대치, 저항의 의미를 지니고 있다. 반면, '국민'은 국내적인 면과 저항이나 공격 이외의 정치적 억압을 내포한 말로 사용되고 있다. 근대적 '국민'이라는 의미에서의 네이션과 내셔널리즘은 '국민주의'와 '국민'이라는 번역어가 더 적합하다고 할 수 있다.34

동주에 따르면 서유럽의 역사에서 정치적 의미의 민족주의, 혹은 국민주의는 근대 후기, 특히 프랑스 대혁명 이후에 뚜렷하게 나타난다. 정치적 민족주의는 근대국가 유형에 대응하는 정치적 명분이다. 명분의 역할과 더불어 근대국가의 활동에 내재하는 작용동력이기도 하다. 정치적 민족주의 또는 국민주의는 근대 전기의 절대 군주형 명분과는 근본적으로 다른 것이며, 국가의 주권이 국민에게 있다고 보는 새로운 민족 개념에 기반한다.

절대왕조하의 인민은 사실상 신민servant을 의미하였다. 정치적으로 의미 있는 공동체는 혈연적 공동체의 범위와 일치하지 않았다. 영국 혁명과 프랑스 혁명을 거치면서 민족주의는 국민이라는 상과 사회

계층 간의 관계 설정 문제에 부딪힌다. 혁명 이후 19세기 서구 내셔널리즘은 부르주아 내셔널리즘, 시민적 민족주의로 인식되었다. 예전에 서민 대중을 포함하지 않은 국민 개념에서 혁명 이후 국민과 시민의 개념이 일치하게 된 것이다. 결국 인민 대중 모두를 포함하는 국적 보유자와 일치하는 선까지 도달했다. 국민주의로서 내셔널리즘이 한 국가 내의 민주주의와 어떻게 부합할 것인가 하는 것이 민족주의가 부딪히는 모든 국가의 대내적 측면의 과제이다.35

근대 전기가 민족이라는 기저의 형성기라면, 프랑스 대혁명 이후의 근대 후기는 기저의 민족이 국민이라는 공법 개념으로 승화하여 민족이 지배적 정치이념으로 기능하기 시작한 시기이다. 민족 개념과 병행하여 새로운 개인의 개념, 즉 주권자인 인간형도 동시에 출현하게 된다. 개인주의적인 인간 존재의 출현은 자유주의의 핵심적인 철학적 근거가 된다.

한편, 19세기 나폴레옹 전쟁의 참화를 겪고 유럽의 각처에서 민족주의가 낭만주의와 결합하여 새로운 이념으로 자리 잡는다. 이를 낭만주의 민족주의 사상이라고 볼 수 있다. 산업혁명이 진전되면서 사회와 경제의 변동이 거세어지고 사회구조의 혼란과 불안이 나타나면서 반문명의 낭만주의와도 결탁하게 되었다. 특히 독일의 정치적 낭만파는 복고사상의 형태를 띠고 민족과 공동체 의식을 강조하게 된 것이다. 중세 사회의 관념에서 흘러나오는 공동체 사상을 강조하면서 칸트Immanuel Kant로부터 훔볼트Wilhelm von Humboldt, 피히테Johann Gottlieb Fichte에 이르는 정치사상은 크게 바뀌게 되었다.

한편, 산업혁명을 거치면서 유럽의 번영은 결국 식민지 경영, 후진국 시장의 독점으로 이어진다. 민주주의는 내 민족만의 것이고 피지배

민족에 적용되는 것이 아니었다. 따라서 단일 민족주의는 독특한 국제 관계 사상으로 연결된다. 주권적 민족국가 사이의 관계는 본질적으로 경쟁적 우적의 관계이며, 사대주의 세계나 중세 기독교 세계에서 보았던 서열적 통합적 국제 관계는 이루어질 수 없었다는 것이다.[36]

    동주는 유럽 권역에서 출현한 근대국가와 민족주의의 상은 비유럽 지역으로 전파되었으며, 그 순서는 중동, 유럽, 중남미, 동아시아, 중근동, 아프리카의 순이라고 논의하고 있는데 이 역시 흥미로운 점이다.[37]

자유주의

    중세로부터의 이행은 개인의 자유와 국가의 주권을 의미한다. 종교개혁과 인문주의 정신혁명을 거치면서 개인은 교회를 매개로 한 신에 대한 복속관계를 넘어 개인으로서 신과 소통할 수 있는 지위를 추구하게 되었다. 정치사상에서 개인은 자연상태에서 독립적으로 존재하는 지위를 갖게 되었다. 국가 역시 중세 시대 교권의 속박에서 독립하여 영토와 국민에 기반한 절대적인 자유, 즉 주권을 보유한 정치적 실체로 등장했다.

    근대가 진행되면서 가부장적인 절대군주 사상은 실력지상주의와 무력지상주의를 대표로 하는 군주권 사상으로 바뀌게 된다. 마키아벨리Niccolò Machiavelli가 제시했던 혁신적인 새로운 사상은 오로지 힘에 의거하여 정치지배를 생각해야 한다는 것이다. 정치는 권력이고 종교나 도덕, 법에 얽매이지 않는다는 현실주의 사상이 전 유럽을 관통하기에 이르렀다. 개별적인 왕들이 지배하는 영유권 의식이 생겨나 점유권과 지배권의 관념이 발생하고, 국경 사상의 공고화로 이어지게 되었다. 이는 근대 국제법을 탄생시키는 배경이 된다. 결국 근대국가 사상은 주권 사상, 영토 사상이라는 관념들 위에 서게 되고, 영토 사상의 확대는 토지 점유라는 관념을 낳게 되면서 결국 식민지 활동의 합리화 이론으로 연결된다.[38]

이 과정에서 전제군주는 신흥 자본계급과 결탁하여 군왕의 전제권을 제어하고자 하는 귀족과 교회의 세력을 억누르게 된다. 전제군주의 무제한적인 권력은 전쟁의 와중에 폭력과 세금, 빈곤 속에 허덕이는 봉건적인 대중 위에 성립되었다.[39] 정치적 자유는 절대 군주 한 사람에게만 적용되었다.

동주는 현실적으로 주권국가라고 부를 수 있는 강력한 군주국가는 영국, 프랑스, 스페인의 세 나라에 그쳤다고 본다. 이탈리아, 모스크바 공국, 스위스 등 다양한 정치체제는 도시 국가, 칸톤Canton 등 복합적인 형태를 띠고 있었다. 군주의 권한은 신권설을 거쳐 후에 인민주권설 혹은 국민주권설을 채용하게 되었다, 이후 자연법 사상과 저항권 사상, 사회계약론 등 다양한 국가 차원의 변화를 미치게 되었다.

후기 근대의 시기는 유럽 근대사에서 1789년의 프랑스 대혁명을 계기로 시작된다. 유럽의 18세기는 경제력과 군사력에서 유럽의 세계적 우위를 결정지은 산업혁명이 일어나고 진행되던 때이다. 이와 함께 계몽주의 사상이 발달한다. 계몽주의는 대체로 1715년부터 중농학파와 백과전서파의 활동을 통해 진행되고 프랑스 대혁명의 기반이 된다.[40] 계몽사상을 통해 신학으로부터 자연과 인생이 독립하고 인간 진보에 대한 믿음이 정착된다. 이성 만능과 합리주의의 사상이 발전하게 된다. 이는 아주 중대한 사고방식의 변화로서 추상적 인간의 순수한 이성 작용과 감각 작용을 전제로 논리를 출발시켜 모든 시대, 모든 사회에 적용되는 보편타당한 인간관을 만들어낸다.

인간 이성이 보편적인 동일성과 인식의 객관적 타당성을 가지고 있다고 믿게 되며, 이는 역사적 사고방식의 일대 대전환이라고 동주는 설명한다. 반면, 이슬람 사회와 유교 사회에서 개인은 신분과 단체, 가족에 의해서만 의미를 가지는데, 계몽 시대에 이르러 인간과 인간 사회가 인류에게 타당한 보편적 개념으로 관념화되었기 때문이다.

이러한 변화는 결국 근대 자유주의와 민주주의 사상을 가져오게 된다. 프랑스 대혁명의 핵심 개념으로 자유와 평등이 등장했다. 이는 1789년의 인권선언에 명시되고 보편타당한 자연권 사상도 적용되기에 이른다. 이 과정에서 중요한 것은 제3계급으로서 중산계급 혹은 부르주아의 성장이다. 먼저 영국에서 제3계급인 중산층이 명예혁명을 통해 권리를 보장받고, 이후 프랑스의 제3계급도 성립된다. 프랑스의 시에예스Emmanuel Joseph Sieyès의 논의에서 보는 바처럼 제3계급은 사실상 국민 전체를 구성하고 있다고 본다. 프랑스 혁명부터 19세기 파리 코뮌에 이르기까지 제3계급이 정권의 주류를 이루었지만, 모든 국민을 포함하는 개념이 출현하게 된 것이다.

자유는 무엇보다 제3계급의 이념이었고, 사유재산의 권리와 경제 행위, 자유의 권리가 핵심적인 구성 요소였다. 영국의 명예혁명과 미국의 독립, 프랑스 대혁명을 통해 자유와 평등, 재산권을 위시한 인권 사상이 자리 잡게 되었다. 이후 민주주의는 법치의 성격을 띠게 된다. 이러한 자유주의 사상은 민주주의를 통해 이루어지는데, 군왕제, 귀족제에 대한 국민 다수의 지배 체제로서 민주주의가 새롭게 정착된다.

민수수의

뒷장에서 살펴보듯이 자유주의와 민주주의는 이질적 개념이며 때로 갈등 관계에 있다. 근대 유럽 권역에서도 자유주의와 민주주의는 때로 협력 관계에 있지만 갈등 관계에 놓이기도 한다. 동주는 민주주의가 계몽 사상계의 인민주권과 맞붙고 인권 사상을 대표하는 보편 개념으로 나선 후에 민주주의가 아주 다양한 정치적 입장에 두루 쓰이게 되었다고 설명한다. 이 과정에서 영국의 자유주의 일파와 민주주의 간의 대립 구도가 형성되기도 한다.[41] 영국 명예혁명 당시 자유와 민권은 단순한 이념이 아니고 현실의 권리였다. 자유주의는 영국 자산층의 지위를 확보하는 보수적 사상이었다. 그러던 것이 보편적인 민주주의와 병행하면서 민주주의 관념은 영국 부르주아에게 못마땅한 것이었다고 본다. 프랑스 대혁명은 자유주의와 더불어 민주주의를 보편화한 일대 사건이었다. 그러나 프랑스에서도 혁명 이후 민주주의는 부르주아에 의해 위험시되었다. 군주제를 타도하는 데 노동자, 농민, 소시민은 혁명기 동원의 대상이었지만 이들이 주장하는 평등이념과 정권 참여는 부르주아 정권 유지에 장애가 되었다. 자연권적 민주주의 사상이 가지고 있는 급진적 요소는 경계의 대상이 된 것이다.[42]

동주는 근대 민주주의가 유럽 사회를 근본적으로 뒤집어 놓은 산업혁명과 번영의 산물이었다고 본다. 이 과정에서 경제적 불평등의 문제가 민주주의에 문제를 제기하고, 계급을 중심으로 한 정치사상도 발생한다. 19세기의 평등 사상, 무력 혁명 사상, 사회주의, 그리고 사회주의의 총합계와 같은 마르크스주의가 등장하여 이후 민주주의의 스펙트럼을 매우 넓혀 놓았다고 본다. 마르크스주의는 민주주의라는 기본 모토를 수용하였지만, 더 나아가 자연법적 인류 사상과 관념적 요소를 청산하고 프롤레타리아의 해방과 독재를 전면에 내세운다. 특히 프롤레타리아의 국제적 연대성을 내세우는 국제주의를 표방하면서 국가라는 관념을 넘어서고자 했다. 모든 근대 정치사상의 근저인 근대국가를 부인하는 결과를 도출한다. 근대국가 배후의 민족 관념을 초월하는 이념을 제시하게 된 것이다. 그러한 면에서 마르크스주의와 무정부주의는 국가론자와 정면 충돌하는 사태가 19세기에 출현했다고 동주는 설명한다.[43]

유럽 권역의 핵심인 단일민족주의 국가

　유럽 국가들은 긴 역사를 거치면서 주권과 국민, 영토에 기반한 현재와 같은 국민국가를 표준적인 정치단위로 만들었다. 근대 후기에 들어서면서 자유주의와 민주주의에 기초한 단일한 정치적 민족, 즉 국민이 형성된 것이다. 이에 대해 동주가 제시한 흥미로운 논의는 단일민족주의국가가 성립되어 전개되면서 자체 모순 때문에 변화할 수밖에 없다는 논리이다. 여기서 단일민족국가와 단일민족주의국가는 구별해야 한다. 단일민족국가는 하나의 두레집단이 하나의 국민국가를 이루었다는 의미이고, 단일민족주의국가는 정치적 단일체로서 민족, 국민을 이루는 데 성공하고 중앙집권적인 정치체를 이루었다는 것이다.

　유럽의 단일민족주의국가는 경쟁적인 국가이익을 둘러싸고 서로 치열한 경쟁을 벌인다. 유럽 권역이 제국주의로 세계 곳곳에 확장되면서 비지배민족의 국가형성 권리는 부정된다. 주권적 국민국가의 경험이 없는 비유럽 지역의 정치체들은 유럽의 모델을 따라 단일민족주의국가를 이루기 위한 노력을 발전시킨다.

동주는 단일민족주의 국가의 확립부터 현대 세계정치의 시발점까지의 과정을 세 단계로 구분한다. 첫 단계는 영국과 프랑스를 중심으로 단일민족주의 국가관이 확립되고, 이후 터키, 그리스, 동유럽의 약소민족들이 민족자결 운동을 전개하여 유럽 일대가 단일민족주의 국가로 성립되는 시기이다. 두 번째 단계는 식민지 쟁탈전의 시대로서 대략 1898년 독일 제국의 세계 정책으로부터 1차 세계대전까지의 기간이다. 세 번째 단계는 베르사유 평화회의에서 시작되어 2차 세계대전이 끝나는 시기로, 단일민족 지상주의의 시대이다. 나치즘, 파시즘, 야마토 민족주의 등이 이러한 시기의 단일민족주의의 모습들이다.

1단계에서 모든 유럽 국가들은 민족자결 운동을 벌였다. 이 과정에서 영국과 같은 강대국의 경제적 확대에 대해 다른 유럽 국가들은 이를 경계했다. 새로 독립한 유럽의 국가들은 문호를 폐쇄하고 종속 관계를 거부했으며, 더 나아가 단일 민족 국가의 배타성을 발휘하여 다른 민족에 대해 영국식 경제 침략을 경계했다. 시장화 사상과 자유통상에서 시작했지만, 결국 폐쇄주의로 모든 단일민족주의 국가가 전향하게 된다. 그러나 이는 단일민족주의의 핵심 계층인 제3계급의 이해와 모순되는 결과를 가져온다.

2단계에서 유럽의 단일민족주의 국가는 식민지 개척에 나서게 된다. 식민지 사상은 단일 민족 국가가 밖으로는 타 민족의 민족자결을 부인하고, 안으로는 이질적인 민족들을 포괄하는 완전한 모순에 직면하게 된다. 비서구 지역에 대해서는 경쟁적 공존을 허용하는 시민적 민족주의가 작동하지 않고, 국제법과 기독교 문화권의 윤리관념이 적용 중지되어 실력행사의 장이 열린 것이다.[44] 식민지 확대 전쟁 속에서 제한된 토지와 물자를 놓고 결국 열강 간의 식민지 경쟁이 극한으로 치달았다.

유럽 열강 내에서도 국내의 특권 계급에 불만을 품는 한편, 타 민족에게 관대하여 피압박 민족의 해방에 동정적인 운동도 일어났다. 이는 결국 제3계급의 경제적 이익과 열강 내의 분파 간의 모순을 나타내는 것이라고 본다.[45]

3단계는 민족자결주의의 시기로, 윌슨 Woodrow Wilson 대통령의 14개 조항이 그 시작을 알렸다. 동주는 이에 대해 매우 비판적인 견해를 제시하고 있다. 미국이 제시한 민족자결이란 전쟁 발발 시까지 자주독립을 이루지 못한 동유럽 민족들에게 민족국가를 허용하자는 것이지, 식민지 민족인 아프리카나 아시아에 관해서는 민족자결권을 적용하지 않고 있다는 것이다. 결국 민족자결안은 유럽 전역의 민족자결 사상을 일단락하고 식민지의 모순을 그대로 유지하며 유럽의 식민지 경쟁 국가 간 식민지 재분할을 유지한다는 것이다. 그나마 유럽의 민족자결도 완수되지 않아 유럽 소수 민족들의 단일 민족 국가 건설이라는 목적은 이후에 많은 문제를 남기게 된다. 이러한 문제는 20세기 현대국제정치에서 모든 민족의 자결주의와 국제법적 주권평등을 기초로 한 베스트팔렌-자유주의 권역을 어떻게 인식할 것인가의 문제와 연결되어 매우 중요한 점이다.

동주는 형식적 주권평등과 독립에도 불구하고 사실상의 주권 불평등에 주목한다. 근대 국제정치는 국제법상의 평등권이라는 위장 아래 현실적으로는 군사적 강약의 질서로 유지되었다고 본다. 그 방식은 세력균형의 운영원리이다. 유럽의 단일국가들 간 세력균형 원리는 강대국과 약소국의 명확한 구별, 필요에 따라서는 폴란드 분할에서 목격하듯 기존 주권국가의 정복, 비서구 약소국의 식민지화 등으로 이어졌다.

표 7 | 단일민족주의 국가 확립의 단계

단계	설명
1단계	영국과 프랑스를 중심으로 단일민족주의 국가관이 확립된 시기. 터키, 그리스, 동유럽의 약소 민족들이 민족자결 운동을 전개하여 유럽 일대가 단일민족주의 국가로 성립됨. 강대국의 경제적 확대에 대한 경계와 단일 민족 국가의 배타성 발휘가 특징.
2단계	식민지 쟁탈전의 시기. 1898년 독일 제국의 세계 정책부터 1차 세계대전까지의 기간. 유럽의 단일 민족주의 국가들은 식민지 개척에 나서며 타 민족의 민족자결을 부인하고 이질적인 민족들을 포괄하는 모순에 직면. 열강 간 식민지 경쟁이 극한으로 치달음.
3단계	베르사유 평화회의에서 시작되어 2차 세계대전까지의 시기. 윌슨 대통령의 14개 조항을 통해 민족자결주의가 제시되었으나, 아프리카나 아시아 식민지 민족에게는 적용되지 않음. 유럽 소수 민족들의 단일 민족 국가 건설이 완수되지 않아 많은 문제를 남김.

근대 권역의 자기모순

유럽의 근대 베스트팔렌-세력균형 권역은 주권국가체제라는 조직원리와 세력균형이라는 운영원리, 군사/경제/식민지국가라는 국가 단위, 자본주의와 자유주의, 민주주의로 엮인 사회경제체제, 그리고 민족주의, 자유주의, 민주주의, 유럽중심주의 등의 정치적 정체성을 가진 개인과 정치철학 차원의 5차원으로 구성된 권역이었다. 500여 년에 걸친 권역질서의 진화 과정에서 많은 변화가 일어났다. 그리고 그러한 변화가 임계점에 도달했을 때 두 차례의 세계대전을 거쳐 현대 세계정치의 새로운 장이 열리게 되었다.

동주는 베스트팔렌-세력균형 권역의 근본적 모순이 자기발현하여 새로운 역사의 단계로 거시이행을 했다고 지적한다. 그 모순들을 정리해 보면 첫째, 포괄적인 수준에서 유럽 내 단일민족주의 국가 간의 경쟁이다. 유럽 국가들은 자국의 생존과 이익을 보장하고 확대하기 위해 치열한 노력을 기울인다. 이 과정에서 강대국들은 가능하다면 제국의 지위를 달성했겠지만 다수의 강대국들 간 세력균형으로 이는 좌절

되었고, 대신 자신에게 유리한 다원적 국제질서를 창출하고자 노력했다. 이러한 노력은 부국과 강병을 목적으로 군사국가, 경제국가의 실현을 추구하기 때문에 국가 간 충돌은 지속적으로 발생할 수밖에 없다. 군사력과 시장, 노동력을 확대하기 위한 식민지 개척도 불가피한 귀결이었다. 세력균형의 논리 속에서 타협과 협력, 신중함prudence의 덕이 발휘되면 안정을 유지할 수 있다. 그러나 선진 서유럽 단일민족주의국가인 영국, 프랑스 역시 심화되는 경쟁 속에서 암묵적 합의를 계속 유지할 수는 없었다. 특히 1차 세계대전을 끝으로 유럽 국가 간 권역적 합의를 지키려는 노력은 끝나게 된다.

    이들과는 달리 동유럽 국가들, 그리고 독일과 같은 후발 선진국들의 경우 국가의 이익을 극대화하는 좀 더 과격한 경향을 띠게 된다. 영국과 프랑스가 자유민주주의에 기반한 단일 민족주의를 추구한 것과는 달리, 독일과 같은 후발 국가는 전통적인 민족 개념, 문화적 민족주의에 기반하여 낭만적 민족주의를 강화한다. 이러한 경향 속에서 일부 국가들은 자유민주주의를 결여한 단일민족주의의 극대화, 즉 파시즘과 나치즘으로 나아가는 경향을 만들어낸다. 2차 세계대전은 1차 세계대전 이후 출현한 현대 세계정치의 흐름에 반발한 사건이었다고 볼 수 있다. 결국 두 차례의 세계대전은 근대 유럽 권역의 모순이 축적되어 유례없는 규모로 발현한 결과이다.

    이후 세계는 미국과 소련이라는 초강대국의 리더십 하에 각각 자유주의 권역과 공산주의 권역으로 나뉘게 된다. 이 과정에서 유럽은 미국 주도 자유주의 권역에 속해 있으면서 국가연합을 모델로 한 유럽연합을 추구하게 된다. 유럽 스스로가 베스트팔렌-세력균형 권역의 본래적 모순을 깨닫고 새로운 권역질서를 추구하게 된 것이다.

둘째, 군사국가의 자기모순이다. 유럽 국가들은 세력균형 운영원리 하에서 전쟁을 합법적인 정책 수단으로 삼고 전쟁에서 승리하여 국익을 증진하기 위해 노력을 기울였다. 이 과정에서 지속적인 군비경쟁과 군사력 기술 향상의 노력이 이루어졌다. 유럽 세력균형 권역의 종말을 고한 1차 세계대전은 인류가 소유할 수 있는 파괴력의 크기를 보여준 사건이었다. 전쟁은 정치의 연장이라고 하지만 전쟁은 전쟁 나름의 논리에 의해 자기관철하려는 내인을 가지고 있다.[46] 승전을 위한 노력은 결국 방대한 평시 군비와 군사지출을 감행해도 파괴력의 향상 때문에 승리 없는 전쟁, 항복이 아닌 파멸만을 예언하는 상황에 부딪히게 된 것이다. 특히 2차 세계대전 이후에는 치명적인 전면전 회피를 위해 초군사적 고려, 정치적 압력이 중요해지는 결과를 가져온 것이다.[47] 군사국가가 정책의 수단으로 전쟁을 고려하기 어려운 상황이 출현하였고, 이는 핵무기의 발전으로 더욱 명백해졌다.

셋째, 근대 경제국가의 자기 관철 과정에서 나타나는 국제주의적, 세계경제주의의 경향이다. 자본주의 경제질서에 기반한 근대 경제는 한편으로는 국민경제의 성격을 가진다. 그러나 필연적으로 국제주의적 성격도 나타날 수밖에 없다. 이윤의 극대화를 추구하는 자본 계급은 국민경제의 틀을 넘어 국제시장으로의 확대를 원하기 때문이다. 근대 경제국가는 일국 차원의 국가이지만, 자본의 논리와 지구화된 경제 속에서 초국가주의적 경향에 직면할 수밖에 없다.[48]

동주는 중상주의, 자유무역주의, 제국주의까지의 흐름, 더 나아가 2차 세계대전 이후 미국 주도 자유주의 국제질서로 이어지는 과정에서 경제국가가 당면하는 어려움을 분석한다. 경제국가는 국가 중심의 정치경제로 국부의 확대를 위한 노력을 기울이지만 동시에 자본주의의 초국가적 경제구조를 다루어야 하는 어려움에 봉착하는 것이다.

넷째, 근대 경제국가가 초래하는 식민지 팽창의 모순이다. 베스트팔렌-세력균형 권역에서 군사국가, 경제국가는 해외 군사, 경제팽창을 위해 제국주의로 나아가게 된다. 이 과정에서 식민지국가의 성격을 띨 수밖에 없었다. 제국주의는 군사국가가 군사적 이점을 도모하고, 자본주의 국가인 유럽권역 국가들이 자본가 계급의 이익을 극대화하기 위해 경제활동을 국제화하는 과정에서 나타난다. 특히 국가가 이러한 자본가 계급의 이익과 합의하여 국가산업자본주의를 만들어 가면서 자본주의 제국주의가 나타나게 된 것이다. 식민지 개척을 통해 자원과 병력을 충원하게 되고 식민지를 둘러싼 경쟁이 유럽 열강 간 전쟁과 연결된다. 많은 비서구 약소국들은 주권국가의 지위를 얻지 못하고 구미 국가들의 식민지 지위에 떨어지고 유럽 권역의 전파를 맞이하게 된다. 이 과정에서 1차 세계대전은 식민지를 둘러싼 유럽 강대국 간 극한적 전면전쟁이자 세력균형 운영원리의 쇠퇴를 의미한다.[49]

식민지 확대 과정은 식민지국가가 담지하는 모순의 자기전개였다. 유럽 열강들은 식민지 시장을 국민경제에 구조적으로 편입시키고 국방구조에도 포함시켰다. 유럽의 국민주의, 민주주의가 경제적 번영 위에 서 있다고 할 때, 그 번영은 식민지에 기반하고 있었다. 19세기 후반 이르러 구미 정치는 국가 권력을 국민화하는 국민주의 방향을 택했고 국민 평등, 참정권 보장 사상을 강화했다. 민주주의 역시 이와 연결된 커다란 흐름이다. 그러나 유럽 국가들은 단일민족주의 성격을 지닌 채 제국을 건설하였고 식민화한 다른 정치집단과 민족의 민족주의와 자유주의를 인정하지 않았다. 이는 비국민주의, 비민주주의 요소를 내포하는 본질적 모순을 갖게 된 것이다. 식민지들은 점차 본국에 편입되면서 자각을 촉발하여 본국과의 정치 경제적 지배관계를 단절하고자 하였다. 이러한 억압적 과정을 거치면서 결국 식민지의 이탈 분리 경향이 조성되어 결국 본국과의 경제적 군사적 연관조차 종식된다.[50]

유럽 국가의 민주주의적 기반이 비민주주의적 식민지 정치와 경제 위에 서 있다는 것이 중대한 변화를 예언할 수밖에 없는 단초가 되었다. 유럽 제국이 소유하게 된 비단일민족적인 구조와 그 구조의 동요가 근대국가의 모순적인 자기 전개의 양상이 된 것이다. 결국 제국주의는 유럽 권역이 기초하는 이념의 자기모순이자 온전한 세계적 거버넌스 수립의 실패로 이어졌다.[51]

다섯째, 유럽 자본주의가 발전하면서 생겨난 계급 간 모순이다. 경제국가의 모순이 한편으로는 자본의 국제주의로 표출되었다면 다른 모순은 국제적 계급의 출현으로 나타났다. 동주는 유럽의 산업 자본주의가 확립되면서 19세기 중엽부터 계급 개념이 형성되었다고 본다. 이러한 계급은 이론상 초국가적이며 국제주의적일 수밖에 없었다. 노동자 계급의 주장은 자본주의가 발전하면서 더욱 심화되는데 결국 국제적 공산주의 운동이 발생하게 된다. 결국 자본주의 경제구조가 국가를 넘어서는 공산주의를 배태하게 되고 20세기 베스트팔렌-공산주의 권역의 탄생으로 이어진다.

동주는 권역의 이행 과정에 큰 관심을 가지고 있었다. 특히 유럽 중세에서 유럽 근대로의 이행, 프랑스 혁명을 기점으로 한 초기 근대에서 후기 근대로의 이행, 그리고 근대에서 현대로의 이행이 큰 관심사였다. 중요한 것은 이러한 이행을 결정하는 역사적 논리이다. 동주는 군사력과 군사기술의 발전으로 발생하는 군사논리, 자본주의의 발전과 같은 경제적 논리, 예치, 절대군주제, 계몽군주제, 자유민주주의, 공산독재와 같은 정치의 논리, 그리고 계몽주의, 민족주의, 자유주의, 민주주의 사상과 같은 사상의 논리 등에 주목하고 있다.

근대 유럽권역의 이행에서 드러나는 권역이론의 핵심은 권역 이행이라는 거시복합이행이 변증법적 성격을 가진다는 것이다. 하나의 정치질서 속에는 변화의 싹을 가진 구조적 모순이 존재하고 이러한 각 영역별 모순이 주변 시세의 흐름과 결합하여 동학의 핵으로 작용할 때 다양한 차원의 이행이 이루어진다. 동주는 이러한 변화를 자기전개, 자기변이, 자기분열 등의 용어를 사용하여 각 단계별로 세분하여 논하고 있다. 특히 근대 유럽 주권국가체제가 하나의 권역을 이루고, 권역 내 국제질서가 진화하면서 구성단위인 단일국가의 성격과 어떻게 연동되어 변화하는지, 권역 내에서 단일국가가 군사, 경제, 식민지 국가의 성격을 가지면서 어떠한 모순을 축적하여 권역 전체의 이행을 추진할 수밖에 없었는지를 설명하고자 한다.

동주는 유럽 권역의 이행을 초래하는 "초국가주의적 요인은 동시에 근대국가의 활동 속에서 태어나는 변증법적 성질의 것"이었다고 쓰고 있다. "근대국가 자체의 성격 중에는 필연적으로 초국가적인 요인을 재래齎來하는 면이 있었다"는 것이다. 근대국가의 성숙 없이 현대 세계정치를 이해하기 어려울 뿐 아니라 근대국가 자체의 성격에 필연적으로 초국가적 요인이 포함되어 있다는 것이다.[52]

제4장

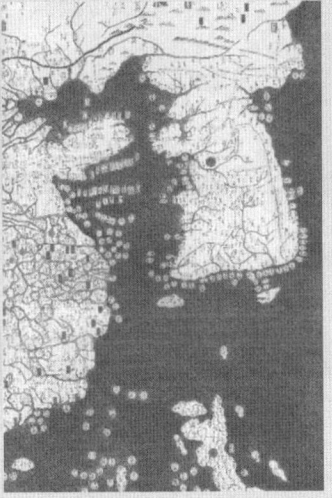

현대 세계정치의 출현과
냉전기 권역의 자기분열

현대 세계정치의 출현

제1차 세계대전은 근대 유럽 권역에 종지부를 찍었다. 유럽권역의 존속 자체도 종식되고 세계적 영향력도 감소했다. 유럽 국가들은 더 이상 자기중심적 권역을 이루고 통합적인 권역질서를 유지할 수 없게 되었다. 제국주의로 유럽권역을 전 세계에 확장시켰지만, 유럽 국가들은 1차 세계대전 이후 군사적, 경제적으로 쇠락하여 영향력이 급감한다.

전후 처리를 통해 세계는 하나의 정치공간으로 통합되기에 이른다. 진정한 의미의 세계적 차원의 국제사회가 형성되었다. 현대 세계정치가 출현한 것이다. 군사적으로 세계 모든 국가들이 전쟁에 영향을 받은 1차 세계대전이 벌어졌고, 제국주의 시대로부터 세계의 경제는 하나의 경제체제 속에 통합되었다. 유럽 국가들의 식민지 팽창으로 지배와 복속을 둘러싼 하나의 정치공간이 만들어졌다. 이제 국제사회는 지구적 차원의 평화와 안전, 지구 전체를 포괄하는 안정적인 경제체제, 형식적 평등이 아닌 진정한 평등의 지구정치질서, 그리고 민족주의를 넘어서는 세계주의 정치철학으로 이루어진 새로운 질서를 희구하게 되었다.

지구화가 인류 역사에서 언제 시작되었는지, 어떠한 단계를 거쳐 왔는지 다양한 논의가 존재한다. 20세기 후반부터 지구화globalization의 개념이 본격화되었다. 문명 교류의 차원에서 근대 이전에도 여러 대륙이 연결되어 있었던 것이 사실이다. 15세기 유럽 국가들이 소위 대항해의 시대를 개척하면서 지구 전체를 여행하고 교역과 식민지 개척을 시도하면서 더욱 진전된 지구화가 이루어졌다. 이후 19세기 말까지 유럽 제국들의 식민지 개척은 온 지구에 확장되었다. 1차 세계대전 이전 유럽 국가 간 교역도 심화되었다. 이러한 경제적 지구화의 심화 시기에 1차 세계대전이 발발했다. 베르사유조약의 체결 과정은 전 세계를 하나의 정치, 군사, 경제적 공간으로 놓고 지구적 거버넌스를 본격적으로 구상한 기점이 되었다.

20세기 후반 냉전이 종식되면서 세계를 두 진영으로 분리했던 시대도 막을 내렸다. 전 세계가 미국의 단극적 패권 하에 하나의 권역으로 통합된 것이다. 이와 더불어 신자유주의 경제정책에 의한 경제적 지구화도 진행되었다. 이와 별개로 교통, 통신 기술의 발전으로 지구의 시간과 공간이 압축되는 기술적 세계화도 이루어졌다. 이와 같이 다양한 시점에 각각의 특성을 가진 지구화가 진행되었다.

권역이론의 관점에서 1차 세계대전 이후 인류 역사상 하나의 국제정치적 권역이 형성되었다. 이후 하나 이상의 권역들이 출현하고 이들 간 다권역질서는 애초에 만들어진 단일권역의 자기분열 결과라고 볼 수 있다. 20세기 초 현대 세계정치의 출현은 유럽 근대 권역의 제국주의적 확대 및 열강 간 충돌이 가져온 결과이다. 유럽 열강들의 힘은 약화되었지만 유럽 권역의 주권국가체제라는 특질과 면모가 온 지표를 뒤덮어 마침내 하나의 세계정치의 장이 마련된 것이다. 유럽 정치의 확대로서 현대의 세계정치는 단일화 커뮤니케이션망을 전제로 수립된 것이다. 그러한 의미에서 지구적 차원의 정치 공간이 형성되기 시작했음을 알 수 있다.[1]

동주는 20세기부터의 국제질서를 논할 때 의도적으로 "국제"라는 용어 대신 "세계"라는 용어를 더 강조한다. 세계가 하나의 국제정치적 국면, 양상으로 등장한 것이다. 현대는 시간적 의미이기도 하지만 "터"라는 장소적인 역사적 구속력을 갖게 되었다. 현대 세계정치가 하나의 정치공간이라는 점은 하나의 법역 개념으로도 설명할 수 있다. 과거 국제법은 유럽 중심의 국제사회 개념에 기반했다. 유럽에서 사용되던 국제사회는 유럽 사회나 구미 사회를 의미하는 것이었다. 반면 현대 세계정치는 세계적 차원의 국제사회에 기반한다. 전 지구적인 세계사회 의미하는 것이 되었다.[2] 세계적 국제사회는 국제연맹규약 및 국제연합헌장이 상정하는 세계적 법역이다. 구유럽 사회와 판이한 세계적 단위의 법역이 형성된 것이다.

국제정치 의식 차원에서도 세계적 차원의 국제정치의식이 존립하게 되었다. 인식의 측면에서 현대 세계정치를 논할 수 있는 것이다. 이는 어떤 사회현상이 전 지구적 관련과의 영향과 반응에서 이해되어야 한다는 의식을 의미하는 것으로 설명한다. 진정한 의미의 세계사 그리고 현대 세계정치는 19세기 후반에 시작되어 1차 세계대전이 끝나면서 본격적으로 시작된 것이다.

문제는 세계정치라는 현실적 변화에도 불구하고 진정한 세계적 차원의 권역이 형성되지 못했다는 것이다. 20세기의 현대 세계정치의 장이 마련된 것과 견고한 하나의 세계적, 지구적 권역이 성립되었는가는 별도의 문제이다. 하나의 정치적 장이 될 수 있는 기반은 마련되었지만 5층에 걸친 권역질서를 통합적으로 이루지는 못한 것이다. 현대 세계정치는 다권역 간 경쟁과 등락으로 얼룩진다.

20세기의 역사를 개관해 보면 현대의 세계정치 질서가 견고하고 통합적인 권역을 이루지 못하고 있음을 알 수 있다. 세계적 규모의 권역의 주인공으로 등장하는 국가들, 즉, 미국과 소련, 유럽연합, 그리고 이제는 중국까지 시대의 흐름에 맞는 권역질서의 구성요소들을 제시하지 못하고 있기 때문이다. 냉전 종식 이후 미국 주도 자유주의 권역이 발전할 것으로 예상했지만 30년이 지난 지금, 자유주의 권역의 위기를 둘러싼 논란이 한창인 것이 현실이다. 권역이론의 개념에 따르면 권역의 자기모순 때문에 지속적인 권역질서를 이루지 못하고, 과도기에 처해 있는 상태이다.

동주는 현대의 세계정치가 19세기 후반에 시작되어 1차 세계대전 종전 이후 자리를 잡았다고 본다. 세계가 하나의 정치공간으로 확립될 군사적, 경제적, 기술적, 정치적 조건이 마련된 것이다. 1차 대전 이후 승전국들, 특히 구미국가들을 중심으로 자유주의와 민주주의에 기반하여 새로운 권역이 창출될 것이라는 희망이 생겨났다. 유럽과 미국이 현대 세계정치 지구권역을 이끌 수 있다는 이상주의가 팽배해진 것이다. 현대적 의미의 국제정치학도 그러한 문제의식에서 시작되었다. 동주는 현대 세계정치의 시작, 그리고 세계적 차원의 권역을 이룰 수 있다는 희망과 함께 국제정치학이라는 학문도 시작된다고 본다. 1차 세계대전이 끝나는 1919년경부터 현대 세계정치가 시작되었다고 보면 현대의 국제정치학도 그 즈음에 형태를 갖추었다. 국제정치학은 탄생부터 하나의 지구정치공간을 전제하고 그 속의 국가 간 관계를 이해하려고 시작된 학문인 것이다.

그러나 세계정치는 곧 독일, 이탈리아, 일본 등 나치즘과 파시즘, 군국주의의 도전을 받는다. 동주는 2차 대전을 일으킨 독일, 이탈리아, 일본은 모두 근대 후기의 후진 국가들이었고, 이에 대한 선진 근대국가들의 대응이 2차 대전이었다고 본다. 제2차 세계대전은 발단에서부터 선진 근대국가와 후진 국가 간의 싸움이었으며, 소련 등은 조연에 불과했다는 것이다.[3]

2차 세계대전으로 위기는 마무리되었지만 곧 냉전이 본격화된다.[4] 1919년 현대 세계정치의 성립 이후 약 30년 후 권역의 자기분열이 일어날 때까지 세계권역이 유지되었다. 40여 년 후 소련의 붕괴로 다시 현대 세계권역이 단일 권역으로 재정립되었다. 냉전이 현대 세계정치의 자기분열이라고 보면 소련과 공산권의 해체로 분열은 종식된 것이다. 다시 세계는 하나의 자유주의 권역으로 통일되었다. 현재 세계질서의 위기는 2차로 성립된 현대 세계정치 권역의 위기이다. 세계적 차원의 권역이 유지되고 위기를 넘어 발전할 것인지, 아니면 또 다시 2차의 자기분열을 겪을지가 중요한 질문이다.

현대 세계정치와 집단안보

현대 세계정치는 여전히 주권국가체제의 조직원리에 기초하고 있다. 국가가 최고의, 독립적인 주권을 소유하고 있기 때문이다. 그러나 세계적 차원의 군사, 경제, 정치 공간이 수립되면서 이를 운영할 수 있는 새로운 운영원리의 도입이 중요해졌다. 주권국가가 중심이지만 초국가적, 국제주의적 차원을 관장할 수 있는 운영원리가 필요하게 된 것이다.

과거 세력균형은 전쟁, 군사동맹 혹은 국제적 정치합의라는 형식을 통해 개별 국가의 공동 안전과 국제평화를 보장하고, 압도적인 단일 강대국의 출현을 막기 위한 것이었다. 세력균형은 한 국가의 제국화를 방지하는 것이다. 공동 안전은 개별 국가의 타산을 초월한 법질서나 국제사회의 이해를 지향하는 것은 아니다. 개별국의 이해를 정치적으로 절충, 타협함으로써 성립하는 것이다. 이 과정에서 전쟁은 세력균형 원칙의 부인이 아니라 균형의 계기라는 점도 중요하다. 근대 유럽 권역에서 전쟁 역시 합의에 의한 행위였다. 전쟁 수행국가는 군사적 세력균형을 운영원리로 삼을 수밖에 없다.[5]

그러나 1차 세계대전을 치른 이후 군사국가로서 근대국가의 성격은 변화하게 되었다. 나폴레옹 전쟁 이후 국민전과 섬멸전은 국가 이익을 추구하는 적절한 수단이었다. 전쟁이 국가에게 정치적, 경제적 이익을 가져다 준다는 논리가 근대국가의 특성을 이루었다. 1차 세계대전 이후 이러한 전제는 근본적으로 파괴되었다. 전무후무한 방대한 평시 군비와 군사 지출이 감행되고 군사 부문이 발달했다. 그러나 동시에 승리 없는 전쟁, 항복이 아닌 파멸만을 가져온다는 새로운 사실이 군사의 변화를 가져왔다. 국민전의 섬멸전 사상은 군사와 전쟁의 자기법칙에 의해 부정되는 군사 법칙의 자기모순이 나타난 것이다. 양차 대전 이후 전쟁의 손실은 세계 각지에서 발생했다. 이렇게 군사력 발달에 따른 전면전 회피 경향, 전쟁이 가져오는 국민경제에 대한 돌이킬 수 없는 대규모 폐해가 중요하게 되었다. 승리 없는 전쟁의 가능성과 그에 대한 회피의 노력으로 전쟁에 대해 정치 우위의 회복이라는 현상을 가져오게 되었다. 치명적인 전면전을 회피하기 위해 정치 책임자의 고도의 정치력이 중요해지고 초군사적 고려가 더욱 중요해진 것이다.[6]

세력균형에 비해 집단안전보장이야말로 현대 세계정치의 안보적 지향점을 보여 준다. 집단안전보장이라는 안보적 운영원리는 세력균형 원칙과는 근본적인 차이를 보인다. 모든 국가들이 국력의 크기와 상관없이 조약에 의해 집단안전보장에 참여하게 된다. 일반적인 집단의 이익과 공동 안전의 개념을 상정하며 평화를 희구하고, 국제사회의 관념, 그리고 인류의 이익이라고 하는 이념을 추구하게 되었다. 전쟁을 통한 균형과 공동 안전의 확보라는 개념을 부정하고 전쟁을 불법화하였다. 국제기구의 창설에 의해 국제 협조와 일반 평화와 질서의 유지를 제도화한 것이다.

또한 현대 세계정치의 시대에 국제평화와 질서를 정치적 측면에서만 보지 않게 되었다. 인간의 기본권, 경제 향상, 상호 친선 등 사회 경제, 문화 복원 등 각 방면에 걸친 국제기구를 함께 설치하였다. 이렇게 볼 때 국가의 개별 이해를 초월하는 일반 이해라는 관념, 초국가적 이해, 국제사회의 관념 등은 근대 유럽 권역의 운영원리와는 매우 다른 모습을 보이고 있다.

동주는 이러한 국제기구와 국제제도의 출현, 그리고 조약 형식을 통한 안정과 평화의 보장 등이 매우 중요한 변화라고 본다. 집단안보의 효시로서 국제연맹이 비록 약체로서 큰 성과를 거두지는 못했지만, 정부뿐 아니라 민간을 단위로 하는 국제기구의 출현에도 착목한다. 이러한 변화가 국가 이외 행위자들의 국제적 연결성을 보여 준다는 것이다. 동주는 국제연맹에 그 약점에도 불구하고 향후 많은 집단안보의 모델로서 큰 의미를 부여하고 있다.

그럼에도 불구하고 이러한 변화가 조직원리의 변화를 수반하지는 않는다. 여전히 베스트팔렌 조직원리를 떠나지 않고 있다는 점에서 동주는 이러한 변화를 과도기적 변화라고 본다. 현대는 단순히 근대를 떠난 현대가 아니다.[7] 근대 주권국가의 이념과 전통이 유지되고 있는 것이다. 집단안보에서도 강대국의 중요성, 안전보장이사회의 거부권veto, 그리고 연합 헌장 51조와 52조에서 규정하고 있는 사실상의 동맹 체결권 및 전쟁의 권리 등이 나타나고 있다. 변화에도 불구하고 사실상 전쟁을 인정하고 강대국의 권한을 유지하는 경향을 표출한다.

결국 20세기에 시작된 현대 국제정치는 과도기의 질서이다. 베스트팔렌 조직원리와 세계정치를 관리해야 하는 운영원리가 긴장관계에 놓이면서 이원적 질서를 만들어가는 것이다. 이는 앞서 논의한 베스트팔렌 체제 하 군사국가의 근본적 모순이기도 하다. 국가 간 경쟁이 극에 달해 군사력과 파괴력이 극대화되면 전쟁 자체를 수행하지 못하고 정치적으로 평화를 추구하는 지구적 거버넌스가 출현해야 하는 것이다. 그러려면 궁극적으로 주권국가체제라는 조직원리가 변화해야 한다. 그러한 탈근대 이행의 시점이 오기 전까지는 호혜와 교류의 기제가 작동하기도 하지만, 국가들 간 경쟁과 알력, 갈등이 공존하는 질서가 지속되는 것이다.[8]

현대 세계정치와 국제주의 경제

 동주는 현대 세계정치의 과도기적 특성이 경제 차원에서도 나타난다고 본다. 특히 세계적 차원의 경제적 상호의존이 근대에서 시작된 변화의 중요한 원인이었다고 본다. 유럽 권역의 경제질서는 자유주의 무역 단계를 거쳐 제국주의를 통과하고 결국 세계경제는 통합의 길로 나아가게 되었다. 유럽의 제국들이 식민지의 시장을 통합하고 자본을 수출하고 식민지 농업을 근대화하는 등 폭력적인 방법으로 세계경제를 통합해 나갔던 것이다.
 1차 세계대전을 치르면서 유럽 경제가 세계경제에서 차지하는 비중은 급속히 감소했다. 유럽경제의 기반은 세계경제 속에 해소되고 그 지위는 약화되었다. 반면 세계경제의 흐름 속에서 미국과 소련의 힘은 증가되었다. 소련은 식민지 개척 없이 공산권을 이루어 경제적 발전을 이루었다. 공산권 내 중앙집권적 계획과 산업 특화를 통해 회원국 간 중복 생산을 줄이고 상호 보완적인 경제 구조를 조성하고자 하였다. 예를 들어, 일부 국가는 중공업에, 다른 국가는 농업이나 원자재 생산에 특화되었다. 소련의 계획 하에 진영 내 물물교환과 양자 협정에 기반한 교역이 이루어졌다.

자유주의 권역에서는 경제활동의 자유, 곧 자본의 자유가 정착되어 이윤 추구의 극대화를 모색하는 자유로운 활동이 확산되었다. 이는 미국에서 선진 고도 산업 국가의 기본 관념으로 나타나게 되었다. 동주는 자본활동의 국제법, 세계성, 무국적성에 힘입어 국제 카르텔이 등장하는 현상을 강조하고 있다. 국제 카르텔은 국제시장에서 경쟁을 배제하여 독점적으로 국제화된 자본을 일컫는다. 이러한 국제 카르텔은 자신의 경제적 이익을 극대화하는 과정에서 국민경제에 손해를 입히는 경우를 낳는다. 국민경제의 틀 속에서 작동하던 자본과 경제행위자들의 논리가 점차 국가를 넘어서 국가와 갈등하면서 세계적 차원으로 확대된 것이다.

결국 현대적 세계정치가 형성되는 시기는 국민경제를 넘어 국제시장, 혹은 국가들 간 계획경제에 의해 국제주의 경제를 이룩하고자 하는 움직임이 활발히 전개되었다. 근대경제는 국민경제 속에 있으면서 이를 일탈하는 양상을 보인 바 있다. 국민경제 자체가 세계경제라는 틀 안에서 변형되어 온 것이다. 근대국가 안에서 국가 관념을 기초로 하던 정치 관념 역시 경제적 차원에서 연유하는 계급이라는 국제 관념에 의해 충격을 받게 되었다.

미국과 소련은 다민족 국가로서 경제지리적 강점을 가지고 있었고, 이는 유럽 국가들이 이루지 못한 것이었다. 근대국가는 식민지를 통해 경제적 기반을 마련했지만 그 과정에서 유지 불가능한 모순에 부딪히게 되었다. 동주는 현대 국제정치 속 국가의 성격이 경제국가였지만 세계경제의 본격적인 형성 과정 속에서 국제주의, 혹은 초국가주의의 운영원리를 수립하는 새로운 전기를 맞이하고 있다고 본다.[9] 국제연합의 국제무역기구WTO, 국제통화기금IMF, 국제부흥개발은행IBRD 등 국가 간 타협과 조정을 통해 평화를 추구하고, 이러한 평화가 경제 부문에서도 제도화되었다. 유럽의 슈망플랜이나 관세공동조치와 같은 지역경제의 협력도 이러한 경향을 나타낸다. 이러한 과정은 경제가 권력정치에 예속되는 것을 막고, 경제 자체의 논리에 따라 세계적 차원에서 자유주의 경제를 확보하는 기획이다. 진정한 세계권역은 세계적 시장을 매개로 모든 경제적 행위자들이 공평한 부의 배분을 위해 제도화된 상호의존을 실현하는 장이 되어야 한다.

그러나 1차 세계대전 이후 세계경제주의와 국민경제주의 간의 갈등은 현대 세계정치의 경제적 측면을 규정하는 중요한 모순으로 존재해 왔다. 세계시장은 경제적 자유를 희구하며 국민경제와는 다른 세계경제도 수립되는 것처럼 보였다. 그러나 국민경제의 반발은 지속되고 있다. 각국이 경제적 경쟁 속에 자유무역을 완전히 실현하기는 어렵다. 동주는 경제적 국제협력이 권력 정치와 충돌한다는 점을 지적한다. 권력정치로부터 자유로운 경제적 통합과 협력이 완전 실현될지는 아직 미지수이기 때문이다. 결국 자본 활동의 세계화, 초국가적 단일 세계 자유시장이 추구되는 가운데 국민경제와의 긴장은 유지되고 있다.[10]

현대 세계정치와 탈식민의 정치질서

　1차 대전 이후 진행된 유럽 열강들의 식민지 독립은 20세기의 거대한 흐름이다. 더 이상 구제국이 존재하지 않는 세계가 도래한 상황이다. 그러나 제국을 어떻게 정의하는가에 따라 현대 세계정치에 존재하는 식민지국가의 성격, 혹은 제국성에 대한 평가는 달라질 수밖에 없다.

　제국은 여러 민족 단위로 구성되어 있고 단일한 집권 사상이 지배되는 광역의 국가로 정의된다. 제국주의란 제국을 조성, 조직, 유지하려는 정책이다. 제국은 근대 이전, 고대, 그리스, 중국 등 다양한 지역에서 정복, 전쟁, 점령에 의해 나타난 현상이다. 확장의 방식과 지배 의식은 지역과 국가에 따라 매우 다양하게 나타난다. 예를 들어 중국도 제국주의 팽창을 여러 차례 거듭했다. 중국 제국도 군사적 정복이 가능한 지역 전반에 걸쳐 있다. 경쟁 세력 없는 천하 통일이 이루어진 이후 지배 세력이 지속되는 동안 국제권역으로 균일하게 통합을 유지했다.

　반면 근대 제국주의는 근대국가 유형 및 유럽 정치사와 긴밀하게 연결되어 나타나는 식민지 활동이다. 초기에는 상업, 자본가의 이익을 위해 제국주의 팽창이 이루어진다. 권력적인 영토 정복과 변경이 포함되기도 했다. 이후에는 산업자본주의 활동에 기초하여 식민지 확장이 이루어진다. 근대 제국주의는 본질적으로 산업국가적인 근대 후기의 국가 성격과 연계되어 있는 것이다. 근대 제국주의는 반드시 제국의 조성과 확대에 얽매여 있지 않다. 제국이라는 형태와는 다른 특정한 활동을 가질 수 있다는 것이다. 세력권, 영향권의 설정, 간접적 재정금융 지배 등 경제적 지배가 중요하게 작동한다. 이는 동주가 말하는 근대 식민지국가의 성격과 연결된다.

이 과정에서 정부와 국민경제의 사회 세력 간 이익은 일치한다. 산업혁명을 겪고 자본과 생산의 집중기에 들어선 구미제국들이 강제력을 동원하여 대규모 경제적 국토 팽창을 감행한다. 역사상 유례가 없이 대규모의 팽창으로 이어진다. 이는 영토의 팽창과 정복에 의해 제국이라는 정치 형태를 만드는 것과는 다르다. 그러나 제국 본토의 일국민족주의에 기반한 자본주의적 국가의 국력 팽창이라는 점에서는 궁극적으로 제국주의와 통한다고 본다. 근대 제국주의는 반드시 국토화를 필수 조건으로 하지 않았다. 경제정책이 국가권력 정책의 선도로 나타나게 된 것이다. 근대 제국주의적 경쟁은 권력 정책을 매개한 자본주의적 경제정책의 결과로 나타난 것이고, 강대국이 다른 민족의 희생 위에 국부와 국력을 증강하려는 것이었다. 이 과정에서 자본주의는 국가자본주의이며 국가권력과 자본은 밀착 단계에 있었다.

현대 세계정치의 성립은 식민지의 독립과 궤를 같이 한다. 미국과 소련은 식민지국가의 성격을 탈피한 새로운 강대국의 리더십을 보였다. 양국 모두 유럽 열강의 식민지에 반대했다. 약소국의 민족자결주의를 적극 지지하는 모습도 보였다.

문제는 식민지 독립과 민족자결주의와 같은 형식적 주권의 수립, 국가들 간 법적인 주권평등이 수립된 이후 얼마나 본질적으로 탈식민의 과정이 이루어졌는가 하는 점이다. 주권국가체제가 확산되어도 실질적인 차원에서 국가 간 불평등, 내정 간섭, 경제적 착취, 국제제도에서의 차별 등이 존재한다면 주권국가체제 역시 제국적 성격을 온전히 탈각하기가 어렵기 때문이다. 결국 식민지국가로서 근대국가의 모순은 실질적 주권의 평등을 보장하기 위해 국가들 간 어떠한 운영원리를 추구하는가 하는 문제로 귀결된다.

같은 맥락에서 미국과 소련이 주도하는 권역이 성립되면서 과연 미소 양국이 제3세계 국가들에 대해 얼마나 평등한 권역질서를 수립했는가가 중요한 문제이다. 미소 양국은 여전히 근대국가의 속성을 유지하면서 식민지국가의 성격을 완전히 탈피했다고 볼 수 있는가. 국력의 편차에 따라 약소국이 세계질서에서 구조적으로 배제되는 문제가 해결되고 있는가.

2차 세계대전 이후 세계적 차원에서 활발한 경제협력이 일어나고 특히 구식민지, 제3세계 국가들에 대한 경제적 지원이 체계화되었다. 후진국에 대한 경제개발 지원, 이를 지원하기 위한 국제부흥은행의 설치, 자유무역의 확보를 위한 외환의 안정 등을 위한 IMF의 설치 등 새로운 현상이 나타났다는 것이다. 그러나 식민지국가의 문제는 현재까지도 지속되고 있다. 공식적인 식민지 개척을 하지 않더라도 약소국의 실질적 주권을 제약하고 내정에 간섭하는 다양한 기제들이 작동하기 때문이다. 식민지국가의 탈피 과정에서 여전히 과도기적 성격이 존재한다고 볼 수 있는 부분이다.[11]

개인의 정치의식

근대 유럽 권역의 모순 중 이념의 모순, 즉 단일민족주의 사상이 가지는 모순은 현대에 들어오면서 증폭된다. 유럽 권역에서 성장한 사상, 즉, 민족주의와 민족자결권, 민주주의, 자유주의, 마르크스주의, 사회복지사상 등은 전 세계로 전파되었다. 현재까지의 정치사상은 본질적으로 일국적인 한계를 가지고 국가라는 틀 속에서 왜곡되는 자기모순을 갖고 있었다. 구미 자유민주주의의 발전과 성숙이 비민주주의적인 전쟁 침략, 식민지주의, 제국주의의 발판 위에 남의 희생 위에 이룩되었던 것이다.[12]

문제는 현대 세계정치의 출현과 더불어 세계를 하나의 정치권역으로 성립시키는 새로운 인간상, 정치사상을 정초할 수 있는가 하는 점이다. 민족주의는 물론이고 민주주의와 자유주의가 국가 차원에서만 작동할 때 지구권역을 뒷받침하는 국제적, 초국가적 정치사상은 출현하기 어려운 것이다.

세계화된 현대정치를 새로운 국가형태와 권역의 운영원리에 정착시키기 위해서는 새로운 정치사상이 필요하다. 근대 권역에서 강조되었던 개인주의, 자유민주주의가 새로운 환경에서 발전되어야 하는 것이다. 미국은 유럽 권역을 이어받아 자유민주주의 이념을 발전시켰다. 한편 소련은 공산주의 혁명을 거치면서 급격히 새로운 인간상을 만들어내고자 했다. 소련의 공산권은 결국 붕괴하였고 미국 주도의 자유주의 권역은 지속되고 있다. 과연 새로운 권역을 향한 이념의 과도기가 어떻게 지나갈지가 주된 관심사이다.

현대국가의 출현

 동주는 현대 세계정치의 구조적 변화 속 새로운 국제질서의 특징을 다음과 같이 요약한다. 첫째, 세계적 차원의 재화의 불균등한 분포와 이에 대한 후진 민족의 문제 제기가 발생했다는 것이다. 둘째, 종래의 국토와 인구 사이의 불균형, 즉 세계적으로 국토와 인구의 나라별 분포에서 발생하는 불균형으로 인한 분쟁이 증가한다는 것이다. 셋째, 선진 공업국을 선두로 한 세계경제의 생산력이 후진 사회의 개발과 인류 전체의 생활 향상에 따른 세계적 유효수요의 대폭적 증가 없이는 유지될 수 없다는 문제가 발생했다. 넷째, 현대에 이르러 나라 간 실력 차이가 근대보다 훨씬 커졌으며, 미국과 소련 두 대국의 실력이 다른 나라에게 경쟁의 여지를 주지 않는다는 사실이다. 다섯째, 기존의 일국적 단위 개념을 넘어서는 사회주의나 공산주의가 제기하는 국제주의적 권위가 새로운 문제를 제기하게 되었다는 것이다. 마지막으로, 평화에 대한 인류의 갈망으로 인해 양차 세계대전 이후 전쟁에 대한 공포와 전쟁을 피하려는 노력이 중요한 조건으로 형성되고 있다는 점이다.

이러한 논의는 앞에서 논한 근대주권국가의 모순, 군사국가, 경제국가, 식민지국가의 모순과 상통한다. 자국의 이익을 추구하는 군사력의 사용과 전쟁의 발발이 양차 대전 이후 회피되는 경향이 명백해졌다. 미소의 압도적 국력 하에 전쟁의 개시 조건은 변화되었다. 경제 차원에서 자본주의 유지에 필요한 경제권역이 확대되고 후진국, 구식민지의 경제적 요구가 거세어져 새로운 경제질서를 필요로 하게 되었다. 무엇보다 민족자결주의의 보편화 및 신생국 출현과 더불어 지구적 불평등에 대한 후진 민족의 문제 제기가 심화되면서 식민지국가의 유지가 어렵게 된 것이다.

동주는 이러한 조건 변화 속에서 새로운 표준으로 등장하는 단위인 현대국가 형태를 설명하고 있다. 첫째, 단일 민족주의에 대한 다민족주의 국민관의 대두를 지적하고 있다. 단일민족주의 국가는 식민지 체제의 모순에 정면으로 부딪혔다. 국부를 늘리기 위해서는 광역 국토 및 광대한 인구를 필요로 하게 되었다. 둘째, 정치 형태로서 연방제와 지역 차원의 비국가 정치기구가 발달하고 있다는 사실이다. 특히, 연방제는 원래 스페인, 미국, 독일 등 일국 차원에 한정되어 논의되었던 것이지만, 이제는 현대적 상황에 맞춰 발달하고 있다는 것이다. 셋째, 세력균형 원칙 대신 집단안전보장 제도가 성립하고 발달하게 되었다는 점이다. 이는 국가 주권의 개념에 대한 근본적 도전을 야기한다. 넷째, 미국과 소련을 중심으로 한 압도적인 초강대국 간의 대립이 근대국가 시대와 차별된다는 것이다. 다섯째, 공산주의권의 정치 관계에서 나타나는 바와 같이, 국제 권위가 근대 주권국가를 넘어서는 새로운 단계에 진입했다는 점이다. 마지막으로 국가 내에서 경제적 평등과 복지 국가, 후생 국가 문제가 대두되었으며, 이는 계획 경제를 표방

하는 사회주의 국가뿐만 아니라 민주주의 국가에서도 중요한 과제로 떠오르고 있다는 것이다.[13]

이러한 변화는 한편으로는 기존 유럽 권역의 조직원리를 근본적으로 변화하는 권역의 거시적 이행을 위한 노력을 불러올 수도 있다. 즉, 주권국가체제를 넘어서는 근본적 변화이다. 혹은 조직원리는 유지한 채, 새로운 운영원리를 만들어 베스트팔렌 권역 내부 질서를 변화시킬 수도 있다. 동주는 이러한 상황을 "근대국가의 말기와 현대국가형성기의 틈 사이, 곧 정치적 변혁기"라고 정의한다.[14]

현대 강대국의 등장: 미국과 소련

동주는 1947년 시점에서 2차 세계대전 이후 미국과 소련, 두 국가만이 새로운 리더십을 행사할 수 있는 현대국가라고 단정한다. 현대 세계정치는 하나의 세계적 권역을 유지하지 못한 가운데, 2차 세계대전 이후 결국 두 개의 권역으로 자기분열되었다. 각 권역은 근대 유럽 권역의 모순을 해결하고 현대 세계정치의 과도기를 새로운 권역으로 완성하기 위해 노력을 기울이게 된다.

동주는 두 초강대국의 등장을 다민족국가, 다인종주의 국가라는 관점에서 조망하고 있다. 냉전기의 미국과 소련은 근대국가 유형과는 다르게 연방제 형식을 취하고 있으며, 다민족주의를 기반으로 하고 있다는 점에서 다른 강대국들과 차별화된다. 연방 형태의 국가는 힘과 전략에서 유럽의 단일민족주의 국가와 차별된다. 훨씬 넓은 영토와 많은 인구를 포괄하고 있기 때문에 20세기 세계를 대상으로 한 강대국으로 성장할 수 있다. 다양한 민족과 인종, 정치단위를 포괄하는 연합과 연방의 단계를 거쳐 왔으므로 현대 국제정치에서 국제주의를 행하는 데 유연하고 적응력 있는 전략을 가질 수 있다. 국제연맹부터 미국은 연합적, 연방적 운영원리를 제시해 왔고, 소련 역시 계급을 핵심 단위로 국제주의적인 조직원리를 새롭게 제기했다.

동주는 2차 세계대전 이후 다민족 국가를 자처하는 소련과 다인종 국가로 정의하는 미국이 동유럽의 복합 민족 국가와 달리 강대국으로서 확고한 지반을 얻은 점을 강조한다. 다민족국가는 서유럽 단일 민족 국가의 약점, 즉 동원의 제한성, 자원의 해외 의존도, 식민지 제도의 불안정성을 극복하며 2차 세계대전에서 무서운 위력을 발휘했다는 점에 주목한다. 부국강병이라는 목표에서 다민족 대국이 단일민족 국가보다 더 효과적이었다는 것이다.[15] 동주는 역사상 배타적인 단일민족주의 국가관의 발전은 결국 자기모순화하여 다민족주의 국가관 아래 굴복하였다고 본다. 다민족주의와 그 변이로서 다인종주의 국가관이 등장했다고 지적한다.[16]

미국과 소련을 비교해 보면, 소련은 다양한 민족을 포괄하는 다민족주의 국가이다. 미국은 다민족주의 국가라고 하기에는 여러 민족들의 역사와 공통 요인들의 형성이 미비하다고 보고 설명을 부가한다. 즉, 미국은 불완전한 다민족주의 국가 혹은 다인종주의 국가로서 민족을 인정하기보다는 다인종을 공인한다는 것이다. 미국의 경우, 아메리칸 인디언이 세력이 미약하여 본래 무민족 상태였다고 본다. 유럽에서 유입된 애초의 미국 이민들 역시 각 민족이라고 할 만한 집단이라기보다는 민족적 배경을 언어와 관습에 지닌 유민들이었다고 보아야 한다는 논리이다. 다수의 민족을 포괄한다고 하기에는 문화적 민족들이 형성되는 토대를 갖추지 못했다는 것이다. 민족의 지연적 성격도 약하고 집단적 성격도 박약하기 때문에 영국인의 문화적 경향이 강하기는 하지만 다민족주의 국가라고 보기에는 어려웠던 것이다. 각각의 이민들이 동류집단을 이루기는 하지만 에스닉 그룹, 두레집단의 명확한 경계를 설정할 정도는 아니었다. 그보다는 인종적 분류가 더 중요한 분기점이었기 때문에 다인종 국가로 본다. 그러다가 점차 백인 중심 국가의 내용을 갖게 되고, 1차 세계대전 이후 전쟁을 거치면서 국민의식을 점차 갖게 되었다. 민족이 국민을 규정하는 경우가 아니라, 국민 의식에서 출발하여 하나의 민족 의식을 갖게 된 경우이다. 지연에서 시작해서 하나의 국가 국민으로 정착된 특이한 경우인 것이다. 미국은 남북전쟁까지 주의 주권적 권한이 강한 국가연합의 성격을 띠고 있었다. 특히 남부는 미합중국에서 탈퇴가 가능한 주권의 보유 주체로 인식했다. 이후 연합을 거쳐 연방으로 간 미국은 미 본토 전체를 포괄하는 강대국으로 성장할 수 있었다.

동주는 다민족주의 국가로서 미국과 소련 국력의 가장 근원적 기초는 역시 군사력이라고 보고, 강한 군사력을 유지하는 다층적 동원력에 주목한다. 동주는 유럽 권역의 형성 이후 단일 민족 국가의 군사적 기초가 가장 중요했다는 점을 상기시킨다. 나폴레옹 전쟁 이후 동원혁명에서 군대의 숫자와 무기 제공, 자원의 동원 등이 매우 중요했는데, 이 동원 과정에서 한편으로는 자국의 자원을 강화하면서 동시에 식민지를 확대했다는 것이다. 그러나 프랑스와 같은 유럽의 구열강들은 단일 민족주의의 성격상 식민지의 반란과 이탈 속에서 식민지를 온전히 포괄하기는 어려웠다. 식민지의 불안 때문에 총력전이라는 대규모 동원과 장기 소모전에 필요한 군사적 기초가 약화될 수밖에 없었다는 것이다.

그에 비해 미국과 소련은 다민족, 다인종주의를 기저에 가지고 있다. 인구 수요 역시 단일 민족에 비해 훨씬 광대하며 타 민족과의 협력에 의한 증가도 가능한 상황이다. 영토 역시 다민족주의이기에 각 민족의 영토가 국토가 되어 후방 기지가 매우 광대하게 형성될 수 있다. 이는 곧 자원의 가용성으로 이어져 다민족주의 국가는 식민지적인 불안 없이 현대 군사상의 이점을 누리게 되었다. 결국, 2차 세계대전은 배타적인 단일민족주의 국가가 약화되고 자기모순에 의해 다민족주의 국가관 아래 굴복하는 결과를 가져온 것이다.[17]

동원의 자원은 일국 내에 한정될 수도 있지만, 하나의 권역을 유지하는 패권, 혹은 지도국의 입장에서 동원은 국제적 기반을 가져야 한다. 소련은 공산권을 이끌면서 다른 국가들의 자원을 강제동원하는 힘을 지녔다. 미국은 자유주의 권역을 유지하면서 단독의 힘으로 권역을 형성한 측면도 있지만 다른 국가들의 실질적, 이념적 지원으로 권역을 유지할 수 있었다. 만약 미국이 자유주의 권역의 국제주의적 성격을 도외시하고 다른 국가들의 동원 참여를 외면하게 될 경우 권역 유지에 많은 어려움을 겪는 구조를 가질 수밖에 없다.

냉전기 미국 주도 베스트팔렌-자유주의 권역

　현대 세계정치는 하나의 권역질서 안에서 실현되지 않았다. 국가안보 대신 집단안전보장제도를, 국민경제 대신에 평등한 세계경제를, 공식적, 비공식적 제국 대신에 민주적인 지구정치질서를 만드는 일은 아직 어디에서도 실현되지 않고 있는 것이다. 세계정치권역을 뒷받침할 정치사상과 새로운 인간상도 자리잡지 못했다.

　현재까지 실현된 바를 보면, 2차 세계대전 직후부터 미국과 소련, 유럽연합은 각각의 권역질서를 추구했다. 미국은 1차 세계대전 이후부터 베스트팔렌-자유주의 권역을 수립하여 현재까지 유지하고 있다. 소련은 프롤레타리아 국제주의라는 혁명적인 조직원리의 변화를 추구하여 국제주의-공산주의 권역을 수립했다. 양 권역 모두 패권국인 미국과 소련이라는 단일국가들이 주도하는 권역으로 패권적 운영원리를 공유했다. 1991년 12월 소련이 해체되면서 권역은 실패했다. 유럽 국가들은 근대 권역의 몰락 이후 미소 양국과 비교하여 세력이 급속히 약화되었다. 그러나 1950년 유럽석탄철강공동체 European Coal and Steel Community: ECSC를 시작으로 현재까지 국가연합이라는 새로운 권역을 추구해 왔다. 국가가 독점하고 있던 주권을 지역 차원의 국가연합과 공유하는 새로운 국가연합의 조직원리를 추구한 것이다. 냉전기와 탈냉전기의 긴 기간에 걸쳐 유럽연합은 국가연합의 조직원리와 자유민주주의 운영원리를 결합하고 있다.

미국 주도의 베스트팔렌-자유주의 권역은 기본적으로는 주권국가 체제의 조직원리에 기초한다. 동시에 유럽 단일민족국가의 모순을 해결하기 위해 자유주의 운영원리를 새롭게 적용하고 있다. 조직원리는 국가 중심이지만, 국제주의적 자유주의를 통해 근대의 모순을 넘어서고자 하는 시도이다. 근대 유럽권역의 세력균형 운영원리가 다수의 강대국 간 공유한 균형에 대한 규범적 합의와 동질적인 유럽문화권의 배경에 의존하고 있었다면, 미국 주도 권역은 문화적 공동체를 담보할 수 없는 세계적 차원에서 공유될 수 있는 운영원리의 규범과 규칙을 찾아야 했다. 미국은 자유주의라는 20세기 초의 정치사상, 규범, 규칙에서 운영원리를 찾았고 이는 미국 자신의 국가이념, 정치사상과 맥을 같이하는 것이었다.

동주는 현대 세계질서에서 구미 주도의 질서를 자유주의 세계질서라고 설명하고 있다. 자유주의 국제질서는 탈냉전기에 용례가 급증한 용어이다. 다양한 뜻을 가지고 사용되고, 특히 미국 주도 단극체제의 정당성을 강조하기 때문에 현재에도 많은 논란이 되고 있다. 그러나 권역이론에서 사용하는 자유주의 개념은 이전의 유럽 권역의 모순을 해결하는 과정에서 미국이 추진한 운영원리라는 좀 더 역사적이고 광범위한 의미의 개념으로 볼 수 있다. 용어만을 놓고 보면, 동주는 국제정치학의 성립을 논하는 과정에서 신생 학문인 국제정치학은 "자유주의적 세계"를 유지하기 위한 것이었다고 1960년대 초에 적고 있다.[18] 정책 관련 논의에서도 같은 용어를 사용하고 있다. 즉, 보다 넓게 "자유주의적 세계질서"를 유지한다는 목표를 가지고 있었기에 구미 세계 정책 방향과 관련이 있었다고 적고 있다.[19]

동주가 사용하는 자유주의 세계질서라는 뜻은 근대 유럽권역의 자기모순을 해결하기 위한 미국 주도 권역의 노력을 뜻한다. 긴 역사적 관점 속에서 현대 세계정치가 부과한 과제를 해결하고자 하는 권역의 한 양태를 의미한다. 1차 대전 이후 급속히 쇠락해 가는 유럽의 위기를 극복하고, 냉전기에는 공산권과 대결해서 승리하기 위한 목표를 추구한 것인데 이는 자유주의 세계질서와 연관된 것이다.

미국의 윌슨 대통령이 1917년 1차 세계대전에 개입하면서 발표한 14개 조항을 비롯한 전후 처리 과정은 이러한 노력을 잘 보여 주고 있다. 첫째, 군사국가의 문제를 해결하기 위해 자유민주주의 정치체제에 기반한 공개외교와 집단안보체제를 도입하고 있다. 이는 전쟁 개시에 대한 국민 차원의 개입을 강화하고, 이후 전쟁을 불법화하며 집단안보를 강화하는 노력으로 나타난다. 개인의 생명과 자유를 보장하는 자유주의 사상과 연결된다. 둘째, 국민경제에서 비롯되는 자국중심주의 및 약탈적 경제행태를 해결하기 위한 개방적 국제경제질서를 강조하고 있다. 상업과 무역의 자유를 통해 경제의 국민주의와 세계주의를 조율하고자 하는 노력이다. 셋째, 민족자결주의를 통한 식민지의 해방과 국제법적 국가주권의 보편화를 추진하고 있다. 모든 국가들이 법적으로 평등한 주권을 가지고 다자주의적 합의를 통해 중요 문제를 해결하는 국제제도의 역할을 증대시키고자 하였다.

이러한 미국의 노력은 베스트팔렌 조직원리 하에서 현대 세계정치가 부과한 국제주의적 협력의 과제를 해결하기 위한 방안이었다. 자유주의 운영원리를 강화하여 새로운 권역질서를 제시한 것이다. 이 과정에서 미국이 자국의 이익을 극대화하는 현실주의 외교와 자유주의를 통한 새로운 권역 창출의 노력이 결합되는 것은 당연한 귀결이다. 그렇다고 자유주의 국제질서가 단순히 국가갈등의 문제를 해결하기 위한 협력 도모 수단에 그치지는 않는다. 현대 국제정치이론이 상정하는 바와 같이 현실주의가 말하는 전쟁과 안보 불안을 해소하기 위한 자유주의적 대안을 제시했다고 보는 것은 협소한 시각이다. 그보다는 유럽 근대 권역의 근본적 문제를 해결하기 위한 보다 포괄적인 운영원리의 대안으로 자유주의를 해석할 필요가 있다.

여기서 동주가 자유주의 국제질서라는 용어보다 자유주의 세계질서라는 용어를 사용한 것은 시사적이다. 자유주의 국제질서는 국가 간 관계로 고정된 현상이지만, 자유주의 세계질서는 세계정치를 향한 과도기적, 진화적 과정의 질서이다. 국제정치가 아닌 세계정치의 양상을 추구하는 것이기 때문이다. 현대의 세계정치에서 우선은 국제주의를 추구하고 이후에 국가중심성을 넘어 명실공히 세계질서를 지향해야 한다는 함의를 찾을 수 있다.

자유주의 운영원리

　베스트팔렌 조직원리에도 불구하고 자유주의 운영원리가 세력균형 운영원리를 대체하려면 국가권력과 이익에 골몰하는 경향을 넘어서는 특징을 갖추어야 한다. 즉 자유주의적 국제주의를 운영원리에서 실현해야 하는 것이다. 이를 이룰 수 있는 조건은 다음과 같다. 첫째, 근대 유럽권역의 기본적 합의로서 국가주권을 수호하고 타국의 주권을 존중해야 하는 것은 기본적인 조건이다. 모든 국가들의 주권을 보호하고 가장 강한 국가라 해도 제국이 될 의사가 없다는 사실을 국제사회가 인정할 수 있어야 한다.

　둘째, 유럽권역에서처럼 합법화된 강제력, 전쟁을 사용되지 말아야 한다. 전쟁이 아닌 사법적, 정치적, 외교적 수단으로 국가 간 분쟁을 해결해야 하고, 공동의 이익을 추구해야 한다. 이를 위해서는 다층적인 제도화를 통해 국가 간 합의를 이끌어 낼 수 있어야 한다.

　셋째, 권역질서의 핵심을 이루는 강대국 간 이익을 조정할 수 있어야 한다. 특히 세력전이의 상황에서 강대국 간 순위 변경이나 리더십

교체가 일어난다면 평화로운 방법으로 이루어져야 한다. 현재까지 자유주의 권역은 미국이 주도해 왔고 리더십 교체를 이룬 적은 없다. 만약 미국이 쇠퇴하고 다른 국가가 리더십을 대체할 때 폭력적 방법이 사용된다면 자유주의 권역의 기본 목적, 즉 권역의 기본 질서를 흔드는 전쟁 방지의 목적이 무력화될 것이다.

넷째, 약소국의 목소리와 이익을 반영할 수 있는 제도를 만들어야 한다. 근대 유럽권역은 약소국의 주권을 인정하지 않고 이들의 이익을 반영하지 않는 식민지국가 체제를 유지했다. 결과적으로 근대 권역의 모순을 구성하여 질서는 무너졌다. 자유주의 권역에서는 모든 국가가 주권적 권리, 즉 국가의 자유를 누려야 한다. 이 과정에서 약소국의 이익과 자유가 침해되고 억압된다면 결국 자유주의 권역의 질서는 도전받게 될 것이다.

이러한 원칙을 바탕으로 자유주의 국제주의 운영원리가 실현되는 가장 중요한 기제는 다자주의적이고 제도화된 협력이다. 국제제도가 자유주의 운영원리를 떠받드는 핵심이라고 할 수 있다. 제도는 "집단활동의 특징을 지닌 행위procedure의 확립 및 상태"이다.[20] 국제제도는 초국가적이라고 볼 수도 있지만 20세기 국제제도는 다자주의에 기반한 국가 간, 즉 국제적 협력에 기반했다. 국가 간 합의에 기초한 공통의 규범과 규칙에 기반한 다자주의로, 완전한 초국가주의라고 할 수는 없다.

국제제도는 현대 세계질서의 복잡화에 따라 자연스럽게 발생하는 수요이다. 즉, 현대 세계정치질서의 형성에 따른 국제협력에 대한 기능적 수요가 급증하게 되는 것이다. 국제관계의 복잡성을 처리하려면 기능적 제도화가 필요하다. 이러한 제도화는 힘의 대소 관계에 영향을 덜 받는 상호 혜택의 관계로서 합리성의 관계의 결과이다. 국제관

계의 복잡도는 제도의 양과 비례한다. 협력의 제도화 과정이 심화되면 국제질서의 안정은 증가된다.[21]

국제정치의 제도화가 진행되면 기능적 협력을 넘어 정치적, 군사적 협력으로 확대될 수 있다. 그러나 현대 국가가 여전히 군사국가, 경제국가, 식민지국가의 모순을 담지하는 한, 의도적인 정치적 노력이 반드시 필요하다. 동주는 전후 세계평화를 추구하는 많은 국가들과 국민들의 소망이 전후 질서에 반영되고 있다고 본다. 군사국가의 대결적 측면이 점차 지역적, 세계적 집단안보체제의 기능으로 인해 완화될 것으로 기대했던 것이다. 그러나 현실적으로 냉전이라는 진영대결의 논리 속에서 자유주의 권역과 공산주의 권역은 첨예한 안보대립의 양상을 보였다. 자유주의 권역은 미국 주도의 동맹체제를 통해 안보를 확보해 나가는 방향을 취했다. 이는 권역 내 국가 간 집단안보적 제도를 추구하면서도 미국이 압도적인 군사력으로 이를 뒷받침하는 형태였다. 권역 간 관계에서 발생하는 군사적 대결 구도는 동맹체제의 현실주의적 측면을 더욱 부각시킬 수밖에 없었다.

동주는 자유주의 권역의 두드러진 특징으로 경제협력의 제도화도 들고 있다. 본래 유럽의 근대국가는 경제국가이기 때문에 나라를 단위 시장으로 하는 나라 경제를 유지했다. 통일적 근대국가 형성은 이에 필요한 경제력 배양을 정부가 강력하게 추진하고 이에 따라 근대국민경제가 성립되었음을 의미한다.[22] 이러한 국민경제 발전 과정은 일률적이지 않고 다양한 단계를 통과해 왔다. 근대 전기에는 중상주의가 나타나고 이후 자유주의 경제를 거친 다음 19세기 후반 다시 제국주의적인 세계경제가 출현했다. 19세기 영국 주도의 자유주의 세계경제질서 역시 경제국가 틀을 벗어날 수는 없었다. 자유주의 경제론자,

예를 들어 애덤 스미스Adam Smith는 중상주의를 맹렬하게 공격하면서 세계시장의 필요성과 시장 자체의 작동 논리를 강조했다. 그러나 그 기반은 국민경제였다. 영국은 다른 국가에 비해 경제적 우월성을 가진 상태에서 자유주의 국제경제를 강조했다. 지구적으로 경제활동이 자유롭고 자율적인 국제 자유시장 논리에 따라 자본활동을 이루는 것이 결국 국가 이익을 보장했기 때문이다. 자유무역론이야말로 산업혁명을 먼저 치른 영국 산업의 국제적 우세와 관련되어 있었다. 다만 나라의 이익을 위해 보호냐 자유냐 하는 두 가지 정책 중 선택한 결과라는 것이다. 이는 19세기 말 독일 등 후발 자본주의 국가의 국민경제 논의와 연결되는데, 사실상 이러한 연결성은 국민경제를 중시하는 경제국가 논리와 일관되는 것이다.[23]

이에 비해 2차 세계대전 이후 자유주의 경제질서의 제도적 디자인은 19세기 자유주의 경제를 넘어서는 제도의 틀을 갖추고 있다. 선진 자유주의 국가들은 국제관세무역협정GATT과 IMF 등 두 기구를 무역과 금융의 기본 구상으로 삼았다. 국제부흥개발은행의 구상도 보완적으로 제시되었다. 이는 2차 세계대전 전후 초국가적 자본주의와 국민경제의 충돌을 방지하기 위한 전후의 구상으로 국제경제의 제도화를 촉진한 결과이다.[24]

자유주의 운영원리의 군사적, 경제적 측면에 이어 동주는 정치적 측면도 언급하고 있다. 즉, 자유주의 권역은 특정한 권위를 국내권위로 강요하는 법이 없다는 것이다. 또한 타국 정부 사이에 정치통제 관계를 설정하고 있는 것도 아니라고 본다. 자유주의 권역은 주권국가적 근대국가 형태를 적어도 이데올로기로는 아직도 견지하고 있지만,

국가 간 정치적 통합, 강제력 및 여론의 통합은 어디까지나 자발적이며 협력적이며 합의적이라는 것이다.[25]

패권적 자유주의의 운영원리

자유주의 권역은 기존의 베스트팔렌 조직원리에 기반하고 있지만, 자유주의 국제주의라는 운영원리를 수립하여 초국가성을 부분적으로 실현하고 있다. 조직원리에서는 유럽권역과 연속성이 있지만 운영원리에서 새로운 권역을 형성한 것이다.

자유주의 운영원리는 가장 강력한 단극 패권국에 의해서도, 혹은 다수의 강대국에 의해서도, 이상적으로는 모든 국가들의 민주주의적 참여로도 이룰 수 있다. 그러나 20세기 현대 세계정치의 자유주의 권역은 패권국인 미국에 의해 창출되고 유지되었다. 패권국으로서 미국은 집단안보와 세계주의 경제, 다자주의 제도를 추진하여 유럽 권역의 근본적 모순을 당대에 맞게 해결하고자 노력했다. 또한 단일민족국가의 권리만을 내세워 배타적 군사력, 국민경제, 타국의 주권을 직접적으로 침해하는 유럽의 식민지국가를 유지하는 과거의 행태에서도 벗어나고자 했다.

베스트팔렌-자유주의 권역의 기본 단위는 국민국가로 유럽권역과 동일하다. 그러나 동주는 권역의 주도국이자 패권국인 미국의 독특한 성격을 강조하고 있다. 단일민족국가를 넘어서는 미국의 성격이 세계 정치를 향한 흐름을 강화할 수 있다고 본다. 동주는 미국의 연방 형성의 국내체제에 주의를 기울인다. 앞서 논한 연방국가로서 미국의 국력은 중요한 토대가 된다. 더 나아가 자유주의 권역질서를 만드는 데 개별 국가들의 주권을 인정하면서도 미국의 강력한 리더십을 병행할 수 있다면 더욱 효과적이다. 국내 연방질서와 유사한 국제질서를 수립하는 기획이다. 미국 지방 정부들이 일정한 주권적 권한을 가지는 한편 연방정부는 국가 전체에 중요한 결정을 내리는 것처럼, 국제정치에서도 미국이 개별 국가의 주권을 인정하면서도 국제적 리더십을 행사하는 모델이다. 미국이 패권국가로서 연방정부에 해당하는 권한을 가지면서 다자주의적으로 개별 국가의 권한을 함께 인정하는 모델이다. 물론 냉전을 수행하면서 미국은 현실적으로 공산권에 대항하는 막대한 안보적 책임과 권한을 가지고 있었고, 자유진영의 국가들은 미국의 압도적 권한에 동의하는 모습을 보였다.

베스트팔렌-자유주의 권역은 미국 주도 권역이지만 사회와 개인의 차원에서 유럽적 요소를 유지하고 있다. 경제적으로는 자본주의, 정치적으로는 자유민주주의, 개인의 차원에서는 개인주의와 자유주의적 인간상을 추구했다. 그럼에도 불구하고 동주는 인간상의 문제에서 미국적이라는 것에 대해 흥미로운 논평도 가하고 있다. 한국은 사실상 미국 주도 자유주의 권역에 편입되었고, 한미동맹이 한국의 경제 발전과 안보를 위해 필수적이라는 것을 동주는 여러 정책 논평에서 밝히고 있다. 그럼에도 불구하고 인간상의 권역적 차이를 논하고 있는 부분이 있다.

동주는 "우리와 다른 한 개의 존재의식"이라는 글에서 생활세계 속의 미국인에 대한 인상기를 적고 있다. 정치학자 라스키Harold Joseph Laski와 토크빌Alexis de Tocqueville을 인용하면서 미국인의 성격, 즉, 실용주의적이고, 상업적이고, 다인종적이고, 개인과시적인 미국인의 성격, 그리고 배금주의적이고, 능력주의적이며, 외향적인 미국 사회의 모습을 적고 있다. 동주는 한미 간의 외교문제 교섭에서도 "사고방식의 차이가 막을 헤치고 나타난다"고 하는데 동양과 미국 간의 "존재의식" 차이를 지적하고 있다. 결국 자유권에 속한 두 나라의 생활세계 차이, 서로 다른 의미권에 대한 의식이 강력함을 알 수 있다.[26] 또한 미국사회의 모럴이 한국 농촌사회로 무비판적으로 침투되어 구 사회제도의 붕괴를 가져오고 있다는 논평을 가하고 있기도 하다. 급속한 영향을 받아들이는 과정에서 새로운 가치관이 자생하기 전에 "사회제도의 벽이 무너지고 위기감이 떠돌고, 니힐리즘이 횡행"한다는 관찰도 제시하고 있다.[27] 이러한 논평들은 한국이 미국 주도 자유주의 권역에 편입되어 있지만 인간상에서는 여전히 괴리가 있음을 동주가 피부로 느끼고 있었음을 흥미롭게 보여 주고 있다.

자유주의 국제정치이론과
베스트팔렌-자유주의 권역

　자유주의 권역은 역사적 공백에서 출현한 국제질서의 장은 아니다. 보다 긴 역사적 관점에서 유럽 근대 권역의 자기모순을 해결하는 과정에서 도출된 권역이다. 20세기 현대 세계정치의 흐름에 기초한 권역의 창출 노력의 결과이다. 자유주의 국제질서보다는 자유주의 세계질서를 향한 과정이며 무엇보다 과도기적 권역이라는 점이 중요하다.

　권역이론에서 본 자유주의 권역질서는 서구 국제정치학 이론의 자유주의 국제질서와 비교하면 흥미로운 차이를 보인다. 첫째, 서구 국제정치학 이론은 현실주의와 자유주의가 갈등 관계에 있다고 본다. 그러나 현실주의와 자유주의는 미국 주도 권역의 불가분의 두 얼굴이다. 베스트팔렌-자유주의 권역은 현실주의가 상정하는 무정부상태 조직원리와 자유주의가 상정하는 협력이 동시에 작동하기 때문이다. 유럽 권역으로부터 조직원리를 물려받아 세계정치의 틀이 만들어졌지만 단일민족주의 국가의 모순을 해결하기 위해 자유주의 국제주의를 채택한 것이다. 현실주의와 자유주의의 어느 한쪽으로 현대 자유주의 권역을 설명할 수 있는 것이 아니라 양자를 결합하여 설명할 때에만 권역질서가 설명된다.

둘째, 자유주의 국제정치이론은 현실주의의 무정부상태에서 국가 간 정치적 관계, 특히 협력적 관계를 설명한다. 권역이론은 자유주의 권역이 세계정치의 현실에 질서를 부여하기 위한 노력이지만 결국에는 과도기적일 수밖에 없다고 본다. 1차 세계대전 이후 현대 세계질서가 성립된 이래 지구 전체를 다스리는 세계 거버넌스, 지구 거버넌스가 수립될 때까지 모든 질서는 과도기적일 수밖에 없기 때문이다. 자유주의 국제정치이론은 현실주의적 조직원리의 지속성을 상정한다. 그 속에서 시장과 민주주의, 다자주의에 의한 협력과 평화에 초점을 맞춘다. 그러나 이때의 평화는 무정부상태 속의 평화일 뿐이다. 무정부상태의 조직원리를 변화시키는 힘이 자유주의 이론에 내장되어 있지는 않다.

동주 역시 국제정치의 제도화는 힘 관계가 비교적 고정되어 있을 때 상대적 평화 표현으로 가능하다고 본다. 현실주의적 제한을 두는 것이다.[28] 또한 현대 세계정치에서도 자국 중심의 권력정치와 전쟁 및 침략의 위협은 지속된다고 본다.[29] 그러나 이러한 제한은 현실주의와 자유주의 사이에서 나타나는 국제질서의 진동을 의미하는 것은 아니다. 자유주의 권역이 베스트팔렌 조직원리를 넘어선 세계정치 권역으로 발전하는 과정에서 불가피한 과정이라는 전제가 깔려 있다. 물론 베스트팔렌 조직원리를 넘어선 세계정치가 현실적으로 실현될 수 있는가는 별개의 문제이다. 그러나 자유주의 권역의 자유주의 운영원리가 단순히 평화를 넘어선 근본적인 세계질서의 변화를 염두에 두고 있다는 점에서 자유주의 이론의 한계는 명백하다.

냉전기 베스트팔렌-자유주의 권역의 자기모순

　자유주의 권역은 강제력형 권역이다. 권역을 관통하는 보편적 권위가 있는 것은 아니다. 유럽 근대권역의 조직원리를 물려받았기 때문에 강제력에 기반한 권역질서의 한계를 넘어설 수는 없다. 그럼에도 불구하고 자유주의 권역은 원자형 강제력형 권역의 한계를 넘어서는 운영원리의 자원들을 소유하고 있다. 유럽 세력균형 권역이 여러 강대국 간 합의에 기초해 원자형 권역의 한계를 넘어선 것과 유사하다. 그보다는 더욱 강한 권위의 조건들을 갖추고 있었다.
　하나는 미국이라는 강력한 초강대국의 힘과 패권전략이다. 다른 하나는 냉전기 공산권이라는 적의 존재이다. 앞서 논한 바와 같이 미국은 유럽 단일민족주의 국가와는 비교가 되지 않는 군사력, 경제력을 가지고 있었다. 연방국가를 이루는 역사적 과정에서 다층적인 협력의 제도화의 경험을 가지고 있었다. 국가연합, 연방국가의 경험은 국제연맹 및 국제연합과 같은 다층적 다자주의 협력을 위한 전략적 구도에 도움이 되었다. 패권을 유지하는 국내정치적 합의도 유지할 수 있었다. 미국이 제시하는 자유주의라는 정치사상 또한 권역 내 권위의 원천이다. 그리고 이를 바탕으로 한 경제적 상호협력과 제도화는 미국의 권위를 어느 정도 지탱해 주었다. 그러나 미국의 힘이 쇠락하거나 권역질서의 주도국으로서 국내정치적 합의를 유지하지 못하면 자유주의 권역 자체는 흔들릴 수밖에 없다. 권위형 권역이 아니기 때문이다. 미국의 힘과 의지가 결여될 때 패권적 자유주의에 기초한 권역질서는 무너지는 것이다.

공산권의 존재 역시 중요한 요소였다. 동주는 자유주의 권역 전체가 공산권에 대처하면서 점차 하나의 권역감을 가지게 되었다고 본다. 미국은 공산주의에 대응하는 과정에서 현대적 메시아주의를 기초로 권역 전체의 단결을 강조하게 되었다. 이를 위해 강제력의 결집, 경제 상황의 개선 등을 추구할 수 있었다. 권위형 권역과 같은 결속력은 없지만 새로운 서열과 국제적 계층을 이룰 만큼 변화할 수 있었다는 것이다.[30] 권역질서를 이루기 위한 공공재들을 만들어 내기 위해, 여러 국가들의 도움을 받아 동맹체제를 통한 군사적 통합과 시장개방에 기초한 경제협력권을 이룰 수 있었다.

미국의 힘과 공산권의 존재가 자유주의 국제주의를 지탱하는 힘으로 작용했지만, 본원적인 한계도 존재한다. 첫째, 자유주의 권역은 여전히 주권국가 간 경쟁의 권역이다. 미국은 강제력에 기반한 베스트팔렌 권역을 점차 미국의 이념과 자유주의에 의한 권위형으로 발전시키고자 노력한 것이 사실이다. 그러나 강제력형 권역으로 권역감을 지닌다 하더라도 강제력에 기반한 원자형의 경쟁적 강제력의 경쟁 관계는 여전히 지속되었다. 초국가적인 국제제도의 발전에도 불구하고 여전히 국가들이 유럽권역과 같은 자기중심적 단위로 돌아갈 동인은 남아 있다. 주도국인 미국도 자국 우선주의의 전략을 펼 수도 있다. 시혜적benevolent 패권이 아닌 강압적coercive이고 약탈적predatory인 패권으로 존재할 수도 있는 것이다. 다른 강대국들 역시 권역의 자유주의 운영원리가 약화되면 세력균형의 이익 추구 양상으로 회귀할 가능성도 배제할 수 없다.

둘째, 근대 식민지국가의 모순을 여전히 안고 있다. 국력의 편차에서 비롯되는 불평등의 문제이다. 자유주의 권역은 민족자결주의와 반식민주의에 기초하여 모든 식민지들의 독립을 추구했다. 그러나 국가 간 법적 평등을 실질적 평등과 연결시키는 문제는 해결하기 어려운 문제이다. 동주는 전후 경제질서가 저개발 지역의 경제 발전을 도외시했다는 점을 지적하고 있다. 정치적, 경제적 측면에서 저개발 지역은 단순한 부수물에 불과했다는 점에도 주목한다. 이들 지역은 일방적으로 피동적인 자원 지역 시장이거나 강대국 세계 체제의 장기 놀이의 졸들에 지나지 않았다는 것이다.31

셋째, 자유주의 권역의 자유주의 운영원리는 민주주의적인 것은 아니다. 자유주의는 개별 국가들의 자유와 주권을 강조하지만 모든 국가들의 목소리를 국제제도에 고르게 반영하지 않는다. 실질적 불평등을 온존시키는 체제이며, 이러한 모순은 점차 증가하고 있다.

동주는 자유주의 권역의 운영원리가 점차 민주주의 영향을 많이 받고 있다는 점에 주목한다. 민주정체가 대부분의 국가에서 자리를 잡았다. 후진국이 민주주의를 받아들이면서 국내적으로 민주주의를 실현하는 동시에 권역의 운영원리의 민주화를 요구하는 흐름을 강하게 했다. 동주는 이러한 흐름을 간파했는데 이 역시 냉전기 권역 간 초강대국 경쟁 논리 속에 한참 지연되었다.

현대 세계정치에서 집단안전보장이 필연적으로 강화된 것도 여러 국가들 내부에서 국내 민주주의 이데올로기가 발전하고 국제적인 여론이 강화된 이유라고 본다. 국제정치에서도 민주주의 형식을 취하게 된 여파인 것이다. 후진 지역에서도 사회적 불만이 늘어났다. 민주주의가 다수의 지배라고 할 때 그 다수의 폭이 매우 넓어졌다. 조작의 유형과 권력 유지의 양식도 바뀌게 되었다. 이들 국가의 민주주의가 국제정치적 압력으로 작동했고 국제기구를 통해 나타나기 시작했다.

넷째, 자유주의 권역의 인간상이 점차 변화하여 새로운 세계권역을 요구할 단계에 자연스럽게 이를 것이라는 전망이다. 베스트팔렌 권역이 자유주의에 기반한다고 할 때 이때의 정치적 인간상은 합리주의적이고 타산적인 인간상이다. 동주는 이러한 인간상이 지속적으로 추구된다면, 근대국가의 형태 역시 영속되는 국가 형태가 아닌 과도적인 것이라고 논한다. 개인의 이익을 추구하다 보면 국가의 틀도 넘어서게 될 것으로 본다. 민족주의 정체성에 얽매일 필연적 이유는 없다는 것이다. 개인에 기반을 둔 세계경제가 발달하고, 세계국가에 이르려는 경향이 나타날 수 있다는 것이다. 동주는 타산적이고 합리주의적인 인간을 기본으로 하는 정치체제는 결국 개별 주권국가를 넘어 세계국가까지 확장될 수 있다는 점을 흥미롭게 지적하고 있다.[32]

소련 주도의 국제주의-공산주의 권역

　소련이 주도한 권역은 유럽 베스트팔렌 권역에서 출현했고 그 모순에서 배태되었다. 공산주의 권역은 초국가적인 계급과 이를 대표하는 공산당을 새로운 단위로 하는 권역이다. 미국 주도의 자유주의 권역이 유럽 근대 권역과 연속성 속에서 새로운 길을 찾은 것과는 달리, 소련은 1917년 볼셰비키 혁명을 통해 조직원리를 급격히, 근본적으로 변환했다. 소련과 공산권은 유럽 단일민족주의 국가 내의 모순들 중 계급 모순에 집중했다. 경제국가로서 유럽 국가들이 발전시킨 모순을 집중 공략한 것이다. 계급 혁명을 통해 단일민족주의적인 유럽 국가들의 내부 모순을 극복하고자 했고 이러한 시도는 상당한 지지를 받았다. 공산주의 이데올로기는 유럽 태생이었고, 공산권의 출현은 유럽적인 세계정치에 대한 체내의 도전이었다.[33]

　공산주의 권역은 자유주의 권역권과는 달리 권위형 권역이다. 개별 국가의 주권을 인정하지 않고 계급의 국제성에 기반하여 프롤레타리아 국제주의를 조직원리로 삼았다. 공산주의적 권위가 권역 내에 보편적으로 존재하고, 권역 전체와 모든 층위들을 독점적으로 지배한다는 전제 위에 성립된 것이다. 기왕의 국가 중심의 질서를 그 제도의 근저로부터 뒤집어 놓으려는 혁명적 권위를 자처하여 성립된 권역이다.

프롤레타리아 국제주의의 조직원리는 공산주의라는 이념과 제도 속에 새로운 단위와 운영원리를 구축해 간다. 국가는 소멸되고, 국가를 대신하는 프롤레타리아 계급과 공산당이 핵심 단위로 설정되었다. 운영원리의 핵심은 소련의 공산당을 정점으로 하는 권역 전체에 걸친 여러 국가의 공산당 간 관계이다. 공산주의의 원칙에 따라 국가가 소멸하고 프롤레타리아 계급이 국제적이며 자율적인 정치관계를 형성한다는 것이다. 그러나 현실에서는 각국 공산당 간의 정치적 위계관계가 형성되어 이를 기반으로 운영원리가 작동하게 된다. 공산권 내의 권위적 통제는 국가 간의 공산당적인 상하지배 관계를 구성한다. 공산권 전반의 정치적 불안정에 대한 공동통제의 정치체제가 이룩된 것이다.[34]

이러한 운영원리는 한편으로는 권위에 의존하지만 강제력에 의존하기도 하였다. 소련은 국제권위의 해석권을 독점하여 권역을 유지했다. 티토 사건 등 권위에 도전하는 양상이 벌어지면 이를 억압하는 것이 중요한 질서 유지 사안이 된다.[35] 동시에 강제력 역시 중요한 권역 질서의 기초였다. 소련이 단일 국가로서 막대한 힘, 특히 군사력과 강제력을 소유하지 않았다면 권위의 창출에 어려움이 있었을 것이다. 소련의 공산권은 권위형이지만 강제력이 뒷받침되지 않으면 권위형이 유지되지 못했다는 점에서 혼합형이었다. 경제와 사회의 운영원리 역시 소련이 설계한 단일 생산체계를 중심으로 그에 맞게 국가들 간 분업체계가 작동하게 된다.

권역의 가장 기본적인 증위는 인간상과 생활세계의 차원이다. 동주는 제아무리 사회 기반이 변경되었다 하여도 인간 성향에까지 미치지 못하면, 정당성이라는 정치지배의 이데올로기적 안정은 기할 수가 없다고 본다.36 새로운 권역 수립의 임무는 공산주의적 인간 성향의 창조로 연결된다. 공산주의 사회에서는 임시적인 세뇌로부터 이론 주입, 장기 교육에 이르는, 이른바 '새 인간'의 창조 문제가 중차대하게 부각된 것이다.37 새로운 권역에서 조직원리와 운영원리, 당의 지배를 먼저 수립하고 이후에 구체적인 인간의 생활세계와 정치에 대한 의미체계를 변화시키려 했다는 점에서 공산권역은 하향식, 인위적인 경로를 보였다고 할 수 있다.

냉전 기간 자유주의 권역과 경쟁한 공산권의 몰락은 다양한 원인에서 비롯되었다. 공산주의 자체의 체제적 모순도 있고, 권역 간 경쟁에서 비롯된 부분도 있다. 그러나 권역이론에 따르면 권역 내 자체 모순이 더욱 크게 작용한 결과이다. 공산권은 점차 조직원리의 모순을 드러낸다. 소련은 근대 유럽권역의 경제국가가 야기한 계급갈등, 더 나아가 자본주의에서 파생하는 제국주의 침탈의 문제를 해결하기 위해 주권국가 중심의 조직원리를 부정하고자 했다. 소련은 국제주의를 표방하면서 전략적으로 공산권을 포위한 베스트팔렌 권역에 대응했다. 이 과정에서 필요한 만큼만 일국주의, 혹은 국가 주권을 옹호하는 태도를 보였다. 러시아 공화국은 단순히 단일민족 국가가 아니라 여러 민족들을 포함하고 있는 다민족주의 국가였기 때문에, 한편으로는 군소, 약소민족의 자주 독립에 동의하고 여러 민족들을 공화국 안에 포섭했다.

그러나 시간이 지나면서 소련 역시 점차 현실적으로는 일국사회주의를 표방하게 되었다. 자유주의 권역에 대항하기 위한 목적을 넘어선 것이다. 소련은 하나의 국가, 하나의 정치체로서 소련의 전통을 강화하여 단일 민족화의 경향을 현저히 보이게 되었다. 소련이 내세운 국제주의와 소련이 표방한 자국중심 단일민족의 정책과 전략이 공산권역을 무너뜨린 핵심 모순이 된 셈이다.

더욱 큰 문제는 소련의 변화가 국가주권의 조직원리로 회귀한 것이 아니라 강제력형 제국을 표방하게 되었다는 것이다. 소련은 프롤레타리아 국제주의를 표방하면서도 소련의 일국 민족주의를 확장하였고 더 나아가 소련을 정점으로 한 위계적 권역을 형성했다. 애초에는 국제주의-공산주의 권역으로 베스트팔렌의 조직원리를 넘어선 국제주의의 새로운 조직원리를 표방했다. 그러나 점차 국제주의의 조직원리를 바탕으로 공산주의를 운영원리로 삼다가 위계주의적 운영원리로 변환되었다.

이러한 변화는 조직원리 자체도 국제주의에서 제국으로 나아가는 길을 열게 된다. 유럽 주권국가체제에서 주변의 위치에 있었던 러시아/소련은 국제주의에서 주권국가체제, 혹은 원자형 강제력형으로 후퇴한 것이 아니라 강제력 기반 제국으로 변환한 것이다. 국제주의의 허울 아래 잠정적으로 개별 국가의 결정권을 형식적으로 인정하는 듯 했지만 다른 국가들, 다른 공산당들의 실질적 주권을 인정하지 않게 된다. 이후 브레즈네프 독트린Brezhnev Doctrine에서 보이는 바와 같이 형식적 주권마저도 공식적으로 제한하기에 이른다. 국제주의 조직원리는 제국의 조직원리로 바뀌고 공산주의 운영원리는 위계적 운영원리로 귀결되었다. 다른 민족과 국가들은 소련을 정점으로 한 위계적 제국 권역의 일부를 차지하는데 그치게 되고 결국 이러한 모순은 소련 주도 제국 권역의 몰락으로 이어진다. 유럽 근대권역의 최대 모순이었던 단일민족주의 국가 중심의 모순을 더 악화된 제국의 형태로 스스로 재현한 결과이다.

냉전기 소련을 중심으로 한 공산권은 권역으로서 구성요소 간 조직원리와 운영원리, 국가와 당으로 이루어지는 핵심 행위자, 사회경제적 차원, 그리고 인간관에 이르기까지 5차원의 변화를 이룩하였다. 그러나 소련 스스로 단일국가로서 민족주의의 모습을 띠며 다른 국가들을 위계적으로 지배하고자 하는 제국을 추진하는 방향으로 변화되었다. 동주는 냉전의 종식 계기가 된 소련 권역의 핵심 문제, 자기모순의 존재와 발현을 구체적으로 분석하지는 않지만 소련과 공산권의 붕괴를 권역의 관점에서 고찰할 수 있는 계기를 마련해 주었다.

권역이론에 따르면 냉전은 단순히 강대한 두 국가 간 힘의 배분에서 비롯된 양극체제에 그치지 않았다. 유럽 근대권역의 모순이 귀결되어 나타난 현대 세계정치를 서로 다른 형태로 자신의 권역으로 운영하고자 했던 두 권역 주도국의 경쟁이었다. 하나의 세계정치가 하나의 권역으로 통합되지 못한 상태에서 다권역 경쟁질서가 유지된 것이다.

1차 세계대전 이후 구미 국가들은 현대 세계정치에 대한 이상주의적 대안을 제시하고자 했다. 이는 미국 주도의 베스트팔렌-자유주의 권역으로 구체화되었다. 이후 세계정치는 나치즘 등장과 몰락, 그리고 공산주의의 등장 및 해체의 과정을 겪으면서 자기분열 현상을 겪었다.[38] 2차 세계대전 이후 유럽 국가들 역시 국가연합이라는 형태로 대안적 질서를 창출하다가 탈냉전기에 접어들면서 본격적으로 하나의 권역을 형성하기에 이른다. 20세기는 현대 세계정치를 놓고 대안적 권역들이 경쟁하는 다권역질서의 양상을 보였다.

제5장

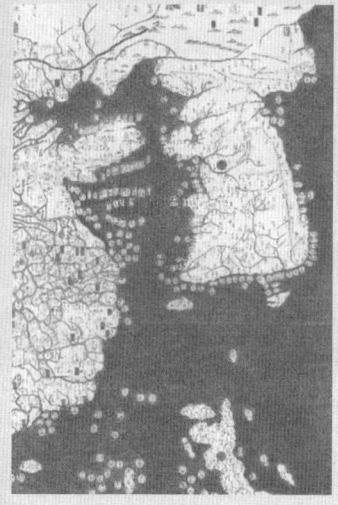

현대 세계정치의 지향점과
미래 지구 신권역

현대 세계정치가 지향하는 이상적 권역

　동주는 20세기 현대 세계정치가 시작된 이래, 많은 권역들이 대안으로 등장했지만 과도기적 성격을 벗어나지 못하고 있다고 진단한다. 세계화된 국제정치의 현실은 21세기에 급속한 지구화를 통해 더욱 빠르게 변화하고 있다. 환경, 보건, 핵확산, 신기술 통제 등 초국가적 차원의 문제들이 넘쳐나고, 지구화로 인한 다양한 문제들이 개별 국가의 주권과 민주주의의 기초를 흔들고 있다. 지구화된 현실 속에 이를 규율할 수 있는 지구적 통치체제가 없는 상태에서 세계질서가 위기를 겪고 있는 것이다. 지구 거버넌스 없는 지구화, 지구적으로 단일하고 효과적인 새로운 권역이 없는 현대 세계정치의 상황이다. 베스트팔렌 조직원리와 국가 중심적 운영원리에 얽매여서는 세계화, 지구화된 현대정치의 문제를 해결할 수 없는 것이다.
　그렇다면 동주가 상정한 현대 세계정치에 걸맞은 권역의 구성요소는 무엇일까. 권역은 근대 유럽 권역의 핵심 모순을 완전히 해결하기 위해 필요한 요소들을 갖추고 있어야 한다. 세계화된 국제정치의 현실을 권역의 5층 구조에서 수용하고 문제를 해결한 권역이다. 동주는 현대 세계정치가 복합적 도전을 겪으면서 자유민주주의에 기반하고 경제적 평등을 실현하는 세계정부의 대안을 논의하고 있다. 1차 세계대전 이후 현대 세계정치의 현실에서 군사적으로는 지역적, 세계적 차원에서 군사력으로 편성하여 국제법의 준수를 헌법에서 보장하는 집단적 안보체제가 필요하다고 보았다. 경제적으로는 이주의 자유, 자원의 공평한 획득, 기술 교환과 자본 이동을 기반으로 한 민주적 세계경제체제가 필요하다고 보았다. 정치적으로는 국내의 정치적 자유와 경제적 평등을 바탕으로 한 자유민주주의적 세계정부가 수립되어, 정책 결정 과정이 책임성과 민주성, 효율성 등을 확보해야 한다는 견해를 보였다.[1] 세계정부의 수립이라는 목표는 궁극적으로 조직원리의 근본적 변화를 수반할 수밖에 없다. 개별 국가에 귀속된 주권이 세계정부로 이전되어야 하는 것이다.

동주는 이러한 논의가 상당 부분 규범적이라는 사실을 잘 알고 있었다. 예를 들어 세계정부에 대한 니버Reinhold Niebuhr의 비판을 인용하면서 세계정부가 현재로서는 이상적 대안이기 때문에 현실주의적 접근이 필요하다는 것도 지적하고 있다.[2] 그러나 세계정부에 대한 규범적 논의는 필요하다. 현대 세계정치의 종착점에 대한 구체화 없이는 현대 세계정치에 임하는 대안적 권역의 구성요소들을 분석하고, 현재까지 제시된 다양한 대안적 권역들의 과도기성, 효과성을 평가할 수 없기 때문이다.

동주는 냉전의 종식 이후 현대 세계정치가 분산과 통합화라는 두 추세를 보인다고 설명한다. 국가 이상의 차원에서 통합이 이루어지는 동시에 국가 이하의 차원에서 소집단을 중심으로 분산의 추세가 함께 공존한다는 것이다. 요즘의 용어로는 세방화$_{glocalization}$와 통하는 바가 있다. 동주는 주권의 중층적 분산 및 공유를 논하고 있다. 유럽연합의 논의에서 더 확실해지겠지만 우선, 기존의 국민국가를 하위 단위로 두고, 그 위에 지역적 정치 단위를 세우며, 최상위에 세계기구가 자리 잡는 계층적 정치 질서가 필요하다고 본다.[3] 이에 덧붙여 국가 이하의 소집단 형성까지 포함한다. 결국 국가 이하, 국가, 지역, 세계로 구성되는 미래 세계의 거버넌스의 네 가지 차원을 논하고 있다. 다차원적, 중층적 주권 분산 및 공유로 이루어지는 세계정부의 조직원리라고 정의할 수 있겠다.

이에 대응하는 세계정부의 운영원리 역시 매우 중요하다. 동주의 논의를 정리해 보면 자유주의 운영원리를 넘어선 자유주의와 민주주의 운영원리의 결합으로서 자유민주주의 운영원리를 제시하고 있다. 여기서 중요한 것은 단순히 자유주의가 아니라 민주주의가 결합된 형태라는 것이다. 자유주의 운영원리는 국가들의 주권적 자유를 보장하지만 평등과 공동체로서의 세계의 존재를 상정하는 것은 아니다. 특히 약소국의 민주적 지구 거버넌스 참여가 여전히 부족한 상태에서 민주주의 운영원리는 매우 중요하다.

동주는 국가와 국민 간의 부와 생활 조건의 불평등이 모든 국제적 분쟁의 원인이라고 수시로 강조한다. 힘의 불균형이 국가 간 의견을 공정하게 반영하지 못하게 만들었으며, 이로 인해 후진 지역과 식민지의 탄생이 불가피했다는 것이다. 현대 세계정치에서는 후진 지역의 정치적 요구를 거부할 수 없게 되면서 필연적으로 모순에 직면하게 되었다. 이러한 불평등은 민주적 방법으로 해소되어야 하는 것이 중요한 운영원리이다. 이는 경제면에서도 적용되어 자유주의적이고 개방적인 세계경제를 기반으로 하는 새로운 경제 체제가 필요하다. 동시에 경제적 평등과 부의 불평등을 해결하는 적극적 운영원리가 필요하다고 본다. 이주의 자유, 자원 획득의 균등, 기회와 기술의 교환, 자본의 이동 등 민주적인 세계경제 체제가 필요한 시대가 되었다는 것이다.[4] 자유주의와 민주주의의 차이 및 갈등 관계, 자유민주주의의 양태 등은 복잡한 정치사상의 과제이기도 하다.

동주는 자유민주주의가 단지 세계정부 차원에서만 아니라, 개별 국가 내에서도 동일하게 적용되어야 한다는 견해를 보인다. 개별 단위들의 운영도 자유민주주의적이어야 한다는 것이다. 뒤에서 살펴보겠지만 이는 서구 자유주의 국제정치이론의 민주평화론보다는 광범위한 내용을 담고 있다.

이러한 조직원리와 운영원리는 다차원의 행위자를 단위로 하고 있다. 앞에서 논의한 중층적 행위자 구조를 기반으로 하는 것이다. 자유민주주의 운영원리를 추구하다 보면 결국 국가 중심의 조직원리에 대한 도전이 발생할 수밖에 없다. 사회 차원의 많은 행위자들은 국가뿐 아니라 세계정부에 자신의 이익과 생각을 전달하고 주권적 권한을 세계정부를 통해 실현하고자 할 것이기 때문이다. 사회경제질서 역시 국가 차원을 넘어선 지구적 차원에서의 자유와 평등을 실현하는 질서로 연결된다.

보다 흥미로운 것은 이상적인 세계질서를 뒷받침할 새로운 인간상의 출현이 필수적이라는 견해이다. 동주는 현실의 변화 속에서 새로운 제도가 자리 잡기 위해서는 무엇보다 새로운 정치적 인간상이 형성되어야 한다고 주장한다.[5] 새로운 인간상이 정립될 때에만 세계정치의 새로운 권역이 형성될 수 있다는 것이다. 동주는 이 새로운 인간상이 구체적으로 어떤 모습인지는 명시하지 않았지만, 세계정부의 시민으로서 개별 국가 정체성을 초월한 세계적 정체성을 필요로 할 것이라고 유추한다. 단일국가와 민족에 갇혀 있다면 세계정치의 본질을 이해할 수 없기 때문이다. 동주는 나치즘과 공산주의 같은 실패한 역사적 사례를 거치며, 이제는 세계적 자유민주주의를 실현할 수 있는 인간상이 필요하다고 본다. 세계정부가 수립되더라도, 국가 이하의 공동체, 국가, 국가 이상의 지역사회, 그리고 세계정부로 이어지는 다차원적 거버넌스는 유지될 것이다. 따라서 각 수준에서 자유주의와 민주주의를 추구할 수 있는 능동적 개인의 모습이 필요하다.

동주는 현대 세계정치가 언제까지 지속될지의 문제에 명확한 시기 설정은 하고 있지 않다. 1991년 소련의 붕괴가 탈냉전의 시작으로 중요한 분기점이 될 수 있기는 하다. 그러나 중요한 점은 냉전이 끝났다고 해서 현대 세계정치의 과도기적 성격이 종료되었느냐 하는 것이다. 현대 세계정치가 미국의 단극패권체제에서 종착점을 찾았다면 현대는 완료된 것으로 볼 수 있겠지만 탈냉전기 미국 주도의 권역은 베스트팔렌-자유주의 권역의 연속이었다. 냉전이 시작되기 이전, 즉, 현대 세계정치가 자기분열되기 이전에 자유주의 권역은 지구적으로 걸쳐 있었다. 짧은 지구 권역의 시기를 지나 40년이 넘는 냉전이 지속되었고 이제 두 번째 지구 전역에 걸친 자유주의 권역의 시대가 도래한 것이다. 탈냉전기 미국 권역의 성격을 분석하기에 앞서 동주가 상정한 현대 세계정치의 이상적 권역의 조건들을 좀 더 상세하게 논해 보도록 한다.

세계화, 지구화의 심화

　동주는 1960년대 전후의 저작에서 권역이론을 정초하고 이 과정에서 이상적인 현대 세계정치권역의 조건을 제시했다. 이후 1990년대 초 미래 세계정치에 대한 강의에서 현대 이후 권역의 미래에 대한 전망을 논의했다. 그로부터 30여 년이 지난 지금, 세계정치는 더욱 복잡한 양상을 보이며 변화하고 있다.
　1차 세계대전 이후 현대 세계정치가 지구적 정치공간을 창출했다고는 하지만 기술의 발전으로 20세기 후반 세계화, 지구화는 더욱 빠르고 촘촘하게 진행되었다. 냉전의 종식 이후 미국 주도 단극패권구조에서 신자유주의 원칙에 따른 전 지구적 시장의 통합은 더욱 근본적으로 진행되었다. 재화와 서비스, 정보와 인구의 이동을 가로막는 국경의 장벽이 사라지면서 지구화가 본격적으로 진행된 것이다. 이 과정에서 지구적 차원의 초국가적 위협도 급증하였다. 현대 세계정치의 단일권역의 필요성은 더욱 증가하였고 다원적 주권국가를 기반으로 한 베스트팔렌 조직원리의 한계도 더욱 명확해지고 있다.

시구화가 농반하는 변화의 조류는 크게 세 가지로 구분할 수 있다. 첫째, 초국가적 위협의 가속화이다. 이미 진행 중인 기후변화와 생태계 복원 위기와 같은 초국가적 위협들이 지구화 속에서 더욱 빠르게 악화되고 있다. 이러한 위협은 국가 단위의 대응으로는 해결이 어려운 만큼 지구적 거버넌스와 협력이 필수적이다.

둘째, 기술의 발전과 메타기술의 등장이다. 디지털 기술, 포스트 디지털 기술, 인공지능$_{AI}$, 양자기술, 바이오기술 등은 기존 기술을 뛰어넘는 메타기술로 부상했다. 이들 기술은 사회의 각 측면에 걸쳐 급속히 영향을 미치고 있으며, 앞으로 얼마나 빠르게 변화를 일으킬지는 예측하기 어려운 상황이다. 기술의 발전은 경제뿐 아니라 정치·사회 구조에도 근본적인 변화를 가져오고 있다.

셋째, 다층적 이해관계자와 지구민주주의$_{global\ democracy}$의 부상이다. 국가를 초월하는 비국가 행위자들이 지구 거버넌스에 적극적으로 참여하며, 다층적 이해관계자$_{multi\text{-}stakeholder}$ 모델이 확대되고 있다. 이는 새로운 지구민주주의적 요구로 나타나고 있으며, 단순히 정부 주도의 국제 협력을 넘어 시민사회와 기업, 국제기구들이 공동으로 협력하는 시스템의 필요성을 대두시킨다.

이 시점에서 지구적 차원의 거버넌스, 혹은 세계정치 권역이 출현하지 않는다면, 국가별 대응이 서로 충돌하며 지구 단일 권역질서 창출의 가능성이 줄어들 것이다. 국가 간 이해관계가 상충하면서 국제사회는 조정되지 않은 혼란에 빠질 위험이 있으며, 이는 지구화가 목표로 하는 공동의 번영과 안정된 질서 구축을 방해할 것이다.

표 8 | 지구화에 따른 거시이행 변수

거시이행 변수	설명
초국가적 위협	기후변화 및 생태계 위기가 가속화된 시기
기술 발전	디지털 기술, 포스트 디지털 기술, 인공지능 기술 등 첨단 기술의 등장
비국가 행위자 중시	다층적인 이해 관계자가 지구 거버넌스에 참여하며 지구민주주의적 요구 증가

첫 번째 과제: 국제질서의 민주화

　이러한 상황에서 우선적으로 표출되는 목소리는 현대 세계정치 운영원리의 민주화에 대한 것이다. 탈냉전기 국제정치가 변화하면서 국제정치의 운영원리를 민주화해야 한다는 목소리가 높아졌다. 지구화의 진행에 따라, 각국의 국민들은 자신의 운명을 결정짓는 정책 결정이 개별 국가 차원뿐 아니라 초국가적 차원에서 이루어지고 있다는 사실을 점차 자각하게 된다. 초기에는 자국 정부에 더 큰 목소리를 내어 국민의 이익을 대변하도록 요구하지만, 시간이 지남에 따라 국가 차원의 정책 결정 권한과 효율성이 급감하는 현실을 경험하게 된다.

　이러한 상황 속에서 국민들은 자신들의 이익을 대변하는 포퓰리즘 정부나 자국 우선주의 정부를 지지하기도 한다. 그러나 지구화는 단순히 시장 기반 지구화에 국한되지 않고, 기술 기반 지구화와 공공악재를 공유하는 지구화로까지 확장되었다.

　기후변화나 보건 위기와 같은 초국가적 문제들은 국가 단위의 노력만으로 해결할 수 없으며, 지구적 거버넌스의 필요성이 절실해진다. 지구화 이전 시대로 돌아가려는 정치적 반발이 일어날 수는 있지만, 이러한 초국가적 위협은 국가 차원으로 다시 한정할 수 없다. 국민들은 중요한 정책 결정 과정에 자신들의 목소리, 투명성, 대의성, 그리고 책임성을 요구하게 된다.

이와 같은 요구는 국제관계의 민주화에 대한 요구로 이어진다. 선진국들은 오랫동안 지구적 권역질서에 큰 영향을 미쳐 왔지만, 지구화가 심화됨에 따라 이제 국력의 크기와 관계 없이 모든 국가와 국민의 목소리가 공평하게 대변되기를 원한다. 현재 국제관계는 극심한 국력 불평등에 기초하고 있다. 이러한 국력 불평등의 원인을 고민하는 과정에서, 특히 제국주의 지배를 경험한 제3세계 국가들의 좌절감이 깊어질 수밖에 없다. 식민지 경험이 있는 제3세계 국가들은 과거 식민 지배가 오늘날 국력 불균형을 초래했다고 인식하며, 2차 세계대전 이후 신제국주의가 이러한 불평등 구조를 심화시켰다고 주장한다. 따라서 국제관계의 민주화는 국제적 과거 청산과 국제 정의, 분배 정의 문제와도 연결된다.

국가들이 여전히 중요한 행위자로 존재하면서 국력의 차이에도 불구하고 일정 수준의 민주주의를 확보한다면, 베스트팔렌-자유민주주의 권역으로 이행할 수 있을 것이다. 이는 베스트팔렌 체제의 무정부 상태를 조직원리로 삼되, 국제적 자유주의와 국제적 민주주의를 축으로 하고, 점차 지구적 자유주의를 원칙적으로 인정하는 운영원리를 확보하는 것이다.

동주는 20세기 권역 내 국가 간 힘의 편차에서 비롯되는 운영원리의 비민주성을 다양한 방법으로 제시하고 있다. 특히 제3세계 국가들이 근대 유럽 권역의 식민지국가의 모순에서 어느 정도 벗어났어도 여전히 불평등과 종속에 시달리고 있다는 사실을 다양하게 예시하고 있다.

이러한 점에서 자유주의 운영원리의 한계는 무엇인지, 민주주의가 개별 국가를 넘어서 권역질서의 운영원리가 될 수 있는 보편적 성격을 지니고 있는지 의문이 대두한다. 동주의 답변은 자유주의와 민주주의가 공산주의와 같은 국제적 권위의 기준을 제공하지 못하고 있다는 것이다. 자유주의, 특히 경제적 자유주의는 국제적 이념으로 보였으나, 현실에서는 선진국들이 자국의 이익을 위해 국제시장을 단일화하고 자본과 상품의 진출을 촉진하는 도구로 활용되었다. 자유주의는 국가의 경제력에 따라 상반된 정책으로 나타난다. 선진국들은 국제적 자유 경쟁을 옹호하는 반면, 후진국들은 보호 정책을 통해 자국 경제를 방어하려 한다.

민주주의는 역사적으로 인간의 기본 권리를 표방해 왔다. 그러나 단일 국가 내로 들어오면, 민주주의의 보편적 권리는 국가 단위의 국민 권리로 재해석된다. 민주주의가 확대됨에 따라, 이는 독재에 반대하는 보편적 프로파간다로 작용할 수 있다. 그러나 국제적 경제 지배 관계가 확립된 20세기 권역에서는 약소국의 경제적 예속이 나타난다. 이러한 강제적 권역 속에서 경제적 지배 관계는 권역 전체의 민주화를 촉진하기보다는 새로운 지배 양식으로 작동한다. 민주주의의 프로파간다는 때로 자유주의 권역 내에서 후진국 권력층을 지원하는 도구로 사용되기도 한다.[6]

동주는 냉전기 동안 미국과 소련이 각기 자신들의 권역을 형성하며 대결하는 상황에서 특히 제3세계 국가들이 처한 현실에 주목한다. 전후 70여 개의 신생국이 탄생했고, 이들은 탈식민지화와 새로운 민족주의를 발전시키는 과제에 직면했다. 그러나 이 신생국들은 자신들의 의지와 상관없이 유럽식 민족국가 체제를 수용해야만 했다. 몇몇 예외로 한국, 독일, 베트남과 같은 국가는 단일 민족적 정체성을 바탕으로 정치 체제를 구축할 수 있었다. 그러나 이들 모두는 분단국가가 되었으며, 중국 역시 한족 중심의 단일 민족 국가임에도 국토가 분단되었다. 아랍 민족은 여러 국가로 나뉘어 있음에도 아랍 민족주의를 앞세워 민족의 통일을 지향한다. 말레이시아는 단일 민족 모체를 기반으로 다민족 국가를 형성했으며, 아프리카의 신생국들은 구식민지 국경선에 따라 탄생하면서 부족 통일의 원칙이 무시되었다.

냉전이 심화되면서 두 진영은 강력한 군사적 대립을 보였고, 신생국의 군인 계층은 미·소 양국의 군사 원조와 무기 판매를 통해 민족주의의 주체로 떠올랐다. 그러나 이들 신생국이 받은 경제 원조는 경제 근대화와 반공 군사체제를 구축하는 데 사용되었고, 소련 진영에서는 계급 투쟁과 국제적 연대에 대한 의존도가 커졌다. 결국 이들 국가는 위로부터의 경제 근대화를 통해 시민 민족주의를 구축하려 했으나, 소련의 강권적 체제 속에 종속될 수밖에 없었다.[7]

동주는 현대 세계정치에서 약소국들이 겪는 좌절감을 다음과 같이 설명한다. 첫째, 역사적 전통의 붕괴와 새로운 권위 의식의 부재로 인해 약소국들은 혼란과 무력감을 느끼게 된다. 둘째, 지배적 정치 체제 자체가 불안정한 상황에서 국제적 모델에 대한 환멸감이 커진다. 셋째, 국제정치의 강력한 압박이 지속되는 가운데 약소국들은 국제사회에서의 열등감에 시달린다. 넷째, 국제적 빈부 격차에서 비롯된 불만과 공허함이 축적되면서, 이는 약소국들의 정치적 인간들에게 심각한 불안을 초래한다. 동주는 이러한 정치적 인간의 불안은 반드시 해결되어야 한다고 본다. 안정된 권위감이 형성되지 않는다면, 그 불안은 결국 권역 내부 붕괴의 씨앗이 될 것이다. 만약 자유주의 권역이 정치적 인간에게 안정된 권위를 제공하지 못하고 이러한 불안을 해소하지 못한다면, 권역의 기본부터 붕괴가 시작될 위험이 있다.[8]

결국 동주는 민주주의적 국제정치 운영원리의 필요성을 강조하고 있다. 자유주의는 표면적으로 국제주의적 이념으로 기능하지만, 현실에서는 선진국이 후진국을 경제적으로 예속시키는 결과를 초래한다. 이는 민주주의 권역 내에서 경제적 불평등과 권력 불균형을 심화시킨다. 제3세계 국가들은 과거 식민지배와 신제국주의가 이러한 불평등의 원인이라고 인식한다. 이들은 국제적 차원에서의 경제 지배를 과거 청산과 분배 정의 문제로 연결시키며, 국제관계의 민주화를 요구한다. 그러나 자유주의 권역 내 민주화가 진정한 의미에서 약소국의 경제적 자립을 보장하지 않는다면, 민주주의는 오히려 새로운 지배 양식이 될 위험도 있다.

결국 동주가 제기한 문제의 핵심은 자유주의와 민주주의가 권역의 안정과 정치적 인간의 불안을 해소할 수 있는지 여부에 달려 있다. 자유주의 권역이 국제적 자유주의와 민주주의의 원리를 진정으로 실현하지 못할 경우, 권역 내부의 불안과 분열이 심화될 것이다. 국제적 자유주의와 민주주의의 근본적 변화를 통해, 권역질서 내에서 경제적 불평등을 해소하고 정치적 인간에게 안정감을 제공하는 것이 필수적이다. 이는 단순히 국가 간 협력에 그치지 않고, 초국가적 네트워크와 지구 거버넌스를 통한 민주적 운영원리의 확립으로 이어질 수 있다.

현대 세계정치가 민주주의 운영원리를 향해 나아가는 추세에 있다는 점은 동주의 회의 외교에 관한 설명에서도 잘 나타나고 있다. 동주는 근대 유럽권역의 외교 양태를 두 형태로 구분한다. 즉, 15세기 후반에 시작된 이탈리아 반도의 르네상스 외교가 첫째 양태이고, 베스트팔렌 회의 이후의 제도화된 외교가 두 번째 양태이다. 마키아벨리로 대변되는 르네상스 외교는 가장 권력정치적 성격을 띠고 있다. 비도덕적 수단을 사용해서라도 국가의 이익만 달성하면 된다는 외교 양태이다. 그러나 이러한 외교는 점차 외교 제도가 안정되며 외교 통로가 규율화되면서 변화되었다. 근대 국제법이 발달하면서 외교 제도도 발달하고 합리주의 정신이 큰 몫을 하기도 하였다.[9] 무엇보다 유럽 각 국가들의 군후와 귀족의 동류 의식, 국제 도덕감이 크게 작용하였다. 유럽 국가의 정책 결정자들이 서로 가계로 연결되고 공통된 언어와 문화를 보유하고 있었기 때문이다. 공통된 규범과 공동체 의식을 바탕으로 르네상스 시대 마키아벨리즘과 차별화되는 외교를 추진하게 된 것이다.[10] 그러나 이 시대의 외교 역시 정책 결정자 중심의 비밀외교였다는 점에서는 이전과 다르지 않다.

정작 중요한 것은 20세기에 시작된 현대의 공개외교, 회의 외교이다. 외교의 민주화, 공개외교와 더불어 회의 외교가 시작된 것이다. 회의 외교는 세계를 일반 원칙 위에 질서 지우겠다는 시대정신을 반영한 것이다. 공개외교는 정부의 진정한 주인인 국민의 승인을 전제로 외교를 한다는 변화를 반영하는 것이다.[11] 특히 베르사유 회의 당시 이념상 같은 민주 정치 유형과 자유 경제를 표방하고 있던 미국, 영국, 프랑스, 이탈리아, 일본과 같은 국가들이 회의 외교, 공개 국제회의를 주도하였다. 이들은 단일 세계권역의 정치질서의 존재를 지향한다는 점에서 근대 유럽과 차별화된 외교를 추구했다.

이러한 공개, 회의 외교가 항상 지속된 것은 아니다. 2차 세계대전에 접어들면서 단일한 세계정치 질서는 붕괴되고 공개 회의를 통한 방식 역시 효용을 잃은 부분이 있다. 그러나 여전히 현대 외교는 공개 회의를 통해 이러한 정신을 유지하고 있다. 향후에 이러한 회의 외교를 통해 보다 민주화된 권역의 운영원리를 어떻게 유지할 것인가가 중요한 과제이다.[12]

두 번째 과제:
국가를 넘어서는 다차원적, 지구적 자유주의

탈냉전과 더불어 지구화가 진행되는 동안 새로운 권역의 운영원리는 국가를 기본으로 하는 국제주의를 넘어설 수밖에 없다. 비국가 행위자들이 다차원적으로 작동하는 지구적 차원의 운영원리가 필요해지는 것이다. 우선, 자유주의 운영원리는 국제적 자유주의와 지구적 자유주의로 나눌 수 있다. 베스트팔렌 조직원리 하에서 국가를 기본적 구성단위로 보는 운영원리는 국제적 자유주의라 할 수 있다. 구성단위를 개인, 사회, 국가, 초국가기구 등 다차원의 이해상관행위자들로 볼 때 탈베스트팔렌 조직원리 하 지구적 자유주의라 할 수 있다.

국제적 자유주의에서 승인받은 주권국가라는 구성단위는 자유주의의 기본 원칙에 따라야 한다. 즉, 모든 국가는 개별 국가를 넘어서는 권력으로부터 자유로운 주권을 소유하고 행사해야 한다. 대표적 예시는 제국적 권력의 부정이다. 국가의 자유를 제한하는 초국가 권력구조를 부정함으로써 국가의 자유를 보장받는 질서가 국제적 자유주의 질서이다. 패권의 존재는 국가들 간 협력의 실패를 막고 질서 유지에 필요한 공공재를 제공하는 중요한 역할을 할 수 있다.

한편 지구적 자유주의는 국가의 권능이 여전히 유지되지만 다른 행위자들도 일정한 결정권을 가진다. 주권을 다층적으로 분산, 공유되는 운영원리이다. 20세기 소련처럼 혁명적 방법에 의해 베스트팔렌 권역을 변환시키는 일이 자유주의 권역에서도 일어날지는 알기 어렵다. 만약 그렇다면 탈베스트팔렌 권역 속에서 지구적 자유주의 운영원리가 실현될 수도 있을 것이다. 현재 탈냉전/지구화의 이행 기간 중에는 국제단위의 자유주의 운영원리가 점진적으로 다차원 지구 단위의 운영원리로 변화하고 점차 조직원리의 변화, 더 나아가 새로운 권역의 창출을 초래할 수도 있다. 권위주의와 독재 국가체제 하에서는 개인과 사회의 자유가 확보되지 않으므로 자유주의의 주체로 개인과 사회가 등장하여 지구적 자유주의 운영원리를 확보하는 데에는 큰 장벽이 될 것이다.

표 9 | 국제적 자유주의와 지구적 자유주의

구분	국제적 자유주의	지구적 자유주의
조직 원리	베스트팔렌 조직원리	탈베스트팔렌 조직원리
기본 구성 단위	주권국가	개인, 사회, 국가, 초국가기구 등 다차원의 이해상관행위자들
주권 개념	모든 국가는 개별 국가를 넘어서는 권력으로부터 자유로운 주권을 소유하고 행사해야 함	주권이 다층적으로 분산 및 공유됨
권력 구조	제국적 권력 및 초국가 권력구조의 부정, 그러나 패권국가의 존재로 질서 유지 가능	국가의 권능 유지, 다른 행위자들도 일정한 결정권 보유
질서의 특징	국가의 자유를 보장받는 질서, 패권국가의 국제공공재 제공의 중요성	다양한 포뮬러 가능: 지구민주주의로 귀결될지, 특정 행위자의 상대적 권능이 인정될지 등 다양한 가능성 존재, 지구적 공공재의 공동 제공
예시	주권국가 중심의 국제질서	동주가 논한 유럽연합의 메타 네이션 스테이트와 주권 공유

세 번째 과제: 지구적 자유민주주의

지구적 차원의 다층적 행위자들은 정치적 자유를 확보하면서 동시에 자신의 목소리가 반영되는 권역질서를 요구하게 된다. 다층적 행위자들의 활동을 통해 초국가 시민 네트워크를 강화하고, 국제법 제정과 실행 과정에서 시민들의 목소리를 높이는 것이다. 다양한 국제기구가 이슈와 기능별로 지구 시민들의 의견을 반영할 수 있는 권역을 구축하는 것도 생각해 볼 수 있다. 이러한 권역은 이미 베스트팔렌 조직원리를 넘어선 질서를 의미한다. 국가 중심의 질서가 와해되고, 다층적 행위자들이 참여하는 지구적 민주주의 과정이 수립되는 것이다.

현재 많은 정치철학자들이 지구 자유주의를 넘어 지구민주주의를 논의하고 있다. 그 중 일부는 여전히 국가의 중요성을 인정하지만, 궁극적으로는 세계시민이 중심이 되는 민주주의를 주장한다. 이러한 상황에 이르면 근본적인 권역질서의 변화가 초래된다. 기존의 국가주권 체제를 넘어선 지구민주주의 인민이 단위가 되는 새로운 조직원리가 자리잡는 것이다.[13]

지구민주주의 권역으로 이행하는 과정에서 국제관계의 베스트팔렌 조직원리를 유지하면서 국제적, 지구적 자유주의 운영원리의 변화를 원리의 변화를 꾀할 수 있다. 점진적인 변화이다. 즉, 자유주의 운영원리가 지구적 차원에서 자리잡고, 이어 점진적 민주화가 발생하는 것이다.

이러한 변화는 앞으로 도래할 수 있는 지구적 위기와도 연결된다. 자유민주주의 내 국민들뿐 아니라 권위주의 내 국민들이라 하더라도 향후 도래할 수 있는 실존적 위기 앞에서 국가가 수용할 수 없는 많은 국민들의 요구를 지구 차원에서 실현하고자 할 수밖에 없다. 기후변화, 보건 위기, 핵전쟁, 신기술의 폐해 등 모든 국가의 국민들은 국가를 넘어서는 민주적 정책 결정 과정에 참여하고자 할 것이다. 핵무기 분야에서 핵확산금지조약을 넘어 핵무기철폐조약이 만들어진 것처럼, 앞으로 다양한 문제에서 시민들의 논의가 결합되는 정책 결정 과정이 활성화될 수도 있다.

지구 공론장이 확장되고, 정부 차원이 아닌 지구 시민의 견해를 반영한 국제법 규범과 규칙이 제정되는 일은 앞으로 더욱 활발해질 것이다. 정의는 이제 단순히 국가 간 문제를 넘어, 인종 간, 문화 간, 세대 간의 정의로 확장되고 있다. 이는 국가 간 민주화와 지구 차원의 민주화가 혼용되다가, 지구민주주의로 이행하는 궁극적인 조직원리의 변화로 이어질 수 있다.

앞으로 지구민주주의의 발전 과정에서는 비전과 로드맵이 필요하다. 지구 시민들 간에도 다양한 이해관계 충돌과 권력 관계가 발생할 수 있기 때문이다. 이를 조정하기 위한 제도적 출현과 법적 근거 마련이 필수적이다. 단순한 이해관계의 취합을 넘어, 다원주의적 민주주

의, 공동체주의적 민주주의, 그리고 공화주의적 민주주의 등이 논의되고 있다.[14]

탈냉전 이후 미국이 주도하는 자유주의 권역은 베스트팔렌 조직원리가 유지되는 가운데, 비민주주의적 자유주의 운영원리에 기초하고 있다. 그러나 향후 지구적 차원의 자유주의가 발전하고, 국제적, 지구적 민주주의가 확립된다면 탈베스트팔렌 조직원리를 바탕으로 하는 새로운 지구 자유민주주의 권역이 등장할 수 있다. 다음의 표는 국제적 자유주의와 지구적 자유주의, 그리고 국제적, 지구적 민주주의를 정리한 것이다.

표 10 | 국제적, 지구적 자유주의와 민주주의

	자유주의	민주주의
국제적	- 국가 간 권력 구조로부터의 자유 추구 - 국가 주권 존중 - 자유무역, 시장 개방	- 국가 간 평등한 의사결정 과정 - 다자주의적 접근 - 국제기구를 통한 협력
지구적	- 정부 권력 제한 및 비국가 행위자들의 자유와 권리 보장 - 개방적인 시장 경제의 세계화	- 국가를 넘어선 비국가 행위자들의 민주주의적인 정치 참여 보장 - 새로운 조직원리와 새로운 지구정치공동체의 출현 - 보편적 선거권, 다수결 원칙 등 민주주의 원칙의 발전적 수용

유럽 국가연합 권역의 출현과 통합, 분산화의 양방향 변화

　동주는 현대 세계정치의 과도적 단계를 종식시킬 수 있는 미래 권역에 대한 구상을 개념적으로 크게 발전시키지는 않았다. 그러나 궁극적인 목적은 지구적 자유민주주의를 실현하는 조직원리와 운영원리의 확보, 권역의 기본 단위의 변화, 사회경제적 재구성, 그리고 이를 실현할 새로운 개인과 정치철학의 탄생이라는 사실을 설정해 볼 수 있다. 동주가 1960년대에 제시한 이상적 권역에 대한 개념적 구상은 1990년대 초 유럽연합의 발전을 통해 하나의 대안으로 구체화된다. 동주는 냉전 종식 이후 유럽연합이 급속도로 발전하는 것을 보고, 이를 현대 세계정치의 대안이 현실화되는 하나의 모델로 상정하고 유심히 살펴보고 있다.

　냉전 종식 이후 현대 세계정치의 향방, 그리고 새로운 권역의 모델에 대한 동주의 생각은 『미래의 세계정치』에 잘 나타나 있다. 동주는 미국 주도 자유주의 권역의 현황보다 유럽의 변화에 주목하고 있다. 자유주의 권역이 발전하더라도 여전히 베스트팔렌 권역의 한계 내에 있는 데 반해, 근본적 변화라고 할 수 있는 요소들이 유럽에서 시작된다고 보았기 때문이다. 동주가 말하는 유럽 권역은 하나의 실험으로 단순히 새로운 지역 단위의 국가를 만드는 것은 아니다. 주권이 여러 차원의 단위들에 공유된다는 점에서 조직원리의 변화이고, 여러 단위의 자유민주주의를 실현한다는 점에서 운영원리를 새롭게 제시한다. 동주는 마스트리히트 조약을 통한 유럽연합의 내부 조직체들을 분석하면서 민주주의의 원리와 보완성의 원리 등 자유민주주의 운영원리의 과정을 세세하게 설명하고 있다. 이 가운데 단위들 역시 국가 뿐 아니라 유럽연합이라는 초국가, 혹은 보다 정확하게 메타 네이션 스테이트meta-nation state, 즉 메타국가의 출현 및 다차원적 단위들이 중층적으로 존재한다고 본다. 유럽연합에 걸맞은 지역경제체제도 출현하고, 개인들은 민족주의를 넘어선 유럽연합과 소규모 공동체에 대한 다차원적, 다원적 정체성을 가지게 된다는 것이다.

동주는 탈냉전기 세계질서의 두 가지 움직임으로 통합화와 분산의 추세를 이야기한다. 통합화 추세와 관련하여 2차 세계대전까지는 모델로 성립되지 못했던 국가연합과 연방이 새로운 모델로 등장하고 있다고 본다. 냉전기 실패한 소련의 초국가 국제주의 권역 모델과 미국의 과도기적인 자유주의 권역의 성격과 대비해 보면 이해가 용이하다. 동주는 유럽이 냉전 종식 이후 유럽연합을 만들어가면서 주권을 공유하는 새로운 권역질서를 제시하여 변화를 일으킬 것이라고 논의하고 있다. 이러한 유럽의 길은 냉전기 미국 주도 자유주의 권역의 국제주의적 방향과 공유하는 부분이 많고, 유럽 자체가 미국 주도 질서 안에서 변화해 왔다. 그러나 냉전 종식 이후 유럽연합이 가속화되면서 미국의 탈냉전기 자유주의 권역과는 다른 길을 걷게 된다.

개념적으로 국내정치에서 연합체제는 개별 구성단위의 주권을 인정하여 모든 결정을 개별 단위의 허가를 받도록 한 체제이다. 단일국가 체제와는 반대로 국가연합에서 주권은 구성단위에 있다. 연방은 일정한 영토 지역 내에서 헌법을 통해 중앙정부와 지방정부라는 두 가지 정부가 동시에 인정되고, 그 두 정부에 대해 같은 권한을 인정하는 단일 정치 체제이다.[15]

그렇게 보면 국가연합은 연방으로 가는 도중에 있고, 연방은 단일국가로 가는 도중에 있어 이를 과정 이론으로 설명할 수 있다고 논의하고 있다. 실질적 의미에서 진정한 연방 국가는 미국, 스위스, 캐나다, 호주 등 4개국만이 해당된다고 제시하고 있다. 동주는 유럽연합의 형성 역사와 탈냉전기 초기의 변화에 주의를 기울이는데, 유럽연합이 국가연합의 명분을 제시하면서도 구성국의 주권을 어느 정도 제한하고 중앙의 일부 주권을 이양하는 것을 매우 주의 깊게 논하고 있다.

반면, 분산은 하나의 정치적 국민 하에 소속되어 있던 민족들, 에스닉 그룹들이 그에 맞는 정치 체제를 이루려는 움직임들이다. 동주는 과거 루소Jean-Jacques Rousseau가 제시했던 바와 같이, 소규모의 문화 공동체 중심의 정치 형태가 지속적으로 제기될 것으로 본다. 이러한 질서 변화를 일으키는 핵심 모순으로 동주는 국민국가의 정치적 국민 개념과 문화적 의미의 민족, 즉, 에스닉 그룹 간의 갈등 관계를 든다. 유럽 권역에서 단일 민족 국가는 부국강병을 목표로 군사국가의 모습을 띠었고, 권력의 중앙집권화를 이루었다. 다양한 민족들을 누르고 하나의 국민성, 민족성으로 엮어 놓았고, 군사력과 이념을 배경으로 하나의 국가를 유지했다. 에스닉 그룹들의 목소리가 억압될 수밖에 없었다. 그러나 탈냉전기가 시작되면서 그러한 통제 기제가 약화되고 이들의 새로운 세력화가 시작되었다는 것이다. 이는 동주가 이야기해 왔던 단일국가 체제의 모순 때문이다. 단일 국가로 다양한 에스닉 그룹을 포괄하여 정치적 중앙집권화를 이루어 왔지만, 언제든 상황의 변화에 따라 정치적 의미의 국민과 문화적 의미의 에스닉 그룹 간에는 모순이 표출될 수 있다.

동주는 이와 비교하여 한국을 비롯한 비서구 국가들의 근대적인 단일국가 형태에도 커다란 모순이 잠재되어 있다고 본다. 한국의 경우 남북이 분단되어 있어 결함이 있고 근대국가 모델에도 미치지 못한 상황이라는 것이다. 그러나 문화 공동체 의식은 매우 강하기 때문에 단일 민족 정치 공동체가 형성된 것 같은 착각을 하지만, 남과 북은 정치 공동체의 의미에서 하나의 민족은 아니라는 사실이다.

아프리카 국가들에 대한 논의도 제시하는데, 아프리카의 부족 국가는 정치 공동체로서 하나의 네이션, 국민이 아니다. 더구나 문화적으로도 하나의 네이션, 즉 민족도 아니기 때문에 근대국가의 근처에도 다다르지 못했다고 평가하고 있다. 이러한 상황은 세계 도처에 존재하는 상황으로, 단일 국민국가 모델이 가진 모순을 드러내 준다. 냉전이 종식되면서 이러한 단일 민족 국가 모델의 한계도 명확히 드러나고 있다는 것이다.[16]

국가연합의 지구적 전파 가능성

동주는 유럽에서 국가연합의 새로운 형태가 탄생한다면, 다른 지역에 전파될 가능성이 많다고 보았다. 물론 미국 주도 자유주의 권역에서 유럽연합이 실제로 힘을 발휘하여 미국 권역을 압도한다는 것은 아니다. 하나의 모델로 다른 지역에 주는 함의가 많기 때문에 이러한 변화, 혹은 새로운 권역의 출현이 매우 중요한 흐름이라는 것이다. 실제로 탈냉전기 아시아를 비롯한 많은 지역들은 유럽연합을 모델로 삼아 지역적 협력을 강화하고 다양한 형태의 지역주의를 심화시킨 바 있다.

동주는 1993년의 시점에서 보아 냉전 종식 직후 부시George H. W. Bush 행정부가 신세계질서라는 것을 제시했지만 그러한 질서는 조금도 나타나지 않았고, 클린턴 정부 초기에도 별다른 변화가 없다는 점을 지적하고 있다.17 물론 동주는 국가연합 권역이 새로운 모델이 되기 위해서는 100년 이상을 두고 장기적으로 보아야 할 것이라고 유보적 견해를 보인다. 그러나 그 미래가 불확실하더라도 새로운 형태라는 것 자체는 확실하다고 강조하고 있다. 한국의 예를 들어 보면 한국의 미래를 반드시 과거 유럽의 근대주권국가로 삼을 필요는 없다고 본다. 국민과 문화적 공동체로서의 민족이 통합되지 못하고 불완전한 주권국가로 존속하는 상황에서 미래의 목표를 근대국가로 삼고 있는 것은 시대적으로 제한된 것이라는 논의이다. 이러한 사고 자체가 전파이론이 시사하는 예라고 본다.

냉전기 미국 주도의 자유주의 권역은 단일국가에 의한 패권적 권역으로 근본적으로는 베스트팔렌 권역의 조직원리를 그대로 유지하고 있었다. 운영원리 상에서 자유주의를 제시하면서 점차 국제주의적 성격을 강화했다. 경제적 상호의존과 다자주의적 제도화, 단일 국민국가체제가 완성되면서 확산된 민주주의 의식 등이 주된 내용이었다. 이를 바탕으로 권역 내의 국제주의적 성격을 점차 강화한 것이 사실이다. 그러나 근본적으로 탈베스트팔렌의 이행의 단초를 가지고 있는지 여부는 동주의 시대에는 불확실했다고 본다. 그보다는 유럽연합의 변화가 탈베스트팔렌의 가능성을 더 강하게 가지고 있었기 때문에, 동주는 탈냉전기 패권적 미국 주도 자유주의 권역보다 유럽연합의 권역 이행성을 더 강조했다고 본다.

동주는 유럽의 근대 정치사에서 국가연합을 위한 다양한 노력이 있었다는 점을 지적하면서 변화가 내재되어 있었다는 점을 강조하고 있다. 14세기 스위스부터 냉전기까지 국가연합 개념은 계속 유지되었는데, 영국, 프랑스와 같은 근대적인 단일국가 체제에 압도되어 온 것이다. 고전적 국가연합의 모습은 국제연맹에 반영되었다. 국제연맹은 국가연합 개념과 상통하는 연맹이라는 개념을 사용했고, 그 구성은 지금의 국제연합과는 달라서 국가연합의 요소가 아주 강하다는 것이다. 국제연합이 국제기구로 만들어진 반면, 국제연맹은 나라 간의 리그로서 국가연합의 개념을 반영하고 있다는 것이다.

2차 세계대전이 끝나고 고전적 의미의 국가연합 개념은 종식되었지만, 오히려 새롭게 1948년부터 현재까지 유럽 공동체의 운동이 새로운 국가연합의 개념으로 유지되고 있다는 것이다. 동주는 탈냉전기 유럽연합의 형성을 유럽 권역의 조직원리 자체 변화의 측면에서 분석하고 있다. 근대국가가 17세기 이후부터 본격적으로 등장하고 400년간 유지되어 왔는데, 그러한 근대국가 체제가 마지막 단계에서 새로운 정치 형태로 변환하는 거대한 역사적 파노라마를 제시하고 있다는 논의를 제공하고 있기 때문이다.[18]

국제정치에서 근대적 주권은 확실히 달라지고 있고, 유럽 공동체는 주권 공유의 원칙을 제시한다. 근대적 의미에서 주권은 공유될 수 없는 불가분, 불가양의 최고 권력으로 정의된다. 그런데 주권이 공유될 수 있다는 것은 근대적 주권 개념의 변화를 반영하는 것이기 때문이다. 이러한 새로운 유럽 공동체가 연방인지 국가연합인지는 여전히 명확히 이야기하기는 어려운 단계이지만, 근대 조직원리의 변화를 예견하고 있다는 점에서는 매우 흥미롭다는 것이다.[19]

한편, 탈냉전기 공산권과 같은 안보적 위협이 부재하기 때문에 유럽 공동체의 미래는 지지부진할 수 있다고 논하고 있다. 평화시에는 유럽 국가 간 국가연합의 움직임이 정체되었고, 오히려 전쟁과 위기 시에 국가연합의 움직임이 활발했다는 역사가 있기 때문이다. 동주는 마스트리히트 조약의 경우 밖에서의 결정적 위협이 없기 때문에 지지부진하다는 점을 논의하고 있다. 2022년, 2차 세계대전 이후 유럽 내 최대의 전쟁으로 러시아의 우크라이나 침공이 벌어졌다. 이후 유럽연합이 다시 협력의 필요성을 강조하고 있는 것을 보면, 외부의 위협이 국가연합에 큰 동인이 된다는 점을 재고해 볼 필요가 있다.[20]

동주는 1993년 초에 『미래의 세계정치』를 마감하면서 유럽의 민족주의가 변화되고 있다는 점을 강조한다. 유럽 공동체가 초국가주의라고 일컬어지기도 하지만, 프랑스의 보고서를 인용하여 메타 네이션 스테이트meta-nation state라는 용어도 소개하고 있다. 유럽이 국가와 유럽연합이라는 다원적 정체성multiplistic identity을 함께 가지게 된 것이다. 국가의 주권 개념에만 집착하는 것이 아니라 국가와 유럽의 분산되는 다차원의 정체성을 가질 수 있다는 사실이다.[21] 이는 조직원리 변화에 이은 권역 단위의 변화를 시사하고 있다.

결국 유럽연합이라는 거대한 흐름과 개별 국가 차원의 국민주의, 그리고 에스닉 그룹에 집중하는 지역주의, 혹은 소국 지향성이 냉전 종식 이후 유럽을 규정하는 새로운 변화라는 것이다. 동주는 17세기 이래 근대국가가 가장 전형적인 정치체의 모델로 프랑스에서 시작되어 전 세계로 보편화되었지만, 여전히 그러한 근대국가의 형태는 여러 지역에서 불완전한 형태를 취하고 있다고 본다. 한국 역시 민족주의 각도에서 보면 엄격한 의미의 국민국가가 아니라고 계속적으로 강조한다.

탈냉전 초기의 유럽 공동체에서 보이는 정황들이 장기적으로 지속된다면, 이러한 유럽연합 모델이 새로운 모델이 될 가능성이 있다.[22] 동주는 300년 동안 근대국가가 퍼지는 과정에서 직접적으로 근대국가의 모델이 들어온 나라는 불과 10여 개에 불과했다고 본다. 헌법상 근대국가 모델을 따르지만 사실상 불완전한 주권국가로 남은 국가들이 대부분이기 때문에 향후에도 탈냉전의 이러한 변화가 어떻게 확산되고 전파될지는 불확실하다고 본다. 동주는 유럽의 전파가 불확실하게 이루어졌고, 문화권이라는 의미에서의 권역은 잠재적으로 살아 있다고 논한다. 유럽권, 중동권, 아프리카권, 동북아권이라고 하는 권역 개념이 아직도 유효하다는 것이다. 마찬가지로 유럽연합 모델이 새롭고 현대 세계정치에 걸맞는 모델일 수 있지만, 향후 이러한 새로운 모델이 온전하게 타 지역으로 전파되기는 어려울 것이라는 점도 지적할 수 있다.[23]

유럽은 향후 유럽연합과 같은 새로운 모델에 따라 거대한 권역을 형성할 수도 있다. 유럽 공동체는 새로운 권역성, 특히 광역의 경제 권역을 만들고자 하는 노력으로 파악될 수 있고, 그것이 다가올 세기에 하나의 모델이 될 가능성이 있다. 지금 유럽 모델은 역사가 역전되는 과정이다. 단일국가에서 연방을 거쳐 국가연합으로 전환될 것 같다는 예측이다.[24]

반면, 동북아는 이러한 모델이 보편화될 경우 강력한 단일 민족주의의 전통 하에 국가연합을 이루기는 어려울 것이다. 권역은 장소성에 기반한 특정한 이미지와 의미권을 가지고 있기 때문에, 이러한 유럽 공동체의 모델이 확산될 수 있을지는 알기 어렵다고 본다.[25]

탈냉전기와 권역이론

　탈냉전기 유럽연합의 발달을 새로운 권역의 단서로 보는 동주의 분석은 다음과 같은 특징을 가진다. 첫째, 동주는 권역 간 이행의 시기 구분에서 냉전 종식을 그리 큰 변화의 조건으로 여기지 않는 것 같다는 점이다. 냉전은 현대 세계정치의 문제를 해결하고자 했던 소련 권역의 실패를 의미하고 강대국 간 세력배분구조의 격변을 의미한다. 탈냉전기에 들어 유럽 권역의 모순 해결 과제는 사실상 지나가고 권역 간 대립의 요소도 사라진다. 세계가 바야흐로 하나의 권역으로 통합되어 지구적 권역이 창출될 수 있는 환경이 마련되었다는 점은 매우 중요하다. 그러나 미국이 주도하는 자유주의 권역은 조직원리 상 베스트팔렌 원리는 유지되고 자유주의 운영원리가 지속되고 있다는 점에서 냉전과 탈냉전은 연속성이 있다.

　『미래의 세계정치』 서두에서 동주는 근대 국제정치는 국제정치의 주체가 되는 근대국가 자체의 성격에서 나온다는 전제를 제시하고 있다. 이러한 전제와 흐름이 냉전 종식으로 인해 크게 바뀌지 않는 것으로 여기는 점이 매우 흥미롭다.26 동주는 근대국가의 근본적 변용, 혹은 이와 상응하는 조직원리의 변용에 큰 관심을 기울인다. 그러나 탈냉전기를 이끌어 온 미국 주도 자유주의 질서, 즉 운영원리의 변화에는 큰 관심을 기울이지 않는 것으로 보인다. 만약 그러하다면 동주가 생각하는 중요한 역사적 변곡점은 냉전의 종식은 아니다. 여전히 1차 세계대전의 종식 시점이 근대와 구분되는 현대 세계정치의 출발 시기이다.

둘째, 동주는 1993년의 시점에서 미국 주도 베스트팔렌-자유주의 권역의 또 다른 진화에 대해 별다른 전망을 시사하지 않았다는 것이다. 그보다는 냉전기 동안 자유진영 내 유럽 국가들이 국가간주의와 초국가주의를 오가면서 제시한 국가연합 모델이 기대의 대상이었다. 동주는 유럽의 국가연합모델의 기원과 양태, 향후의 전망에 더 많은 주목을 하고 있다. 동주는 유럽연합이 과거 네덜란드의 연합모델과 매우 유사하다고 본다. 유럽의 국가연합은 공산권과의 대결, 독일의 제국화 방지, 경제적 상호이익 도모, 미국과의 경쟁 등 다양한 동인에서 비롯되었다고 설명한다. 공산권과의 안보 대결이 연합을 촉진하는 중요한 동인으로 작용했고, 동주가 미래의 세계정치를 강의한 1992년 전후의 시기는 소련의 몰락 이후였기 때문에 연합의 힘이 주춤했다는 점도 강조하고 있다.

셋째, 분화와 통합이라는 복합적 경향은 유럽에 한정되지 않고 지구 거버넌스 전반에 지속적으로 나타난다고 간주한 점이다. 인간의 정치인식은 동질적인 문화적 공동체를 중심으로 이루어질 수밖에 없다. 특히 지구화와 같은 거대 변화 속에서 정치적 의미체계의 안정성을 상실하는 개인들은 의미를 찾을 수 있는 친근한 소수 집단에 더 집착한다. 이는 새로운 정치단위를 찾는 분화의 노력으로 나타날 수도 있고,

한 국가 내에서 자신이 동일시할 수 있는 정치적 분파를 찾는 노력일 수도 있다. 제3세계에서 지속적으로 발생하는 내전, 분리운동 등은 국가 체계를 뒤흔드는 노력인 반면, 민주주의 국가에서 발생하는 정치적 부족주의, 정치적 양극화는 다른 형태의 분화이다. 지구화의 흐름 속에서 국가 주권이 약화되고, 포퓰리즘, 극우정치, 국가우선주의 등 다양한 현상이 나타나는 경향과 비교연구가 필요하다.

　통합의 경향은 굴곡을 거치면서 진화한다. 냉전 초기 지역주의가 취약한 동아시아에서 다양한 지역주의가 우후죽순처럼 강화되었다. 경제 영역을 필두로 안보, 환경, 사회 등 여러 영역에서 다자주의가 형성되었다. 지구적 차원에서도 국제연합이 강화되고, 지구적 공급망이 촘촘해졌으며, 유럽연합의 성공적인 지역연합의 모델로 등장했다. 그러다가 2010년대 후반을 기점으로 반지구화의 흐름, 영국의 EU 탈퇴, 트럼프 정부의 국가이익 우선주의 등 새로운 반통합의 현상도 나타나고 있다. 이러한 현상은 분화와도 구별되는 반통합의 현상으로 과연 반통합의 흐름이 얼마만큼 지속될지, 분화와는 어떠한 관계를 가지면서 진행될지 등에 대한 논의가 중요하다.

유럽연합 모델 이후의 권역이론

동주의 분석이 끝나는 시점인 1993년 이후 탈냉전기 국제정치는 계속된다. 권역이론은 현재와 미래의 세계질서 분석과 예측에 어떠한 함의를 줄 수 있을까? 이를 위한 연구 과제들을 살펴보면, 첫째, 현대 세계정치의 흐름 속에서 탈냉전기 전 세계를 통치한 미국 주도 베스트팔렌-자유주의 권역의 성격과 이를 둘러싼 변화를 분석하는 일이다. 냉전 종식은 미국 주도 베스트팔렌-자유주의 권역의 승리와 공산권역의 몰락으로 보였다. 탈냉전기는 자유주의 권역의 전파 과정이었고, 구공산권과 비서구지역은 저항과 수용의 양면의 모습을 보였다. 압도적인 미국의 국력으로 전파는 순조로워 보였다.

문제는 탈냉전기의 흐름에 맞는 새로운 권역질서를 창출하고 리더십을 발휘하기 위한 미국의 힘과 권위가 충분한가 하는 점이다. 미국은 베스트팔렌 권역의 핵심인 주권국가체제의 조직원리, 즉 단일국가로서 권력과 이익을 앞세워야 하는 필요성과, 국제주의 및 다자주의 협력으로 문제를 해결하는 운영원리 간의 긴장 관계를 해결하는 과제에 지속적으로 봉착했다. 국제적 리더십을 발휘하는 차원에서 세계질서를 유지하기 위한 자유주의적 국제주의 전략을 추진할 수도 있고, 미국 우선주의와 같은 베스트팔렌 권역의 행동 논리를 답습할 수도 있다. 만약 냉전기 권역질서로부터 별다른 진화를 보이지 못하고 새로운 도전에 부딪혀 변화하는 현대 세계정치를 주도할 지위를 상실하게 된다면 냉전 승리는 큰 의미가 없다. 냉전에서 소련 권역이 패배한 것은 맞지만, 미국 권역이 승리한 것은 아니기 때문이다.

베스트팔렌-자유주의 권역은 얼핏 보기에 무정부상태의 사회성, 형식적 주권의 평등을 기초로 하고 있다는 점에서 다른 권역보다 더욱 평등할 것 같지만 위계성도 존재한다. 자유주의 운영원리와 개별 국가들의 자유민주주의 정치 체제가 합쳐지고 인권에 대한 강조가 이루어지기 때문에 베스트팔렌-자유주의 권역이 윤리적이고 도덕적이라는 인상을 가질 수 있다. 그러나 베스트팔렌 권역은 실질적 주권의 평등을 보장하지 않고 강대국과 약소국 간의 국력 격차가 유지되고, 약소국에 대한 내정 간섭의 다양한 기제도 품고 있다. 자유주의 운영원리는 국가 간의 불평등과 강대국의 패권을 보장하는 질서이다. 인권이라는 정치적 이상을 매개로 타국에 대한 내정 간섭 역시 이루어지고 있다. 강대국의 지정학적 지위를 보장하고 이를 자유주의 이념으로 합리화하는 자유주의 베스트팔렌 권역이 제국적 질서에 비해 윤리적으로 확실하게 우월하다는 증거는 찾기 어렵다. 지구질서의 정의라는 측면에서 볼 때 자유주의 국제질서는 모든 국가들의 공평성이라는 대의를 이념으로 내세우기는 하지만 사실상 불평등이 온존된다.

둘째, 글로벌 사우스, 혹은 제3세계의 향방이다. 탈식민을 향한 비서구 국가들의 거대한 흐름은 지속될 수 밖에 없다. 동주는 냉전 기간

중에도 비서구 국가들의 주권의 결손이 중요한 정책의 동인이었고, 이들 국가들은 때로는 지역주의적 통합, 때로는 문화적 민족을 중심으로 한 내전, 한국과 같은 통일의 노력 등 다양한 탈식민 노력을 기울였다고 본다. 냉전기에도 비서구 국가들의 노력은 반둥 회의와 같은 비동맹운동, 유엔무역개발회의UNCTAD를 중심으로 한 새로운 세계경제질서 구축 노력 등 다양하게 나타났다. 냉전적 대립이 사라진 이후 탈식민의 흐름이 더욱 거세질 것이라는 전망은 동주의 분석과 일치한다.

비서구 지역은 베스트팔렌 권역이 전파되었지만 운영원리와 국가, 시민사회, 개인 차원 모두에서 포괄적 전파가 완성된 것은 아니다. 권역이 정치 의미권이라고 할 때 불완전한 전파가 결국 새로운 저항의 의식과 관념을 가져올 수 있다. 조직원리는 전파되었지만 정치체제의 불완전한 전파, 이로 인한 조직원리의 불완전한 정착의 상태가 나타난 것이다. 정치단위와 정치체제 차원에서 불완전 주권국가가 배태된다. 그리고 이런 불완전한 주권국가는 베스트팔렌 질서에 완전한 피전파 편입을 거부하는 속성을 가진다. 예를 들어 한국은 분단을 겪으면서 영토와 국민, 주권이 남북으로 나뉘어진 불완전 주권국가가 되었다. 미국과 견고한 동맹의 역사에서 보듯이 자유주의 권역에 온전히 편입되었지만 베스트팔렌 질서에 대한 불만이 근저에 남아 있다고 볼 수 있다.

셋째, 미국 주도 베스트팔렌-자유주의 권역의 자기분열 가능성, 탈권역과 대안적 권역 창출의 가능성이다. 미중 전략경쟁 과정에서 표출되는 중국의 도전이 대표적이다. 동주는 중국의 국력 강화에 대해 부분적으로 언급하기도 하였다. 현재 진행되는 미중 전략경쟁은 동주가 충분히 예견하기는 어려운 현상이었지만 권역 간 경쟁으로 진행된다고 볼 여러 가지 이유가 있다. 미중 간 대립은 세력전이로 보기도 하고, 지정학 경쟁으로 보기도 하며, 지경학, 기정학 대립의 측면에서 분석되기도 하고, 문명 간 대립, 다질서 모델 등으로 분석되기도 한다. 그러나 권역의 5차원을 볼 때, 19세기 중반 이래 베스트팔렌 권역이 중국에 전파되었지만 개인과 사회, 국가의 성격 및 민족주의 차원에서 중국이 온전히 권역에 편입되었다고 보기는 어렵다. 중국 내에도 서구식 자유주의와 민주주의에 대한 학습과 열망이 존재하는 것은 사실이다. 미국은 중국에 대한 구조적 관여를 통해 중국 정치체제의 변화, 개인과 사회의 서구화 등을 내심 기대했던 것도 사실이다. 권역의 조직원리와 운용원리 차원의 전파를 통해, 국가, 사회, 개인의 변환을 추구한 것이다.

그러나 탈냉전 30년을 거치면서 베스트팔렌-자유주의 권역의 다양한 한계로 인해 더 이상의 순조로운 전파와 전면적 협력은 기대하기 어렵다고 본다. 현재는 중국이 가장 근본적인 탈권역의 도전을 시도하고 있다. 중국이 본격적으로 독자 권역을 창출하고자 한다면 2차 베스트팔렌-자유주의 권역의 자기분열이 현실화될 것이다. 중국이 베스트팔렌 조직원리 자체에 대한 도전을 감행할지, 아니면 베스트팔렌의 조직원리 위에 새로운 운영원리를 주장하는 도전을 시도할지는 아직 불명확하다.

넷째, 추가적인 분석이 필요한 주제로 탈냉전기 새로운 지구질서를 요구하는 다양한 거시이행의 조류들이 발생했다는 점이다. 무엇보다 탈냉전기는 기술의 발전과 지구적 경제통합에 기초한 지구화의 이행이 이루어지는 과정이었다. 동시에 테러, 경제 위기, 코로나 사태 등 예측하지 못한 다양한 문제들이 발생했다. 동주 시대에 충분히 제기되지 못한 변수들로는 기술 변수가 있다. 동주는 서구 권역의 발전과 세계적 확장에 산업혁명이 있다는 사실을 강조하고 있다. 그러나 기술 변수가 권역 간 경쟁 관계 및 역학관계에 어떠한 영향을 미치는지 충분한 분석틀을 제시하지는 않고 있다. 특히 탈냉전기에 급속히 발전된 사이버, 디지털 기술, 인공지능을 비롯한 첨단기술의 발전이 국제질서의 변화에 어떠한 영향을 미치는지는 충분히 분석할 수 있는 상황에 있지 않았다. 탈냉전기 기술의 발전은 기술에 기반한 강력한 지구화, 앞으로 벌어질 AI 등 첨단기술의 영향, 사이버 공간의 출현과 사이버 지구정치의 변화 및 함의 등에 큰 영향을 미치고 있다.

기후변화, 보건 위기 등도 동주의 시대에는 예측하기 힘든 변화였다. 지구화를 매개로 향후 지구질서에 결정적 영향을 미치게 될 초국가 위협을 권역이론의 차원에서 분석하는 노력이 필요하다. 초국가 위협은 초권역 위협이다. 국가들의 이익은 물론, 지구정치를 보는 권역 간 차이와는 무관하게 인류 전체를 위협할 것이다. 그러나 초국가 위협을 대하는 국가들의 관점과 정책은 우선은 주권국가의 개별 이익, 더 나아가 초국가 위협을 인식하고 대처하는 권역들 간 이념과 정책의 차이로 나타날 것이다. 초국가 위협에 대처할 수 있는 보다 보편적인 지구적 단일 통합권역의 출현이 반드시 이루어져야 하고, 이러한 변화를 위한 권역 간 대화와 공존의 지혜를 모색할 수 있는가가 문제이다.

핵전쟁 역시 향후 미래 질서에서 핵심적 변수이다. 동주는 냉전기부터의 국제질서가 강대국 정치로 이루어질 것이라고 예견하면서 한 가지 단서를 달고 있다. 즉, 핵무기의 발전으로 전체 국력에서 강대국이 아니어도 핵무기를 보유한 국가가 큰 힘을 발휘할 수 있다고 본 것이다. 아이러니하게도 대표적인 사례가 북한이다. 강대국 정치에 좌우되는 한민족의 운명을 핵심 주제로 삼는 가운데 미래 안보질서의 독특한 변수로 본 핵무기가 바로 한반도에 적용된 것이다. 향후 핵전쟁의 발발 가능성, 혹은 기존의 지구적 핵질서의 붕괴 등은 향후 국제질서에 핵심적인 주제이다. 이를 더욱 체계화할 수 있는 이론적 노력이 필요하다.

21세기는 동주가 생각했던 것보다 훨씬 더 심각한 위기와 재난에 처할 가능성이 높다. 그만큼 이를 해결해야 하는 규범적 요구가 강해졌고 국제정치의 더욱 근본적 변화가 요구되고 있다. 동주는 1993년의 시점에서 유럽연합을 모델로 한 국가연합에 주목했다. 유럽연합의 보완성의 원리 principle of subsidiarity도 강조하고 있다. 주권의 공유, 분산을 어떻게 다층적으로 이루어 갈 것인가의 문제이다. 21세기 현재 유럽연합은 브렉시트, 극우파의 등장, 연합 내의 이익 분열, 경제적 도전, 우크라이나 전쟁, 미국의 자국우선주의 등 많은 위기에 봉착해 있다. 그러나 1990년대 초 시점에서 동주는 민주주의 원칙에 기초한 다차원적, 복합적 주권공유체제로 분화와 통합화라는 양면적 조류에 대처한 유럽연합이 베스트팔렌-자유주의 권역의 모순을 해결하는 새로운 대안이 될 수 있다고 생각했다.

제6장

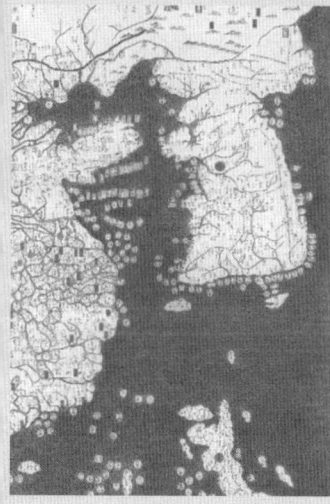

탈냉전/지구화 이행기
미국 주도의
베스트팔렌-자유주의 권역

베스트팔렌-자유주의 권역과 도전들

21세기 현재 자유주의 권역은 큰 도전과 위기에 직면해 있다. 러시아-우크라이나 전쟁과 하마스의 이스라엘 공격으로 시작된 중동 전쟁 등 국제 안보의 안정성이 깨지고 무력 충돌이 일어나고 있다. 갈등을 평화롭게 해결하고 전쟁을 조속히 종식할 수 있는 미국의 강력한 리더십이 약화되고 있다는 평가도 나오고 있다. 전쟁과 함께 미국과 중국 간의 전략경쟁으로 지구적 차원의 경제적 지구화도 약화되고 있다. 보호무역주의가 강화되어 개방적인 자유주의 국제경제질서의 기초가 흔들리고, 전 세계에 걸쳐 촘촘하게 펼쳐졌던 공급망도 분할되고 있다.

20세기 후반부터 가속화된 지구화의 흐름이 확산되면서 새로운 문제들도 대두했다. 신자유주의 지구화의 흐름 속에 국가 간, 그리고 국내적 불평등이 심화되었다는 불평도 강화되었다. 지구화에 반대하는 목소리와 포퓰리즘, 민족주의, 극우주의, 권위주의 등 민주주의 퇴행 현상도 나타났다. 기후 위기, 보건 위기를 거치면서 지구화의 문제를 해결할 수 있는 효과적인 지구적 차원의 거버넌스도 부족한 모습을 보인다. 핵무기 확산의 위험과 핵전쟁의 공포도 점증하고 있다. 인공지능과 같은 첨단기술이 큰 편익을 주지만 지구적 규제의 필요성에 대한 목소리도 높아져 가고 있다. 냉전 종식 직후 미국 주도의 베스트팔렌-자유주의 권역이 전 세계적 단일 권역으로 등장하면서 제시되었던 낙관론은 사라졌다. 미국이 주장했던 역사의 종언, 윌슨주의의 새로운 계기와 같은 수사들은 찾아보기 어려워졌다.

많은 학자들이 현재 국제정치 변화를 탈탈냉전, 탈패권, 미국의 쇠퇴, 미국과 중국 간 신냉전, 다극체제, 다중심poly-centric 세계[1], 상호의존 극 세계inter-polarity[2], 다질서 세계multi-order world[3], 자유주의 국제질서의 위기, 더 나아가 다중 위기poly-crisis 등 다양한 개념으로 표현하고 있다. 이러한 논의와 개념들은 세계질서 변화에 중요한 시사점을 준다. 그러나 권역이론의 관점에서 미국 주도 베스트팔렌-자유주의 권역은 단절성보다 연속성이 더 강하다. 주권국가체제의 조직원리와 패권국 미국이 주도하는 자유주의 운영원리, 국가 중심의 단위성, 자본주의 경제체제, 그리고 개인주의, 자유주의, 민주주의, 민족주의에 기반한 인간관까지 지난 30년 탈냉전 기간 동안 근본적 변화는 없었다. 소련의 해체라는 강대국 간 세력배분구조가 변화한 것은 사실이지만 권역질서 자체가 변화한 것은 아니다. 그러한 점에서 미국 권역의 지구적 팽창은 현대 세계정치의 과도기적 성격을 종식시키지는 못했다. 지리적 팽창과 자유주의 권역의 통일이 권역질서 자체의 과도기성을 종식시킨 것은 아니기 때문이다. 역사의 종언이 아니라 지속적인 진화와 변화를 통해 새로운 질서로 나아가야 하는 자기모순을 내장하고 있는 것이다.

진화의 추동력의 한 축은 탈냉전/지구화 이행기의 가속화된 지구화라는 현상이다. 다른 한 축은 여전히 주권국가 중심으로 조직되어 있는 국제실서이다. 즉, 자국의 힘과 이익을 극대화하는 조직원리 하에서 독점적으로 국가가 소유하고 있는 군사력이 국가 간 문제를 해소하는 최종 심급이다. 지구화의 현실과 주권국가체제의 조직원리 간 모순은 국제주의적 자유주의 운영원리로 매개되고 완화되어 왔지만 냉전의 종식 이후 기존의 자유주의 운영원리는 한계에 달했다. 만약 이러한 한계가 탈냉전기를 주도해 온 행위자인 미국의 전략적 선택의 결과만이 아니라면, 보다 넓은 차원의 구조적 원인을 점검해 보아야 한다.

탈냉전/지구화 이행기 자유주의 권역을 둘러싼 구조적 변화

첫째, 탈냉전 시대에 접어들면서 미국은 예외적인 강력한 국력을 소유하게 되었다. 탈냉전이 시작되던 1990년대 초의 시기를 돌아보면 역사상 유례가 없이 강한, 한 정치집단이 출현하고 단극패권체제가 등장한 것이다. 냉전기와 마찬가지로 패권적 자유주의 운영원리가 지속되었지만 미국의 상대적 힘이 지구적 차원에서 압도적으로 작용하게 되었다. 미국의 힘과 외교대전략이 권역의 질서를 결정하는 핵심 변수가 되었다. 소련의 해체에 이어 단기간에 미국 주도 체제에 도전할 수 있는 세력, 적대국도 사라졌다. 군사력 부문에서 미국은 다른 어느 국가보다 강력한 힘을 유지했다. 미국 이외의 다른 모든 국가들이 힘을 합쳐도 미국을 능가할 수 없는 막대한 군사력을 갖추게 되었다. 베스트팔렌-세력균형 권역이 가장 두려워한 제국의 출현 조건이 성립된 것이다. 세력균형 권역이라면 당연히 미국의 제국화를 막기 위해 모든 국가들이 힘을 합쳐 미국을 견제해야 하는 상황이다.

단극패권체제가 성립되면서 미국의 인식과 전략, 힘과 정당화 기제 등이 많은 주목을 받았다. 미국이 제시한 외교정책의 비전과 정책에 따라 많은 지역의 국제정치 구도가 바뀌었고 국제제도의 운영방식도 바뀌었다. 미국의 각 행정부들이 제시한 정책으로 지구질서와 지역질서, 개별 국가의 운명이 크게 달라진 것도 사실이다. 일례로 2001년 9.11 테러 이후 부시George W. Bush 행정부의 군사전략, 외교안보전략, 중동전략 등은 국제정치 지형을 현격히 변화시켰고, 미국의 정치, 경제, 외교적 위상도 변화시켰다.

자유주의 권역은 지구적으로 전파되었다. 1차 세계대전부터 냉전기까지 30년에 이어 탈냉전기에 새롭게 30여 년의 지구적 단일 권역이 유지된 것이다. 자유주의 권역은 구공산권과 냉전기 자유주의 권역의 주변부, 혹은 비동맹 세력이었던 제3세계를 포괄하는 권역으로 확대되었다. 단극으로서 미국의 국력이 지구적 권역을 유지할 수 있는 힘을 단독으로 획득했다. 더구나 동맹, 파트너 국가를 비롯한 구성원들의 도움을 합치면 압도적인 힘을 유지할 수 있었다.

냉전 종식 이후 미국은 기존의 동맹체제 강화 및 지구적 분쟁에 대한 인도주의적 개입, 신자유주의에 기초한 경제적 지구화, 자유민주주의 체제를 확산하는 정치적 노력, 자유주의 이념질서, 후진국가들에 대한 인도적 개입과 개발협력 등의 전략을 추구했다. 동시에 지구화로 발생하는 기후변화, 보건 위기 해결, 첨단 기술의 발전 및 관리, 규제, 다차원적 이해상관 행위자들을 포괄하는 제도적 노력을 추구했다.

둘째, 나머지의 부상Rise of the Rest이라고 불리는 현상이다. 비서구권 제3세계 국가들의 중요성이 부각되었다. 독립 이후 냉전기까지 잠재되었던 식민지국가의 모순이 본격적으로 불거져 나온 것이다. 과거 식민지국가의 모순은 제국의 약화와 제국-식민지 관계의 붕괴를 가져왔다. 그러나 탈식민 과정에서 생겨난 많은 문제들은 해결되지 않은 채로 남아 있다. 신생 독립국들은 민족과 국가의 경계가 일치하지 않을 뿐 아니라 새로 수립된 국가의 취약성을 해결하기 위해 많은 문제에 부딪혔다. 냉전기 일부 국가들은 초강대국 대립구조의 덕으로 국가 발전을 추구할 수 있었지만, 이데올로기 대립으로 더욱 악화된 내전 상황을 맞이한 국가들도 있었다.

불완전 주권국가의 모순은 취약한 정부를 가진 국가 내에서 많은 내전을 불러일으켰다. 내전이라 함은 국가가 형성된 이후 정부의 권위에 도전하는 반정부 세력의 등장, 그리고 정부군과 반대 세력 간의 전쟁을 일컫는다. 그러나 제3세계의 내전을 역사적으로 살펴보면 온전한 주권국가가 성립되지 못했기에 생겨난 국가 형성 전쟁의 논리를 띠는 경우가 많다. 따라서 내전이라기보다는 불완전 주권국가의 국가 형성 과정에서 생겨난 폭력 상황이라고 볼 수 있다. 유럽의 근대국가 형성기 전쟁이 국가를 형성한 것과 같이, 탈식민의 모순과 더불어 국가 형성 전쟁이 국가 간, 그리고 국가 내부에서 치열하게 벌어진 것이다. 이러한 문제는 현대 국제정치에서 평화와 안정의 유지에 많은 문제를 제기한다. 냉전기에는 두 진영의 세력 다툼 속에 초강대국들이 3세기의 내전에 적극적으로 개입하여 지원과 지지를 제공했다.

공산권이 사라진 상황 속에서 미국의 제3세계에 대한 정책은 국제정치적 경쟁성을 상실하여 정책 자원이 매우 제한적으로 투입될 수밖에 없었고 미온적인 인도주의적 개입의 형태를 띠었다. 결국 탈식민 문제가 탈냉전기에 해결될 수 있을 것이라고 본 제3세계 국가들은 많은 좌절에 시달리게 되었다. 내전이 증가하는 한편 반미 노선도 강화되어 폭력 행위로 표출되기도 하였다. 9.11 테러가 극단적인 형태라고 할 수 있다. 미국은 9.11 테러에 대해 제3세계의 탈식민 문제, 유럽 근대로부터 물려받은 식민지국가의 모순을 더욱 근본적으로 해결해야 하는 과제에 부딪혔다.

셋째, 지구화 이행이 본격적으로 시작되었다. 냉전 종식과 지구화는 별개의 현상으로 냉전이 유지되었더라도 진영논리의 영향은 크게 받았겠지만 지구화는 진행되었을 것이다. 실제로 신자유주의 경제는 냉전 종식 이전 시점인 1970년대 이전부터 시작되었고, 지구화의 흐름 역시 냉전기 조건으로 일찍이 동주도 지적한 바도 있고, 지구화라는 용어 역시 1968년 혁명 즈음 모델스키George Modelski가 최초로 사용한 것으로 논의되기도 한다.[4]

탈냉전기는 자유주의 권역의 안정을 위해 필요한 국제적 공공재의 수요가 기하급수적으로 치솟은 기간이었다. 단극체제를 유지하는 과정에서 세계 도처의 군사적 안정을 위해 필요한 군사력, 지구를 포괄하는 개방적 경제질서를 위한 공공재, 탈식민 과제를 해결하는 데 필요한 정책자원의 수요는 막대했다. 더욱이 기후변화 대처, 지구적 보건 확보, 핵무기를 비롯한 대량살상무기 비확산, 신기술 규제 등의 초국가위협에 대처할 자원도 필요했다.

결국 하나의 국가가 지구적 권역을 유지하는 데 필요한 자원의 양이 감당 불가능할 정도로 증가하는 시기가 도래했다. 권역을 이끄는 미국 패권이 다른 국가들에 비해 여전히 상대적으로 우월한 국력을 소유하고 있는 것은 사실이다. 그러나 패권의 힘과 권역의 질서 수요라는 점에서 새로운 난관과 도전이 출현했다.

넷째, 지구화로 인한 문제들이 심화되면서 비국가 행위자들의 권능과 주장이 강화되었다. 지구화의 조류 및 문제점들에 대한 국가의 대응 능력이 약화되고 복합거시이행에 직접적으로 영향을 받는 많은 비국가 행위자들의 주장이 본격적으로 표출되었다. 다층적 이해당사자multi-stakeholder들이 이슈 영역에 따라 다양하게 등장하면서 국가의 주권적 권능에 문제를 제기하게 되었다. 신자유주의에 기반한 시장 중심의 경제적 지구화는 국가 간 불평등과 국가 내 불평등을 심화하였다. 이에 대한 국가들의 대응 권능은 급속히 약화되어 국제자본에 소극적으로 대처할 수밖에 없었다. 국가들은 포퓰리즘으로 이러한 요구에 부응하기도 하고, 민족주의와 극우주의를 강화하여 국민들을 달래고자 했다. 권위주의, 더 나아가 독재화된 권위주의로 정책 효율성을 강화하면서 민주주의를 약화시키는 모습도 보였다. 다양한 방법으로 비국가 행위자들의 역할 증대라는 거시이행의 조류에 부응하려고 대응한 것이다.

환경위기와 같은 지구화의 문제들은 세대 간 정의intergenerational justice의 문제도 제기하였다. 이 과정에서 국가를 넘어선 국제기구의 역할이 강화되었고, 국가 이외의 행위자들은 적극적으로 국제기구에 기여하고 있다. 개인, 시민사회, 옹호집단, 전문가집단, 기업, 미디어 등은 지구적 문제를 해결하기 위한 노력을 기울이고 있다. 이러한 변화는 자유주의 권역을 이끄는 권역 주도국의 국가적 권능과 지위에도 영향을 미칠 수밖에 없다. 과거 유럽 근대권역과 냉전기 권역에서 대외적 견제 세력에 대한 대응이 중심이었다면, 거시복합이행기에는 다양한 행위자들로부터 문제 제기에 대응해야 하게 된 것이다.

미국 주도 자유주의 권역의 새로운 과제

　미국 주도 자유주의 권역의 내적 구조는 크게 변화하지 않았지만, 권역을 둘러싼 구조적 환경은 크게 바뀌었다. 이러한 상황 속에서 탈냉전 초기 미국은 거대한 변화를 정확히 인식하고 권역의 진화에 대한 청사진을 가질 필요가 있었다. 부시 행정부의 신세계질서New World Order나 클린턴 행정부의 관여와 확대engagement and enlargement 등의 전략 방향이 그러한 것이다. 미국 주도 권역을 새롭게 개편하여 구공산권과 제3세계 지역에 적극적으로 확산시킨다는 전략이다. 돌이켜 보면 1차 세계대전 이후 현대 세계정치가 등장할 당시 영미의 이상주의가 새로운 청사진을 제시한 것 같은 노력이 필요했다. 이상주의는 현실주의자들이 비판적 관점에서 제시한 명칭이지만 달리 보면 새로운 구조적 환경에 대한 야심찬 전략적 구도이기도 했다.

　물론 냉전의 종식 이후에도 이상주의가 팽배했다. 새로운 윌슨주의의 계기가 성립되었다든지, 민주주의가 역사를 결정하는 역사의 종언의 시대에 돌입했다든지 하는 등의 낙관론이다. 그러나 이러한 낙관론은 전간기 이상주의의 재판에 그쳤고 변화하는 세계를 정확히 진단하지 못했다. 변화된 세계질서의 구조적 조건들을 인식하여 새로운 이상주의의 길을 개척하지 못한 것이다. 국제적 민주주의와 지구민주주의를 실현할 수 있는 보다 이상적인 담론이 활성화되어 미래 비전을 제시해야 했다. 탈냉전 초기의 문제는 이상주의의 과잉이 아니라 보다 야심차고 정확한 이상주의의 부족이었던 것이 아닐까. 이상주의가 그대로 실현될 수는 없다. 그러나 미래 비전을 좀 더 창의적이고 거시적으로 제시했더라면, 현실주의와 길항 관계 속에서 탈냉전기 새로운 현대 정치의 과도기적 권역이 길을 찾아갈 수 있지 않았을까.

탈냉전/지구화 이행기에 미국이 부딪혀 온 과제들은 다음과 같다. 첫째, 미국 주도 자유주의 권역은 본질적으로 강제력형 권역이다. 강제력형 권역을 유지하려면 압도적인 국력이 필요하다. 다른 국가들에 대해 상대적으로 패권적 힘을 유지해야 하는 과제는 당연히 존재한다. 더욱 중요한 것은 질서를 유지하기 위해 필요한 국제적 공공재를 충분히 생산해야 한다는 것이다. 공공재의 수요와 패권의 힘 간의 격차가 커지면 결국 질서의 기초가 흔들리기 때문이다. 미국이 단극으로 다른 국가들에 비해 압도적 힘을 가지고는 있어도 권역질서 유지에 필요한 수요를 충당할 만큼의 힘을 가졌는가는 별개의 문제이다. 다른 국가들과 비교하여 미국의 상대적 국력을 평가하는 관점과, 권역의 질서 유지에 필요한 수요와 미국의 공공재 제공능력 간, 즉, 수요와 공급 간의 문제는 새로운 시각을 요구한다. 미국이 단독으로 공공재의 수요를 감당하지 못하는 상황에서, 다른 국가들의 참여에 의한 국제적 동원 기반을 상실한다면 권역의 유지가 어려울 수도 있기 때문이다.

자유주의 권역은 수립부터 현재까지 패권적 운영원리에 기반한다. 패권의 힘의 등락과 국제질서의 관계에 관해서는 기존의 많은 패권이론들이 다양한 설명을 제시하고 있다. 패권의 책임과 부담이 가중되고 패권의 과대 팽창이 패권을 유지하는 경제적 기초를 약화시킨다는 논의, 패권안정이론의 현실주의적 해석과 자유주의적 해석, 즉, 패권의 강압적 권력이 약화되거나 공공재 제공 능력이 약화될 때 패권적 질서가 약화된다는 논의, 단극체제에서 단극에 대한 균형이 체제적으로 불가피하게 등장할 수밖에 없다는 논의, 중국과 같은 다른 강대국의 등장으로 인한 세력전이 현상 등 많은 이론들이 존재한다.

권역이론이 강조하는 바는 현대 세계정치에서 비롯된 모순이 지속되면서 미국의 대응이 단순히 세력배분구조의 변화에 대한 대응을 넘어서야 한다는 것이다. 권역의 모순에 대한 다층적 대응을 해 나갈 때 권역을 진화시킬 수 있는 힘과 권위를 유지할 수 있다. 탈냉전기에 하나의 정치적 공간, 지구적 정치체global polity를 이룰 수 있는 기술적, 사회경제적 기반, 강대국 간 국력 배분 구조는 만들어졌다. 그러나 권역의 조직원리는 여전히 베스트팔렌 조직원리에 기반하고 있다. 이러한 모순은 베스트팔렌 조직원리와 국제주의적 성격을 가진 자유주의 운영원리 사이의 모순으로 이미 존재했지만 지구화와 더불어 더욱 심화되었다. 지구화가 이루어졌지만 지구적 거버넌스를 이룰 수 있는 조직원리는 출현하지 않은 것이다. 미국은 패권의 지위는 유지하지만 위계적 권위질서 속에서 지도력을 인정받는 단위는 아니다. 미국은 스스로의 힘으로 패권을 유지해야 하는 부담과 더불어 자의적으로 패권을 행사할 수 있는 개별 국가의 지위를 유지했다. 미국이 추구하는 자국의 이익과 지구질서를 위한 역할 사이에도 간극이 발생하여 미국 내에서는 자국의 지구주의 패권전략에 대한 비판이 비등하다. 특히 단극 패권의 역할을 하면서 과도한 지출과 막중한 책임에 대한 피해의식, 다른 국가들의 무임승차에 대한 비판의식 등이 성장했다. 반면 미국 밖에서는 미국의 정책이 자국의 이익만을 앞세운 일방주의 정책으로 위선적이라는 비판이 발생하게 된다.

둘째, 미국은 세력균형이 사실상 불가능한 제국적 힘을 갖고 있지만 다른 국가들의 주권을 침해하지 않을 것이라는 보장을 제공해야 한다. 그렇지 않으면 미국의 제국화에 대한 두려움 때문에 반단극, 반패권과 같은 세력균형의 논리가 발생한다. 아이켄베리 John Ikenberry 는 탈냉전기 미국 일방주의의 가장 큰 문제는 압도적 힘에 의한 현실주의적 힘의 행사와 별도로 일방주의 권역이 제국적 권역으로 변화하는 것을 막을 수 있는가 하는 것이라고 지적한 바 있다.[5]

냉전 종식 직후 미국 단극체제가 수립될 당시 많은 학자들은 미국에 대한 반패권 균형연합이 형성될 것인가를 놓고 많은 논쟁을 벌였다. 자유주의 국제정치 이론가들은 미국 패권의 자유주의 성격으로 인해 반패권 균형은 이루어질 수 없을 것으로 보았다. 현실주의 이론가들은 패권의 성격보다 세력배분구조가 중요하다는 논리로 반패권 연대는 결국 불가피하다고 보는 경향이 강했다. 군사적, 경제적 균형보다 연성권력에 의한 연성균형 soft balancing 의 가능성을 논하는 중간 입장도 존재했다. 문제는 패권국가인 미국이 자유주의적 전략을 추구했는지 여부는 아니다. 미국이 주도하는 권역의 핵심인 자유주의 운영원리가 전체적으로 얼마나 진화하는가에 달린 것이다. 많은 국가들은 단순히 미국의 제국화보다 운영원리의 민주주의적 진화를 요구하면서 미국 패권의 성격을 비판하게 되었다.

셋째, 이와 연관된 문제로 권역 내 미국의 정당성, 권위 확보의 문제이다. 미국 주도 자유주의 권역은 강제력형 권역이다. 강제력형 권역에서도 권역 보편적인 권위를 확보하지 못하면 권역질서의 유지가 어렵다. 강제력-권위의 혼합형이 지속적인 권역질서를 보장하는데, 과연 강제력과 권위의 혼합의 비중이 어떠할 것인가, 권위의 원천을 어디에서 찾을 것인가가 핵심 문제이다. 미국은 냉전이 종식되면서 냉전기 확보하고 있었던 권역의 권위를 새롭게 생성해야 하는 처지에 놓이게 되었다.

냉전기 미국의 권역 보편적 권위는 공산권에 대한 대항의식에서 비롯되었다. 특히 많은 국가들은 공산권으로부터 권역을 지킨다는 권위의 내용과 상징성을 신뢰하였다. 이 과정에서 위계와 서열이 형성되고 때로는 미국에 의한 내정 개입이 있어도 이를 일정 부분 수용할 수 있었다. 그러나 냉전 종식 이후 적의 존재로부터 파생될 수 있는 권위감, 권위의 기반이 사라졌다.

넷째, 자유주의 권역의 축은 반공산권 대항뿐 아니라 국제주의적 자유주의 운영원리에도 있었다. 근대 유럽권역의 세력균형을 극복하고 현대 세계정치에 맞는 새로운 운영원리를 제시했기 때문이다. 베스트팔렌 조직원리에도 불구하고 자유주의 운영원리에 기초한 제도화와 다자주의, 여기서 비롯된 규범과 규칙 기반의 국제질서, 경제적 상호의존과 개방적 자유주의 국제경제질서의 유지, 민주주의 국가들의 증가로 인한 민주국가 간 협력 강화, 자유민주주의의 보편 이념인 인권 존중 등의 요소들이 작동했다. 자유주의 권역이 가지는 독특한 국제성은 유럽권역의 단일국가 모순을 해결할 수 있는 중요한 기제였다.

이러한 원리는 공산권역이 자리잡기 이전부터 존재했던 것들이다. 미국은 국제연맹을 창설하여 집단안전보장을 추구했다. 물론 연맹의 디자인은 유럽의 국가연합 전통에 힘입은 바도 컸지만 미국 역시 연합과 연방을 체현한 국가였다. 미국은 연맹에 가입하지 못했지만 이후 집단안보를 이끄는 국가로 등장했다. 이후에도 국제연합을 통해 국제사회 전반의 다자주의적 안보제도를 추구했다. 집단안보가 작동하기 어려운 환경에서는 동맹을 통해 보다 현실적인 군사적 안정을 추구했다. 경제적으로도 개별 국가의 중상주의적 이익 추구를 넘어서는 개방적 자유주의 경제질서를 이룩하고자 했다. 냉전기 국가들의 거시경제정책들을 조정하는 다자주의, 혹은 내장된 자유주의embedded liberalism를 유지했다. 강대국과 약소국의 관계 및 지구 거버넌스에서 다자주의를 강화하여 선진국은 물론 국제사회 전반의 참여를 보장하기 위한 국제제도를 다수 설립했다. 미국은 막강한 힘으로 식민지 개척이나 비영토적 영향권 설정을 자제하면서도 권역을 유지할 수 있는 힘을 가지고 있었다. 결국 공산권에 대한 대항이라는 측면을 넘어선 현대국제정치에 걸맞는 권위를 유지해온 것이다. 문제는 이러한 권위가 탈냉전/근대화 이행기에도 유지되면서 새롭게 진화할 수 있는가 하는 것이다. 지속적으로 다른 국가들의 요구를 수용하고, 견제를 막을 수 있는 새로운 자유주의 권역을 창출할 수 있는가의 문제이다.

　이러한 과제는 각 이슈 영역별로 다양하게 등장했다. 군사 부문, 경제 부문, 탈식민의 과제를 해결해야 하는 정치 부문, 그리고 새로운 문명, 이념, 문화, 지식을 만들어야 하는 이념과 사상의 과제를 안게 된다. 미국은 탈냉전기/지구화 이행기에 전 세계를 아우르는 안보체제의 건설, 자본주의 경제환경 속에서 경제적 힘을 축적하고 개방적이고 세계적인 경제체제 구축, 비서구 및 제3세계 국가들의 탈식민 과제를 완성시켜야 하는 정치 거버넌스 등의 도전과 과제를 안게 된 것이다. 더불어 미국은 하나의 지구 정치체를 유지할 수 있는 정치이념을 만들어야 하는 문화와 지식적 자원의 과제도 안게 되었다. 지구화의 흐름 속에서 문화, 지식, 이념, 혹은 소프트 파워의 변수의 중요성은 더욱 증가했다. 이를 정리해 보면 다음과 같다.

표 11 | 탈냉전/지구화 이행기 미국의 과제와 도전

영역	탈냉전/지구화 이행기 미국의 부문별 과제	도전
군사	- 전 세계를 안정시킬 수 있는 군사력 건설 - 집단안보와 동맹체제를 통해 단일 지구권역 내 안보 유지	- 강대국 간 평화유지 및 미국에 대한 견제 대응 - 테러리즘 등 군사적 차원의 초국가적 위협 대응 - 새로운 군사 기술 발전에 대한 대응
경제	- 자본주의의 안정적 발전 추구 및 미국 패권의 경제기초 유지 - 글로벌 경제 질서 유지 및 발전	- 자본의 안정적 이윤 증대 확보 - 신자유주의 지구화 추진과 이에 따른 경제 불평등 심화 - 신흥국 경제력 부상 - 디지털 경제로의 전환
정치 (탈식민)	- 비서구 및 제3세계 국가들의 탈식민 과제 완성 - 국제사회의 실질적 평등과 참여를 확대하는 국제제도, 글로벌 정치 거버넌스 구축	- 비서구 제3세계 국가들의 국제정의 요구 증가 - 민주주의 확산 전략의 한계 - 권위주의 체제의 저항 - 다층적 이해관계자의 참여 요구
이념/문화	- 하나의 지구 정치체를 유지할 수 있는 정치이념 창출 - 비서구 국가들의 불완전 주권 완성을 위한 노력 - 새로운 문명, 문화, 지식 자원 개발	- 문화적 다양성 존중과 보편적 가치 간 균형 - 반서구/반미 정서 대응 - 디지털 기술 발전에 따른 가치관 변화

패권적 능력의 한계

　미국 단극패권체제가 유지된 30년 이후 미국 주도의 자유주의 권역은 더욱 강화될 것으로 예상했지만 결과는 예상과 달랐다. 9.11 테러, 2008년 미국에서 시작된 경제 위기, 코로나 사태 등 대략 10년을 주기로 전 세계를 흔든 위기가 발생했다. 각각의 위기로부터 가장 큰 피해를 입은 국가는 미국이었다. 미국은 9.11 테러로 본토 안보가 위협 받았고, 경제 위기의 여파는 현재까지도 지속되고 있고, 코로나 사태로 가장 많은 인명을 잃었다. 다른 어떤 나라보다도 강하고, 역사상 패권으로서 권력 비중에서 예외적 힘을 가진 미국이 막대한 고통을 겪은 것이다.

　미국은 단극패권체제의 패권국으로서 많은 전략을 펴 왔고, 다양한 도전에 직면했다. 미국 각 행정부들은 외교대전략의 성공과 실패를 모두 보여 주었다. 동시에 미처 인식하지 못했던 복합거시이행의 조류들이 사건화하여 미국과 다른 국가들이 이를 인식하는 시간이기도 했다. 일례로 코로나 사태는 지구화로 인한 압축된 보건의 거리가 순식간에 지구적 위기로 확산될 수 있다는 점을 깨닫는 인식의 순간이기도 했다.

많은 국제정치 이론가들은 미국 국력의 절대적, 상대적 쇠퇴가 미국 주도 자유주의 질서 약화의 주된 원인이라고 간주하곤 했다. 권역이론의 관점에서 보면 권역 자체의 전개 과정에서 부딪히는 구조적 모순과 난관에 주목할 필요가 있다. 첫째, 미국이 권역질서를 유지할 수 있는 힘을 결여하기 시작했다는 것이다. 동주는 1차 세계대전 이후의 세계질서에서 미국이 기존 근대국가의 모순을 넘어 현대국가로 등장했고, 연방/다인종국가로서 국력과 국가의 성격에서 유럽 구열강의 단일민족주의 국가의 한계를 넘어설 수 있는 유리한 위치에 있다고 보았다.

이후 미국은 다른 국가들보다 압도적으로 강한 상대적 힘을 보유했다. 그러나 냉전 종식 이후 변화하는 상황 속에서 권역질서를 위한 다른 차원의 힘의 중요성이 대두되었다. 다른 국가들과의 관계 속에서 자신의 의사를 관철하는 힘, 다자주의적으로 자신의 이익이 가장 많이 반영된 규범과 규칙을 제정하는 힘 등 현실주의적 관점의 힘은 물론 중요하다. 그러나 단극체제에 대한 다른 강대국들의 반대와 균형을 막을 수 있는 힘, 경쟁국의 등장을 막는 힘, 지구적 안보를 유지할 수 있는 군사적 개입력, 미국 자신의 경제력을 유지하면서도 개방적 경제질서를 유지할 수 있는 경제력, 제3세계 국가들의 탈식민 요구를 수용하여 정책자원을 투입할 수 있는 힘, 그리고 지구화 이행 시대에 발생하는 초국가 위협을 해결할 수 있는 힘 등이 추가로 필요하게 된 것이다.

특히 다른 국가들에 비해 압도적이어도 권역질서의 유지, 발전에 필요한 국제공공재의 수요를 충족시킬 수 있는 능력을 소유할 수 있는가가 큰 문제로 대두되었다. 만약 미국이 세계 최강국이어도 국제공공재를 충분히 제공할 수 없다면 이제 자유주의 권역의 리더십의 성격은 근본적으로 바뀌어야 한다. 즉 패권적 운영원리가 더 이상 적용될 수 없는 것이다. 9.11 테러 이후 미국의 지구적 대테러전략, 2008년 경제 위기 이후 신자유주의 세계화의 문제 해결 및 대안 제시, 코로나 사태에 대한 대처 및 지구적 보건 공공재 제공, 반세계화 운동 속에서 나타난 국가들의 보호주의, 자국 우선주의에 대한 대처 등에서 미국의 힘의 한계는 명백해졌다. 우크라이나 전쟁과 중동 전쟁에 대한 억제의 실패, 개입 및 해결 능력의 한계는 이러한 한계를 더욱 두드러지게 보였다.

    권역을 유지하는 핵심은 미국의 힘이지만, 동맹국들의 도움도 중요한 요소이다. 냉전기 자유주의 권역은 패권적 자유주의 운영원리를 유지했지만, 공산권이라는 거대한 적 앞에서 다른 구성원들은 미국의 힘이 약화되었을 때 공공재 제공에 힘을 보탰다. 미국을 도와 줌으로써 미국의 힘이 유지됨과 동시에, 대외 개입의 외교정책에 반대하는 미국 내 여론을 잠재우는 데 도움이 되었다. 미국이 제공하는 자유진영의 안보라는 공공재에 대한 다른 국가들의 경제적 지원이 가능했던 것이다.

    반면 탈냉전기에 들어 미국이 제공하는 안보재가 적의 소멸로 그다지 필수 불가결하게 인식되지 않았다. 패권의 국력 유지와 공공재 제공에 도움이 되는 구성원들의 기여는 충분하게 유지될 수 없었다. 오히려 미국이라는 단극에 대한 두려움과 균형의 필요성이 지속적으로 인식되었다. 이 과정에서 다른 국가들은 양극/다극 체제와 같이 다른 진영으로의 소위 탈출$_{exit}$의 대안이 없었기 때문에 미국의 일방주의에 대한 두려움이 증가될 수밖에 없었다.[6]

미국이라는 단일국가에 의한 패권적 자유주의 운영원리가 작동하지 않을 때 근본적인 변화가 불가피하다. 복수의 자유주의 패권연합을 만들거나, 유럽의 국가연합 모델을 만들 수도 있다. 또는 미국이 패권의 지도력을 포기하고 보통 강대국의 길을 걸을 수도 있다. 힘이 부족하기 때문에 트럼프 행정부가 추진했던 미국 이익 우선주의와 대외적 자제restraint 전략으로 갈 가능성도 있다. 미국 스스로 단기적 이익을 중시하면서 거래와 강압을 리더십의 축으로 삼을 수도 있다. 대안으로 미국이 주도하는 복수 국가들의 패권연합이 성립하는 경우, 미국 이외의 국가가 패권국으로 등장하는 경우, 미국 이외의 국가들이 자유주의 패권연합을 수립하는 경우 등을 생각할 수 있다. 대안들이 실현되지 않는다면 리더십이 없는 자유주의 권역은 근본적으로 혼란을 겪을 수밖에 없다.

패권적 운영원리의 한계

　미국은 지구적 차원의 자유주의 권역을 유지하기에 충분한 정당성, 국제적 권위를 확보하는 데 점차 어려움을 겪게 되었다. 냉전기에는 공산권에 대한 대응이라는 정당성이 원자형-강제력형 권역을 보완하는 권위를 제공했다. 대적 게임의 정당성이 사라진 탈냉전기에 권위와 정당성은 새로운 차원에서 확보되어야 한다. 자유주의 권역의 구성원들이 인정할 수 있는 권역질서의 정당성, 주도국인 미국의 권위는 진정으로 공공성을 지닌 국제적, 지구적 공공재의 제공으로 확보될 수 있는 것이다. 더 이상 적으로부터 권역의 수호가 아닌 지구적으로 확장된 지구권역의 질서 유지에 새로운 운영원리를 개발하고 제공할 수 있는가의 문제이다. 권역질서의 유지에 충분한 힘을 확보하지 못하면 패권의 비효율성, 공공재의 공급 부족 문제가 발생한다. 하지만 정당성과 권위를 확보하지 못하면 패권의 위선의 문제가 발생할 수밖에 없다.
　권역 내 많은 국가들을 포괄하려면 자유주의 운영원리를 넘어 자유주의적이고 민주주의적인 운영원리로 진화해야 한다. 앞 장에서 살펴본 바와 같이 국제주의적 민주주의로 진화하는 것이다. 탈냉전기의 국제정치 현실에서 미국은 9.11 테러 이후 자유주의 운영원리를 공격적으로 적용했다. 초국가위협에 맞서면서 위협의 발상지, 피신처에 해당하는 국가들에 민주주의 확산, 자유주의 이식의 계획을 세우고 군사적 수단을 사용했다. 그 결과 미국은 오히려 제국적 조직원리로 나아가는 조짐을 보이게 되었다. 테러 이후 미국은 국가안보전략의 일환으로 예방적 공격을 주장하며 지구화 시대 비국가 행위자의 군사적 도전에 대응하고자 했다. 국가주권을 넘어선 탈근대적 군사 대응 원칙을 제시한 것이다. 이는 미국의 일방주의를 강화하고 이에 대한 국제사회의 반발을 함께 강화하는 결과를 가져왔다. 미국이 가지고 있던 연방국가로서의 힘은 물론 포용적 질서를 수립할 수 있는 정치적 장점이 사라지면 권역의 주도국으로서 미국의 이점은 점차 약화될 수밖에 없다.

    적이 사라진 자유주의 권역에서 권역 내재적인 권위를 찾기는 매우 어려운 일이다. 자유주의 권역은 주권국가체제의 본질적 속성을 가지고 있다. 이 가운데 패권적 운영원리는 자유주의의 기본 원리와 충돌될 모순과 위험성을 내재하고 있다. 첫째는 일방주의에 내재해 있는 모순과 위험이다. 미국은 자신이 주도해 온 베스트팔렌-자유주의 권역에서 한편으로는 국가들의 법적 주권과 실질적 주권을 모두 존중하고 강화하는 모습을 보이면서도 스스로 일방주의적 행동을 보인 경우가 많다. 이는 자유주의 권역의 구조적 특징인데, 자유주의 정치체제에서 주권자로서 최고 정책 결정자는 헌법 안에 있으면서 동시에 밖에 있는 예외적 존재이기 때문이다.[7] 미국은 자유주의 권역을 패권적으로 유지하고 약소국의 주권을 제약하고 내정간섭을 하는 이중적 정책을 보인 바 있다. 특히 미국 단극체제에서 일방주의가 빈번하게 대두하면 권위의 정당성에 치명적인 해를 끼칠 수 있다.

슈미트Carl Schmitt에 따르면 모든 자유주의 체제는 궁극적으로는 주권자의 정치적인 자의적 결정에 따라 좌우될 여지를 가진다. 국제정치적으로도 패권국의 일방주의는 자유주의 권역의 구조적 특징일 수밖에 없다. 자유주의 운영원리의 기본적인 문제는 국제정치가 항상 비상시라 할 수 있고, 이러한 문제에서 사전에 규정된 규칙과 규범의 적용 범위가 대단히 제한된다는 것이다. 이미 존재하는 제도적 규칙에 대한 일방주의적 위반도 하나의 문제이지만, 규범이 형성되지 않은 분야와 상황에 대해 자유주의 패권이 자의적으로 대응할 여지가 매우 넓다.

패권적 자유주의 질서에서는 문제가 더 악화된다. 패권적 국제질서는 국내정치적 비유로 보면 군주정에 기초한 자유주의 체제로 민주적 원칙에 따라 패권이 행동하지 않기 때문에 생겨난 현상이다. 패권적 자유주의 질서가 민주주의적인 자유질서로 이행한다면 운영원리의 모순은 경감될 수 있다. 더 나아가 궁극적으로 지구적 자유민주주의에 맞는 조직원리의 변화를 초래할 수도 있을 것이다. 슈미트 역시 예외상태에서만 주권자의 자의성을 강조했으므로 국제정치 권역에서도 민주주의적 자유주의 권역이 성립된다면 이러한 패권적 자의성과 제국의 성격은 완화될 수 있을 것이다.

가장 강한 미국이 겪은 가장 심대한 위기는 미국이라는 개별 국가의 전략적 실패로만 볼 수는 없다. 패권국가로서 위상과 역할을 계속할 수 없는 구조적 모순이 심화된 것이다. 자유주의 국제질서에서 패권국은 법적 지위에서는 평등한 여러 국가들 중 하나의 국가이다. 그러나 능력 면에서 월등한 국력을 소유하고 있기 때문에 권역에 질서를 부여하는 기능을 가진다. 이를 통해 질서의 실패를 막고 자국의 이익을 구조적 차원에서 극대화하는 특별한 국가이다. 문제는 탈냉전기를 거치면서 패권의 역할과 지위는 유지 불가능한 것으로 변화하고 있다는 것이다. 그뿐 아니라 패권의 역할을 지속하는 과정에서 이슈에 따라 가장 많은 피해를 받는 대상으로 등장한다.

둘째, 미국이 추진하는 민주평화론의 모순이다. 탈냉전기 자유주의 권역을 유지하는 전략에서 큰 패착은 민주평화론에 기초한 민주주의 확산전략이었다. 자유주의 권역의 진화를 위해 단위 차원에서 자유민주주의 국가의 수가 늘어나는 것은 물론 도움이 될 수 있다. 자유주의 국제정치이론이 논하는 바와 같이 자유민주주의 국가 간에는 전쟁 결정의 신중함, 평화적 문제 해결을 위한 협상 노력, 시민사회의 개입, 상호민주주의에 기반한 국제제도 등으로 평화가 견고하게 유지될 수 있다. 문제는 민주평화가 권역의 유지에 필요한 권역질서 자체의 진화에 얼마나 공헌할 수 있는가 하는 점이다. 평화는 중요한 권역질서의 기반이지만 운영원리의 진화를 위한 기초조건일 뿐이다.

대테러전쟁 과정에서 중동을 중심으로 진행된 민주주의 확산전략이 결국 실패하면서 미국은 민주주의 정착에 다양한 정치, 사회경제적 요소가 중요하다는 교훈을 얻었다. 더욱 중요한 것은 권역의 질서에 관한 것이다. 즉, 민주주의 국가 간 관계가 설사 안정과 평화를 가져올 수 있어도 식민지국가 모순을 해결할 수는 없다는 것이다. 자유주의 권역이 진화하기 위해서는 모든 국가들의 기본적 자유뿐 아니라 국제문제 해결 과정에 참여할 수 있는 민주적 권리 보장이 필요하다. 다음 장에서 논의되듯이 자유주의 운영원리에서 자유민주주의 운영원리로 이행이 필요한 것이다. 민주국가 간 안정과 평화가 있을 수는 있어도 실질적 주권 평등성, 민주적 참여성이 보장될 수는 없다. 민주-평화democratic peace론이 성립될 수 있다 해도 민주-평등democratic equality론, 혹은 역설적으로 민주-민주democratic democracy론은 형성될 수 없다는 것이다. 자유민주주의 국가 간 민주적 관계가 형성될 수 없는 권역이라면 이는 커다란 모순을 가질 수밖에 없다.

결국 자유주의 권역을 유지하는 데 필요한 미국의 힘은 약화되었고 자유주의 운영원리는 내재적 모순과 전략적 패착을 드러냈다. 미국은 냉전 종식 이후 탈냉전의 국제질서를 위한 여러 계획을 세웠다. 그러나 세력배분구조의 변화와 지구화 이행이라는 새로운 환경 속에서 이를 관리할 수 있는 지구 거버넌스를 만드는 데 효과적이지 못했다.

새로운 권역질서의 모색:
국제적, 지구적 공공재 제공 능력

　1차 세계대전 이후 현재까지 베스트팔렌-자유주의 권역을 이끈 미국의 한계가 자유주의 권역의 종식을 의미하는 것은 아니다. 자유주의 권역이 진화하려면 어떠한 조건이 필요한가가 중요한 과제이다. 앞 장에서 동주가 제시한 현대 세계정치에 걸맞은 권역으로 나아갈 수 있는 조건들에 대한 논의이기도 하다. 권역질서를 이루는 힘과 권위, 새로운 운영원리에 대한 논의가 구체화되어야 한다. 권역질서의 기반을 갖추려면 다른 국가와 비교해서 상대적으로 압도적인 힘뿐 아니라 권역질서에 필요한 국제적, 지구적 공공재를 제공하는 힘, 능력을 갖추어야 한다.

　권역이론은 질서 유지에 필요한 힘, 강제력과 권위를 중요한 기준으로 제시했지만 이를 좀 더 정교하게 표현하면 정당성을 가진 질서의 조성, 유지 능력이라고 할 수 있다. 지구화 시대에는 국가 간 갈등과 대립을 넘어 지구사회 전반에 걸친 혼란과 문제가 증대하고 있다.

단순히 국가들 간 관계를 넘어 구조적으로 권역질서 유지에 필요한 정당한 힘, 즉, 공공의 재화로서 공공재에 대한 논의가 보완되어야 한다.

베스트팔렌 권역에서도 안정되고 지속가능하며 예측가능한 질서를 유지하려면 국제공공재가 필요하다. 근대 유럽의 세력균형 질서에서도 균형에 대한 공동의 합의를 위한 기본적 합의 제도가 필요했다. 전쟁을 통한 안정을 유지하기 위한 원칙과 위반을 처벌하는 협의도 필요했다. 이는 유럽 국제정치의 암묵적 합의의 역사와 공동체적 정체성에 기반하여 이루어졌다. 자유주의 운영원리 하의 국제질서는 보다 명시적인 공공재를 필요로 했다. 안보와 국제경제질서, 이념적 기반을 위한 공공재가 필요했던 것이다. 이러한 공공재는 중앙집권적인 권력, 즉 패권에 의해 제공될 수도 있고, 다수의 구성원들의 합의와 결정에 의해 제공될 수도 있다.

좁은 의미의 공공재 이론은 경제학에서 시작되었다. 공공재의 개념은 1950년대 중반 사무엘슨Paul Samuelson의 경제학 이론에서 처음 학문적으로 제시된 개념이었다. 경제학적 공공재는 시장의 실패를 막기 위한 것이다. 시장은 사유재를 최대한 효율적으로 생산하는 데 매우 효과적인 기제이다. 모두가 필요로 하지만 자신의 비용으로 생산하지 않는 공공재는 결국 시장의 실패를 가져올 수 있다. 시장의 실패를 가져오는 메커니즘은 무임승차의 문제와 수인의 딜레마의 문제이다. 수인의 딜레마 게임에서 각 주체들은 합리적으로 선택하지만 결국 모두에게 가장 좋은 선택이 아닌 차선의 결과를 가져온다.

국제정치에서 공공재의 개념은 국제질서, 혹은 지구질서의 유지에 필요한 공공의 재화와 서비스, 혹은 자원과 제도를 의미하는 것으로 해석할 수 있다. 좁은 의미의 기능적 공공재와 달리 질서 유지에 필요한 광의의 공공재이다. 시장에서처럼 주권국가체제에서 국가들의 상호작용은 개별 국가의 이익을 추구하기에 질서의 발생과 유지에 필요한 국제적 공공재를 생산하는데 실패할 가능성이 높다. 국가 간 관계가 지속적인 전쟁으로 무질서 혼돈 상태로 가는 것을 막고, 국가 간 경제활동에 필요한 국제경제적 공공재를 생산해야 하며, 베스트팔렌 조직원리를 유지하기 위한 제도적, 이념적 장치가 필요하다. 자유주의 운영원리를 실현하기 위해서는 평화와 안정, 개방적이고 지속 가능한 국제경제질서, 그리고 포용적이고 다원주의적인 이념 질서를 가능하게 하는 일반적 의미의 재화와 서비스 혹은 전략과 정책을 필요로 한다.

공공재 개념과 이론은 경제학에서 시작되어 점차 사회과학, 정치학 분야에서 연구되었다. 공공재 이론이 합리적 선택이론과 밀접한 관계를 맺고 있기 때문에 수인의 딜레마 게임 등의 개념과 연관되어 사용되었다. 그러나 점차 개념의 정의와 적용 범위가 넓어졌다. 국제정치학 이론에서는 동맹이론에서 무임승차의 문제, 국제협력에서 수인의 딜레마 게임 현상, 패권안정이론, 이후 국제주의적 자유주의 이론 등에서 논의되었다.

특히 패권안정이론은 국제금융질서, 혹은 좀 더 넓은 의미에서 개방적인 국제경제질서를 유지하기 위해 패권국가가 제공하는 공공재의 개념을 이론화했다. 패권의 존재가 국제경제질서의 개방성과 안정성을 가져오는지에 대한 논의가 활성화되었고, 특히 패권을 지원하는 소수 강대국의 공공재 제공 협력이 발생하는지도 중요한 주제로 부상했다. 자유주의적 패권안정론자들이 강대국의 공공재 공동 제공에 대해 논의한 반면, 현실주의적 패권안정론자들은 패권의 강압에 의해 여타 소수 강대국의 공공재 제공 협력을 강제하는 기제를 제시하기도 했다. 패권은 국제정치 질서에 필요한 공공재를 스스로 제공하는 역할을 한다. 다른 강대국들, 혹은 구성원들을 설득하거나 강제하여 공공재를 생산한다. 무임승차와 수인의 딜레마 문제를 해결하도록 리더십을 발휘하는 것이다.

공공재의 역사와 종류

공공재 개념은 공공의 개념과 직결된다. 공공이란 모든 이들의 관심사이며, 모든 이들의 복리에 영향을 미치는 일을 의미한다. 공공영역이 출현하는 것은 민주적 과정과 밀접하게 연결되어 있다. 모든 인민이 자신의 이익을 공공의 영역에서 대변하고자 할 때, 공공의 영역이 확보되는 것이다. 공공재는 이러한 모든 이들이 공통으로 수혜를 받고, 배제되거나 경합적이지 않은 상태에서 활용할 수 있는 재화와 서비스를 의미한다. 그러한 점에서 경제학에서 논의하는 시장의 실패를 막기 위한 공공재 개념보다는 광의의 정치적, 국제정치적 공공재의 개념과 질서의 개념을 연결하여 생각해볼 필요가 있다.

공공재의 개념은 20세기 관점에서 매우 잘 설정되어 있는 것 같지만, 사실은 자유주의 정치철학과 국가의 역할을 상정한 개념이다. 역사적으로 볼 때, 공공재는 공공의 영역이 확보되지 않았기 때문에 개념 자체가 존재하지 않았다. 또한 국가가 공공재를 생산하는 주체가 되어야 한다는 인식도 존재하지 않았다. 예를 들어, 국가 체제 이전 서양의 중세를 보면, 공공의 이익과 관련된 여러 사항들, 예를 들어 보건이나 위생, 경제활동에 필요한 여러 가지 기본 재화들은 교회나 지역사회 혹은 개인의 자발적 노력에 의해 제공되었다.

개인의 위생이 전체 공공복지에 중요하다는 생각이 위기 시에 나오면서 이를 공공재의 개념으로 정의하려는 움직임이 존재했다. 그러나 이러한 공공재를 국가 또는 공공의 권위가 제공해야 한다는 생각은 애초부터 존재한 것은 아니었다고 볼 수 있다. 국가가 출현하여 국민들로부터 세금을 거둘 때에도, 절대주의 왕정의 시대에는 공공의 일이 매우 제한되어 있었다. 군주는 전쟁에 몰두하였고, 그 외의 인민들의 복리와 관련된 일은 공공의 영역으로 생각하지 않는 경우가 대부분이었다.

18세기 프랑스 혁명과 미국 혁명을 거치면서, 국민들의 복리에 공통된 일을 공공의 영역으로 생각하고, 이에 필수불가결한 공공재의 개념을 국가의 일로 인식하게 되었다. 국민들이 제공한 세금에 기초하여 공공에 필요한 재화를 국가가 제공해야 한다는 생각은 19세기 이후에 자리 잡은 생각이라고 할 수 있다. 따라서 공공재의 정의, 공공재의 종류와 범위, 공공재를 제공하기로 결정하고 이를 어떻게 제공할 것인가를 결정하는 과정, 그리고 이러한 공공재가 어떠한 자금에 의해 재정적으로 생산되고, 생산 이후에 어떻게 배분되는가 하는 것에 대한 과정 모두가 정치적·사회적으로 결정되는 것이라고 볼 수 있다. 이러한 점에서 공공재의 개념은 앞에서 살펴본 근대 후기의 유럽 정치 변화와 밀접하게 연결되어 있다. 프랑스 대혁명을 기점으로 국민의 개념이 탄생했고, 민주주의 방식에 의한 통치가 이루어졌기 때문이다. 국민의 개념을 바탕으로 한 민주주의가 정착된 이후 진정한 의미의 공공재가 생산될 수 있었다.

현재 인간의 복리에 관계된 공공재의 범위는 여전히 국가가 생산하는 경우가 많지만, 점차 공공재의 지구화 현상을 겪고 있다. 즉, 국내적 공공재, 국제적 공공재, 지구적 공공재의 구별이 필요하게 된다. 인간들의 삶이 초국경적으로 연결되면서 개인의 복지가 국가를 넘어선 차원에서 결정된다고 보기 때문이다. 개인의 복지가 초국가적 공공의 일로 여겨질 때, 국제적, 지구적 공공재는 매우 중요하게 된다.

공공재의 성격과 국제정치

공공재의 핵심은 소비의 비경쟁성과 비배제성이다. 그러나 보통 양자가 모두 충족되는 경우는 많지 않다. 순수한 공공재보다는 부분적인 공공성을 충족하는 경우가 대부분이다. 배제성과 비경쟁성을 핵심으로 하는 클럽재, 그리고 비배제성과 경쟁성을 핵심으로 하는 제한된 공공재, 즉 소비로 인해 소진되는 공공재 등의 순수하지 않은 공공재가 대부분이다. 완전히 순수한 공공재와 그렇지 않은 공공재를 모두 합쳐서 공공재라 할 수 있다.

국제정치에서 패권의 경우 공공재의 비경쟁성, 비배제성의 스펙트럼에서 이를 활용하여 다른 국가들을 강제하는 전략을 수행할 수도 있다. 제공하는 공공재에서 제외하는 전략은 상대국에게 큰 압박으로 작용하고, 공유자원common pool resource처럼 비배제적이지만 경합적인 공공재를 제공하여 압박을 가할 수도 있다. 자유주의 운영원리를 취하는 미국의 경우 동맹을 통해 안보 공공재를 제공하지만 미국의 군사력이 제한되어 있기 때문에 안보라는 공공재를 제공해도 미국이 제공하는 공유자원의 경합성을 활용할 수도 있다. 해외 주둔 미군이 제한된 숫자일 때 배치를 놓고 동맹국 간 경쟁이 수시로 존재한다. 동시에 배제성을 정치적 수단으로 사용할 수도 있는데 예를 들어 수송로 보호에서 동맹국의 선박들에 대한 선별적 보호도 그러한 전략의 일종이라고 할 수 있다. 현실에서 순수한 공공재가 존재하기 어려울 뿐 아니라 공공재의 성격을 전략적으로 활용하는 사례도 연구를 심화할 필요가 있다.

공공재 제공에서 시장의 실패와 더불어 정부의 실패도 있다. 시장의 실패를 막기 위해 정부가 개입하여 공공재를 생산하지만, 정부 역시 정보의 부족, 이익집단 간 결탁, 관료들의 잘못된 정책 결정 등 다양한 이유로 공공재 생산에 어려움을 겪을 수 있다. 결국 시장의 실패와 국가의 실패 또는 정부의 실패가 합쳐져서 공공재 생산에 어려움을 겪게 되는 것이다. 공공재의 공급 부족이 문제이다.

또한 공공재는 최종 공공재와 중간 공공재로 구별할 수 있다. 예를 들어 환경 문제에서 마지막 결과물이 오존층의 보존이라고 할 때, 중간 차원에서의 공공재는 이를 위한 다양한 환경 보호의 국제레짐과 장치들이라고 볼 수 있다. 최종 공공재는 표준적인 의미의 재화가 아니라 결과물이다. 이러한 공공재는 패권국가만의 노력이 아니라 다른 국가들과 비국가 행위자들의 적극적인 참여로 가능하다. 그것들은 환경이나 인류의 공동 유산과 같은 유형의 것이거나 평화나 금융 안정과 같은 무형의 것일 수 있다.

중간 공공재는 국제 체제와 같이 최종 공공재의 제공에 기여한다. 국제정치에서 많은 국제레짐이나 제도들은 최종 공공재를 생산하기 위한 협력적 통로들이다. 패권국가가 앞서서 수립하기도 하고, 다른 국가들의 협력 수요 때문에 만들어지기도 한다. 저발전국의 경제 성장의 경우 공공과 민간의 투입이 혼합되어 발생하므로 민간의 기여도 국제적, 지구적 중간 공공재의 예이다. 공공재가 생산되는 다양한 경로를 파악하는 것이 중요하다.[8]

　이러한 공공재의 문제와 더불어 방치하였을 때 악화되는 공공악재의 문제가 있다. 공유지의 비극과 같은 것이 대표적인 사례이다. 공공악재를 막기 위한 공공재의 생산이 이루어지지 않는다면 필요한 질서가 생산될 수 없는 것이다. 이러한 공공재는 지리적 범위에 따라 만들어질 수도 있고, 분야에 따라 만들어질 수도 있으며, 세대 간 차이에 따라 만들어질 수도 있다. 공공재는 여러 지리적 범위, 여러 섹터와 여러 수혜자 집단, 그리고 다음에 올 세대까지 포괄해야 한다. 공공재의 수혜자가 정확하게 전체를 포괄하는가 하는 것은 매우 중요한 문제이다. 보통 공공재라 해도 특정한 인구, 집단, 빈부의 격차나 인종 등에 따라 다르게 나타날 수 있기 때문이다. 공공재는 흔히 외부성의 원칙과 긴밀하게 연결된다. 얼핏 보기에는 공공재의 생산이 아닌 것 같아도 장기적으로 공공재의 확산에 영향을 미칠 수 있다면 긍정적 외부재 효과를 가질 수 있다.

　하나의 잘못된 행동이 향후 공공재의 생산 또는 공공성의 악화를 가져온다면 이것은 부정적 외부재 효과라고 할 수 있다. 공공재의 효과를 볼 때에는 단기적 효과와 중장기적 효과를 나누어 보아야 한다. 단기적으로는 수혜자 집단이 매우 한정적이지만 여기서 미쳐 나오는 파급 효과가 매우 클 수 있기 때문이다. 보통 공공재를 논할 때는 국가 단위 혹은 조금 넘어도 한 지역 단위를 포괄하는 경우가 많다. 그러나 국제적, 지구적 차원에서 공공재를 논하는 것은 매우 어려운 일이다. 우선 어떠한 공공재가 필요한지 파악하는 데 어려움이 있다. 그리고 그러한 공공재의 수혜자가 정말로 글로벌한가, 보편적인가의 문제도 있다. 여러 나라와 지역, 다양한 사회집단, 인종 등이 존재하기 때문이다. 보통 지구적 공공재 생산에 국가가 대표로 나서서 교섭하지만, 국가들이 모든 지구인의 필요를 다 대변할 수 있는 것은 아니다.

국제정치에서 공공재를 생산할 수 있는 국가라는 단위체가 주권국가 상위에 존재하지 않기 때문에 공공재 관련, 정부의 실패는 체계적으로 이미 주어진 조건이다. 베스트팔렌-자유주의 권역에서 개별 행위자들은 자신의 국익을 우선적으로 추구한다. 공공재와 관련된 문제는 무임승차와 수인의 딜레마, 공공재를 해결하는 주체의 실패 등의 문제를 들 수 있다. 공공재는 비배제성을 가지기 때문에 구성원이 공공재 생산 비용을 지불하지 않고 소비하는 무임승차의 문제가 발생한다. 개별 구성원은 최대의 이익을 추구하는데 공공재 생산이 개별 이익을 극대화시킴에도 불구하고 협력이 이루어지지 않는다. 차선의 결과에 그치는 수인의 딜레마 문제이다. 결국 무임승차와 수인의 딜레마 게임의 문제를 해결하여 합의에 의한 강제적 승차로 공공재의 필요 조사, 결정, 생산, 수혜자에 대한 관리 등을 추구할 수밖에 없다.

상위의 주권체가 없기 때문에 공공재는 개별 국가들의 합의에 의해서 만들어지거나, 패권 국가 혹은 패권 국가군이 제공할 수밖에 없다. 전자의 경우, 개별 국가들이 국제레짐이나 국제제도를 만들어 공공재를 제공할 수 있다. 그러나 국제제도를 만드는 데 필요한 상당한 거래 비용이 존재할 수밖에 없다. 유엔과 같은 국제제도가 많은 역할을 한 것은 사실이지만, 국가들이 느끼는 공공재의 종류와 정도가 매우 다를 수밖에 없다. 더불어 중앙권력이나 협력제도가 공공재를 생산하더라도 정보의 부족, 생산역량의 부족, 국내정치에서는 관료주의 및 분파이익의 존재 등으로 정부의 실패, 공공재의 공급 부족이 일어날 수도 있다.

신현실주의 관점에서 본
월츠의 국제정치이론과 공공재

　경제학을 자신의 이론의 기초로 둔 월츠Kenneth Waltz의 이론에서도 공공재와 연관된 국제정치 질서이론을 볼 수 있다. 잘 알려진 바와 같이 월츠는 신고전경제학 이론을 국제정치의 질서원리에 도입하여 설명한다. 경제학의 이론화 작업이 국제정치에 비해 발달해 있기 때문에 이를 도입한다는 취지이다.

　월츠는 이론화 과정에서 현실을 그대로 반영하기보다는 현실을 단순화하고 이상형으로 만들어 이해하기 쉽고 유용하다는 관점에서 이론을 바라보고 있다. 신고전경제학의 시장 설명이 그 자체로 경제적 현실이 아니고 경제학자의 머릿속에 있는 관념적 대상이라는 점도 인정한다. 시장의 원리가 국제정치에 그대로 반영되어 시장과, 월츠가 상정한 무정부상태인 국제정치의 조직원리가 같다고 보고 있지도 않다. 그럼에도 불구하고 시장의 작동 과정이 국제정치의 조직에 미치는 영향이 꽤 크기 때문에 이를 도입하여 설명한다고 논하고 있다.

시장의 가장 큰 특징은 개인과 기업이라는 경제활동의 주체가 존재론적 우선성을 가지고 이들 간 상호작용 속에서 시장이라는 구조가 발생한다는 것이다. 개인과 기업은 시장을 만들고자 하는 조직원리 창출의 의도를 전혀 가지고 있지 않다. 다만 자신의 경제적 효용을 극대화하기 위해 이기적 동기에서 경제활동을 할 뿐이다. 그러한 과정에서 개체 간 상호작용이 시장이라는 구조를 창출해 낸다는 것이다. 창출자 혹은 조직자 없이 조직과 구조가 만들어지는 과정이다. 이 과정 속에서 시장이라는 구조적 원인이 작동하여 경제 주체 간 관계를 설정하는 질서의 원리가 만들어지는 것이다.

월츠는 이러한 시장의 논리를 국제정치에 비교하고 있다. 국제정치는 무정부상태의 조직원리 위에서 국가가 가장 중요한 개체로 주어져 있다. 국가들은 자신의 이익을 극대화하기 위해 상호작용하며, 국가 간 관계를 조직하는 상위 주체는 존재하지 않는다. 그럼에도 불구하고 지속적인 상호작용 속에서 시장과 같은 국제정치의 조직 구조적 원인이 만들어진다는 설명이다. 조직자 없는 조직의 발생 과정, 질서 창출자, 질서 조정, 조성자 없는 질서의 조성 과정이 시장과 국제정치가 닮아 있는 과정이라는 것이다.

월츠는 시장과 국제정치가 똑같지 않다는 점도 지적한다. 시장과 달리 국제정치는 생사의 문제이므로 훨씬 더 절박하고 생존이 걸린 세계라는 것을 인정한다. 시장이 이러한 무정부상태적 특성을 보이는 한도 내에서 국제정치와 비교될 수 있다는 것이다. 시장의 형성과 작동이 정치적 통제 과정과 연결되어 있다는 점도 짧게 지적하고 있다.

월츠는 신고전경제학 이론이 논하는 공공재의 필요성을 언급하고 있다. 시장이 유지되기 위해 필요한 법적, 제도적 근거, 안보의 필요성

등을 설명하고 있다.9 시장이 작동하기 위해서는 개인들의 이익 추구 활동이라는 상호작용이 중요하기는 하지만 이를 가능하게 만드는 공공재의 존재가 매우 중요하다. 시장이 군사적으로 보호되는 안보의 기반이 있어야 하고, 시장 질서의 기본을 지키는 개인들이 있어야 하는데, 이를 강제하는 국가 권력이 필요한 것이다. 그 밖에 비배제성과 비경합성을 가진 공공재가 상당 부분 필요한데, 개인 간 합의에 의해서 공공재가 만들어지기는 어려운 것이다.

이러한 상황 속에서 시장의 실패가 나타날 수 있다. 또한 개인들의 상호 과정에서 발생하는 외부효과는 점차 시장의 작동을 저해할 수 있고, 부정적 외부효과의 비용이 경제 주체들에게 부과되지 않을 때 이를 해결할 수 있는 정부 권력 역시 필요하게 된다.

시장의 실패를 막는 일이 매우 중요하다고 할 때, 이는 국제정치에 주는 함의도 매우 크다. 국제정치에서 질서가 형성되려면 국가 간 상호작용이 지속적으로 이루어져야 한다. 국제정치에서의 질서는 일정 기간 유지되는 지속성과 폭력에 의해서 무너지지 않을 안정성, 그리고 일정한 패턴을 가지고 유지될 수 있는 예측 가능성이 반드시 필요하다.

이러한 국제정치 질서의 실패는 기본적인 국가들의 상호작용을 보장할 수 있는 공공재의 제공을 통해 가능하다. 국가들이 전쟁으로 갈 수 있는 분쟁을 제도적으로 해결할 수 있는 기본적인 교섭과 협의의 틀이 마련되어야 한다. 이는 강대국 간 관계가 주를 이루는 것으로 강대국 간 협력 체제가 마련되어 있어야 하는 것이다. 그 위에 경제적 상호작용이 이루어지려면 국가 간 거시경제적 조정이 더불어 이루어져야 한다. 자유무역이든 보호주의 무역이든 이를 조정할 수 있는 국제정치 경제의 틀이 존재하지 않는다면 국제정치 시장의 실패가 도래할 수밖에 없는 것이다.

그렇다면 시장 실패와 마찬가지로 국제정치에서 질서의 실패를 막기 위한 공공재의 제공이 필수적이라고 할 수 있다. 월츠는 공공재의 필요성을 더욱 발전시키지 않았다. 국제정치에서 자발적으로 창출되는 질서에 대해 논했지만, 이때의 질서는 세력균형과 같은 법칙성의 논의에 국한된다. 사실 세력균형이라 하더라도 모겐소의 논의와 같이 균형에 대한 규범적 합의가 존재하지 않는다면 세력균형이 제도화되기는 어렵다고 볼 수 있다. 현실주의가 말하는 국제정치의 질서는 마구잡이 세력 다툼의 패턴을 의미하는 것이 아니라 행위자들이 동의하고 있는 현실주의적 질서 작동에 대한 규범적 합의를 전제하는 개념이기 때문이다.

패권과 국제공공재

국제질서에서 중요한 점은 하나의 패권국가나 소수의 강대국 패권 그룹이 공공재를 제공할 수 있는가의 문제이다. 앞서 논의한 바와 같이 미국은 근대국가의 군사국가적 성격을 넘어서기 위해 집단안보체제를 수립하고 다층적 동맹체제를 만들어 안보라는 공공재를 제공했다. 냉전기 공산권이라는 구체적인 적이 존재하는 상황에서 국제주의 안보는 미국을 정점으로 권역감을 생산하고 자유주의에 기초한 권위와 위계를 만들어내는 데 성공했다. 적어도 자유진영 내부에서는 군사국가적 충돌, 전쟁의 상시상황을 예방할 수 있었던 것이다. 미국은 또한 근대 경제국가의 모순인 초국가적 자본주의 및 경제행위자의 경향과 국민경제 중심으로 경제를 정치화하는 흐름을 적절히 조정하고자 했다. 다양한 국제경제기구들을 창출하여 권역 내 국가들의 거시경제정책을 조율하였고, 국내적으로 계급모순을 해결하기 위해 국가의 개입 하에 복지국가를 건설하고자 했다. 미국은 소련과 함께 제3세계의 민족자결주의를 제창하여 구열강의 식민지 포기를 종용하였고, 형식적 주권의 평등을 실현하는 국제법의 수립을 위해 노력했다.

미국은 자유주의 운영원리를 제시하는 과정에서 권역 내 다른 국가들의 협력에 기초하여 냉전기 집단안보와 동맹의 국제안보질서, 국가 간 거시경제구조에 대한 정치적 타협에 기초한 내장된 자유주의 국제경제질서, 공산주의에 반대하고 개인의 자유와 인권, 국가들의 자유민주주의 체제를 강조하는 인권질서, 그리고 제3세계에 대한 적극적 개발협력 지원 및 다자주의를 통한 포괄적 국제제도 수립 등을 이루기 위한 공공재 생산체제를 만들어냈다.

미국 권역은 현대 국제정치의 출현과 함께 등장한 여러 조류들, 즉, 유럽 열강의 대체하여 국제공공재를 제공할 수 있는 압도적 국력, 평화를 열망하는 사회와 개인 차원의 요구를 수용하고자 했다. 지속적인 안보체제 형성, 선진국의 경제 발전을 유지할 수 있는 지구적 자본주의 권역의 창출, 유럽 연강들의 식민지배 영향을 극복하고자 하는 제3세계의 탈식민 요구의 부분적 수용 등을 나름대로 적극적으로 권역의 여러 차원에 실현한 것이다. 동주가 냉전기 자유주의 권역의 특징으로 강조했던 국제정치의 제도화, 자본주의 경제의 국제화, 연방국가로서 압도적 동원자원을 가진 미국의 힘, 불완전했지만 민족자결주의를 제창한 이념적 힘 등과 상통하는 논의이다.

문제는 미국이 공공재를 생산할 수 있는 능력을 지속적으로 유지할 수 있는가, 공공재 생산 과정에서 권역 내 다른 국가들의 기여와 합의는 어느 정도였고 이러한 기여를 어떻게 이끌어낼 수 있는가, 공공재의 공공성을 유지하며, 공공재를 부분적으로 사유하여 미국의 단일국가적 이익을 추구하는 데 사용하는 문제를 방지할 수 있는가 등이다. 패권에 의한 질서의 창출과 유지는 국제질서의 한 양태이지만 패권의 힘이 유지되고 비교적 완전한 공공재가 제공될 때 질서가 유지될 수 있다. 국제공공재의 지속적인 생산을 위해서는 타국에 비해 월등한 군사력과 경제력, 패권의 대외개입주의 외교정책에 대한 국내정치적 합의, 패권의 리더십 정당성에 대한 타국의 인정, 패권국으로 등장하여 국제사회의 동의를 이끌어낼 수 있는 명확한 역사적 사건 등 다양한 조건이 갖추어져 있어야 한다.

더불어 그 시기에 필요한 공공재 수용의 양과 형태, 종류 등을 정확하게 파악할 수 있는가의 문제가 있다. 필요한 공공재의 양과 제공되고 있는 공공재, 공공재의 공급 부족에 대한 정확한 계산법이 있지 않으면 당시의 질서의 형태를 파악하기는 매우 어렵다고 볼 수 있다. 일례로 탈냉전기에 들어서면서 공공악재가 급상승했고, 미국의 패권적 공공재 제공은 한계에 달했다고 볼 수 있다. 냉전기에도 미국이 자유진영에 공급했던 클럽재 역시 공급 부족이었을 수도 있다고 볼 수 있다. 공산권의 위협 때문에 공공재의 공급 부족에도 불구하고 진영의 국가들의 집합적 공급으로 질서가 이루어졌지만 사실 이미 1970년대부터 미국의 힘이 약화되고 자유진영 내의 단독 공공재 제공은 충분치 못했다는 점을 강조할 수도 있다. 이는 또한 공공악재의 증가 수준에 대한 논의와도 연결되어야 한다.

한편, 공공재가 진정으로 비배제성에 기반하고 있지 못하여 클럽재의 성격을 갖게 된다면, 패권의 위선성 문제와 연결될 수밖에 없다. 모두를 배제하지 않는 보편적 수혜자를 상정한 진정한 의미의 순수한 공공재를 제공하는가, 아니면 국가 이익을 위해서 특정 국가군을 배제하는 클럽재 혹은 순수하지 않은 공공재를 제공하고 있는가도 중요하다.

냉전 종식 이후 미국은 국제공공재의 온전한 단독 공급국의 책임을 맡게 되었다. 권역 외부에 명확한 적이 사라진 권역에서 권역질서에 필요한 공공재를 패권국가가 단독으로 생산해야 할 때, 다른 국가들의 공헌은 줄어들고 공공재에 대한 수요는 증가하는 문제가 발생했다. 탈냉전기 전반을 통해 미국이 제공한 공공재는 많은 부분에서 미국의 독단적 결정에 의해 만들어지고, 비배타성을 확보하지 못하는 경우가 많다.

안보적 차원에서 미국이 추구한 탈냉전기 안보 제도가 진정으로 공공재가 되려면 비배제성과 비경쟁성에 기반해야 하고, 새롭게 발생하는 안보 위기를 충분히 파악할 수 있어야 하며, 이를 효과적으로 관리할 수 있는 효율적 지구 안보 거버넌스를 만들어야 한다. 그러나 미국은 충분한 포용성을 갖지 못했고, 발생하는 안보 문제, 특히 제3세계의 내전과 탈식민의 안보적 문제를 예상하지 못했으며, 이를 막을 수 있는 충분한 군사력을 확보하는 데 성공했다고 볼 수 없다. 앞에서 살펴본 바와 같이 9.11 테러 이후 지구적 반테러전쟁은 테러의 방지라는 공공재 생산을 목표로 했다. 그러나 미국의 이라크 침공과 이후의 안보전략 및 중동 정책은 미국의 이익을 위한 사유재적 안보체제의 성격을 보인다는 비판을 받았다. 또한 국제공공재를 제공해도 동맹국 간 위계 속에서 경합적으로 사용되는 일도 많았다. 미국의 군사력은 한계가 있는 것이고, 동맹국 간 경쟁, 지역적 중요도 등에 따라 미국의 전략적 집중도를 둘러싼 경쟁이 벌어졌다. 미국이 세계의 경찰이라는 내러티브에도 불구하고, 미국이 제공하는 군사력이 순수한 국제공공재로 사용되었는가에 대해서는 다양한 비판적 논의가 가능하다.

국제경제질서 차원에서 미국은 냉전 직후 신자유주의 세계화를 추진했다. 순수한 경제적 고려를 바탕으로 시장의 힘으로 규제를 완화하고 자본의 자유로운 활동을 보장한다는 취지였다. 신자유주의 세계화는 미국 패권의 경제적 기초를 강화하기 위한 국가전략의 성격을 강하게 띠게 되었다. 국제경제기구에 대한 미국의 영향력 증가, 미국 기업의 사업 확장, 미국 자본의 이익 증대, 그리고 이를 바탕으로 한 미국의 패권 유지 계획이 강화되었다. 그러나 이 과정에서 발생하는 외부효과가 지구 질서를 약화시키고, 그 과정에서 미국이 충분한 지구적 공공재를 생산하지 않았기 때문에 지구적 질서 실패의 위기를 맞게 된 것이다.

지구화 이행과 지구적 공공재

평화로울 것으로 기대했던 탈냉전기 동안 많은 위기가 발생했다. 이에 따른 지구적 공공재의 수요도 급증했다. 냉전기까지 국제정치에서 보던 공공재와는 전혀 다른 성격의 공공재 수요와 공공악재들이 발생했다. 지구화되는 상황에서 자유주의 경계질서 주체들의 행동은 생각지도 못한 부정적 외부효과를 가져왔다. 부정적 외부효과의 발생과 이를 막을 수 있는 새로운 공공재의 제공 역할을 할 수 있는 지구적 거버넌스가 마련되어 있지 않기 때문에, 국지적 외부효과의 지구화 과정에서 공공악재의 생산은 점차 증대할 수밖에 없다. 국제적 차원에서 패권 국가의 충분한 정보와 지식, 역할에 대한 요구는 급격히 증가했다.

지구화 이전 냉전기에도 공공재의 지구화 현상이 나타난 것은 사실이었지만, 이는 주로 두 진영 간 대결과 군사적 안정이 중요한 공공의 일이었기 때문이다. 그 외에 양자 혹은 다자동맹이라 할지라도 국가 간 질서 유지에 필요한 국제적 공공재가 주된 관심 대상이었고, 이는 개인의 상황과 직접 연결된 것은 아니었다. 지구화 이후 개인 복지가 지구화됨으로써 지구적 공공영역이 출현했다. 특히 위기 상황이 초국경적으로 확산됨에 따라, 공공영역에서 다층적 협력에 의해 지구적 공공재 문제를 해결해야 한다는 인식이 확산되었다.

이는 자유민주주의 국가 내부 인민들의 민주 의식에 의해 추동된 면도 있지만, 비민주국가라 하더라도 지구적 차원에서 자신의 운명을 결정해야 한다는 지구적 민주주의의 의식이 보편적으로 확산되었다고 볼 수 있다. 많은 독재국가도 민주주의를 외형적으로나마 내세우는 것을 보면, 민주적 과정에 의한 운명의 결정이라는 인민주권의 원칙이 확립되어 가고 있다고 볼 수 있다. 이러한 상황에서 개별 국가 내의 인민들의 생각은 지구화된 공공의 차원에서 결정되어야 한다는 의식이 점차 확산되고 있는 것이다. 지구 공공의 장이 의식 속에서 만들어지고 있는 것이다.

이러한 공공의식이 지구적 공론장의 출현으로 이어지고, 지구적 공론장이 지구적 공공재의 새로운 정의와 필요성으로 이어질지는 아직 알 수 없다. 그러나 테러와 경제 위기, 보건 위기, 지정학 경쟁에서 비롯되는 전쟁의 위기, 더 나아가 핵전쟁의 위기, 그리고 강대국이 결정하는 인공지능 등 신기술의 파괴적 영향의 위기 등이 점차 현실화되면서, 지구 인민들이 지구적 공공재의 출현을 더욱 의식하게 되었다. 여러 국지적·개별적 행동들의 외부효과가 극대화되어, 특히 부정적 외부효과를 막고자 하는 지구 인민의 의식이 향상될수록 이를 해결할 수 있는 지구적 협력, 지구적 공공재의 장이 필요하다는 인식을 하게 된 것이다.

국제적 공공재와 다른 지구적 공공재 생산을 유지하면서 권역질서를 유지하는 일은 앞으로 막대한 도전에 부딪히게 될 것이다. 지구적 공공재는 두 가지 기준을 충족해야 한다. 첫째, 그 혜택은 공공성의 강한 특성을 가져야 한다. 국제공공재와 마찬가지로 지구적 차원에서 비경합성과 비배제성을 특징으로 한다. 이러한 특성은 지구적 공공재를 일반적인 공공재의 범주에 포함시킨다. 지구적 차원의 평화는 순수 지구적 공공재의 한 예이다. 평화가 존재할 때, 한 나라의 모든 시민은 그것을 누릴 수 있다. 예를 들어, 농촌 인구가 평화를 누린다고 해서 도시 인구가 그 혜택을 덜 받는 것은 아니다. 법과 질서나 좋은 거시경제 관리에 대해서도 유사한 사례를 들 수 있다.[10]

둘째, 그 혜택은 국가, 사람, 세대에 대해 준보편적이고 다층의 행위자에 걸쳐 있는 것이어야 한다. 이는 여러 국가 집단을 포괄하고, 여러 인구 집단, 바람직하게는 모든 인구 집단에 이익을 주며, 현재와 미래 세대 모두에게 확장되거나 적어도 현재 세대의 필요를 충족시키면서 미래 세대의 개발 옵션을 차단하지 않아야 한다. 이러한 특성으로 인해 인류 전체가 지구적 공공재의 수혜자가 된다.[11] 지구적 공공재의 수혜자는 개발도상국과 산업국, 빈곤층과 부유층, 다양한 생태계에 살고 서로 다른 역사적 배경을 가진 다양한 문화의 사람들이 모두 포함된다. 따라서 이해관계와 우려가 다양할 것이며, 정책 우선순위와 다른 선호도의 차이로 인해 협력이 쉽지 않을 것으로 예상해야 한다.[12]

지구화 이행 속에서 지구 전체가 하나의 정치체로 이행하고 있다는 것은 국가 간 협력과 갈등을 조율하는 기제를 넘어 지구 전체를 관리하는 지구질서, 지구 거버넌스를 만들어야 함을 의미한다. 다자주의적 국제제도가 국가 간 협력을 관리한다면, 지구 거버넌스는 국가 간 협력과 갈등의 외부효과를 포함한 전체 질서를 관리하는 것이다. 또한 국가들 상위의 권위체를 만들어 개별 국가들의 주권적 결정과 함께 권위 있는 결정의 소재를 다시 창출하는 것을 의미한다. 동주의 정의에 따른다면 국제협력을 넘어 국가연합으로 가는 단계이다.

지구질서는 단순히 국가 간의 질서를 넘어 자신의 운명을 결정하는 국제적, 지구적 정책 결정 과정에 비국가 행위자들이 직접 참여할 수 있는 체제를 만드는 일이기도 하다. 현재까지는 개별 국가 내 국민이 정부를 통해 국제적 결정 과정에 참여하지만 지구질서 속에서는 비국가 행위자들이 다양한 경로를 통해 정책 결정에 참여해야 하는 것이다.

미국이 국제정치의 패권으로 협력적 자유주의 국제주의를 공고히 하는 것과, 지구화 이행기에 지구 거버넌스를 진화시키기 위해 지구 정치체의 권위체로서 지구적 자유주의를 추구하는 것은 별개의 논리이다. 국가 중심의 공공재 생산과, 지구 전체의 차원에서 사회와 개인 차원을 모두 포괄하는 공공재의 생산은 구별되는 개념이다. 현재는 완전한 지구 정치체가 출현하지 않은 이행기이다. 미국의 역할 역시 한편으로는 자국의 이익과 국가 간 관계에 치중하는 국제정치의 패권국의 역할을 하지만, 동시에 지구정치의 권위로 역할을 요구받고 그러한 역할을 수행함으로써 자국과 지구 전체의 이익을 도모할 수도 있다. 전자를 국제적 공공재라고 한다면 후자는 지구적 공공재이다. 지구적 공공재에 대한 관심은 탈냉전기 지구화에서 발생하는 문제들이 심각해지면서 급증하고 있다.

베스트팔렌-자유주의 권역의 구조적 모순

냉전기 미국은 공산권이라는 적의 존재 앞에서 국제주의적 권위를 가지고 권역의 질서에 필요한 다양한 공공재를 생산하는 패권의 역할을 할 수 있었다. 특히 압도적인 군사력, 핵무기의 월등함과 독점력이 미국 패권의 기초가 되었다. 힘의 면에서 공공재 제공이 부족한 때 다른 강대국의 힘을 빌어 공공재 공급부족의 문제를 해결할 수 있었다. 1985년 플라자협정의 예처럼 일본, 서독 등 강대국들은 미국의 패권이 약화되어 무질서가 팽배하는 비용보다 패권의 요구를 수용하는 비용이 더 낮았으므로 미국과 협력하여 공공재 생산에 기여할 수 있었다. 제3세계 국가들 역시 냉전의 대립 속에서 자신의 이해를 전면에 내세우기는 어려웠다.

그러나 탈냉전과 지구화 이행이 진행되면서 상황이 일변했다. 냉전기 존재했던 공산권이라는 적이 사라지면서 안보 공공재 제공에 대한 대가로 미국이 진영의 주요국들의 공공재 기여를 강제할 수 있는 기반이 약화되었다. 무임승차를 막을 수 있는 안보적 반대급부가 사라진 것이다. 세계 각 지역의 제3세계 국가들을 아우르는 지구 거버넌스 역시 폭발하는 이들 국가의 탈식민 요구 해결에 도움이 되는 막대한 정책자원을 투입할 수 있는 노력이 필요했다. 그러나 미국은 유럽 근대의 제국주의로부터 축적된 모순들을 해결할 수 있는 정책자원을 소유하지 못했다. 이는 지구 거버넌스에 필요한 공공재 제공의 효율성에 타격을 입혔다. 일례로 북핵 문제 역시 근원에 있는 북한 문제, 남북의 분단 문제를 해결하는 데 미국의 상당한 정책자원이 필요했지만 미국이 지속적으로 필요한 정책자원을 투입했다고 보기는 어렵다.

이러한 상황 속에서 미국은 강력한 단일국가로 막강한 군사력과 핵무기의 독점적 관리, 신자유주의 지구화와 냉전기에서 유지되는 기축통화 발행국으로서의 경제력, 국제제도에 대한 장악력, 세계 자유민주주의의 기반이 되는 문화적, 이념적 힘을 유지할 수 있었다. 그러나 자유주의 운영원리가 요구하는 국제주의적 전략을 추구하고 지구 전체로 확장된 권역질서를 유지하는 데 필요한 공공재의 수요를 감당하지 못하게 된 것도 사실이다. 상대적으로 압도적인 국력에 대한 자신감과 빠르게 증가하는 공공재 수요를 충당하지 못하는 비효율성의 모순 속에서 미국의 패권적 리더십은 약화되는 결과를 가져왔다. 미국의 국제적, 지구적 공공재 생산에 대한 요구가 급증하고, 동맹 및 파트너 국가들의 기여가 충분하지 못할 때, 미국 내 패권적 외교전략, 지구적 개입을 통해 장기적으로 미국의 국익을 확보하는 외교전략은 국민의 지지를 상실하기 쉽다. 지구화의 영향을 피할 수 없는 미국이 공공재 생산 압박을 함께 받을 때 미국 내 미국 이익 우선주의, 고립주의 등의 흐름은 구조적으로 자연발생적인 현상이라고 하겠다.

탈냉전기와 겹쳐 일어난 지구화 이행은 공공악재의 지구화를 불러왔고 이는 사상 초유의 일로 지구적 공공재 수요가 폭증한다는 것을 보여 주었다. 미국은 패권국가로서 테러리즘, 핵확산, 기후변화, 보건위기, 신기술 규제 등 많은 문제에서 리더십을 보이고자 했지만 새로운 공공재 수요를 감당할 수 있는 공급능력을 확보하는 것은 사실상 불가능했다.

결과적으로 미국은 자국의 국력을 유지했고, 특히 군사력 기반의 리더십을 유지하고 있지만 자유주의 패권을 발전시킬 수 없는 구조적 모순에 처하게 되었다. 미국이 일국 패권의 불가능성을 깨닫고, 자유주의 권역이 더 이상 패권적 구조를 유지할 수 없으며, 미국이 중심이 되는 새로운 패권연합, 그리고 지구 거버넌스에서 보다 많은 참여를 허용하는 지구 거버넌스를 만들어야 한다는 사실을 실현하지 못한 것이다.

이러한 가운데 미국의 힘과 이익을 지키려는 노력들은 공공재의 사유화 경향, 혹은 불완전한 공공재의 제공으로 귀결되었고, 많은 국가들, 특히 미국의 지구적 리더십에 기대를 걸었던 제3세계 국가들과 구 공산권 국가들은 미국의 리더십이 비효율적일 뿐 아니라 위선적이라고 생각하게 되었다. 지구화의 흐름 속에서 새롭게 등장하는 비국가 행위자들, 즉 지구적 공공악재에 노출되는 개인과 사회집단, 초국가행위자들 역시 미국의 공공재 제공에 대한 요구를 하게 되었지만 결과는 비관적이었다. 이 과정에서 미국 국내의 패권적 기반이 약화되고 트럼프주의의 등장과 같은 미국 이익 우선주의가 팽배해지면서 자유주의 권역은 지구적 자유주의로 진화하는 노력을 기울이지 못한 채 권역의 위기를 맞게 된 것이다.

제7장

미래 권역의 사상적 기초

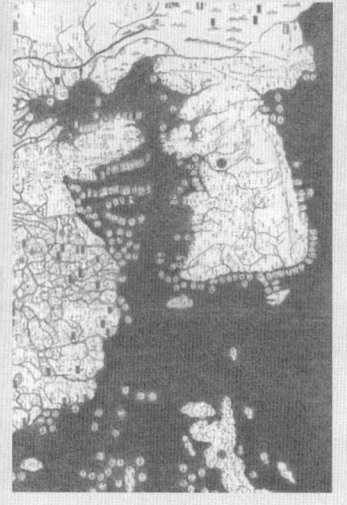

자유주의 운영원리의 한계

자유주의 국제질서라는 개념은 서구 국제정치학계나 정책 담론에서 냉전 종식 이후 빈번히 사용되었다. 이 개념은 규칙기반질서라는 용어와 함께 사용되는 경향이 강했으나, 질서는 사실상 규범과 규칙에 기반하기 때문에 동어반복이나. 규범과 규식에 기반하지 않으면 구성원들이 내재화하고 준수하는 기준이 존재할 수 없고, 지속가능하고 안정적인 질서가 불가능하다. 문제는 그러한 규범과 규칙이 어떠한 사상적 원칙에 기초하고 있는가이다. 자유주의 규칙기반 질서라는 용어를 사용할 때, 결국 규칙과 규범이 자유주의적이라는 것이 무엇인가, 어떠한 역사적 배경을 가지고 있는가 하는 문제가 제기된다.

권역이론은 1차 세계대전 이후 베스트팔렌 권역을 이끌던 세력균형 원리가 운영원리의 변화과정에서 자유주의 원리로 귀결된 점을 강조했다. 국가주권체제라는 강제력형 권역을 안정적으로 이끄는 새로운 원리로서 구미, 특히 미국과 영국이 중시하는 자유주의의 기본 원칙들이 운영원리에 반영된 것이다. 군사국가, 경제국가, 식민지국가의 근대적 모순을 해결하고 새로운 원칙에 기반한 권역질서를 창출하는 원리로 제시된 것이다. 서구 자유주의 국제정치이론이 논하는 시장평화, 민주평화, 제도평화와 유사한 부분이 있지만 이보다 더 근본적으로 근대 권역의 모순을 해결하는 운영원리로 등장했다는 점이 중요하다. 자유주의 국제질서라는 용어가 미국 국제정치학자들에 의해 미국의 현실주의 외교정책을 합리화하는 이념적 외피로 사용되기도 하지만, 그보다는 베스트팔렌 조직원리에 권위와 정당성을 부여하는 보다 장기적이고 구조적인 기반이라고 이해할 필요가 있다.

냉전의 종식은 자유주의 권역의 지구적 전파를 의미했다. 미국이 주도해 온 베스트팔렌-자유주의 권역이 구공산권과 제3세계를 포함한 지구 전역으로 전파되는 것이다. 권역이론에 따르면 저항과 타협, 그리고 경우에 따라 탈권역의 전반적 변화가 일어날 수도 있다. 과연 이 과정에서 미국 주도 진영의 자유주의 정치사상이 시대적 도전에 대응하고 타 권역의 변화를 추동하기에 충분했는가 하는 문제가 발생한다.

동주가 희망한 바와 같이 바람직한 미래 세계정치 권역을 창출하려면 궁극적으로는 주권국가 중심의 조직원리가 변화해야 한다. 그리고 그 도상에는 베스트팔렌 권역이 현재 가지고 있는 자유주의 운영원리의 단점을 보완하는 운영원리의 진화가 필수적이다. 자유주의 운영원리는 유럽 근대 권역의 문제를 해결하는 데 많은 역할을 했지만 시간이 흐르면서 한계도 명백해졌다.

무엇보다 민주주의 운영원리와 통합을 통해 자유민주주의 운영원리를 정착시키고 권역질서를 위한 권위체계와 정당성을 마련할 필요가 있다. 더 나아가 국가를 넘어선 행위자의 중층화와 다양화, 그리고 결국에는 조직원리의 변화를 수반할 수밖에 없다. 미국 주도 자유주의 권역의 많은 국가들은 이러한 운영원리 진화를 통해 새로운 권역의 운영원리의 출현을 기대했고 요구했다. 이 과정에서 권역을 떠받들고 있는 자유주의적이고 개인주의적인 인간상과 정체성 역시 변화해야 할 것이다. 자유주의 운영원리의 진화라는 명제를 위해 우선 필요한 일은 자유주의와 민주주의의 관계에 대한 근본적 고찰이다.

자유의 개념과 국제정치적 자유의 실현

　서구 정치사를 되돌아보면, 자유주의 정치사상은 개인이 생존할 권리와 압제에서 자유로울 권리, 즉 생존권, 재산권, 정치적 자유 등을 누릴 권리가 있다는 것을 의미한다. 자유에 대한 다양한 분류와 정의가 있지만 국제정치 질서에 대한 함의에 국한해서 생각해 본다.

　가장 기본적인 구분으로 자유주의를 소극적 자유와 적극적 자유로 나누어 볼 수 있다. 벌린Isaiah Berlin의 구분에 따르면 간섭의 부재에 해당하는 소극적 자유와 자기지배self-mastery와 자기실현을 뜻하는 적극적 자유는 구별된다.[1] 소극적 자유를 보장해도 적극적 자유가 보장되지 못하는 문제가 발생한다. 잠재력을 극대화할 수 있는 적극적 가치, 즉 자아실현이 가능한 정치사회 조건의 형성은 현재 자유주의 안에서 반드시 보장되는 것은 아니다. 자유주의의 핵심인 자유의 가치가 약화된 정치 환경 속에서 새로운 자유주의의 진화 혹은 적응이 일어나지 않는다면, 자유주의의 미래는 매우 어둡다고 볼 수 있다.

소극적 자유가 강화된 국내 자유주의의 예로 신자유주의를 들 수 있다. 탈냉전기 미국 패권의 경제적 기초가 된 신자유주의는 개인의 자유를 극대화하면서 사회나 정치의 집단적 조건을 약화한다. 경제 부문에서 정부의 간섭으로 복지국가나 시장에 대한 정부의 개입을 최소화한다. 이 과정에서 능력의 편차로 빈부의 격차는 극대화된다. 이러한 빈부 격차의 심화는 민주주의 방법으로 교정되어야 한다. 민주주의라는 국가의 절차가 작동하지 못하면 결국 빈부 격차는 더욱 심화된다. 이 가운데 소수자의 보호와 같은 정체성의 정치가 중요해지고, 자유주의 정치 어젠다의 핵심을 차지함으로써 자유주의의 가장 중요한 문제가 상대적으로 약화되는 현상을 보인다.

자유주의의 심화, 즉 소극적 자유주의의 극대화가 빈부 격차를 가져오고, 이 과정에서 보호받지 못하는 개인들, 그리고 적극적 자유가 실현되지 못하는 개인들의 문제로 인해 오히려 자유주의가 약화되는 양상을 보인다. 그렇게 보면 자유주의가 유지되기 위해서는 근대 혹은 근대가 시작되기 이전의 오래된 자유주의 사상뿐 아니라 새로운 환경에 맞게 개인의 정치적, 경제적, 문화적 자유가 보장될 수 있는 조건을 마련하는 것이 가장 중요하다고 볼 수 있다.

그러한 점에서 경제 성장을 중시하는 신자유주의가 자유주의를 약화하는 역설적 현상을 가져왔다. 이러한 신자유주의가 강력한 민주주의에 의해 교정되지 않을 때, 결국 소수자의 정치적 특권이 더욱 강화되는 현상을 보이기 때문이다. 신자유주의가 강화되면서 소수자를 보호하고 공동체의 발전, 그리고 평등을 확보할 수 있는 자유주의가 유지될 수 있을까? 민주주의가 과연 그러한 자유주의의 문제를 해결할 수 있을까? 그러나 민주주의 역시 강력한 힘을 가진 소수자에 의해 좌우된다면 민주주의가 신자유주의의 문제를 해결하는 정치적 해결책이 되기 어려운 것이 현재의 사실이다.

이러한 논의는 자유주의 국제정치권역에 중요한 함의를 가진다. 자유주의 정치사상을 국제정치의 운용원리로 수용하게 되면 주권국가체제의 조직원리 하에서 모든 국가들의 생존의 권한을 고르게 인정하고 법적 권리를 인정하게 된다. 국내정치에서 개인들이 자연법적 권리를 가지고 생존과 재산권, 압제의 통치를 받지 않을 자유를 확보한 것과 같다. 국제정치에서 주권국가로 인정받는 정치집단은 생존의 권리와 재산권, 자신의 자유를 추진할 자연법적 권리, 즉 소극적 자유를 취득한 것이다.

이러한 과정도 순조롭지는 못했다. 자유주의자들은 국내적으로 제한된 국민들에게만 선거권을 부여하고 자연권을 인정했다. 국제 자유주의 역시 제한된 국가들에게만 주권적 권한을 승인했다. 유럽에서 기원한 베스트팔렌 체제는 소수의 유럽 강대국들에게만 자유주의적 권한을 인정했다. 차별적 자유주의 국제정치사상은 제국주의를 합리화하는 국제정치관으로 나타났던 것이 역사의 경험이다. 국내 자유주의가 그러했던 것처럼, 제한된 소수의 자유주의 권한을 인정하고 불평등과 배제의 논리를 추구했던 형태가 국제자유주의에서도 나타난다. 국내 자유주의가 민주주의와 결합되면서 자유와 평등, 개인과 공동체의 철학이 연결되었듯이, 국제정치에서 차별적 자유주의는 보편적 자유주의로 변화하고 이제는 민주주의적 자유주의를 요구하는 시대로 변해 가고 있다.

더 중요한 문제는 자유주의 국제질서 속에서 국가 간 존재하는 국제정치 권력구조이다. 자유로운 국가들이라 해도 국가 간에는 엄청난 국력 격차가 존재한다. 개별 국가들은 자국의 이익과 권력을 위해 노력하고 이 과정에서 국제질서의 불평등이 도래할 수밖에 없다. 약소국의 경우 국가의 이상과 이익을 실현하는 적극적 자유를 누릴 여지가 제한된다. 자유주의는 개인의 자유를 중시해도 결과적으로 도래하는 불평등에 대해서는 간섭하지 않기 때문에 개인들의 적극적 자유를 골고루 보장하지 못한다. 다자주의 제도로 현대 국제정치권역의 국제주의적 성격을 강화시켜 왔지만 현대 국제정치의 변화하는 상황 속에서 운영원리를 더욱 발전시키지 못하면 근대 주권국가의 군사국가, 경제국가, 식민지국가의 내적 모순에 다시 부딪힐 수 있다.

    이러한 문제는 자유주의 국제정치 이론에서도 찾아볼 수 있다. 자유주의 이론이 논하는 민주평화와 시장평화 그리고 다자평화가 국제적 자유주의가 지향하는 적극적 자유를 궁극적으로 보장하는 이론적 틀이 될 수 없다는 점이다. 자유주의 국제질서란 국제적 자유주의를 기본으로 보장하는 질서이다. 적극적 자유라는 관점에서 자유주의 국제정치 이론의 여러 논의와 정책 제언들이 이를 확보하지 못한다. 현재 자유주의 국제정치이론은 민주평화, 시장평화, 다자평화로 이루어진다. 이러한 자유주의 국제정치 이론은 온전한 의미에서 국제적 자유주의라 할 수 없다.

    민주평화론은 자유민주주의 국가 간 평화가 유지될 수 있다는 가설이다. 자유민주주의 국가 간 생존을 위협하는 전쟁이 방지된다는 것은 중요한 일이다. 국제적 자유주의는 국내적 자유주의와 달리 생존이 보장되지 않는 상태에서 논의되는 것이기에 자유주의의 기초로 생존의 보장은 매우 중요한 일이다. 개별 국가가 주권적 권한을 승인받아 국민과 영토 그리고 효율적 정부가 생존의 권리를 지니는 것이 중요한 일이다.

그러나 민주평화의 상황에서 권력 편차는 여전히 존재하기 때문에 자유민주주의 국가라 해도 국제정치 권력구조로부터 궁극적인 자유를 확보할 수는 없다. 즉, 국제적 자유주의가 추구하는 국제정치 권력구조로부터 민주평화가 답을 제시할 수는 없다는 것이다. 민주국가 간 관계가 비록 전쟁 방지라는 소극적 자유주의에 공헌할지 몰라도 여전히 권력정치의 강압과 강제 기제를 내재하고 있다면 단일국가의 모순을 해결하기는 어려울 것이다.

시장평화는 시장 메커니즘이 국가 간 평화를 보장할 수 있다는 이론이다. 시장 메커니즘이 국가 차원의 충돌을 막아 국가 간 평화를 보장한다는 것은 중요한 일이다. 민주평화와 마찬가지로 국가의 생존은 국제적 자유주의의 기본 전제이기 때문이다. 신자유주의는 경제적 자유를 최우선으로 삼는 현대 자유주의의 한 형태로 등장하며, 경제적 자유와 정치적 자유의 불가분성을 강조한다. 하이예크$_{\text{Friedrich von Hayek}}$와 같은 경제학자들은 경제적 자유가 모든 자유의 기초라고 주장한다. 자유주의는 정부 권한의 제한을 중시하여 최소주의 국가$_{\text{minimal state}}$가 가장 바람직하다고 본다. 정부는 일종의 필요악으로 경제적 자유를 보존하기 위한 것이고, 민주주의는 수단적인 위치를 차지한다.

시장의 논리에 따라 이루어지는 신자유주의 국제관계는 앞서 국내적 신자유주의의 경우처럼 불평등을 강화하여 개별 국가들의 적극적 자유를 실현할 수 없다. 더욱이 시장은 국제정치의 틀 속에서 작용하고 국가들은 중상주의 정책을 통해 시장과 평화를 유지해도 여전히 국가 간 권력구조는 존속하게 된다. 지정학적 경쟁에서 발생하는 국제정치권력구조가 시장의 작동 원리에 큰 영향을 미칠 뿐 아니라 개별 거시경제를 기반으로 하는 국가 간 권력관계에도 영향을 미치게 된다. 결국 시장평화는 국가 간 전쟁 방지에 일부 도움을 줄 수 있지만, 국제정치권력구조로부터 발생하는 불평등과 권력구조는 존속할 수밖에 없다. 근대국가의 경제국가적 성격은 운영원리의 국제주의적 성격을 침해하게 된다.

이와 별개로 다자주의에 기초한 제도적 평화는 자유주의를 국제적 차원에서 보장하는 중요한 메커니즘이다. 다자주의적 합의에 의해 개별 국가들의 주권과 생존 권리를 보장할 수 있다. 나아가 다자적 합의에 의해 부당한 억압으로부터 자유로우며 개별 국가들이 권리와 자유를 추구할 수 있도록 규범과 규칙을 마련해 갈 수 있다.

그러나 물론 다자주의적 규범이 국제적 자유주의에 일치하는 방향으로만 발전하는 것은 아니다. 국제정치권력구조가 다자주의의 규범과 규칙 형성에 영향을 미쳐 오히려 불평등과 위계적 구조를 온존시키는 권력구조를 강화할 수도 있기 때문이다. 자유주의 권역질서가 패권적 자유주의의 형태를 띨 때에는 패권적 제도주의, 즉, 패권의 이익에 따라 국제제도의 방향이 설정되고 패권국가는 일방주의적으로 제도에 대한 참여와 탈퇴를 하는 기제가 작동하기도 한다. 식민지국가의 모순을 국제적 자유주의가 해결해 나가고 있지만 국력 격차에도 불구하고 온전한 다자주의를 실현하기 위한 운영원리의 진화도 필수적이다.

자유주의와 민주주의 간 협력, 갈등의 이중 관계

자유주의와 민주주의는 협력 관계에 있기도 하지만 갈등 관계에 있기도 하다. 민주주의는 근본적으로 자유주의적이지 않고 자유주의 역시 민주주의로만 보장되는 것은 아니다. 현대 자유주의와 고대 민주주의는 종종 대립적인 것으로 여겨져 왔다. 고대 민주주의자들은 자연권 이론, 그리고 국가의 역할은 공동체의 생존에 필요한 최소한으로 제한되어야 한다는 관념들을 알지 못했다. 반면, 현대의 자유주의자들은 처음부터 모든 형태의 대중 민주주의 정부에 극도로 의심을 품었고, 19세기 내내 그리고 그 이후에도 제한된 참정권을 옹호했다.[2]

자유주의는 권력의 근원에 관한 것으로 국가로부터 개인의 자유, 부당한 압박으로부터의 자유를 중시한다. 민주주의는 권력의 배분, 행사 방식에 관한 것으로 모든 개인이 권력 행사의 주체라는 점을 강조한다. 자유주의는 권력으로부터의 자유를 의미하는 것이고, 민주주의는 권력의 원천에 관한 것이다. 자유주의는 권력의 제한을 강조하고, 민주주의는 권력은 모든 국민으로부터 나온다는 권력의 근원을 강조한다.

자유주의는 정부의 기능 문제, 특히 정부 권력의 제한에 관심을 두는 반면, 민주주의는 누가 통치할 것인가와 어떤 절차로 통치할 것인가의 문제에 관심을 둔다.[3] 전자가 소극적 자유에 관한 것이라면 후자는 적극적 자유에 관한 것이다.[4] 전자가 국가의 최소한의 역할을 추구한다면, 후자는 민주적 절차에 따른 최대의 국가 역할을 강조한다. 전자가 자유를 강조할 때 후자는 평등을 강조한다. 자유주의는 자유를 보존하기 위한 소극적 자유를 강조하지만, 민주주의는 다수의 참여를 통한 문제 해결을 강조하는 적극적 자유를 강조하는 경향이 있다. 자유주의는 권력의 제한을, 민주주의는 다수의 의견을 중시한다. 자유주의와 민주주의는 서로 다른 문제에 대한 해결책을 제시하는 것이다.

양자의 공통점은 "정신적 영역과 경제적 영역 모두에서 국가에 대항하여 개인의 자유를 옹호"한다는 것이다. 자유주의 사회에서 개인은 "국가의 경계 밖에서 수행되는 모든 종류의 행동의 주체"이다. 반면 민주주의는 "개인 간 공통된 합의의 산물"로 사회를 창출하여 "개인과 사회를 화해"시킨다. 개인주의를 비교해 본다면 자유주의는 내향적인 측면에 집중하고, 민주주의는 외향적인 측면에 집중한다. 자유주의적 개인은 "자체로 완전한 소우주 또는 전체로서의 개인"이고, 민주주의적 개인은 "분할할 수 없지만 다른 유사한 입자들과 다양한 방식으로 결합하고 재결합될 수 있어 인위적인 통일체를 만들어내는 입자로서의 개인"이라고 볼 수 있다.[5]

민주주의와 자유주의 간의 관계를 다각적으로 제시한 예로 토크빌을 들 수 있다. 토크빌은 민주주의보다는 자유주의를 중시했다. 자유주의는 개인의 자유가 정치에서 가장 중요한 가치라는 점을 강조한다. 반면에 민주주의는 전체 혹은 다수의 정치 참여를 보장하는 정치

제도이며, 다수가 결정한 사항에 개인이 복종하는 것을 요구한다. 따라서 민주주의 사회라 해도 개인의 자유가 반드시 보장되는 것은 아니며 "민주적 전제정치"가 출현할 가능성도 있다.[6]

토크빌은 그러한 점에서 민주주의와 사회주의가 공통점을 갖는다고 본다. 사회주의 역시 개인의 자유보다 전체의 결정을 중시하기 때문에 개인의 자유가 훼손될 수 있다는 것이다. 그러나 토크빌은 사회주의보다 민주주의가 더 바람직하다고 본다. 사회주의는 개인의 선택권에 기초한 통치가 아니라 전체의 통치를 애초부터 상정하고 있기 때문이다.

이러한 점에서 자유주의와 민주주의 관계를 이야기할 때 보수적 자유주의와 급진적 자유주의를 나눌 수 있다. 보수적 자유주의는 개인의 자유가 희생되어서는 안 되고, 따라서 정부가 개인의 자유를 침해해서는 안 된다는 것이다. 주권적 국민들의 의사를 다수결로 모아 정책을 결정하였다 해도 개인의 자유가 침해되어서는 안 된다는 것이다. 반면 급진적 자유주의는 개인의 자유가 전체 민주주의적 의사결정에 따른 결정에 복속할 수도 있다고 본다. 그러한 점에서 민주주의의 문제는 과격한 평등주의다. 평등주의 속에서는 개인들의 숫자만 중요하고, 개개인의 자유나 전체 결정의 질은 무시되는 경향이 있다.

이러한 논의가 국제정치에 적용된다면 자유주의와 보수주의는 대비된다. 국제정치적 자유주의는 개별 국가의 자유를 중시한다는 점에서 매우 중요하다. 어떠한 전체 국제정치 거버넌스가 만들어진다 해도 개별 국가의 자유가 매우 중요하기 때문이다. 반면 국제정치적 민주주의가 국가 간 평등을 과하게 강조하는 평등주의가 된다면 국가들이 찬성하기는 매우 어려울 것이다. 개별 국가들이 국제정치 거버넌스의 주권적 단위로 참여하는 것은 바람직하다. 그러나 다수결에 의한 결정이나 개별 국가의 자유를 구속하는 민주주의적 국제정치 거버넌스의 결정은 결국 개별 국가들의 자유를 침해할 수 있다는 점에서 반발을 불러올 것이다.

    더욱 중요한 것은 국제정치에서 개별 국가들은 엄청난 국력 차이가 있다는 것이다. 어떤 국가는 매우 큰 권력을 가지고 있을 뿐 아니라 국제정치 거버넌스의 결정을 하는 데 큰 영향력과 어떤 면에서는 높은 수준의 결정력을 발휘할 수 있다. 반면 작은 국가는 권력이 적을 뿐 아니라 국제정치 거버넌스의 결정에 참여해도 충분한 높은 수준의 결정 능력을 갖지 못할 수도 있다. 따라서 오직 국가들의 숫자에 의해서만 다수결로 결정되는 국제정치 거버넌스의 결정에 강대국들이 순종하기는 어려울 것이다. 국제정치의 민주화를 위해서 이루어야 할 기본 조건들이 갖추어지지 않는다면 강대국들은 보수 자유주의와 같은 입장을 추구하게 될 것이다. 국제정치 자유주의이 기본 가치인 국가들의 생존과 국권, 국권 속에서 추구되는 인권 등은 유지하면서도 민주주의적 결정의 중요성을 인식하고 민주적 결정의 전체주의화를 막을 수 있는 방법을 찾을 필요가 있다.

    국내정치철학에서도 군주정, 귀족정, 민주정의 3분법에서 무조건 민주주의가 최적의 정치체제라고 논하지 않는다. 각각의 장점을 어떻게 융합하는 혼합정의 포뮬러를 만드는가가 중요하다.[7] 국제정치에서는 국가들 간 국력 편차가 국내정치의 개인 편차보다 크기 때문에 혼합 거버넌스의 포뮬러는 달라질 수밖에 없다. 우선은 민주주의와 자유주의가 어떻게 공존할 수 있는가가 매우 중요한 문제이다. 현재의 국제정치는 자유주의를 축으로 한다고 해도 오히려 군주제나 귀족정에 가깝다. 현재까지 자유주의 권역은 패권의 질서 부여 역할로 이루어져 왔기 때문에 국내정치체제로는 군주정에 해당한다. 다른 선진국들의 공공재 제공 역할에 의존하는 점에서는 귀족정과의 혼합형태도 가진다. 그러나 모든 국가들, 특히 수적으로 압도적인 약소국들의 목소리가 반영되기 어렵다는 점에서 민주정이라고 보기는 매우 어렵다. 가장 강한 국가나 선진국 그룹이 국제정치의 자유주의적 가치를 추구한다 해도 민주주의적 방법에 의해 거버넌스를 이룰 수 없다는 것이다.

동주가 논했던 권역의 중심, 근접, 주변의 분류로 보면 중심의 지도력이 가장 강하고 근접부가 중심을 보조하며, 주변은 권역의 전개에 큰 역할을 하지 못하는 것이다. 결국 자유주의 국제정치의 가치를 중시하면서도 혼합정의 형태로 어떻게 효과적이고 정당한 국제정치 거버넌스를 만들 수 있는가가 중요하다.

한편 J. S. 밀은 토크빌과는 달리 자유주의와 민주주의의 정합성, 상호 보완성을 강조했다. 밀은 벤담(Jeremy Bentham)의 공리주의를 받아들여 정치에서 중요한 점은 공리를 향상시키는 것이라고 주장했다. 벤담은 자연권에 기초한 정치 이론이 충분한 근거가 없다고 비판했다. 자연권이라는 추상적이고 허상적인 권리보다 실제로 인간이 느낄 수 있는 행복과 이익이 중요하다는 것이다. 밀 역시 벤담의 공리를 받아들여 도덕적이고 광범위한 행복을 중시하기는 했지만, 기본적으로 공리주의에 기초한 정치사상을 발전시켰다. 인간의 자유가 가장 중요하며 자신의 자유를 최대한 추진할 수 있는 정치사상이 중요하다고 보았다. 타인의 자유를 침해하지 않는 한 자신의 자유를 추구하는 것이 중요하다는 관점이었다.

밀은 개인의 자유를 추진할 때 국가는 개인의 자유가 타인의 자유를 침해하지 않는 한 간섭할 권한이 없다고 보았다. 토크빌의 경우 개인이 자신의 자유를 극대화하기 위해 정부와 공동체의 조정이 필요하다고 본 반면, 밀은 정부는 개인이 자신의 자유를 추구하는 데 필요한 가부장적 간섭이 필요하지 않다고 본 것이다. 민주주의에 의해 자유주의를 확보하는 과정에서 다수의 횡포와 전제정을 막으려는 노력도 밀에게 중요했다. 밀은 대의 민주주의를 최대화하여 민주주의 속에서 자유주의가 확보되기를 원했다.

이 과정에서 밀은 차별적 모습을 보이는데, 올바른 공동체를 만들기 위해 일정 수준의 교육이 투표권을 갖는 중요한 기준이라고 보았다. 보편 선거의 필요성을 인정하기는 하지만, 아동과 여성 등 보편 선거에 참여할 수 없는 제한적 범위를 제시하기도 했다. 일정한 기준에 의해 문명국가라고 볼 수 없는 저개발 국가에서는 민주주의를 추구하기보다 독재와 과두정 등을 통해 자유주의를 확보하는 것이 중요하다는 것이다. 심지어 똑똑한 사람이 일정한 시험을 통해 한 표 이상의 추가 득표를 선거권으로 가져야 한다는 생각을 제시하기도 했다.

국내정치에서 자유주의와 민주주의의 조합이 항상 순조로웠던 것은 아니다. 민주주의자가 아니면서 참정권의 확대를 자유의 잠재적 침식으로 여겨 끊임없이 반대했던 보수주의자들이 존재했고, 자유주의적이면서 동시에 민주주의적인 측은 급진적 자유주의자들로 여겨졌다.[8] 그럼에도 기본 원칙의 차원에서 자유주의와 민주주의는 상호 갈등과 견제 속에서 인권과 자유를 보장하는 정치체제로 자리잡았다.

민주주의는 정치체제로서 바람직한 측면도 있지만 부정적인 요소도 있다. 토크빌의 논의처럼 다수에 의한 중우정치로 갈 가능성도 있다. 민주주의가 복잡해지는 현대 국내정치의 문제를 모두 해결할지 여부도 알 수 없다. 국내정치와 관련된 이러한 문제는 이 책의 범위를 넘어선 것이지만, 현대 민주주의는 통치 불가능성ungovernability의 문제에 직면하고 있다고 논의된다.

그 이유로는 첫째, 현대 민주주의 국가에서는 시민 사회의 요구와 시스템의 대응 능력 사이에 불균형이 발생하는 경향이 있다는 것이다. 그 주요 원인은 세 가지이다. 자유로운 집회와 결사의 자유가 보장된 사회에서 다양한 이익 집단, 노동조합, 정당 등이 자유롭게 조직될 수 있으며, 이들은 정부에 지속적으로 요구를 제기하여 그 욕구를 모두 충족할 수 없는 것이다. 의사 결정 과정의 복잡성으로 민주주의 체제에서는 다양한 의견이 논의되고 결정이 내려지기까지 시간이 오래 걸릴 수 있다. 이는 자주 결정을 지연시키거나 무기한 연기하는 결과를 초래할 수 있다.

둘째, 사회적 갈등의 증가로, 민주주의 국가에서는 다양한 이익 집단 간의 갈등이 빈번하게 발생한다. 정부가 이를 관리하고 해결하는 데 어려움이 있으며, 특히 다원주의 사회에서는 각기 다른 이익이 충돌할 수밖에 없다.

셋째, 민주주의 국가에서는 권력이 여러 곳에 분산되어 있다. 권력의 분산은 민주주의의 특징으로 의사 결정의 복잡성을 증가시키고, 통치 불가능성을 초래할 수 있다.

해결 방안은 쉽지 않다. 첫째는 행정 권력 강화이다. 민주주의 국가에서 행정 권력을 강화하여 의사 결정 과정을 신속하게 만들 수 있다. 둘째, 다수결 원칙을 제한하여 해결하는 방법으로 무엇보다 의회의 권한을 제한하는 것이다. 예를 들어, 사회적 요구에 대응하기 위한 의회의 공공 지출을 제한하는 등의 헌법적 제한 설정을 생각해 볼 수 있다.

이러한 많은 문제들 때문에 자유주의, 민주주의 각각에 대한 비관론, 그리고 양자의 조합에 대한 회의론이 팽배할 수밖에 없는가. 그러나 자유민주주의에 대한 국내정치적 낙관론을 여전히 유지된다. 보비오 Norberto Bobbio에 따르면,

> 자유주의적 이상과 민주주의적 절차는 점차 서로 얽히게 되었다. 자유에 대한 권리가 처음부터 민주주의 게임의 규칙을 적절히 적용하기 위한 필수 조건이었던 것은 사실이지만, 민주주의의 발전이 시간이 지남에 따라 자유에 대한 권리를 방어하는 주요 도구가 되었다는 것도 마찬가지로 사실이다. 오늘날 유일한 민주주의 국가들은 자유주의 혁명에서 태어난 국가들이며, 오직 민주주의 국가에서만 인권이 보호된다: 세계의 모든 권위주의 국가는 동시에 반자유주의적이고 반민주주의적이다.[9]

자유주의와 민주주의 간 편차와 갈등이 존재하는 것은 사실이지만 현대에 들어오면서 국내적으로 양자는 양립할 수 있을 뿐만 아니라, 민주주의는 자유주의의 자연스러운 발전으로 볼 수 있다는 점이 중요하다. 양자가 수렴하는 과정에서 첫째, 민주주의 절차는 자유주의 국가의 기반이 되는 기본적인 개인의 권리를 보호하는 데 필요하며, 둘째, 민주주의 절차가 작동하려면 이러한 자유주의적 권리들이 보호되어야 한다.[10] 문제는 국제정치의 운영원리로 자유민주주의가 자리잡을 수 있는가 하는 점이다.

국제정치에서 자유민주주의 운영원리의 수립 가능성

　국제정치에서 국제적으로 자유주의를 확보하는 노력은 중요하다. 그러나 국가를 단위로 할 때 과연 모든 국가가 같은 자격으로 민주주의 국제 거버넌스를 만들 수 있는가 하는 근본적인 문제가 제기된다. 토크빌이 논의했듯이 무분별한 평등주의가 민주적인 거버넌스의 원칙이 될 때 진정한 자유주의가 훼손된다는 것이다. 밀 역시 자유주의와 민주주의의 보완성을 강조하기는 했다. 그러나 국제 거버넌스에서 소위 비문명국가의 독재의 필요성을 논의한 것처럼 자유주의자들은 근본적으로 이를 실현할 때 민주주의 원칙에 대한 유보를 가지고 있었다.

　향후 자유주의를 원칙으로 하지만 민주주의적인 국제 거버넌스를 만들고자 할 때 이러한 평등주의와 능력의 차등을 어떻게 해결해야 하는가는 매우 중요한 문제이다. 경제적 자유주의에서 신자유주의자들은 지구 차원의 시장이 결국 모든 시장 참여자의 복지를 향상시킬 것이라고 본다. 그러나 국가 차원에서 국민의 복리를 향상시키려는 노력은 국제시장에 의한 지구적 경제 공리의 증가와 항상 일치하는 것은 이니다. 신자유주의 지구화가 국가 간, 국내 불평등을 심화시키고 있다는 문제가 항상 제기되기 때문이다. 그렇게 보면 신자유주의적 지구화에 대한 많은 국가들의 민족주의적 반대나 포퓰리즘, 그리고 공급망의 재조정, 강대국의 지정학 경쟁 등은 어떠한 면에서는 당연한 것이라고도 볼 수 있다. 이는 지구적 자유주의로 가는 도정으로서 국제 자유주의에 닥친 도전을 보여 주는 것이다.

현재까지 국제정치에서 국제사회의 정당한 통치를 위해 민주주의를 핵심 운영원리의 하나로 포함하려는 노력은 중시되지 않았다. 모든 국가들의 의사가 반영된 국제정치의 통치 방식이 존중되지 않은 것이다. 국가들이 국제사회에서 평등한 생존과 자유의 권리를 가지고 자신이 양도한 주권적 권한을 행사하는 국제사회의 거버넌스가 존재하지 않기 때문이다. 스스로의 주권에 의해서만 통치받는다는 민주주의 원칙이 국제정치에서 인정되지 않았다. 강대국은 약소국의 의사를 무시하고 국제사회에서 주어진 불평등한 권한과, 실제적 힘을 가지고 국제정치를 좌지우지해 왔다. 이 과정에서 강대국이 아닌 나라는 자국의 의사가 반영된 국제정치의 거버넌스를 희망할 수 없었다.

국제관계의 민주화는 단순한 정치적 변화 이상의 복합적인 과정으로, 이를 위해서는 국제정치 차원의 민주주의에 대한 명확한 정의와 디자인이 필수적이다. 첫째, 민주주의를 경험하지 못한 국가나 이 개념이 생소한 국가에서는 효과적인 민주적 국제정치를 이루기 어려운 현실이 존재한다. 개인의 주권이 전 세계 개인의 주권과 국가의 주권으로 확산되는 데 매우 오랜 시간이 걸렸다. 이 역시 모든 국가가 개인의 주권을 보장하는 형태로 이루어진 것은 아니다. 국내정치에서 자유민주주의적이지 않은 정치체제를 택한 국가들이 많기 때문이다.

둘째, 국제적 자유주의와 국내적 자유주의 간의 괴리는 근대 국제정치 질서를 규정하는 핵심적 요인이다. 1945년 이전에는 서구 선진국 내부의 정치적 자유주의가 국제적 자유주의로 확산되지 못한 문제가 있었다. 1945년 이후 모든 국가가 형식적인 국제정치적 자유주의를 누리게 되었지만, 이는 국내적 자유주의와 연결되지 않았다. 국제적 자유주의가 형식적 자유주의의 틀만을 가지고 실제로 내용적 자유주의로 연결되지도 않는다. 많은 국가 간 실제적 불평등이 형식적이고 자유주의적인 평등성을 약화시켰기 때문이다. 민주주의의 핵심 요소인 개인의 권리, 인권 존중, 그리고 인민의 의사를 반영한 통치의 정치사상이 결여된 상황에서는 국제정치의 민주화가 실현되기 힘들다.

셋째, 국가들의 국력 차이는 국제민주주의 실현을 어렵게 만든다. 국내정치에서도 개인들은 능력 차이가 있지만 기회의 균등과 제도에 의한 평등 확보의 기제가 작동한다. 물론 기회의 균등이 완벽하게 주어질 수 없고 그 결과 평등을 확보하는 것은 매우 어렵다. 법 앞의 평등이라는 절차적 평등이 마련되어도 실제 능력의 평등, 타고난 환경에서 비롯되는 차이 때문에 결과의 공정성이 확보되기 어렵다.

국제정치에서 국가 간 법 앞의 평등이라고 할 수 있는 형식적 주권의 평등은 2차 세계대전 이후로 인정되었다. 그러나 국가 간 실제적 불평등이 엄연히 작동하는 현실 속에서 형식적 평등 역시 제한될 수밖에 없다. 유엔 안보리 상임이사국의 특권이나 IMF의 투표권 등 능력의 불평등을 전제로 한 국제법적, 형식적 불평등의 요소가 국제정치에서는 엄연히 존재한다.

국내정치에서 실제적 불평등을 해소하는 것이 민주주의의 주된 원칙이다. 모든 국민들이 주권적 권한을 행사하는 통치의 원칙에서 실제적 평등을 지향하지 않으면 민주주의가 이루어질 수 없기 때문이다. 민주주의적 평등은 자유주의적 개인의 존중과 갈등 관계에 있을 수 있다. 개인의 자유를 인정하고 국가의 개입을 최소화하는 자유주의 원칙에서 국가의 개입으로 평등을 인위적으로 추구하는 것은 자유주의 원칙에 어긋나는 것이다. 결과적으로 개인의 자유가 보장되려면 모든 국민들이 주권적 권한을 행사해야 하고 이 과정에서 민주주의 원칙들이 확보되어야 한다. 보통선거와 민주적 방식에 의한 입법, 그에 의한 행정이 이루어지지 않으면 결국 개인의 자유도 확보될 수 없기 때문이다. 현재 국제정치는 그러한 국제정의, 분배정의를 실현할 수 있는 방법이 요원하다.

넷째, 지구민주주의의 문제로 국제관계의 민주화를 실현하기 위해서는, 각 국가들이 민주적 참여와 평등을 기반으로 하여, 다양한 국가들의 의지를 반영한 통치를 추구해야 한다. 이러한 과정은 단순히 국가 내부의 민주화에 그치지 않고, 국가 간 협력과 상호작용을 통해 글로벌 차원의 민주적 참여를 확대하는 방향으로 나아가야 한다. 만약 국가들이 세계 인민의 민주주의 열망을 반영하지 못한다면, 국가를 우회하는 방식으로 지구 인민의 민주화를 이루어야 할 필요성이 있다.

다섯째, 지구가 하나의 단위로 이루어지는 물적, 관념적 조건도 민주화의 중요한 요소로 작용한다. 경제적 상호의존과 기술 발전을 올바르게 흡수하기 위한 노력은 국제관계의 민주화를 뒷받침하는 필수적인 조건이다. 세계를 하나의 단위로 바라보는 내러티브와 문화도 필요하며, 이러한 문화적 기반이 국제적인 민주적 참여를 촉진하는 데 중요한 역할을 할 것이다. 지구화의 흐름 속에서 이민이 더욱 확대되고 타 민족과 타 인종에 대한 혐오가 국내정치의 흐름으로 자리잡는 현재와 같은 상황에서 지구를 하나로 보는 단일 권역감은 발생하기 대단히 어렵다. 국제관계의 민주화는 국가 내부의 정치적 변화와 더불어, 글로벌 차원에서의 협력과 상호의존, 그리고 문화적 이해를 통해 이루어질 수 있다. 이러한 복합적인 접근이 필요하며, 이는 궁극적으로 인류 전체의 민주적 열망을 실현하는 데 기여할 것이다.

자유민주주의와 개인주의적 존재론

국제정치의 운영원리로 민주주의를 도입하는 과정에서 고려해야 할 중요한 요소 중의 하나는 권역의 기층에서 작동하는 정치에 대한 관념, 사상, 정치적 관계 속에서의 인간상의 층위이다. 정치에 대한 의미권이 형성되어 견고하게 기반을 만들지 않으면 권역의 조직원리와 운영원리가 공고하게 설 수 없다.

개인주의는 자유주의와 민주주의 국내정치철학의 존재론적 기초로 작동한다. 자유주의와 민주주의는 사회 이전에 존재하는 개인의 존재론적 우선성을 기반으로 하고, 이들 간의 사회적 계약이 민주주의를 이루는 핵심요소라고 이론화한다. 물론 계약 이전의 자연상태는 현실에서 존재하지 않았으며, 민주주의 이후 이론적으로 재구성한 철학적 허구이다. 현재 국내정치철학으로 자유민주주의의 한계에 대한 논의가 무성하고 실제로 민주주의 선진국들에서도 민주주의의 퇴행 backsliding 현상이 두드러진다. 자유민주주의가 부딪힌 지구화나 통치불가능성의 문제도 있지만 자유주의와 민주주의가 기반하고 있는 근본적인 존재론적 가정이 잘못되었다고 보는 견해도 강력히 존재한다. 1980년대 이후 제기된 공동체주의, 공화주의적 비판도 개인주의적 존재론을 비판하고 있다. 향후 자유민주주의 운영원리를 국제정치적으로 고려할 때 이론적 가정에 대한 검토가 필요하다.

국내정치철학에서 "인권 이론과 계약 이론을 연결하는 고리는 이들이 공통적으로 가지고 있는 개인주의적 사회 개념"이다. "가설적인 자연법의 수용에 따라 권리의 형태를 띠는 자신의 이익과 필요를 가진 특정 개인이 우선하며 사회의 설립에 앞선다는 개념"이 성립된 것이다. "이는 다양한 형태로 나타나는 유기체적 개념과 대조"되는데 "유기체적organicist 개념은 사회를 개인에 우선하는 것으로 보거나, 사회 전체가 그 부분들보다 우선한다." "현대 계약이론은 정치 사상의 역사에서 실제로 중요한 전환점인데, 이는 계약 이론가들이 개인과 사회 간의 관계를 역전"시켰고, "더 이상 사회를 개인의 의지와 독립적으로 존재하는 자연적 사실로 보지 않고, 개인들이 자신의 이익과 필요를 충족시키고 자신의 권리를 최대한 행사하기 위해 자신의 모습과 유사하게 창조한 인공적인 존재"로 보았기 때문이다.[11]

결국 "역사적 사건과 그로 인해 발생하는 법적 합의 및 합리적 정당화 사이의 순서를 역전"된 것이다. "역사적으로 자유주의 국가는 주권자의 절대 권력이 지속적으로 그리고 점점 더 침식되고, 역사적으로 더 심각한 위기 시기(예를 들어, 17세기 영국과 18세기 후반 프랑스)에 발생한 혁명적 단절의 결과"였던 것이다. "역사의 흐름은 초기의 예속 상태에서 시작하여 점진적인 자유화 과정을 거쳐 주체가 점점 더 많은 자유 영역을 정복하는 방향으로 진행되었지만, 이론은 반대 방향으로 진행"되었다. "가설적인 초기 자유 상태를 출발점으로 삼고 인간을 본래 자유로운 존재로 간주함으로써 주권이 제한된 정치 사회의 구성을 이끌어" 낸 것으로 "자연권 이론은 역사적 사건의 과정을 역전시켜, 역사적으로 결과로 발생한 것을 기초나 기원으로 취급"한 결과이다.[12]

결국 개인이 독립된 개체라는 논리는 사회적으로 구성된 내러티브라고 할 수 있다. 사회적 합의에 의해 사회와 개인의 관계를 격리하고, 개인이 모여 사회를 이룰 수 있다는 생각이 허용되었기 때문이다. 즉, 사회에 앞서 개인이 존재론적 우선성을 지닌다. 이러한 개인주의 역시 사회적으로 주입되었다는 점에서 사회가 개인에 앞선다는 존재론적 우선성을 주장할 수도 있다. 이를 해결할 수 있는 방법은 명확하지 않다. 그러나 개인이라는 존재론적 가정은 인간이 자아를 가지고 있다는 가정과 직결된다. 그런 점에서 인간의 자아가 인간 존재의 본래적 성격이 아니며, 사회적으로 내러티브에 의해 구성되었다는 점을 강조하는 것이 필요하다. 이때 사회적 구성이라는 것 역시 자아를 가지게 된 개인들의 합의와 그 합의가 내면화되었다는 점에서, 사회의 존재론적 근원 역시 인간의 자아 개념의 발생과 밀접하게 연관되어 있다는 점이다. 자아 개념이 발생하기 이전에 이미 협동적 사회가 있을 수도 있다. 예를 들어, 개미의 경우 자아의식을 발전시키지 않았지만, 그 자체가 공동체적 합의 속에 삶을 유지하기 때문이다. 그러한 상황에서 자아 개념 자체는 큰 변수가 되지 않는다.

국제정치의 무정부상태와
개체주의적 국가의 존재론적 가정

국내정치철학에서 말하는 자연상태는 순수이론적 가정이다. 로크 John Locke가 상정했던 창세기의 초기 조건이나 유럽인들과 인디언들의 조우에서 비롯된 자연상태라는 경험적 사실은 사실 이론적으로 많은 결점을 가지고 있다. 창세기적 자연상태는 인류학에서 연구한 소규모 집단의 사회 상태에 비추어 볼 때 이론적 근거로서 경험적 사실이 되기 어렵다.

문제는 국제정치 이론에서 말하는 자연상태와 무정부상태에 대한 논의이다. 무정부상태는 주권국가 간 관계를 일원화한 것으로서, 국가 간 형식적 평등을 핵심으로 한 주권에 대한 상호 존중이라는 사회적 규범이 강하게 작동하는 상태이다. 반면, 자연상태는 이러한 주권국가 간 사회적 합의가 전혀 없는 상태라고 말할 수 있다. 국제정치에서 자연상태가 존재한 적이 있는가 역시 이론적 질문이다. 개인 간의 관계와 달리 인간의 경험적 진화 과정에서 집단 간 충돌은 규범과 규칙 없이 정복과 전쟁으로 이루어진 사례가 무수하다. 니버의 논의와 같이 개인적 인간은 상호 간의 도덕적이고 사회적일 수 있지만, 인간 집단 간 관계는 훨씬 더 이기적이고 파국적이기 때문이다. 특히 서로 접촉이 없거나 문명적 교류가 없었던 집단 간의 관계는 잔인하고 폭력적인 침탈과 정복으로 이어진 적이 많다.

문제는 이러한 자연상태라는 것이 집단 간 관계에서 지속되지는 않는다는 것이다. 홉스Thomas Hobbes나 로크, 루소 등이 상정한 것처럼 자연상태 속에서 개인이 지속적으로 불안을 느껴 이들 간의 계약이 이루어질 수 있는 자연상태의 지속 기간이 경험적으로 존재하지 않는다는 것이다. 인간 집단끼리 만나서 관계를 맺는 순간부터 폭력과 정복이 이루어졌기 때문에 자연상태라는 지속적인 개념이 성립되기 어렵다. 즉각적인 정복으로 제국 상태 또는 정복과 지배의 상태가 바로 이어지기 때문이다. 예를 들어 스페인 정복자들이 아메리카 대륙을 발견했을 때, 이들 간의 관계가 자연상태적으로 유지되지 않았다. 즉각적으로 전염병에 의해 아메리카 원주민들이 대부분 사망하고, 이들 간의 종복 관계가 바로 이어졌다. 즉, 제국 관계가 성립된 것이다.

인간 집단 간 자연상태가 유지되는 기간은 매우 짧았으며, 즉각적인 제국적 정치 관계가 이루어졌다. 그렇게 볼 때, 현대 국제정치학 이론의 핵심이 되는 무정부상태는 자연상태라고 보기는 어렵다. 자연상태가 존재할 만큼 인간 집단 간 관계는 서로 견제하면서 소극적인 관계가 유지되기 어렵고, 즉각적인 정복 관계로 변화했기 때문이다. 제국적 조직원리가 유지되다가 무정부상태가 출현한 것이기 때문에, 무정부상태를 자연상태에서 이어진 상태로 보기는 매우 어렵다. 오히려 무정부상태와 제국 상태의 개념적 차이를 이론적으로 이해하기 위해 인위적으로 자연상태라는 개념을 국내적 사회계약론에서 가져온 것이라고 볼 수 있다.

사회계약론의 자연상태가 경험적 근거가 희박하다는 사실을 인식해 볼 때, 이러한 국제정치학 이론의 유추는 잘못된 것이라고 할 수 있다.[13] 무정부상태 역시 하나의 이론적 비유이다. 경험적으로 근대 주권국가 간 관계는 유럽 중세의 제국적 관계에서 점차 변화해 온 것이다. 역사적으로 제국의 약화라는 유럽 내의 현상, 그리고 보편적 제국을 이룰 수 없다는 포기의 균형이 주권국가의 무정부상태를 도출한 것이다. 그러나 이러한 형식적 주권 평등이 실질적 주권 평등과 일치된 적은 없다. 오히려 지속적인 국가 간 정치 관계 미지의 복속 관계가 다양한 형태를 띠면서 유지되었고, 그 위에 주권적 평등이라는 또 다른 기제가 복합적으로 병행되어 작동한 것이다.

이러한 제국의 독특한 측면이 국가 간 평등 의식이 생겨난 역사적 진화 과정에 힘입은 것은 확실하다. 그러나 그러한 형식적 주권 평등 논리가 자리 잡았다고 해서 제국적 논리가 사라진 것으로 볼 수는 없다. 제국적 야망은 언제나 존재했고, 세력균형으로 이러한 제국의 시도는 번번이 무너진 것이 사실이다. 그러나 이러한 명시적 제국 건설의 논리와 별개로 내정 간섭이나 실질적 주권의 제한 또는 양도, 혹은 불완전한 주권국가의 형성 등으로 제국적 논리는 실질적 주권의 차원에서 지속적으로 이루어져 온 것이다.

베스트팔렌 권역이 서구 지역으로 확장될 때에는 제국주의의 논리를 타고 형식적 주권도 인정하지 않았다. 1930년대 세계 인구의 3분의 1은 식민지 상태에 놓여 있었다. 그러한 점에서 2차 대전 이후 모든 국가가 형식적 평등을 보유하게 된 것은 혁명적 사건이라고 할 수 있다.

그러면서도 동시에 형식적 주권 평등과 실질적 정치 관계 혹은 제국 관계가 유지되었기 때문에, 이러한 상태를 무정부상태라고 부르기는 대단히 어렵다. 무정부상태는 형식적 주권에 대한 사회적 합의가 한편에서 이루어져 있고, 내용적으로는 실질적 주권을 제한하기 위한 정치 관계가 다양하게 모색되는 복합 관계를 일컫는 용어이다. 형식적 주권의 한 측면만 강조함으로써 이론의 편향성을 가지게 되었다. 월츠 역시 주권적 평등이 형식적이라는 점을 인정하고, 실질적으로 주권이 제한되는 것이 무정부상태와 충분히 양립 가능하다는 점을 강조한 바 있다.

인간이 개인으로 존재한다는 사회적 합의는 자유주의 정치사상에서 매우 중요하다. 한편으로는 개인의 독립성과 개인의 권리를 강조하면서도, 다른 한편으로는 이러한 개인의 사회적 배경, 개인 정체성의 사회적 합의를 강조하는 것은 병행될 수밖에 없는 하나의 흐름의 두 가지 측면이다. 정치철학에서 자유주의를 개체주의적으로 혹은 다원주의적으로 해석하는 경향이 있는 반면, 공동체주의나 공화주의로 해석하는 경향도 있다. 개인이 독립적인 정체성을 가지지만, 그 정체성의 내용은 사회적으로 선구성되어 있다는 것이다. 더 나아가 개인이라는 존재론적 근거 자체가 사회적 합의에 의한 것이라는 점을 강조할 필요가 있다. 만약 이러한 점을 더욱 강조한다면 자유주의의 존재론적 근거가 약화될 수밖에 없다. 개체라는 것이 사회적으로 구성된 것이고, 다만 정체성의 내용뿐만 아니라 존재론적 근거를 사회적으로 얻게 된 것이라면, 자유주의는 훨씬 더 공동체주의적 성격을 갖게 되기 때문이다.

월츠의 개체주의 존재론

월츠의 경우, 주권국가를 국제정치 이론의 존재론적 시초로 삼았다. 그러나 개별 주권국가의 존재를 먼저 상정하고 이들 간 관계를 무정부상태로 개념화한 것은 개념적 출발점이 될 수 없다. 개별 주권국가는 제국으로부터 탄생하였는데, 제국이 부여한 개별 정치 단위의 위계 내 위치로부터 개별 국가가 주권이라는 형식적 평등성을 가지고 독립했다. 결국 제국이라는 사회성에서 개별 국가의 주권성이라는 개별성이 부여된 것이다. 그런 면에서 개별 주권국가의 독립성은 사회적 개념이다.

개별 국가들은 제국으로부터 형식적 독립을 통해 주권국가가 되었지만, 현격한 국력 차이를 갖고 있다. 국내정치의 경우, 근대 이행 과정에서 개인이 중세적 정치 권위로부터 독립되어 개인으로 확립되고, 개인 간의 신분이나 국력 차이가 상당 기간 존재했지만 결국 민주혁명으로 개별 개인들의 독립성과 평등성이 확보되었다. 그리고 이를 보장할 수 있는 정부가 수립되었다.

국제정치의 경우, 개별 국가가 제국으로부터 형식적 독립을 얻었지만, 이들 간의 국력배분구조의 불평등성은 국제정치의 위계성을 존속시키는 요인이다. 이 과정에서 강대국 혹은 패권국들은 국제적 공공재를 제공하는 대가로 질서를 유지하고, 이 과정에서 자국의 이익을 실현하며 위계적, 실제 주권 관계를 유지할 수 있는 메커니즘을 확보하게 된다. 국내정치의 경우, 공공재를 제공하는 정부를 중심으로 사회가 위계적으로 조직되어 있다.

　국제정치에서는 정부가 존재하지 않기 때문에 강대국이 공공재를 제공하고 정부의 역할을 일정 부분 대신한다. 그러나 그 정부는 민주적 대의성을 가지고 있지 않기 때문에 위계성은 더욱 심화될 수밖에 없다. 월츠는 이를 무정부상태의 덕목이라 했지만, 사실은 강대국이 정부의 역할을 대신하면서 대의성과 민주성이 결여된 위계적 구조를 만들어 낸 것이다. 개별 국가의 독립성을 형식적 주권의 측면에서 주어진 것으로 보고 이론화하면, 국제정치사의 흐름에서 제국으로부터 불완전하게 독립하여 위계성을 유지하고 있는 개별 국가의 형식적 주권의 실체를 놓칠 수 있다.

　자유주의 국내정치사상의 개인주의 존재론에 대한 비판이 자유주의의 근본을 흔드는 것이라면 국제정치이론에서 개별 국가의 독립성과 형식적 주권이 진정한 존재론적 가정이 될 수 있는지 살펴볼 필요가 있다. 개별 국가 간 자유주의와 민주주의를 확보하는 것보다 국제정치 공동체 전체의 조직원리와 운영원리를 변화시키는 것이 더 중요하다면 이론적 가정과 실천에 주는 함의가 크기 때문이다. 국내정치에서는 프랑스 대혁명 이후 자유주의와 민주주의가 자리잡고 절대 왕조에 대한 비판과 사회계약론이 시대를 역행하여 이론적으로 자리잡았다.

역사적으로 민주주의 혁명이 존재하지 않는 국제정치에서 무정부상태론은 개별 국가 간 계약으로 이론화될 수 없다. 제국의 사회성에서 도출된 위계적 무정부상태의 사회적 상태가 있을 뿐이다. 무정부상태에서 형식적 주권이 모든 국가에게 부여되었지만, 이는 실질적 주권의 평등성이나 국제관계의 민주주의를 의미하는 것은 아니다. 따라서 현재 국제정치의 무정부상태의 사회적 내용을 파악하는 것이 중요하다.

다원주의 자유주의에 대한 비판으로서 공동체주의와 공화주의

　베스트팔렌-자유주의 권역에서 국제적 자유주의 운영원리가 지구적 자유주의, 더 나아가 지구적 자유민주주의로 나아간다는 것은 탈베스트팔렌 이행이라는 권역 자체의 이행을 의미한다. 지구적 자유주의로 나아가기 위해서는 국가의 중요성 여부를 포함해서 모든 행위자들의 중요성이 새로운 관점에서 평가될 것이다. 근본적인 권역 자체의 거시 이행을 위해 정치사상과 조직원리, 운영원리 차원에서 어떠한 변화가 필요한 것일까. 앞에서 동주의 경우 유럽연합이라는 국가연합이 새로운 탈베스트팔렌 이행이라고 보았을 때, 분산과 통합이라는 조류에 맞추어 국가 이하, 국가 간, 그리고 지역 간 새로운 주권공유의 조직원리와 자유민주주의 운영원리가 이루어질 것으로 보았다.

　이러한 논의의 단초를 정치사상에서 찾을 수 있다. 자유주의 정치사상에 대한 다양한 비판과정, 그리고 세계시민주의나 지구민주주의의 논의 과정에서 다양한 형태로 나타났다. 지구민주주의가 수립되기 위해서는 새로운 비국가 행위자들의 정치적 자유와 발언권이 확보되어야 한다. 현재는 이슈 영역에 따라 부분적으로 그러한 목소리가 확보되고 있다. 더 나아가 지구적 자유주의에 기반한 지구적 민주주의가 보장되려면 다층적 비국가 행위자들의 이해관계와 주장이 지구적 정책 결정 과정에 반영되어야 한다. 다층적 행위자들의 자유주의적 권리 보장에 이어 민주주의적 방식도 함께 도입되어야 하는 것이다. 그러나 지구적 자유주의는 여전히 강력한 국가행위자들의 중요성 때문에 전면적으로 확보되기는 어렵고, 더욱이 지구적 민주주의는 국제적 민주주의도 어려운 상황에서 쉽지 않은 것이 현실이다.

그러나 베스트팔렌-자유주의 권역의 지속적인 변화와 진화를 위해서는 그러한 방향과 로드맵도 생각해볼 필요가 있다. 실제로 세계시민주의, 다차원 이해상관자주의, 지구민주주의 등의 정치사상은 지구적 자유민주주의의 실현을 추구한다.

지구적 민주주의의 경로를 생각할 때 개인주의 존재론과 근대 주권국가에 국한된 개인의 정치적 집합정체성에 대한 근본적인 반성이 우선적인 조건이다. 정치체의 기본 단위를 로컬, 국가, 국가 이상, 지구 전체 등 다양한 차원에서 어떻게 설정하는가의 문제, 그리고 개인이 이러한 단위와 어떠한 구성적 관계를 가지는가 하는 문제와 연결된다. 이는 개인주의 존재론에 기반한 다원주의적 자유주의에 대한 비판들과 상통한다. 국제정치에 직접 적용하기에는 이론적 논의가 더 필요하지만 필요한 단서를 얻을 수는 있다.

다원주의적 자유주의에 대한 비판은 공화주의와 공동체주의에서 제기되어 왔다. 공동체주의와 공화주의는 자유주의가 개인의 자유를 지나치게 강조하여 과정적인 자유주의에 빠졌다고 비판한다. 공동체주의는 19세기 후반에 독립적인 정치 이념으로 등장했으며, 1980년대 자유주의와 공동체주의 논쟁을 통해 자유주의에 대한 비판을 본격화하였다. 공화주의 역시 공동체에 대한 개인의 사랑과 헌신을 강조했다. 초기 이탈리아 공화국 이론가들은 시민적 덕목을 조국에 대한 사랑과 동일시했으며, 진정한 공화국에 대한 사랑을 봉사와 돌봄의 행위로 표현되는 열정으로 묘사했다.[14]

공동체에 대한 갈망은 1840년대에 이르러서야 'communitarian'이라는 단어로 표현되었으며, 이 단어와 'communautaire'는 영어와 프랑스어 사회주의자들의 글에서 거의 동시에 나타났다고 알려져있다. 프랑스어 사전은 에티엔 카베Étienne Cabet와 피에르 조제프 프루동Pierre-Joseph Proudhon을 'communautaire'를 처음 사용한 인물로 지목하지만, 옥스퍼드 영어 사전은 'communitarian'의 공로를 1841년에 유니버설 커뮤니타리안 협회를 설립하고 'The Promethean, or Communitarian Apostle'라는 잡지를 편집한 굿윈 바름비John Goodwyn Barmby에게 돌리고 있다.[15]

공동체주의자들은 자유주의가 개인의 자유와 권리에 지나치게 초점을 맞추어 시민의 의무와 공공선을 간과했다고 주장한다. 자유주의 이론은 지나치게 추상적이고 보편적이어서 개인이 역사와 문화, 그리고 공동체 속에서 하나의 구성원으로 존재한다는 맥락과 특수성을 고려하지 않는다고 비판한다. 마이클 샌델Michael Sandel과 찰스 테일러Charles Taylor 같은 공동체주의자들은 개인이 독립된 개인이 아니라 사회 속에서 맥락 지어진 자아라는 점을 강조한다. 이렇게 개인의 고립과 추상성을 강조하면 공동체의 결속이 약화된다고 보는 것이다.

공동체주의자들이 개인이 속한 공동체를 지나치게 강조하게 되면 언제 어디서나 모든 공동체가 중요시되는 문제점을 낳게 된다. 예를 들어 나치나 독재와 같은 공동체 속에서의 개인도 그러한 맥락을 중시해야 되는가 하는 문제가 발생한다. 결국 공동체주의자들, 예를 들어 샌델과 같은 공동체주의자들은 공화주의로 자신의 입장을 재정의하기에 이른다.

이러한 자유주의의 문제는 인간과 자유의 본원적 관계에서도 비판적으로 논의된다. 예를 들어 그루지크Aleksandra Gruszczyk는 자유주의의 기반이 되는 인간의 자유 개념에 대한 성찰에서, 인간의 자유는 그 자체로 고결한 가치이며 부정할 여지가 없다고 생각되지만, 과연 인간이 자유를 끝까지 감당할 수 있을지는 별개의 문제라고 본다. 앞서 논의한 벌린의 소극적 자유와 적극적 자유의 이분법에 기초한 에리히 프롬Erich Fromm의 주장을 살펴보면서, 긍정적 자유, 즉 자기 실현의 자유가 실현 가능한지를 논하고 있다.

부정적 자유는 외부의 억압이나 제약으로부터의 자유를 의미하는데, 자유주의 정치사상은 이러한 외부로부터의 억압에서 자유를 실현하기 위해 만들어진 정치사상이다. 그러나 긍정적이고 적극적 자유를 정치체제 혹은 사회체제 속에서 실현시킬 수 있는가는 별개의 문제이다. 정치사상은 주로 국가의 역할을 다루지만, 프롬은 이를 심리적 차원에서 다룬다. 인간이 외부로부터의 억압에서 자유로울 때 안전을 얻지만, 긍정적 자유를 실현하는 과정에서 안전을 잃을 수 있다는 것이다. 인간이 선택으로 얻을 수 있는 많은 가능성이 주어질 때, 실제로 안전의 파괴와 불안감을 느낀다는 것이다.

동주 역시 프롬을 인용하면서 거대한 현대 사회에서 무력하게 된 개인의 모습을 설명한다. 자본주의적 자유가 도리어 짐이 되어 도피하는 현상이 일어난다는 것이다. 이 과정에서 정치적으로 독재가 들어

설 기반이 마련된다. 민주주의가 대중을 기반으로 형성되지만 지배층은 이를 조정할 수 있고, 대중을 기반으로 한 현대의 독재도 실현될 수 있다는 것이다.[16]

개인이 사회와 전체 공동체와 자신을 동일시할 때, 자신의 선택이 야기할 수 있는 불안과 위험으로부터 자유로울 수 있다. 그러나 소극적 자유 이후 적극적 자유를 얻을 경우, 이러한 안전감을 포기할 수 있을 수 있기 때문이다. 이는 매슬로우 Abraham Maslow가 말한 욕구의 사다리에서 기본적인 생리적 욕구 다음에 안전의 욕구가 매우 중요하다는 사실과도 상통한다.

프롬은 인간이 긍정적 적극적 자유를 감당할 수 없을 때 보이는 행태를 분석한다. 첫 번째 가능성은 권위주의에 대한 의존이다. 이는 개인이 불안과 고립감을 해소하기 위해 권위적이고 전체적인 구조에 의존하는 방식으로 안전의 문제를 해결하는 것이다. 더 큰 집단이나 이념에 자신의 정체성을 융합시키는 욕구라고 볼 수 있다. 두 번째는 파괴성 혹은 파괴의 욕구로, 불안의 원천 자체를 제거하려는 시도이다. 정치적으로는 테러리즘이나 근본주의, 극단주의 등으로 나타날 수 있으며, 이러한 파괴적 행동이 개인의 무력감에서 벗어나려는 시도라고 할 수 있다. 세 번째는 자동적인 순응으로, 실제 개인의 자유를 포기하는 양태이다. 사회적 규범과 기대에 맞추어 자신의 정체성을 포기하는 방식이며, 이는 사회의 일부로 개인이 완전히 개성을 잃고 안전감을 얻기 위해 개성을 희생하는 방식이다. 마지막으로 회피주의로, 개인의 정체성을 버리고 문제로부터 회피하는 방식이다. 예를 들어, 가상 현실에 몰입하는 것과 같은 방식으로, 특히 현대에 많이 나타나고 있는 정보화 시대의 방식이라고 볼 수 있다.

결국 인간이 자유주의 정치체제를 온전히 감당하지 못하고 적극적 자유를 누릴 수 없을 때, 새로운 정치적 신화가 등장하는 것이다. 정치적 신화, 내러티브 혹은 이데올로기, 더 나아가 사상과 이념 역시 개인을 공동체와 일치시켜 민족주의나 인종주의 등 파괴적 내러티브와 결합된다. 이때 개인의 개성은 사라지고, 안전을 확보하기 위해 긍정적 자유를 포기하는 형태로 나타난다. 바우만Zygmunt Bauman은 이를 유동적 근대성이라고 표현하기도 했다. 이러한 상황에서 공동체주의는 자유주의의 퇴행을 막을 수 있는 중요한 대안이지만 공동체와 개인 사이의 균형을 어떻게 확보할 것인가가 중요하다.[17]

이상의 공동체주의 사고에서 개인은 자신이 속한 공동체와 밀접하게 결속되어 있다. 따라서 지구 전체의 정치단위, 지구 공동체주의를 생각하기가 불가능하지는 않지만 쉽지 않다. 개인의 정치적 소속감이 지구적 차원으로 확대될 수 있는가의 문제이며, 정치체의 크기에 관한 문제이기도 하다.

한편 공화주의는 그리스와 로마 시대로부터 비롯된 역사성이 있다는 점에서 고전적 공화주의와 신공화주의로 나뉜다. 신공화주의는 포콕John Pocock의 저서를 기점으로 마키아벨리로부터 재구성된 새로운 공화주의 사상의 부흥에 기초한다. 포콕은 고전 공화주의 전통을 회복하고 재구성하는데, 17세기와 18세기 영국과 미국에서의 정치적 격변과 논쟁 속에서 공화주의 혹은 공화국의 테마가 새롭게 재조명되었다고 본다. 공화주의 사상의 핵심은 공공성과 자치이다. 공공성은 정치라는 것이 개인적이거나 사적인 것이 아니라 공적이고 공개적으로 수행되어야 한다는 점이다.

공화주의의 핵심은 자의적 지배로부터 개인들의 비지배라는 것이다. 자유주의가 비간섭 혹은 불간섭에 대한 가치를 중시한다면, 공화주의는 자의적 지배로부터의 비지배를 가장 중요하게 여긴다. 개인이 공공성을 가진 시민으로서 시민의 덕목에 따라 자신이 만든 법에 스스로 복종하는 의무를 가질 때 비로소 정치가 올바르게 행해진다는 것이다. 정치는 공공의 일이라는 것에서 토론과 결정이 필요하다는 것이다.

그러한 점에서 자치는 매우 중요한 공화주의의 핵심 요소이다. 시민들이 스스로 법을 만들고 법에 따라 행동한다는 것이다. 따라서 진정한 자유는 자치 속에서 가능하다는 점에서 자유주의자들의 자유의 개념과는 차이가 있다. 공화주의가 반드시 개인주의와 자유주의를 의미하지는 않는다. 공화주의적 자의적 지배로부터의 해방을 논의하더라도, 그 속에서 개인들이 이루게 될 정치 질서는 다양한 형태를 띨 수 있기 때문이다. 정치적 평등 역시 중요하다. 모든 시민이 법 아래, 그리고 정치적 영역에서 동등한 위치에 있어야 한다는 것이다. 여성과 노동자, 무산계급, 특정 인종, 문화집단의 구성원 모두 다른 사람의 자의적 지배에 종속되지 않는 것이 중요하다.

즉 의존성을 탈피하여 스스로의 운명에 따라 행동할 수 있어야 한다는 것이다. 그렇게 보면 공화주의는 개인의 견해가 법의 제정 과정에 반영되어야 한다. 이는 숙의 민주주의와 매우 밀접한 관계를 맺는다. 이러한 공화주의적 정치가 성립하려면 시민의 덕목이 가장 중요하다. 시민들이 정치를 자신의 일이자 공공의 영역이라고 보고, 공공선을 위해 개인적 이익을 넘어 행동하는 것이 중요하다는 것이다. 따라서 공화국은 시민의 덕목을 함양하기 위한 교육을 매우 중시한다. 이러한 관점에서 자유주의는 미리 고정된 선호를 가지고 공공의 장에서

서로의 선호를 조정하는 협상의 장이 정치라고 본다. 이 과정에서 자신의 선호를 바꾸거나 공공선을 위해 의무나 시민적 덕목에서 자신의 선호를 조정하는 일이 있다고 보지 않는다. 고정적이고 과정적인 과정이 정치라고 보기 때문이다. 이러한 상황에서 개인주의적 자유주의에 따라 올바른 정치가 이루어질 수 없다고 본다.

신공화주의 역시 많은 비판을 받았다. 과연 공화주의가 모든 시민의 참여를 공평하게 보장하는 보편성을 가지는가 하는 비판이다. 현재까지 공화주의는 시민의 덕목을 가진 예를 들어 유산자와 군대에 참여하는 남성 시민에 집중된 것이 아닌가 하는 비판이다. 지구민주주의의 수립 가능성과 관련하여 공화주의는 공동체주의와 비슷하게 전통적으로 소규모의 정치 단위를 이상으로 삼아 왔다. 그러한 점에서 세계화 시대에 공화주의가 적합한가 하는 점도 중요한 고찰의 대상이 될 것이다.

공화주의와 공동체주의가 자유주의의 큰 틀 안에 속해 있는가, 아니면 자유주의와 다른 정치적 전통을 이루는가 하는 점도 중요한 문제이다. 자유주의의 틀을 벗어난다면 자유주의에서 공화주의나 공동체주의로 순차적으로 이행하기보다는 급진적 변화를 통해 권역질서의 변화가 이루어질 것이다. 공화주의와 공동체주의가 개인의 자유, 예를 들어 숙의 민주주의가 정치적 의사표현의 자유를 기초로 할진대, 자유주의가 없는 고전 공동체주의와 공화주의가 있을 수 있는가 하는 논의가 제기될 수 있다. 이에 대한 명확한 대안을 제시하는 것이 공동체주의와 공화주의의 과제라고 할 수 있다.

이상의 논의들은 자유주의의 개체론적, 원자론적 존재론에 기반하여 개인 간 합리적 계약에서 사회질서의 근원을 찾는 사상의 모순을 지적하고 있다. 인간 존재의 근본적 사회성, 사회적으로 구성된 정체성을 인정한다면 자연상태에서 비롯되는 사회계약의 현실성도 비판받을 수밖에 없기 때문이다. 자유주의가 상정하는 바와 같이 과연 개인이라고 상정된 인간이 궁극적으로 중립적이고 정의에 따라 불편부당할 수 있는가에 대한 전제가 문제가 된다. 인간은 이미 정의의 개념을 확립하기 전에 선 혹은 옳음이란 무엇인가에 대한 개념, 즉 도덕적, 종교적 관점을 사회로부터 내재화하여 가지고 있기 때문에 이를 바탕으로 불편부당하거나 중립적이거나 평등할 수 없다고 본다. 페리Michael J. Perry는 이러한 관점을 바탕으로 롤스John Rawls, 에커만Bruce Ackerman, 드워킨Ronald Dworkin 등 대표적인 자유주의자들의 개념을 비판한다. 특히 롤스는 정의론에서 자유주의 사회에서 다양한 도덕적, 철학적 신념 사이에서도 공정한 정의의 원칙을 세울 수 있다고 보고, 계약주의적 접근을 제시한다. 이에 대해 페리는 인간이 특정한 선의 개념에 의존하지 않고 정의의 원칙을 도출할 수 없다고 본다. 모든 사람은 도덕적 신념과 독립된 존재로 존재할 수 없기 때문에, 다원주의 사회의 주관적 상황을 초월할 수 없다는 것이다.

　에커만 역시 중립성의 원칙을 내세워 특정 인간의 선 개념이 우월할 수 없다고 본다. 그러나 페리는 이 역시 인간의 선의 개념을 상정하지 않고 분배 개념, 평등 분배 원칙을 이야기할 수 없기 때문에 성립될 수 없다고 주장한다. 드워킨의 중립성 원칙도 비슷한 이유로 비판받는다. 페리에 따르면 인간은 필연적으로 특정한 선의 개념을 내재화하여 선호할 수밖에 없기 때문에, 중립성의 원칙은 비현실적이라는 것이다.

　결국 자유주의 정치사상은 공정한 개인의 견해, 그리고 이들 개인 간의 합리적인 판단과 중립성의 원칙, 이를 대변하는 정부의 역할 등을 상정했다. 그러나 그러한 인간은 상상된 개인일 뿐 진정 존재할 수 없기 때문에 자유주의 정치사상의 입지가 불가능하다는 것이다. 다양한 선의 개념이 충돌하면서 합리적 중립성의 원칙을 찾지 못한다면, 결국 그 자리는 정치가 대변할 수밖에 없을 것이다. 정부는 물론 특정 사안에서 중립적일 수 있지만, 근본적으로 자유주의 문제를 해결할 수 있는 중립성을 확보할 수 없다고 본다.[18]

미국에서 탈자유주의 정치사상을 주도하는 드닌Patrick J. Deneen 역시 자유주의가 정치사상으로 실패했다고 본다. 자유주의는 외부의 억압으로부터 개인의 자유를 주장한 의미 있는 운동이었다. 그러나 역사적으로 자유주의가 성장하고 오히려 성공함에 따라, 자유주의 실패의 싹이 싹텄다는 것이다. 핵심은 자유주의가 고양한 개인에 대한 생각이다. 개인이 사회적으로 문화나 종교로부터 격리되면서 시공으로부터 유리되고, 특정한 정치체제와 문화로부터 유리된 반문화의 체현이 되었다는 것이다. 자유주의의 성공이 자유주의의 실패를 낳았다는 것이다.

드닌은 토크빌을 인용하면서 미국의 민주주의에서 다수의 지배가 독재로 이어질 수 있으며, 극단적 개인주의가 종교나 소규모 공동체의 문화의 영향으로부터 벗어나면 쉽게 독재로 흐를 수 있음을 경고한 바 있다. 개인주의화되고 물질적 보상만을 중시하는 개인은 이러한 욕구를 충족시켜 주는 정치적 독재와 쉽게 결탁할 수 있다는 것이다. 이는 독재라는 정치 형태에 반대할 수 있는 종교적, 문화적 정체성을 이미 상실했기 때문이다.

드닌은 자유주의가 다양한 문화가 공존할 수 있는 그릇과 같다는 점을 이야기하면서, 자유주의 스스로가 하나의 문화적 특색, 혹은 반문화적 그릇이기 때문에 자유주의라는 문화가 문화적 정체성을 약화시키고 개인을 고립시키며 사회적 관계를 약화시킨다고 본다. 또한, 자유주의와 자본주의는 같은 논리의 양면이기 때문에, 자유주의와 자본주의가 따로 갈 수는 없다고 본다.[19]

자유주의 정치사상 비판과
탈베스트팔렌 이행의 가능성

　국제정치에서 지구적 민주주의로 이행하는 지구권역을 생각해 볼 때, 공동체주의와 공화주의가 권역의 대안적 운영원리로 과연 적합한가 하는 질문이 대두된다. 지구적 민주주의는 국가 간 민주주의 운영원리에 대해 대체로 매우 회의적이다. 그렇다면 국가가 아닌 새로운 정치 단위를 찾는 차원에서 공동체주의에서 논하는 개인의 사회적 맥락과 환경이 지구적 차원으로 확장될 수 있는가, 공화주의에서 말하는 시민적 덕목이 지구적 차원에서 실현될 수 있는가 하는 것이 중요한 과제라 할 수 있다. 자유주의의 개체론적 존재론에 문제가 있다면 향후 지구정치에서 어떠한 이론적 기반으로 지구민주주의를 지향할 것인지의 문제가 대두하는 것이다.

　국제정치에서도 국가를 원자적 행위 개체로 여기는 가정이 팽배하지만, 사실은 국가가 국제정치구조적으로 구성된 개체라는 점을 생각해 볼 때, 개체론적 이론들, 특히 신현실주의의 문제점을 생각해 볼 수 있다. 지금 지구인은 사회계약에 의해 국가가 개인의 이익을 대변한다는 내러티브에 속해 있다. 그러나 국가 차원의 민주주의 역시 민주주의 혁명 이후 역으로 구성된 이론 속에서 개인이 독립된 개인으로, 사회계약의 주체로 재구성된 것이다. 현대 서구 국제정치이론은 2차 세계대전 이후 신생국들이 대거 독립하면서 국제정치가 자연상태에서 개별 국가들의 공존으로 국제정치의 장을 이룬 것으로 보지만 사실은 제국의 역사적 맥락 속에서 형성된 것이다. 향후 강대국과 약소국 간의 치열한 갈등을 통해 보다 민주주의적인 국제적 민주주의가 수립된다면 이러한 이론적 가정은 마치 국내정치사상의 사회계약론처럼 변화할 것이다.

향후 지구적 민주주의 차원에서 개인들이 국가가 개인의 이익을 대변할 수 있는 제도라는 점을 의심하게 된다면, 새로운 형태의 사회계약을 찾을 수밖에 없다. 개인들의 이익과 생존을 보장할 수 있는 제도적 틀을 새롭게 마련하려면, 현재의 지구정치 구도를 바꿀 수밖에 없다. 지구가 하나의 거대한 복합적 불평등 상태라면, 그 상태 내부의 틀을 어떤 방식으로 민주화할 것인가가 현재 지구권역의 미래를 결정할 것이다. 이러한 변화가 완성될 때, 사후적으로 지구인들이 지구적 사회 계약을 맺어 지구 정부를 만들었다고 회고하게 될 것이다. 그러나 사실은 개인이 자신의 대의성을 확보하기 위해 국가를 넘는 국제정치, 그리고 지구적 차원의 지구 정치에 대한 자기주장에서 비롯되는 변화일 것이다.

자유주의에 대한 현실주의의 비판

이상의 논의에서 희구한 대로 지구민주주의 운영원리가 현실화된 다고 해서 새로운 지구권역이 평화와 안정만 가질 수는 없다. 지구 차원의 정치적 관계가 새롭게 형성될 것이기 때문이다. 그러한 점에서 다원주의, 공동체주의, 공화주의를 막론하고 자유주의 정치사상에 대한 현실주의의 비판을 총체적으로 고려할 필요가 있다. 미래에 수립될 수도 있는 지구민주주의 권역의 정치성에 대한 전망을 자유주의에 대한 현실주의 비판을 통해 현실에 맞게 조정해야 할 필요가 있다.

고전현실주의와 상통하는 현실주의 정치사상은 자유주의 정치관이 인간의 본성과 정치적 본질, 그리고 정치적 질서의 핵심 개념을 파악하지 못하고 있다고 비판한다. 현실적 개념을 파악하지 못하고 이를 이상화하거나 도덕적으로 가능하다는 논리적 비약을 취하기 때문에 문제가 있다는 것이다. 우선 인간은 필연적으로 서로 다른 선호를 가지기 때문에 갈등은 필연적으로 발생한다. 인간이 서로 다른 선호를 가지고 어느 한 측이 일방적으로 자신의 선호를 다른 측에게 강요하려고 할 때 갈등이 발생하는 것이다. 그리고 그러한 갈등은 인간의 이성에 의해 해결되기보다는 그 내용과 관련 없이 자신의 의도를 실현시키고자 하는 강제에서 정치적 관계가 발생한다는 것이다.

여기서 충돌은 단순히 서로 다른 생각 간 불일치를 의미하는 것이 아니라, 자신들의 견해를 강요하려는 특정한 태도를 가진 정치적 주체들을 필요로 한다. 두 명 이상의 행위자(기관, 개인 또는 그룹)가 포함된 사회적 관계로서 (1) 서로 호환되지 않는 선호를 가지고 있으며 (2) 적어도 한 명이 다른 사람에게 자신의 선호를 강요하려는 의도를 가진다.[20]

여기서 다른 사람에게 강요하려는 태도를 강조하는 것이 중요하다. 왜냐하면 이것은 충돌의 네 가지 중요한 특징, 즉, 일방적인 충돌의 발생, 폭력 사용의 가능성, 내용 기반의 논리에 대한 무관심, 그리고 불가피성을 만들어 낸다. 이러한 강제의 과정에서는 합리적 추론과 논쟁 등이 별다른 힘을 발휘하지 못한다. 더 나아가 갈등이 폭력을 수반하여 폭력적 강제가 될 때 전면적인 정치적 관계가 이루어진다는 것이다. 그렇다고 갈등론자$_{agonist}$가 주장하는 것처럼 모든 관계가 갈등과 폭력으로 얼룩지는 것은 아니라고 본다. 정치적 현실주의는 자유주의적 도덕주의와 무조건적인 갈등주의 사이에 존재한다.

인간은 생존을 위해서 자급자족으로 살아갈 수 없고, 사회를 이루어 살아갈 수밖에 없는 본성을 가진다. 즉 사회적 존재로서의 본성을 가진다. 이 과정에서 자발적 협력은 불가피하다. 그러나 인간이 협력을 필요로 한다고 해도 이러한 협력은 불완전할 수밖에 없다. 그리고 이러한 불완전한 협력에서 만들어진 질서는 갈등이 발생하여 폭력으로 번지거나 무질서로 향하는 것을 막는 역할을 한다. 이러한 상황에서 질서란 구속력 있는 집합적 결정을 생산하는 제도적 틀을 의미한다. 이 과정에서 일정한 수준의 강제가 불가피하다. 강제가 존재하지 않으면 질서가 확보될 수 없기 때문이다.[21]

현재 베스트팔렌-자유주의 권역이 부딪힌 위기를 극복하고 베스트팔렌-자유민주주의 권역, 더 나아가 단일하고 자유민주주의적인 지구권역을 창출하고자 하는 희망은 지속될 것이다. 그러나 현재의 권역에서와 마찬가지로 신지구권역에서도 다른 형태로 정치성이 지속될 것이다. 갈등이 존재하면서 강제력으로 자신에게 유리하게 문제를 해결하려는 일방이 존재하는 한 미래 권역에서도 갈등은 지속될 것이다. 그러한 갈등은 또다른 미래 권역을 지속적으로 창출하는 새로운 자기모순으로 작동할 것이다.

제8장

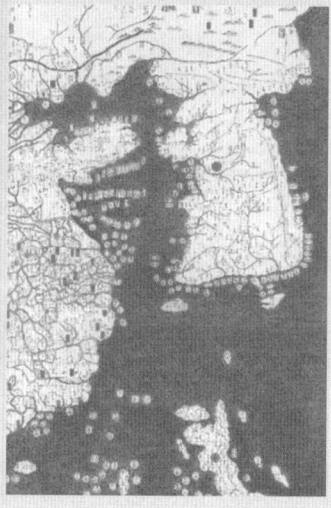

미래 세계질서:
다권역 질서의 가능성

미국 주도의 베스트팔렌-자유주의 권역이 거시이행기의 도전과 모순에 직면하여 권역의 진화를 이루지 못하면 자유주의 권역은 약화되고 세계정치의 자기분열로 귀결될 것이다. 다수의 권역이 병존하면서 경쟁하는 다권역 세계질서가 출현하는 것이다. 과거에도 유럽 권역과 이슬람 권역은 오랫동안 병존했다. 유교권역은 유럽권역의 확장 앞에 피전파의 운명을 맞이했다.

향후 미국 주도 자유주의 권역에 대항하여 새로운 권역을 창출할 힘과 의지를 가진 가장 강력한 국가는 중국이다. 러시아와 이슬람권의 국가들 역시 자유주의 권역에 대한 불만 속에 독립적 권역을 꿈꾸고 있다. 미국의 트럼프주의로 대변되는 자국 이익우선주의가 세상을 휩쓰는 현실 속에서 유럽연합 역시 독자적인 활로를 찾는 움직임을 보이고 있다. 미래 세계에서는 미중 간 양대 권역질서가 될 수도 있고, 다권역 세계질서가 출현할 수도 있다. 국가 간 관계뿐 아니라 권역 간 관계는 매우 복잡하게 얽힐 것이고 유럽 근대주권국가체제의 자기모순은 새로운 형태를 띠고 전개될 것이다. 이러한 다권역 세계질서를 서구 국제정치이론으로 이해할 수 있을지는 큰 학문적 도전이다. 전형적인 주류 이론들이나 이를 비판하는 글로벌 국제정치이론Global IR의 조류 모두 현재는 한계를 가지고 있다. 이 장에서는 심화되고 있는 미중 전략경쟁을 살펴보고 권역이론의 관점에서 향후 세계질서의 전개과정을 제시해 본다.

미중 전략경쟁의 새로운 특징

1978년 개혁개방 이후 놀라운 경제 발전과 뒤이은 정치, 군사, 외교적 발전을 이룩한 중국은 미국의 패권에 도전하는 강력한 국가가 되었다. 현재 미국과 중국이 벌이고 있는 전략적 경쟁은 몇 가지 점에서 독특하다. 첫째, 미국 주도의 자유주의 권역은 역사상 유례없이 강한 미국이라는 패권에 의해 만들어진 권역이다. 미중 전략경쟁의 한 축이 된 중국은 미국이 당면했던 어떤 도전보다도 강력하고 광범위한 도전세력이다. 현재 구매력 기준 국내총생산에서 중국은 2014년에 이미 미국을 능가했다. 중국의 명목 국내총생산은 미국의 70%에 육박하고 있다. 중국 해군은 양적으로 미국을 능가해, 중국은 세계 최대의 해군력을 가진 국가가 되었다. 빠른 핵 군사력 증강으로 향후 10년 안에 미중 간 핵 군사력 동등성을 달성할 것으로 보인다.

역사상 유례없는 도전자를 맞이한 미국은 과거 냉전보다 훨씬 더 위협을 느끼고 있다. 20세기 냉전과는 다른 차원의 경쟁 속에서 미국은 장기적으로 대중 전략의 최종 목적을 어떻게 상정할지 어려움을 겪고 있다. 미국의 국력이 상대적으로 약화되고 지구적 개입을 추구하는 대외정책에 대한 미국 내 정치적 합의 기반이 빠르게 약화되는 가운데, 미중 전략경쟁은 과거 소련이나 일본의 도전보다 훨씬 더 많은 도전을 안겨주고 있다.

둘째, 중국은 현재 자유주의 권역에 편입되어 있지만, 근대 국제체제에서 패권에 도전하는 최초의 비유럽 국가이다. 근대 유럽권역에서 스페인, 프랑스, 영국, 독일 등이 권역의 주도권을 놓고 다투었고, 이후 미국과 소련이 냉전을 통해 대립했다. 하지만 중국의 부상과 미중 전략경쟁은 애초에 유럽 권역 밖에 있던 중국의 도전이라는 특성을 가진다.[1]

중국은 수천 년 동안 자국을 중심으로 제국적인 유교권역을 유지해 왔다. 서구 열강의 제국주의 침탈을 통해 유럽권역에 편입되었으며, 공산권역에 속해 있다가 자유주의 권역에 부분적으로 편입되었다. 중국은 권역의 5층 구조 속에서 베스트팔렌 조직원리와 경제적 측면의 자유주의 운영원리를 수용했지만, 여전히 공산당의 일당 통치를 핵심으로 하는 권위주의 국가를 유지하고 있다. 또한 개인의 자유와 인권을 자유주의적으로 보장하는 정치이념에 완전히 찬동하고 있지 않다. 결국 탈권역의 조건이 훨씬 더 광범위하게 조성되어 있는 것이다.

이러한 중국의 도전은 단순한 권역 내 주도권 다툼이 아니라 중국의 독자적인 권역 형성을 통한 미국 주도 권역과의 경쟁으로 이어질 수 있다. 중국은 막대한 경제력을 바탕으로 일대일로 사업을 통해 자신의 경제적 영향권을 형성하고 있고, 점차 군사적 네트워크를 강화하고 있으며, 권위주의 국가 간 정치적 연대를 형성하여 중국 주도 권역의 기초 조건을 마련하고 있다.[2]

셋째, 미중 전략경쟁은 미국 주도의 자유주의 권역 안에서 생성되었다. 냉전의 종식과 지구화 이행 속에서 세계 모든 국가들은 기술적 지구화와 신자유주의 경제 지구화에 편입되어 있었다. 중국 역시 미국 주도 자유주의 경제질서 하에서 경제적으로 성장했고, 미중 간 경제적 상호의존 정도는 매우 높다. 미중 전략경쟁에도 불구하고 미중 간 무역액은 역사적 최고치를 경신하고 있다. 따라서 미중 전략경쟁은 양자 간 갈등과 경제적 상호의존이라는 상반된 현상 속에서 일어나고 있다.

미중 대립이 신냉전으로 변화할 것이라는 관측이 있지만, 냉전은 진영 내 단단한 결속력과 진영 간 확고한 배타성을 기초로 한다. 또한 이념적으로 양립할 수 없는 깊은 정치적·사회적 대립을 전제로 한다. 과거 냉전은 근대 유럽 권역에서 새로운 권역의 두 주도국인 미국과 소련이 모두 신생 강대국으로 출현한 것이었다. 미소 간 긴밀한 상호의존 관계는 형성되어 있지 않았다. 전략경쟁이 한창인 미국과 중국 간에는 높은 경제적 상호의존이 존재하고 있다. 두 국가 모두와 밀접한 관계를 맺고 있는 국가들은 미중 양국에 교차 의존 현상을 보이고 있다. 미중 간 대립과 상호 배타성, 다른 국가들의 진영 대립이 일어나기 힘든 구조이다.

중국이 권위주의 정권을 유지하고 있지만, 지구화가 진행되고 지구적 공론장이 형성되며 지구적 정치 커뮤니케이션이 활발한 현 시대에 중국이 독자적인 이념 체계를 가지고 미국과 대립할 수 있을지는 좀 더 두고 보아야 할 일이다. 기후변화와 보건 위기 같은 초국가적 위협이 점차 심각해지는 가운데, 미국과 중국의 협력이 완전히 중단된다면 이는 양국의 공멸을 의미한다. 실존적 위협 앞에서 양국 모두 협력의 필요성을 인정하고 있다. 따라서 미중 전략경쟁은 협력과 갈등의 복합 관계이며, 이는 역사적으로 새로운 현상이다.

넷째, 앞서 살펴본 바와 같이 세계질서는 일국에 의한 패권 수립이 불가능한 단계에 접어들고 있다. 세계 모든 국가의 강력한 국제정치적 참여 요구, 국가 이외의 다층적 행위자들의 목소리 증가, 초국가적 위협의 심각한 도전 앞에서 한 국가가 국제적, 지구적 공공재의 최종 결과물을 단독으로 생산할 수 없다. 미국과 중국 모두 강력한 국력을 가지고 있지만, 일국의 힘으로 패권을 유지하기는 불가능하다. 중간 공공재 제공에서 압도적인 힘을 발휘하고 다른 국가들의 도움을 받아 패권 연대를 유지할 수는 있다. 그러나 효과적으로 공공재를 생산하는 새로운 체제를 형성하기 위해서는 국제적, 지구적 참여성을 높이는 자유민주주의적 운영원리를 확보해야 한다.

미국과 중국의 경쟁은 일국 패권을 놓고 다투는 것이 아니다. 이 경쟁에서 승리한 국가라 하더라도 일국 패권을 수립할 수는 없을 것이다. 하나의 지구 권역을 놓고 보다 나은 권역질서를 유지하는 경쟁이 될지, 아니면 두 개의 권역으로 나뉘어 권역 간 경쟁을 통해 보다 효율적인 권역이 승리하는 형태가 될지는 아직 알 수 없다.

다섯째, 미중 전략경쟁은 과거와 달리 소수 강대국 간 동맹과 연대에 의해 결정되는 경쟁이 아니다. 제3세계, 혹은 글로벌 사우스 국가들은 국제무대에서 정치적 영향력뿐만 아니라 변화하는 경제적 상호의존과 촘촘한 경제 공급망 속에서 매우 중요한 위치를 차지하고 있다. 핵심 광물을 비롯한 다양한 자원 측면에서 제3세계 국가들은 경제 수준이 다소 낮더라도 매우 중요한 위치에 있다. 글로벌 사우스라는 용어 자체는 냉전기 출현했지만, 국제정치현상으로서는 탈냉전/지구화 기간 중에 발생한 것이다. 냉전기 동안 초강대국 경쟁 논리 때문에 억압되었던 탈식민의 과제, 혹은 불완전 주권국가들의 주권 완성의 과제를 이루고자 하는 탈냉전기 제3세계 국가들의 노력과 결합된 개념이라고 볼 수 있다. 이들 국가들 역시 탈냉전기 베스트팔렌-자유주의 권역이 제3세계 국가들의 주권 완성, 자유주의적 국가 권리의 온전한 실현, 국제사회의 주요 결정들에 대한 목소리 반영 및 제도적 대의성 확보에 많은 기대를 걸었지만 여전히 충분하지 못했다. 이러한 자유주의 권역에 대한 제3세계 국가들의 불만은 소위 글로벌 사우스의 집합적 개념을 가능하게 했고 미국 주도 국제질서에 대한 비교적 통합된 대응의 모습을 보이게 되었다. 미국과 중국은 이들을 향한 본격적인 전략경쟁을 벌이기 시작하고 있다.

베스트팔렌-자유주의 권역은 미국 주도로 이루어졌지만, 중견국과 후진국의 경제적, 군사적, 정치적 지지와 팔로워십이 매우 중요했다. 향후 이들 국가들의 영향력과 지지는 더욱 중요해질 것이다. 미국과 중국의 전략경쟁이 기존 선진국을 포함한 강대국 간 경쟁이 아니라 지구 전체의 많은 국가와 지역을 아우르는 경쟁이라는 점은 경쟁의 포괄성을 보여 준다. 향후 더 많은 국가들의 지지를 얻는 국가가 군사적, 경제적, 정치적 힘을 얻을 것이며, 명분과 정당성에서도 앞서 나갈 것이다.

이러한 경쟁의 양상은 미중 전략경쟁의 형태를 변화시킬 것이다. 과거 패권 결정을 위한 세력전이가 쉽게 패권전쟁으로 이어졌지만, 이제는 많은 국가들이 이해 당사자로서 개입하기 때문에 미중 간 대결의 형태도 영향을 받을 수밖에 없다. 미중 전략경쟁이 경제 무대에서 벌어지는 동안, 미국은 2023년부터 많은 동맹국의 도움을 받아 첨단

기술의 대중 수출 통제와 투자 제한을 추구하는 디리스킹 전략을 추진해 왔다. 디리스킹 전략은 유럽에서 제안되었을 뿐만 아니라 실행 과정에서도 동맹국들의 절대적인 도움이 필요했다. 따라서 동맹과 파트너를 확보하는 경쟁이 미중 전략경쟁의 핵심 요인임을 알 수 있다.

베스트팔렌-자유주의 권역의 불완전한 전파

중국은 유럽 근대 권역이 전파되기 이전에 유교권역을 이끌어 온 권역의 중심이다. 유교권은 천자의 권위를 정점으로 사대자소事大字小의 질서를 유지해 온 권위형 권역으로 강제력형 근대 유럽권역과는 근본적으로 다른 질서를 유지해 왔다. 중국은 유럽 권역의 피전파 이전 수천 년간 유지해 온 권역의 중심의 입장을 견지하고 있다. 수천 년간 분열과 통합의 역사를 거쳤고 이민족 지배의 역사도 짧지 않다. 서구 주권국가체제가 중국의 국내외 전략을 지배해도, 긴 역사적 관점에서 주권국가체제는 일시적 일탈에 불과하다는 관점도 존재한다. 유럽권역이 다수의 주권국가체제라는 예외적인 권역을 만들고 산업혁명과 결합하면서 중화질서가 무너졌기 때문에, 중국은 유럽 권역의 전파에서 큰 좌절을 경험했다.

1949년 국가 수립 이후 중국은 소련 주도의 공산권 권역에 근접 국가로 존재하다가 1978년 개혁개방을 거치고 공산권의 붕괴를 지나면서 점차 베스트팔렌-자유주의 권역으로 편입되었다. 동주는 중국이 여러 민족으로 이루어져 있지만 한족의 비중이 압도적으로 높기 때문에 사실상 하나의 민족으로 이루어진 국가라고 보았다. 제국주의 침탈 과정에서 홍콩의 할양, 대만과의 분단 등 영토완정을 달성하지 못했기 때문에 단일민족국가로서 근대주권국가를 완성하는 과제를 안고 있다. 중국 스스로가 단일민족국가 건설을 완결해야 하는 불완전 주권국가의 주권완정의 목표를 가지고 있는 것이다. 그러한 점에서 중국은 베스트팔렌의 권역의 조직원리, 즉 민족자결주의로부터 국가주권을 적극 옹호하는 외교정책의 원칙을 지켜 왔다. 내정불간섭, 영토주권의 존중 등 국가주권의 원칙이 외교전략의 핵심으로 자리잡아 왔고 다른 국가들의 주권도 중시하는 태도를 보여 온 것이다.[3]

중국은 100년 간의 치욕이라 칭하는 피전파의 과정을 거쳐 세계 최강대국으로 부상을 지향하고 있다. 중국은 남중국해 및 동중국해, 인도와의 접경 지역 등에 대한 영유권과 대만과의 통일을 주장하고 있다. 이러한 영토가 중국의 육상 및 해양 영토로 편입된다면 중국의 지정학적, 지경학적 위상은 크게 증가할 것이다. 동시에 주변국과의 영토 분쟁은 더욱 강화될 가능성이 크다. 중국이 제1도련선을 넘어 한국, 일본, 필리핀 등에 안보 위협을 가하면서 서태평양 지역으로 확장할 가능성이 크다. 경제적으로도 해양 자원 및 에너지 자원에서 막대한 이익을 누릴 수 있으며, 수송로를 장악함으로써 주변 국가들에게 큰 영향을 미칠 수 있을 것이다.

중국은 근대 이행 과정에서 청나라가 확보했던 영토의 상당 부분을 상실하였다. 따라서 이러한 중국의 현대 영토 확장 요구는 잃어버린 영토에 대한 회복, 즉 불완전한 주권 국가로서 과거의 영토를 되찾고자 하는 주권 완성의 노력으로 볼 수 있다. 그러나 동시에 이러한 주권 완성의 목표를 내세우면서, 영토를 확장하고 중국만의 세력권을 만들어 미래형 권역을 건설하고자 하는 노력으로 발전할 가능성도 존재한다. 중국이 미국을 능가하는 강대국이 되었을 때 미국 주도 권역에서 미국을 대체할 패권의 지위를 추구할 것인지, 아니면 유럽과 미국이 건설하고 이끌어 온 권역 자체를 새로운 권역으로 대체하려 할지는 아직 결정되지 않은 중요한 문제이다. 중국의 정치철학과 권위주의 국가체제, 그리고 중국의 권위형 조직원리가 결합된 중국 중심의 권역이 탄생할 수 있다. 그러나 단기적으로 베스트팔렌 권역의 조직원리의 핵심 원칙인 국가주권의 원칙을 중국이 강조해 왔기 때문에 이와 모순되는 새로운 권역을 창출할 가능성은 높지 않다.

중국은 20세기 후반 점진적으로 베스트팔렌-자유주의 권역에 편입되었지만 미국 주도 권역의 자유주의 운영원리와 가지는 관계는 매우 복잡하다. 국제적 자유주의 운영원리 하에서 모든 국가는 법적 주권의 평등을 유지하며 강대국의 지배를 거부해 왔다. 동시에 이념적으로는 개인의 인권과 자유를 존중하는 이념을 중시해 왔다.

중국은 국제정치 질서에서 소극적 자유의 존중에 적극 찬성하였고, 강대국과 약소국의 차별을 극복하려는 적극적 자유도 옹호해 왔다. 국제적 자유주의의 운영원리를 강조해 온 것이다. 중국은 경제적 자유주의 질서에 적극 참여했지만, 정치적, 이념적 자유주의는 거부해 왔다. 자유주의 권역은 국가 간 경제적 협력과 타협 하에 개방적인 자유주의 국제경제질서를 유지하고자 노력해 왔다. 중국은 이러한 자유주의 경제질서 속에서 급속한 경제 성장을 이루어 왔다. 반면 민주주의 국가 간 협력과 민주주의의 기초를 이루는 자유주의적 인권 개념을 수용하지 않았다. 중국 나름대로의 사회주의, 공산주의 체제 속에서 민주주의를 주장한 것이다.

중국은 자유주의 운영원리의 다자주의에 대해서는 적극 참여하고 이를 활용하는 모습을 보여 왔다. 자유주의 권역은 국가 간 협력과 합의, 다자주의를 강조해 왔다. 중국은 국가주권을 강조하면서 국가 중심의 다자주의는 적극 지지했다. 그러나 비국가 행위자들, 특히 개인과 시민사회집단이 참여하는 지구적 자유주의 운영원리에 기초한 다자주의는 비판해 왔다.

중국은 국제적 자유주의 운영원리에 동의하지만, 인권과 자유의 존중과 같은 자유주의 이념에 대해서는 부정적인 입장을 취해 왔다. 공산당 중심의 권위주의, 혹은 민주집중제를 핵심으로 하는 정치체제에서 개인의 자유보다는 공동체, 유기체적 집단성을 강조하는 입장이다. 그러한 점에서 자유주의 권역이 옹호하는 지구적 자유주의 운영원리는 중국이 수용할 수 없는 상황이다.

중국의 탈권역을 위한 조건들

중국이 미국 주도 권역에서 점차 탈피하여 중국 주도의 대안적 권역을 제시하고 여러 국가들을 포괄하려면 권역의 리더로서 많은 조건을 갖추어야 한다. 충분한 힘과 지속적인 의도를 확보해야 한다. 이를 구체적으로 살펴보면, 첫째, 기존의 근대국가체제에서 패권국에 도전할 수 있는 힘을 갖추는 것이 우선이다. 특히 군사력이 권역을 조성하고 유지하는 데 핵심적인 힘의 요소라고 할 수 있다. 동주 역시 현대 세계정치가 시작되는 2차 세계대전 이후 미국과 소련의 막강한 군사력을 가장 중요시한 바 있다. 중국의 군사력은 빠른 속도로 증강되고 있다. 이미 세계 최대의 해군력을 갖추었을 뿐 아니라 첨단 기술을 활용한 정보화, 지능화전에 맞는 군대를 양성하고 있다. 미국에 비해 열세인 핵전력도 빠른 속도로 증강하고 있다. 향후 중국의 경제 발전이 지속될 경우 국방비의 증가에 힘입어 중국의 군사력은 미국과 견줄 수 있는 군사력을 확보하게 될 가능성이 높다.

경제력 역시 미국과 경쟁할 때 필요한 중요한 국력이다. 중국은 빠른 경제 성장으로 국내총생산 면에서 미국을 능가할 것으로 예상되고 있다. 이미 구매력 기준 국내총생산은 2014년에 미국을 능가한 것으로 집계된 바 있다. 현재 중국이 경제 발전의 난관에 부딪혀 중국 국력 정점론 peak China도 제시되고 있다. 중국의 경제적 난관이 구조인 것이며, 이를 해결하는 공산당의 노력 역시 정치적, 경제적 구조의 문제에 부딪혀 쉽지 않을 것이라는 전망이다. 그럼에도 불구하고 중국이 경제력에서 세계 최강대국의 규모를 가질 것은 확실하다. 향후에도 꾸준히 성장세를 이어가면서 전기자동차, 배터리, 신재생에너지 분야에서 세계 시장을 장악할 뿐 아니라 첨단 영역에서도 국가의 막대한 투자와 혁신 노력으로 발전할 것으로 예상되고 있다. 시진핑 정부는 특히 첨단 기술에 기초한 신성장동력을 강조하고 있다.

국력과 더불어 중요한 점은 중국의 외교전략에 대한 국내적 합의 기반이다. 중국이 기존의 자유주의 권역과 분리된 독자적 권역을 만들어 집중적으로 투자할 때 장기적으로 중국의 국익이 향상되고 국민들에게 도움이 될 것이라는 국민적 합의가 형성되어야 한다. 권역의 안보적 불안을 해소하고 군사질서를 유지하기 위한 중국의 다양한 군사적 개입 노력도 국민들의 합의에 기초해야 한다. 미국이 막강한 군사력으로 세계 구석구석 미국의 군사력을 투사했듯이 중국의 군사력 투사 역시 반드시 갖추어야 할 조건이다.

다음으로 국제사회의 인정이 매우 중요하다. 중국이 권역의 리더로서 권역 전체의 질서를 유지할 수 있는 능력과 의도를 가졌음을 권역의 구성원들이 인정해야 한다. 현재 중국은 경제력을 바탕으로 일대일로 같은 경제적 영향권 조성 노력에 상당한 진전을 보여 왔다. 또한 글로벌 사우스 국가들에 대한 경제적 지원으로 중국의 경제적 영향권을 만들어 왔다. 이러한 중국의 외교적 영향력이 권역의 형성으로 이어질 때 대안적 권역 창출이 가능할 것이다.

둘째, 변화하는 세계질서 속에서 새로운 리더십을 보이고 미국과 대등한 입장에서 경쟁할 수 있어야 한다. 무엇보다 일국 패권 불가능의 현실 속에서 어떠한 진보된 리더십을 보일 것인가 하는 점이 관건이다. 미국과 중국은 전략적 경쟁을 하면서 이를 패권 경쟁으로 인식하는 경향이 있다. 미중 전략경쟁에서 승리한 한쪽이 세계를 이끌 수 있는 패권을 가질 수 있다는 전제 위에서 성립하는 견해이다. 그러나 앞서 살펴보았듯이, 한 국가가 국제적 공공재와 지구적 공공재를 제공하면서 세계질서를 유지하기는 불가능한 시대에 접어들었다.

중간 공공재에 해당하는 국제질서의 규범과 규칙, 그리고 국제제도를 창출할 때 리더십을 발휘할 수는 있지만, 최종 공공재를 한 국가가 모두 생산할 수는 없는 것이다. 미중 전략경쟁에서 중국이 승리하더라도 20세기 미국이 추진했던 패권적 전략을 추진하기는 어렵다. 오히려 다른 국가들과 함께 세계질서에 필요한 공공재를 제공하는 패권 연대를 만드는 리더십을 행사하는 것이 더 중요하다. 과연 중국이 다른 국가들, 특히 선진국가들과 협력하여 세계질서에 필요한 공공재를 제공할 수 있는 리더십을 배양하고 있는지가 중요한 문제이다.

미국과 경쟁하는 대안적 권역을 창출하더라도 중국 자체의 역량이 중요하기는 하지만, 권역 내 다른 선진국들, 근접 국가들의 지지를 받아서 권역을 유지하는 것이 중요한 과제이다. 현재 중국은 군사동맹을 맺지 않는 전략을 추진하고 있으며, 전략적 동반자 관계를 다양하게 맺고 있다. 다른 국가들과 권력 유지에 필요한 결속력 있는 연대를 맺도록 상호 신뢰와 공통의 이해를 증진하는 질서를 마련해야 한다.

셋째, 자유주의 권역이 충분히 제시하지 못한 지구적 자유주의, 국제적 민주주의, 지구적 민주주의를 얼마나 실현할 수 있는가의 문제이다. 자유주의 권역이 위기에 봉착한 것은 베스트팔렌 권역의 조직원리와 국제주의의 운영원리를 조합하는 어려움, 그리고 지구화 이행기에 새로운 운영원리를 창출하는 어려움 때문이다. 미국은 국제적 자유주의에 기초한 다자주의를 증진했음에도 불구하고, 많은 국가들, 특히 제3세계 국가들의 목소리를 적극 반영하는 국제적 민주주의를 실현하는 데 충분히 앞서가지 못했다. 더욱이 국가 이외의 행위자들인 다층적 이해관계자들의 요구를 권역질서에 반영하는 데 어려움을 겪고 있다.

이러한 변화는 지구화라는 복합거시이행기에 나타난 요인들 때문이다. 중국이 권역을 창출해야 하는 지금의 시점에서 피할 수 없는 조건들이다. 중국은 국제적 자유주의에 적극 동조하지만, 더 나아가 국제적 민주주의와 지구적 자유주의를 수용할 수 있는 적응력이 있는지가 중요하다. 중국은 국제질서의 다극화, 패권주의 반대, 냉전적 유산의 철폐 등을 주장해 왔다. 이는 미국이 군사동맹과 패권 연대에 기초하여 자유주의적 리더십을 행사하는 것에 대한 반발을 표현한 논리이다. 미국 단극패권 체제를 벗어나, 미국과 중국 등 여러 강대국들이 다극체제를 이루어야 한다는 주장이다. 그러나 이는 사실상 다극체제라기보다는, 중국의 리더십에 맞는 새로운 권역을 창출하고자 하는 보다 장기적이고 포괄적인 전략의 표현이라고 보아야 한다.

중국은 식민지국가에 반대하는 탈식민의 선두 주자로서 국제적 민주주의를 앞서 주장하고 있다. 이는 근대 유럽권역에서 비롯된 식민지

국가의 자기전개 과정이 가진 모순과 상통하는 문제이다. 식민지 시대를 거쳐 현재의 글로벌 사우스에 이르기까지 비서구 약소국들은 베스트팔렌 체제 속에서 많은 고난을 겪어 왔다. 중국은 반식민지를 겪은 비서구 권역의 중심으로서 유럽 근대국가의 식민지국가의 모순을 지적하며 새로운 권역을 창출할 수 있는 유리한 위치에 있다. 마치 소련이 경제국가의 모순을 해결하려는 기치를 내걸고 프롤레타리아 국제주의에 기반하여 새로운 권역을 창출하려 했던 것과 유사한 양상이다.

중국이 지속적으로 글로벌 사우스를 대변하고 식민지국가의 모순을 해결하는 참여적이고 민주적이며 평등한 국제 거버넌스를 이룩할 수 있는가는 중국의 탈권역 시도를 가늠하는 중요한 변수이다. 현재 중국은 강대국으로서 다른 약소국들의 발전에 큰 도움을 주기도 하지만, 이들의 주장을 충분히 수용하지 않는 대국주의 외교를 하고 있다는 비판도 받고 있다. 과연 중국이 자신의 권역을 창출할 때 국제적 민주주의를 적극 반영할 수 있을지, 그 점에서 미국보다 민주적인 국제질서를 만들 수 있을지가 매우 중요한 문제이다.

중국은 국제규범과 규칙 제정 과정에서 국가 이외의 다층적인 이해관계자에 집중하기보다는 국가 주권을 중시하는 경향을 보여 왔다. 이는 지구적 자유주의의 운영원리와 관련된 문제로, 과연 중국이 독자적 권역을 구축할 때 비국가 행위자들의 목소리를 얼마나 반영할 수 있을지의 문제이다. 더 나아가 베스트팔렌 체제의 근본적 이행을 추구하는 지구적 민주주의에 대해 중국이 창출하는 권역이 어떠한 입장을 가질지도 관심을 모을 것이다.

넷째, 이를 위해 미래의 문제들을 해결해 나갈 수 있는 정치이념을 제시할 수 있는가 하는 문제이다. 자유주의 권역은 정치를 바라보는 의미체계를 다양한 관점에서 발전시켜 왔다. 유럽 근대 권역에서부터 시작된 자유주의와 민주주의, 그리고 21세기에 치열한 논쟁을 벌이고 있는 자유주의의 나아갈 방향에 대한 다양한 정치철학들이 그러한 노력의 결과이다.

중국은 공산당의 일당 통치에 기반하여 자유주의보다 권위주의 정치체제를 유지하고 있다. 중국은 권역 창출 과정에서 타국에 대한 경제적 지원과 함께 권위주의 정권을 지지하고, 더 나아가 권위주의 정권을 유지하는 데 필요한 다양한 물적·이념적 기반을 제공하는 것으로 알려져 왔다. 자유주의 권역이 경제 위기와 보건 위기 등에 시달릴 때 중국형 정치체제가 조명을 받기도 했다. 그러나 권위주의 체제가 기존의 정치철학의 문제를 해결하고 정의나 정당성 등의 문제에서 더 앞서간다기보다는 정책의 효율성 측면에서 주목받은 점이 크다. 서구 정치철학계에서 자유주의 이후의 정치사상에 대한 논쟁이 한창인 지금, 중국이 자유주의 이후 인류가 추구할 정치이념을 제시할 수 있는가가 중요한 문제이다.

지구 질서 전체를 볼 때 인간이 자유와 평등, 인권과 평화를 추구하는 흐름은 지속적으로 강화되고 있다. 지구화 과정에서 지구적 공론장은 더욱 확장되고 있고, 그 속에서 국가를 넘는 다양한 지구 거버넌스에 대한 논의가 진행 중이다. 이러한 조류에 맞추어 중국이 새로운 권역을 창출하여 개인과 사회로부터 권역의 운영원리와 조직원리에 이르는 일관되고 미래지향적인 정치 이념을 만들어 낼 수 있을지, 자유주의 권역이 씨름했던 문제들을 대체할 수 있는 자유주의 이후의 정치사상을 만들어낼 수 있을지도 중요한 문제이다.

새로운 권역 창출을 향한 중국의 과제

탈권역은 단순히 미국 주도 자유주의 권역으로부터의 이탈이 아니다. 기존의 지구권역에서 내부로부터 새로운 질서의 원칙을 만들고 구성원을 확보하며 새로운 권역의 경계를 획정하는 일이다. 위에서 살펴본 탈권역의 조건을 충족한다면 새로운 권역 창출을 이룰 수 있을 것이다. 이를 위한 과제들을 살펴보면, 첫 번째 과제는 조직원리 차원의 문제로 베스트팔렌 권역의 내재적 모순을 해결하는 일이다. 유럽 근대 국가와 미국, 소련이 모두 부딪혔던 베스트팔렌 권역의 근본적 모순을 해결하는 과제를 똑같이 마주하게 될 것이다. 베스트팔렌 권역에서 근대국가가 부딪힌 군사국가, 경제국가, 식민지국가의 모순을 넘고, 이를 새로운 국제주의, 혹은 통합의 조류와 연결할 수 있는가의 과제이다. 중국이 베스트팔렌 권역에 속해 있는 한, 군사국가로서 자신의 안보를 책임질 수 있는 군사력을 배양함과 동시에 권역의 지도국으로서 국제안정과 평화를 유지해야 하는 새로운 국제주의적 메커니즘을 만들어내야 한다. 경제국가로서 국제적인 시장을 기반으로 자유롭고 개방된 국제경제질서를 유지하는 한편, 국민경제 측면에서 발전을 지속적으로 유지해야 한다. 군사국가와 경제국가가 부딪히는 이러한 모순은 과거 베스트팔렌 권역의 주도국들이 항상 당면했던 문제이다.

중국은 서구 근대국가가 가지는 군사국가, 경제국가, 식민지국가의 본성 중 군사국가와 경제국가의 측면은 적극 받아들인다. 그러나 식민지국가에 대해서는 제국의 입장보다는 식민지의 입장에 서 있기 때문에 서구 국가들과는 반대의 입장이다. 중국은 제국주의 침탈 과정에서 서구의 제국과 일본제국에 의해 반식민지로 전락했다. 여전히 불완전 주권국가의 문제를 안고 있기 때문에 식민지국가에 대해서는 반대의 입장에 있을 수밖에 없다. 중국은 서구의 제국주의를 비판하면서 다른 제3세계의 반제국주의 입장을 대변하고 이끄는 반식민지국가의 리더로서 위상을 추구하고 있다.

둘째, 운영원리 차원에서 중국이 대안적 권역을 창출하거나, 베스트팔렌 권역 내에서 미국을 대체하는 주도국으로 등장했을 때 어떠한 운영원리의 디자인을 갖고 있는지가 매우 중요하다. 식민지국가 차원에서 중국은 제국주의의 역사적 부담으로부터 자유롭기 때문에 탈식민의 과제를 앞장서서 추진할 수 있는 좋은 위치에 있다. 다만 강대국으로서 다른 제3세계 국가들에 대한 새로운 대국주의 유혹을 버리고, 진정한 국제적 민주주의를 실현하며 다른 국가들의 탈식민 과제를 지지할 수 있는 체계를 마련할 수 있는가가 중요할 것이다. 중국은 전통적으로 권위형 권역을 유지해 왔기 때문에 베스트팔렌의 강제력형 권역 속에서 성장하여 새로운 권역을 창출했을 때 과연 국가주권을 최우선시하는 또 다른 베스트팔렌 권역을 건설할지, 아니면 전통적인 권위형 권역을 새로운 형태로 건설할지 많은 의구심이 존재하는 것도 사실이다. 특히 중국이 베스트팔렌-자유주의 권역에 편입되어 피전파국의 지위에 있을 때에도 권역의 조직원리와 운영원리 일부를 제외하고 온전히 권역의 5층 구조에서 동화의 모습을 보이지 않았던 사실이 중요하게 작용하고 있다.

중국이 새로운 대안적 권역을 창출하려 한다면 베스트팔렌 조직원리에 기반하지만 자유주의 운영원리와는 다른 운영원리를 제안하게 될 것이다. 이 과정에서 중국이 추구하는 권역 형성 및 확장은 자유주의 국제질서와 규범을 약화시킬 잠재력을 가지고 있다. 남중국해 사례만 보더라도, 중국은 2016년 상설중재재판소$_{PCA}$가 내린 판결을 근본적으로 거부하고 있다. 만약 구단선 내의 영토가 중국의 해양 영토로 편입된다면 상설중재재판소의 권한은 무시될 것이고 해양법을 기반으로 한 많은 국제 논란도 더욱 악화될 것이다. 중국의 이러한 주장은 자유주의 국제질서를 지키려는 국가들과 국제사회가 어떻게 대응하느냐에 따라 그 효과가 달라질 수 있다. 무엇보다도, 군사적 균형을 통해 군사력에 의한 일방적인 현상 변경을 막는 것이 중요하다.

셋째, 국가를 형성하는 이념의 문제로 이는 개인과 사회, 국가의 정치체제를 관통하는 문제이다. 앞서 자유주의 권역은 프랑스 혁명 이후 자유주의와 민주주의의 긴장관계 속에서 인권과 자유를 향한 지속적인 노력이 많은 갈등을 일으키고 그 가운데에서 새로운 권역의 이념을 찾아 진화하고 있다는 점을 보았다.

현재의 중국이 권역을 형성할 때 단위 국가의 성격은 자유민주주의 국가와는 다른 국가가 될 것이다. 개인과 사회를 관통하는 국제정치의 의미권 역시 기존의 자유주의 권역과는 차이가 클 것으로 예상할 수 있다. 무엇보다 자유주의적 민주주의가 아닌 다른 정치이념, 현재로서는 공산주의, 사회주의, 권위주의 등 다른 정치사상과 민주주의를 결합한 정치이념을 제시할 가능성이 높다. 앞서 살펴본 바와 같이 민주주의는 반드시 자유주의를 내장하고 있는 이념이 아니기 때문에 유기체, 공동체 등을 단위로 개인주의가 아닌 존재론에 기반한 민주주의를 주장할 수 있다. 개인이 아닌 인민이 전체로서 정치과정에 정치적 의사를 반영하는 것을 목표로 하는 이념이다.

정치철학의 관점에서 사회주의와 자유주의는 양립이 불가능한 정치사상이다. 자유주의가 개인의 정치적 권리와 경제적 권리를 주장하는 반면, 사회주의는 개인의 정치적 권리를 인정하지만 사유재산이 결국 불평등을 초래하여 개인의 자유를 해친다고 본다. 사회주의는 경제적 평등을 목표로 하며, 주요 생산 수단의 집단 소유를 통해 이를 달성하려 한다. 칼 마르크스Karl Marx와 그 전후 이론가들의 주장과 일맥상통하는 이러한 논의는 개인의 사적 자유와 계급의 불평등성, 자본주의의 문제를 지적한다는 점에서 자유주의가 주장하는 경제적 자유와 양립하기 매우 어렵다고 볼 수 있다.

반면 사회주의와 민주주의는 상통하는 철학으로 이야기할 수 있다. 사회주의는 모든 개인의 경제적 자유가 확보될 때 민주주의가 요구하는 사회의 평등이 이루어질 수 있다고 본다. 즉, 사회주의에서는 개인 사유재산의 철폐와 계급 불평등성의 극복이 민주주의의 핵심 과제라는 점을 강조한다. 이에 따라 사회주의자들은 사회주의 민주주의가 자유주의 민주주의보다 훨씬 우월하다고 주장한다.

자유민주주의가 선별적인 대외 민주주의 형태를 취하는 것과 달리, 사회주의 민주주의에서 프롤레타리아 민주주의는 직접 민주주의이며 프롤레타리아 인민의 이익을 직접 대변하는 것으로 주장한다. 또한 사회주의 민주주의에서는 경제적 문제에서도 모든 인민이 동등한 결정권을 가지고 참여하는 것으로 본다. 이는 자본주의에서 계급 불평등으로 인해 경제적 평등이 확보되지 못하는 상황과 대비된다는 것이다.

마지막으로 사회주의와 민주주의에 기반한 정치사상을 제공하는 과제이다. 자유민주주의가 경제적 불평등성을 문제시하지 않는 것과는 달리, 사회주의 민주주의는 경제적 권력의 동등한 분배를 주장한다는 점에서 자유주의 민주주의와 큰 차이가 난다. 이러한 점에서 사회주의와 민주주의는 상호 양립 가능하고 보완적으로 보인다. 그러나 실제 역사 속에서 사회주의 국가가 민주주의를 정치적으로 실현한 예는 별로 없다고 볼 수 있다. 오히려 사회민주주의와 같은 정치체제에서 특히 복지국가의 형태로 사회주의의 측면들이 민주주의적으로 받아들여지기는 한다.

향후 중국이 권역의 핵심으로 삼게 될 정치사상과 관련하여 자유주의 정치사상이 포괄될 가능성은 크지 않다고 본다. 자유 이외의 정치적 가치를 자유보다 더 중요한 정치적 가치로 제시할 때 비자유주의 정치 체제가 된다. 여기서 자유는 개인의 자유이므로 자유주의의 핵심인 개인주의보다 공동체주의, 유기체주의를 앞세울 때 자유주의와는 거리가 있는 정치체제라고 볼 수 있다. 민주정이 아닌 다른 정치체제를 제시할 때 민주주의와 거리를 두게 된다. 자신이 참여하는 통치 체제를 중시하는 인민주권이 아니라 일부의 국민들, 예를 들어 한 명의 군주나 소수의 귀족들, 귀족정의 핵심 인원들이 정치체제를 만든다. 민주주의라 하더라도 모든 사람이 평등하지 않은 정치 참여를 할 때 이는 민주주의가 아니라고 볼 수 있다. 그렇게 볼 때 자유 이외의 가치에 초점을 두면서 비민주적인 방법으로 정치체제를 이루어 가는 정치 체제를 살펴볼 필요가 있다.

예를 들어 자유의 가치가 아닌 공동체의 발전, 경제 발전, 인종주의 등을 최대의 가치로 내세울 때 자유주의가 아닌 정치체제가 된다. 이러한 가치를 비민주적 방법으로 추진하여 군주정이나 귀족정으로 추진할 때 이는 비자유주의적이고 비민주적인 정치체제가 된다. 중국의 경우 개인의 자유보다는 공동체의 발전, 조화, 국가의 유지 등을 더 중요한 가치로 본다. 이를 추구하는 과정은 자유민주주의 체제와는 다르다. 개인이 평등한 투표권 위에서 자신이 참여하는 정치체제를 이루지 못한다. 결국 비자유주의적이고 비민주적인 정치체제를 가지고 있다. 이러한 이념이 현재 중국 국내 권위주의 정치체제의 기반이 되고 있는 상황에서, 권역의 이념으로도 자리잡을 때 권역의 구성원 간에 어떠한 관계가 형성될지가 중요한 문제이다.

미래의 세계질서 방향

　미국 주도 자유주의 권역은 패권에 기초해 왔기 때문에, 미국의 외교대전략은 권역질서와 운영원리를 결정하는 데 가장 중요한 변수로 작용해 왔다. 베스트팔렌 권역에서 개별 국가의 생존과 권력, 이익이라는 변수는 모든 국가들을 규정하는 가장 중요한 현실주의적인 변수이다. 이러한 상황에서 자유주의 권역은 베스트팔렌 권역의 근본적인 자기모순을 벗어날 수는 없다. 그럼에도 불구하고 베스트팔렌 조직원리 하에 놓인 국가들이 하나의 권역을 유지할 수 있었던 것은 이들 간의 사회성과 국제주의적 성격을 시대의 변화에 맞게 심화시켜 온 까닭이다. 미국은 1차 세계대전 이후 국제제도를 만들고 심화시켰고, 국제화되는 시장 속에서 국가 간 거시경제적 타협을 이끌어냈다. 민주주의를 확장하고 인권을 존중하면서도 권역 간 경쟁의 논리와 미국의 국익을 타협할 수 있는 타협점을 찾고자 했다.
　이 과정에서 자유주의 국제정치 이론가들이 말하는 민주평화와 시장 평화, 제도평화는 그 자체로는 권역을 유지한 조건으로서 충분한 내용을 담고 있지는 않다. 오히려 자유주의 권역이 현실주의 본질에 기초하고 있다는 사실을 정확히 인식하고 이를 바탕으로 현실주의와 자유주의를 조합할 수 있는 균형점을 찾는 것이 가장 중요한 권역 발전의 요체이다. 그런 점에서 자유주의 권역은 현실주의적 기반을 얼마나 인식하고 이를 시대의 조류에 맞게 변화시키느냐가 중요한 것이었다. 냉전기에도 미국 스스로 국제질서에 필요한 모든 공공재를 생산하는 데 점차 한계에 부딪혔다. 그렇기 때문에 권역의 다른 국가들, 특히 다른 선진국, 권역 근접 국가들을 공공재의 공동 생산 국가로 설정하는 문제, 그리고 미국의 공공재 생산에 기여하도록 독려하거나 압박하는 중견국가와 후진국의 팔로워십을 확보하는 문제 등이 매우 중요했다. 향후 미국 주도 자유주의 권역은 변화된 국제 상황 속에서 미국이 어떠한 전략을 펴는가에 따라 큰 영향을 받을 것이다. 미국은 자국의 힘을 키우면서도 권역을 유지할 수 있는 국가 간 협력을 이끌어내는 것이 매우 중요한 과제이다.

일국 패권을 위한 자국의 국력 강화에 힘을 쓰는 데 지나치게 집중하거나, 권역의 주도권을 외면하고 자국의 힘만을 강조하는 자국 이익 우선주의는 모두 실패할 것이다. 즉, 패권 지향의 자국 강화주의나 국제주의를 팽개친 자국 우선주의는 모두 권역의 진화에는 도움이 되지 않을 것이다. 자국우선주의는 거래적 패권의 모습을 띠다가 결국 강압적, 약탈적 패권의 모습을 띠는 쇠퇴의 길을 걸을 수 있다. 이 경우 미국은 패권국으로서의 이익을 잃고 보통 강대국의 지위로 내려앉게 될 것이다.

자국의 강화와 권역 유지 사이의 균형도 매우 중요하다. 다른 국가들과 함께 권역의 진화 방식에 대한 합의를 이루고 팔로워십을 확보하며, 미국이 패권 연대의 메타 리더십을 확보하는 노력이 매우 중요하다. 자유주의 권역이라고 해서 자유주의 국제정치 이론가들이 이야기하는 평화의 메커니즘에 집착해서는 실패할 수밖에 없다. 국가 간 현실주의적인 권력과 이익 갈등을 염두에 두면서도 자유주의적 메커니즘을 실현할 수 있는 정치적 타협책을 찾지 않으면 권역이 발전하기 어렵기 때문이다.

반면, 중국은 베스트팔렌 체제의 현실주의적 성격을 매우 절실하게 인식하고 있다. 과거 반식민지 경험뿐 아니라 미중 전략경쟁에서 미국이 현실주의적 메커니즘을 철저하게 인식했기 때문이다. 그러나 미중 전략경쟁에서 중국이 현실주의적으로 자국의 힘을 강화하고 대응하는 것과 새로운 권력을 창출하여 주도권을 강화하는 것은 논리가 동일한 것은 아니다. 중국은 베스트팔렌 권역이 현실주의적이라는 사실과 동시에 국제주의적 연대를 강화해야만 권역을 이룰 수 있다는 사실을 인식해야 한다. 그것도 많은 국가들이 국제적 민주주의를 요구하고, 비국가 행위자들이 자유주의적 정치 환경 속에서 목소리를 높이는 지구적 자유주의 상황에 있다는 사실을 추가적으로 감안해야 한다.

만약 중국이 21세기의 국제주의적 성격을 감안하고 자국의 힘을 증강시키는 자유주의와 현실주의 간의 균형점을 찾지 못한다면 권역의 주도권을 만들어 가기는 어려울 것이다. 중국 권역 주도의 핵심은 자국의 힘을 강화하는 현실주의적 전략과 시대의 흐름에 맞는 권역의 국제주의적 성격을 어떻게 병행해서 조합시키느냐에 달려 있다. 이러한 관점에서 미중 전략경쟁은 세계질서를 놓고 미국과 중국이라는 두 개별 국가가 힘겨루기를 하는 측면도 있지만, 각각 권역의 창출 및 유지 강화를 위한 노력이 훨씬 더 중요하다는 점을 깨달아야 한다.

이 논리는 미국에게 자국의 국력 강화와 동맹 파트너십과의 협력 강화, 그리고 제3세계 국가들에 대한 개발 정책 강화 등으로 표현된다. 중국은 경제력을 강화하고 국방력을 증강시키면서 공산당 주도의 일관된 권위주의 정권을 강화하는 전략을 구사하고 있다. 동시에 전략적 협력 국가들의 협력을 강화하면서 특히 글로벌 사우스 국가의 대표자로서 세계질서를 새롭게 변화시키려는 노력도 기울이고 있다.

미국과 중국은 미래 국력의 격차, 모든 전략경쟁의 핵심이 되는 기술 변수에 초점을 맞추고 있다. 인공지능, 양자컴퓨터, 바이오, 신재생 기술 등 과거의 기술 경쟁과는 차원을 달리하는 경쟁이 앞에 놓여 있다. 미국은 디리스킹으로 첨단 기술에서 중국에 대한 수출과 투자 제한 정책을 펴고 있다. 중국은 자체 기술 공급망과 생태계를 강화하려 하고 있다. 이러한 기술 변수는 미중 경쟁에서 핵심적인 상황이지만 이 역시 권역 내 다른 기술선진들, 더 나아가 타 권역의 기술선진국과의 협력이 어떻게 형성되고 국제규제레짐에 미중 양국이 어떠한 원칙을 가지고 주도권을 확보하는가에 따라 크게 달라질 것이다. 기술 영역에서도 자국 강화의 노력과 국제적 지지 확보가 모두 중요하게 작용할 것이다.

미국이 자유주의 권역을 주도할 수 있는 전략적 균형점을 찾지 못한다면, '보통 국가'가 된 미국 혹은 '미국 없는 자유주의 권역'을 어떻게 유지할 것인가의 문제가 대두할 것이다. 미국의 주도가 사라진다고 해도 자유주의 권역이 과거 유럽 권역의 세력균형으로 회귀하지는 않을 것이다. 코헤인 Robert O. Keohane이 제시한 논리, 즉, 패권 시대 이후 국가 간 기능적 수요가 존재한다는 사실만으로 그렇게 되지는 않을 것으로 본다.4 자유주의 권역이 당면한 다양한 문제들은 미국이 없더라도 지속될 것이기 때문이다. 여전히 경제적 상호의존은 매우 높고, 기술적 지구화도 진행 중이기 때문에 국가 간 협력 수요는 계속 늘어나며 공공재 유지에 대한 요구도 강화될 것이다. 자유주의 국가들이 상호 협력과 타협에 의해 변화된 시대의 협력 기제를 만들어낸다면, 권역 내 선진국 간 협력과 지지를 통해 자유주의 권력을 이끌어 갈 수 있을 것이다. 정치철학적으로 말하면, 군주정의 형태가 급격히 감소하고 귀족정과 민주정에 기반한 거버넌스 형태를 이루는 것이다.

이 과정에서 국가 간 협력을 이끌어낼 수 있는 정치과정은 더욱 어려워질 수 있다. 그러나 초국가적 위협과 비국가 행위자들의 요구, 그리고 국가 간 상호의존 속에서 협력의 부재가 가져올 수 있는 무질서의 비용이 매우 크기 때문에 자유주의 권역의 협력 노력은 지속될 수 있다. 그럼에도 불구하고 자유주의 권역이 새로운 권역질서의 공식을 만들어내는 동안, 자유주의 지구 권역의 주변은 더욱 악화되고 중국 주도의 대안적 권역 창출의 도전은 지속될 것이다.

현재 진행되고 있는 우크라이나 전쟁과 중동 전쟁은 자유주의 권역의 약화를 보여 주는 양상들이다. 러시아와 중동 모두 탈냉전기 미국 주도 자유주의 권역의 지구적 전파가 불완전하게 이루어진 지역들이다. 러시아는 흔히 냉전에서 패배했다고 하지만, 공산권의 근접 및 주변을 상실했을 뿐 중심에 해당되는 러시아가 영토를 잃거나 국제법적 주권을 제한받은 것은 아니다. 즉, 패전국의 지위를 부여 받은 것은 아니라고 할 수 있다. 탈냉전기 미국과 러시아 간의 새로운 관계 설정이 필요했는데, 유럽 안보 국면에서 탈냉전기의 안정적이고 지속가능한 협력 제도화가 이루어지지 못했다고 본다. 러시아는 이를 두고 탈냉전은 존재하지 않았으며, 냉전적 대립이 지속되었을 뿐이라고 미국을 비판하고 있다.

이 과정에서 러시아가 느낀 정치체제와 안보 불안이 우크라이나 공격의 한 원인이었다고 볼 수 있다. 하지만 러시아는 스스로 권역을 창출할 수 있는 충분한 국력을 소유했다고 보기 어렵다. 중국과 마찬가지로 변화된 세계의 조류에 맞게 새로운 권역 창출 주도의 다층적 구조에서 충분한 힘을 확보하지 못하고 있다. 그럼에도 불구하고 자국 중심의 권역 창출을 위한 핵무기를 비롯한 군사력을 소유하고 있기 때문에 단순한 자국 이익 확장을 넘어 권역 창출의 노력을 지속할 가능성은 있다. 푸틴 대통령은 전쟁이 진행되는 동안 우크라이나 전쟁이 자국 이익을 보호하기 위한 방어전쟁이라는 담론을 펴고 있다. 근외를 포함한 영향력을 확보하고 이를 냉전기 제국적 권역, 더 나아가 근대 이전 러시아 왕조의 제국 권역과 연결하는 레토릭도 활용하고 있다. 이러한 노력이 반드시 베스트팔렌 권역을 넘어서는 새로운 권역 창출의 현실화를 의미하지는 않더라도 다권역 질서를 향한 도전을 강화하는 한 현상임은 틀림없다. 현실적으로는 러시아는 자유주의 권역의 주변적 교란 요인으로 남거나, 혹은 새로 만들어지는 중국 권역에 근접하여 편입되어 중·러 간 전략 협력을 강화하는 두 가지 옵션을 가지고 있다고 본다.

중동 역시 식민지 시대를 거쳐 독립하였고, 민족주의와 종교의 강한 영향 아래 근대 주권 국가의 국민주의를 온전히 정착시키지 못하였다. 이 과정에서 불안정한 주권국가로 남은 많은 국가들이 있었고, 내전과 국가 간 전쟁, 국가의 경계와 종교, 민족의 경계 간의 혼란 등 많은 문제를 겪어 왔다.

냉전의 종식 이후 이러한 문제를 해결할 수 있는 국제환경을 기대했지만, 미국의 대중동 정책은 소극적이거나, 9.11 테러 이후 미국의 안보를 중심으로 한 공격적인 자유주의 확산 정책에 집중되었다. 대테러 전쟁 이후 미국의 중동 정책이 충분히 정비되지 못한 상황에서 미국의 중동 개입력과 의도가 약화되고, 자국의 이익을 확보하지 못한 집단들은 불만을 품게 되었다. 바이든 정부의 중동 평화 프로세스가 진행되는 동안 이스라엘-팔레스타인 문제는 해결되지 않은 채로 진행되었고, 이 과정에서 심각한 갈등이 다시 표출되고 있다. 지구 권역을 유지할 수 있는 미국의 개입력이 약화되면서 중동 전쟁에 영향을 미칠 수 있는 권역의 중심부의 힘은 매우 약화된 상태이다. 중동 국가들 역시 하나의 권역을 창출하기에는 힘과 내부 결속력이 부족하지만 그럼에도 불구하고 자유주의 권역에 대한 근본적 불안이 탈권역의 경향을 강화할 수 있다.

우크라이나 전쟁과 중동 전쟁 모두 자유주의 권역 주변의 교란 요인이라고 한다면, 이를 해결할 수 있는 국제적 권역의 국제주의적 개입 능력이 매우 중요하다. 우크라이나 전쟁을 해결하기 위한 미국과 동맹국들의 노력, 중동 전쟁에 대한 일관된 비전과 대책을 가진 자유주의 권역의 대응책이 매우 필요한 시기이다. 그러나 미국이 자국의 국력 강화, 그리고 자유주의 권역의 미래 진화 방향에 대한 명확한 비전을 제시하지 못하고 있기 때문에 이러한 권역 주변의 교란 요인은 앞으로 다른 지역에서도 충분히 발현될 수 있다고 본다.

미국의 리더십이 급격히 악화된다면, 자유주의 권역 내 구성원 간 협력이 매우 중요해진다. 구성원 간 협력은 권역에 대한 비전과 상당한 절박함을 필요로 한다. 이러한 상황에서 향후 실현될 수 있는 몇 가지 세계질서의 시나리오를 살펴보면 다음과 같다.

미래 세계질서의 시나리오

　이상의 내용을 종합하여 볼 때 권역이론의 관점에서 향후의 세계질서는 몇 가지 시나리오로 대별될 수 있다. (1) 다권역 세계질서로 복수의 권역, 특히 중국 주도 권역이 성립되어 미국 주도 베스트팔렌-자유주의 권역이 자기분열되는 경우, (2) 위기가 장기화되는 자유주의 지구 권역질서로, 미국의 권역 주도력이 약화되어 권역의 유지를 둘러싼 협력과 갈등이 병존하는 가운데 주변의 불안정성이 심화되어 권역 전체가 약화되는 경우, (3) 현재의 자유주의 권역이 자유민주주의 지구권역으로 진화하는 경우로, 국제적 자유주의 운영원리를 넘는 지구적 자유주의, 민주주의 운영원리를 도입한 베스트팔렌 권역으로 진화하는 경우, (4) 중국 주도 자유주의 권역질서로, 미국이 아닌 다른 국가, 예를 들어 중국이 베스트팔렌-자유주의 권역 안에서 주도국으로서 미국을 대체하는 경우, (5) 지구민주주의 신지구권역의 출현으로, 가장 근본적인 변화로 탈베스트팔렌 이행을 거쳐 지구민주주의를 향한 먼 여정을 시작하는 경우로 나누어 볼 수 있다. 동주는 이와 같은 근본적 이행의 길로서 유럽연합의 변화를 염두에 둔 것일 수 있다. 물론 그 변화는 동주의 말처럼 손자 세대에나 실현되는 장기에 걸친 과정일 수도 있다.

표 12 | 권역이론의 관점에서 본 세계질서 시나리오

질서의 성격	주된 특징
다권역 세계질서	복수의 권역, 특히 중국 주도 권역이 성립되어 미국 주도 베스트팔렌-자유주의 권역이 자기분열되는 경우
자유주의 권역의 위기 지속과 주변의 불안정	미국의 권역 주도력이 약화되어 권역의 유지를 둘러싼 협력과 갈등이 병존하며, 주변의 불안정성이 심화되어 권역 전체가 약화되는 경우
베스트팔렌-자유민주주의 지구권역으로 진화	자유주의 권역이 자기진화하여 국제적 자유주의 운영원리를 넘는 지구적 자유주의, 민주주의 운영원리를 도입한 베스트팔렌 권역으로 진화하는 경우
중국 주도 자유주의 권역	미국이 아닌 다른 국가, 예를 들어 중국이 베스트팔렌-자유주의 권역 안에서 주도국으로서 미국을 대체하는 경우
지구민주주의 신지구권역의 출현	탈베스트팔렌 이행을 거쳐 지구민주주의를 향한 먼 여정을 시작하는 가장 근본적인 변화의 경우

다권역 세계질서

다권역 세계질서의 미래에서는 무엇보다 중국 변수가 가장 중요하다. 중국의 힘과 독자적 권역을 창출하려는 의도와 의지의 문제이다. 미국 주도 권역에 경쟁할 만큼의 독자적 힘을 갖추어야 하고, 새로운 권역에 소속될 핵심 국가들과 협력적 관계를 설정해야 한다. 핵심 근접 국가들도 중국을 도와 권역질서를 이룩할 힘을 갖추어야 한다. 중국은 자신이 창출한 권역의 질서를 유지할 수 있는 국제적 공공재를 제공할 능력을 가지고 있어야 한다. 이는 군사력뿐 아니라 경제력, 정치체제의 모범성, 권역질서의 비전을 제시할 수 있는 이념과 사상의 힘 등을 포괄한다. 안보 부문에서 중국은 권역 공공재 생산의 중요한 세 축으로 지구안보구상, 지구발전구상, 지구문명구상 등을 제시하고 있다.

이 중 군사력이 가장 중요한 힘이다. 미국과 군사적 동등성을 확보하고 미국 권역과 군사적으로 경쟁하면서 권역 내 국가들의 안전을 확보할 수 있는 군사력을 가지고 있어야 한다. 현재 통상 전력에서 중국의 군사력이 향상되어 세계 2위의 군사력을 가지고 있다. 향후 핵 전력이 매우 중요한데, 중국의 핵심 이익인 대만 문제를 비롯하여 회색지대와 통상전에서 미국의 핵전력에 대항할 만큼의 군사력을 가지는가가 매우 중요할 것이다.

미중 간 핵 균형과 관련하여, 중국은 최근 빠른 속도로 핵탄두와 대륙간 탄도미사일ICBM을 증가시키고 있다. 이러한 핵 증강은 수세적 해석과 공세적 해석 모두 가능하다. 수세적 관점에서 볼 때, 중국은 미국이 절대적인 핵 우위를 가지고 있는 상황에서 미국의 핵 선제공격 가능성에 대한 불안을 느껴 왔다. 특히 대만에서의 갈등이 발생할 경우,

통상 전력에서 우위를 점하고 있는 중국이 우려하는 점은 미국이 전술핵을 사용할 가능성이다. 미국의 미사일 방어 체계 증강과 중거리핵전력INF조약 파기는 중국에게 위협적으로 인식될 수 있다. 이러한 상황 속에서 중국은 미국의 핵우위와 선제 공격에 대비해 핵전력을 강화하려고 한다. 중국은 상호 확증 파괴를 통한 억지전략의 약화를 두려워하고 있는 것이다.

반면, 중국이 미국에 대해 핵 동등성을 확보하거나 핵 우위를 점하게 될 경우, 대만 문제에서 중국의 통상 전력 우위가 강화될 수 있다. 이는 중국의 공세적인 정책을 추진하는 데 유리한 환경을 제공할 것이며, 미중 간 핵 경쟁에서 의도하지 않은 위기 상황을 초래할 가능성도 증가한다. 중국이 '경고 즉시 발사launch on warning' 핵 전략을 채택할 경우, 미중 간 핵전쟁 위험은 더욱 높아질 수 있다. 중국의 핵증강과 세력권 확대는 단순한 방어적 목적을 넘어 공세적 목표를 포함하고 있을 수 있으며, 이는 국제 사회에 중대한 도전을 제기할 것이다.[5]

중국이 추구하는 지리적 권역의 범위도 중요하다. 중국이 주권국가 수립 과정에서 온전한 영토를 확보하지 못했기 때문에 대만과의 통일, 홍콩의 완전한 병합, 신장의 독립운동 방지 등 많은 정책상의 과제를 안고 있다. 이러한 과제는 불완전 주권국가의 주권 완성이라는 면에서 현상 복구의 측면이 있다. 하지만 이미 강대국이 된 중국의 정책은 현상을 변경하여 국제정세를 크게 변화시키는 측면도 가지고 있다.

특히 중국의 남중국해 정책은 현상 복구의 측면이라고 보기는 어렵다. 중국은 구단선을 중심으로 한 남중국해 면적의 90%에 대해 주권적 권리를 주장하고 있다. 필리핀, 베트남, 브루나이, 말레이시아, 대만 등과 영해 및 배타적 경제수역이 겹쳐 많은 충돌이 일어나고 있다. 이 지역은 동남아 국가들에 대한 중국의 영향력, 남중국해에 매장되어 있는 천연가스나 석유 같은 자원, 바시 해협과 말라카 해협과 같은 수송로 등의 면에서도 매우 중요한 지리적 요충지이다.

남중국해는 미국에 대한 중국의 반접근/지역거부 A2AD 전략 측면에서도 매우 중요한 지역이다. 만약 중국이 남중국해를 자신의 영해로 만드는 데 성공한다면, 미국이 바시 해협을 통해 남중국해로 진출하거나 필리핀의 수로 지역을 통해 남중국해로 진입하는 것도 매우 어려워질 것이다. 미국의 항해와 상공비행이 남중국해에서 이루어지기 어렵다면, 중국은 태평양과 인도양으로 진출하는 교두보를 확보하게 되고, 수송로에 대한 장악을 통해 동남아 국가들은 물론 동북아 국가에 대해서도 상당한 영향력을 발휘하게 될 것이다. 중국이 대만 통일과 함께 남중국해에 대한 주권적 권리 확보에 성공한다면, 중국은 이후 자신의 권역을 세계적으로 확대하는 데 상당히 유리한 상황을 확보할 수 있을 것이다.

경제력 부분에서는 독자적인 경제권을 형성하는 능력이 매우 중요하다. 중국의 권역 창출 과정에서 특히 경제력이 매우 중요하게 작용해 왔다. 과거 미국과 소련은 두 차례의 세계대전 과정에서 스스로 권역을 창출하고 강화했다. 강력한 군사력을 바탕으로 권역을 창출하고 이후 경제적 공공재를 생산할 수 있는 중간 공공재에 해당하는 다양한 국제 규범과 규칙, 제도를 창출했던 것과는 다른 경로이다. 향후 군사력 충돌이나 전쟁이 없을 것으로 장담할 수는 없지만, 그래도 현재까지 중국의 권역 창출 노력은 주로 경제력에 기반하고 있다는 사실은 틀림없다.

중국의 경제력은 빠른 속도로 향상되었다. 2024년 건국 75년을 맞이한 중국은 낙후되고 가난했던 국가에서 세계 2위 경제 대국으로 성장했다. 2023년의 고정 가격 기준으로, 총 경제 생산량은 1952년에 비해 223배 증가했으며, 연평균 성장률은 7.9%를 기록했다. 구체적으로, 2023년 중국의 국내총생산GDP은 126조 위안(약 18조 미국 달러)을 넘었으며, 1952년의 GDP는 679억 위안에 불과했다. 2020년까지 중국 농촌의 9,899만 명이 빈곤에서 벗어났으며, 832개 빈곤 현이 공식적으로 빈곤에서 탈출한 것으로 인정받았다. 2023년 중국의 총 경제 생산량은 세계 총량의 약 17%를 차지했으며, 2013년부터 2023년까지 중국의 세계 경제 성장에 대한 평균 기여율은 30%를 초과해 세계 경제 성장을 이끄는 최대 원동력이 되었다. 현재 중국은 세계 최대 상품 무역국이자, 두 번째로 큰 서비스 무역국이며, 두 번째로 큰 상품 소비국이자 최대 외환보유국이다.

일대일로 구상은 협력 네트워크를 강화하고 확장했으며, 22개의 자유무역 시범구역이 설립되었다. 전기차, 태양광 배터리, 리튬 이온 배터리와 같은 지능형 및 친환경 산업들이 빠르게 형성되고 있다. 중국의 기술 집약적이고 친환경적인 '신 3대'로 분류된 이들 산업의 2023년 수출액은 1,500억 달러로 전년 대비 29.9% 증가했다. 현재 중국은 혁신 주도, 환경 지속 가능성, 그리고 개방적인 고품질 개발 경로에 착수하여 세계에 새로운 성장 모멘텀과 기회를 추구하고 있다.[6]

그러나 동시에 중국 경제는 구조적 장벽에 봉착해 있는 것으로 평가받고 있다. 중국 국력 정점론peak China 등 중국이 투입 중심 경제에서 혁신 중심 경제로 나아갈 수 있는가, 중진국 경제 함정에서 벗어날 수 있는가, 공산당의 강력한 시장 개입에서 비롯되는 경제적 문제를 해결할 수 있는가 등 다양한 문제에 직면해 있다. 구조적 문제를 해결할 수 있는 방안 역시 구조적 한계에 부딪히고 있다면, 이는 중국이 경제적 권역 공공재를 제공하는 데 많은 어려움을 줄 것이다.

향후 중국의 경제력이 일대일로 사업을 충분히 지원하여 권역 경제를 공공화할 수 있을지, 그리고 신기술 영역에서 중국 경제의 성장동력을 확보함과 동시에 중국 경제 모델을 바꾸고 다른 국가들에게 경제적 영향력을 행사할 수 있을지가 매우 중요하다. 중국의 경제력이 독립적 권역 창출의 핵심이라는 점, 그리고 이 과정에서 신기술이 매우 중요하다는 점 등이 현재 자유주의 권역의 대중 견제 정책의 핵심으로 작용하고 있어 지경학적, 지정학적 대립 구도가 중요해졌다.

중국의 국가체제와 정치이념이 권역을 통합할 수 있는 사상적 이념적 기반으로 작동할 수 있는가도 중요한 문제이다. 중국은 공산주의와 시장사회주의를 이념적 기반으로 삼고 있다. 중국 공산당을 중심으로 일당 권위주의 정권 모델을 고수하고 있다. 이러한 모델은 빠른 경제 성장과 국가 안정 등의 성과를 보였다. 경제 성장은 물론 경제 위기에 대한 대처 능력, 정치적 반대를 제어할 수 있는 능력 등에서 효과를 입증하였고, 권위주의 체제의 수출, 권위주의 국가 간 협력과 평화 등 다양한 논의가 진행되었다. 그러나 코로나 사태 관리 과정에서 이러한 권위주의 정권의 효율성과 정당성에 의문이 제기되기도 하였다. 중국의 권위주의 정권은 경제적 발전의 효율성에 기대고 있다. 경제 발전이 지속되어야 중국 국민들이 권위주의 정권을 수용한다는 암묵적 협약이 존재하기 때문에, 경제 발전은 경제의 문제일 뿐 아니라 정치의 문제이기도 하다.[7]

이념적으로 중국은 자유주의 정치사상에 반대하고 당에 의한 민주집중제를 추구하는 독특한 민주주의를 제시하고 있다. 중국은 전통적 관점에서 근대 이전 권력을 유지하던 정치사상을 새로운 시대의 흐름에 맞게 재해석하고 있다. 다양한 형태의 중국적 특색의 국제정치 이론도 제시하고 있다. 이러한 이론들은 현재 자유주의 권역이 당면한 많은 문제에 대해 창조적인 비판과 대안을 제시해 왔다. 예를 들어 유교에서 존재론적 기반으로 작동하던 관계주의 이론은 서구 근대 철학의 원자론적 존재론을 비판하며 사회 질서에 대한 새로운 대안을 제시하기도 했다.[8] 이러한 중국의 노력이 향후 창출되는 권역의 사상적 기반으로 작동할 수 있을지가 매우 중요하다.

중국의 힘과 더불어 권역 창출에 중요한 점은 중국의 강력한 정치적 의지이다. 자유주의 권역에서 이탈하여 새로운 권역을 창출하려면 다양한 측면에서 중국을 따르는 권역 내 구성원들의 지지를 확보해야 한다. 중국의 탈권역 의지를 살펴보기 위해서는 무엇보다 미중관계를 살펴보는 것이 중요하다. 미국의 대중국 정책이 중국으로 하여금 기존의 자유주의 권역에 대한 불만족도를 얼마나 상승시키는지가 우선 중요하다. 중국 지도부는 물론 국민들의 동의, 그리고 중국과 긴밀한 관계를 맺고 있는 러시아와 같은 강대국, 그리고 유일한 동맹국인 북한, 중동의 중국 우호국인 이란, 그 밖의 중앙아시아 국가들과 일대일로의 연선국가들이 이러한 중국의 불만족도에 동조하는지도 중요하다.

이 과정에서 미국의 대중 전략이 중요한 변수이다. 미국이 중국을 어떻게 인식하고 대중 전략을 추구하는가에 따라 미중관계, 더 나아가 중국의 탈권역 의지 및 권역 창출 의지가 결정될 것이다. 현재까지 중국은 앞에서 살펴본 바와 같이 자유주의 권역 내에서 베스트팔렌 조직원리와 경제적 측면의 자유주의 운영원리를 나름대로 흡수하여 자유주의 권역 내에서 강대국의 지위를 이루었다. 향후 중국의 발전과 안전, 그리고 다른 국가들과의 공전이 확보되지 못한다면 중국의 불만족도는 늘어날 것이다.

중국은 자유주의 국제질서 하에서 다양한 국제기구 속에서 리더십을 확보하고 경제적 영향력을 늘리며 다극적 세계를 추구해 왔다. 중국이 말하는 다극체제는 현재까지는 미국의 자유주의 권역 내에서 여러 강대국들이 경쟁하는 권역 내 다극질서라고 볼 수 있다. 권역적 특성을 가지는 진영이 대결하는 과거 냉전의 두 진영 대결 구도와는 다르다. 그러나 미국이 중국을 권역적 관점에서 타자화하고 중국 역시 기존의 자유주의 권역의 규범을 위반하면서 강대국으로 부상하려 노력한다면 미중 전략경쟁은 권역의 자기 분열로 이루어질 가능성이 높다.

더 나아가 중국이 자유주의 권역에 대한 불만족도와 별개로 독립 권역을 향한 제국적 열망을 가지고 있다면 미국의 대중 전략과 무관하게 독자적 권역을 창출하려는 의지를 실현하고자 할 것이다. 이는 과거 중국이 유지해 온 아시아의 천하 질서와 연결될 수 있으며, 기존의 베스트팔렌 권역의 기초를 흔드는 변화가 될 것이다. 중국은 현재까지는 베스트팔렌 조직원리 속에서 대국주의를 지향해 왔다. 중국의 장기적 국가 전략에 대해 비판적 논의도 비등해 왔다. 결국 조건의 형성 과정에 따라 중국의 권역 형성 의지 및 어떠한 권역을 형성할 것인가에 대한 구도가 결정될 것이다.

현재의 권역이 자기분열된다면 양대 권역 간 관계의 성격이 중요해진다. 과거 냉전도 권역 간 경쟁이었지만 권역 간 배타성이 매우 강했다. 권역 내 구성원들이 권역을 가로지르는 초권역적 관계 설정은 매우 어려웠다. 향후에도 미국과 중국의 권역이 서로 어떠한 차이를 가질 것인지가 중요하다. 두 권역을 가로지르는 다른 구성원들의 협력, 심지어 미국과 중국의 협력이 이루어질 수도 있다. 초국가 위협에 대한 공동 대처의 필요성 속에 양국 간 협력이 불가피해질 수 있다.

마지막으로 권역의 자기분열은 비단 중국만 시도하는 것은 아니다. 다중심 세계를 주장하는 러시아, 그리고 중동의 패권을 다투는 이란과 같은 국가들은 지역적 차원에서 제한된 권역을 창출하려고 할 수도 있다. 유럽연합 역시 자유주의 권역 내의 관계에 따라 미국과는 거리를 둔 유럽연합 자체적인 권역의 진화를 시도할 수 있다. 트럼프 정부를 경험한 유럽은 미국 이후의 유럽을 만들어야 한다는 새로운 교훈을 얻었다. 자유주의 권역 내에서도 지역적 권역이 부분적으로 이루어질 가능성도 배제할 수 없다. 그러나 자유주의 권역에서는 미국과 유럽연합 간의 협조적 관계가 유지될 것이라 예상할 수 있고, 특히 지구적 차원의 권역적 갈등에서 각 권역 내의 지역적 소권역들은 협력할 가능성이 높다.

자유주의 권역의 약화와 주변의 불안정

두 번째 시나리오에서 변수는 미국 주도 베스트팔렌-자유주의 권역이 복합거시이행의 조류에 따라 진화할 수 있는가, 중국이 자체적인 권역을 수립할 수 있는가 하는 점이다. 중국은 빠른 경제 성장과 군사력의 증강, 국제적 영향력 확대 등으로 자유주의 권역에서 이탈하여 독립적 권역을 추구하겠지만, 국력의 부족, 국내적 합의의 약화, 국제적 지지의 부족 등으로 권역의 창출에는 이르지 못한 채 강대국의 위상을 유지하는 데 그칠 수 있다. 경제 발전의 구조적 문제들, 첨단 기술 기반 군사력 수립의 한계, 미국 이후의 리더십을 제시하지 못하는 제한, 중국의 확장적 대외전략을 뒷받침할 수 있는 국내정치적 합의의 부재, 인구 감소, 미국의 대중 견제 전략, 특히 신기술에 대한 디커플링 전략의 효과, 중국에 대한 주변 국가의 두려움과 견제 정책, 대중국 견제망의 형성 등 중국이 권역 형성으로 나아갈 때 다양한 저해 요인들이 작동하고 있다. 이러한 요인들이 겹쳐 새로운 조직원리와 운영원리, 그리고 모범적 정치체제와 미래지향적인 정치이념을 제시하지 못한다면 권역의 창출이 실패할 수도 있다. 이 경우 중국은 기존의 자유주의 권역 안에 위치하면서 그 안에서 권역의 리더십을 다투거나 권역의 주변에서 권역의 유지에 강력한 견제와 반대를 하는 비판 세력으로 남을 수도 있다.

한편, 자유주의 권역을 주도하는 미국의 힘과 전략이 권역의 지속 가능성을 결정할 것이다. 미국은 단극 패권의 30년 동안 지구권역의 질서 유지에 필요한 공공재의 단독 생산이라는 부담을 안아 왔다. 그러나 미국의 힘은 부족했고 대응은 부정확했다. 30년이 지난 지금 미국은 단극의 트라우마를 겪고 있고 이는 미국 내 국내정치에서 나타나고 있다. 미국 국민들은 미국의 과도한 지구적 개입을 반대하고 미국의 패권적 외교정책이 미국민의 이익에 도움이 되지 않는다고 점차 믿게 되었다.

미국은 또한 신자유주의 패러다임으로 패권의 경제적 기초를 마련하려 노력했지만, 과도한 시장 논리는 세계 여러 곳에서 민주주의 퇴행을 가져왔다. 민주주의의 약화는 미국의 이념적 리더십을 약화시켰다. 무엇보다 2008년 경제 위기로 미국식 경제모델에 대한 비판도 비등해졌다. 9.11 테러는 미국의 리더십에 대한 폭력적이고 부당한 공격이었지만, 이후 미국은 대테러 전쟁 추구 과정에서 이라크 침공 등 정당성 약화와 더불어 항구적인 예산적자의 문제를 겪었다. 재 미국 국내정치는 국내경제적 불평등, 중산층의 몰락, 제조업 약화, 인종적 분규, 이민 문제 등 현격한 정치적 양극화로 얼룩져 있다. 이 과정에서 민주당이 추구하는 국제주의적 대외전략과 공화당 중심의 자국 중심 미국 우선주의 외교 전략이 대립하고 있다.

역외균형off-shore balancing 전략, 자제restraint 전략, 고립주의 성향까지 확대되는 트럼프주의 대외 전략은 미국 대외전략의 주요 흐름으로 자리 잡았다. 트럼프 대통령이 제시한 다양한 정책 대안들이 하나의 일관된 철학과 주의를 이루지는 못한다. 국내경제문제를 해결하는 정책들이 대외전략과 일관성을 가지고 결합되어 있지도 않다. 트럼프 대통령이 제시하는 외교전략이 고립주의 전략으로 대외개입을 극소화하는 전략인지 아니면 비자유주의 패권전략인지도 명확하지 않다. 그러나 미국 이익만을 우선시하고 국제적 공공재 제공의 노력을 방기하는 미국의 전략은 결국 미국 패권의 약화로 이어질 가능성이 높다. 미국 국익의 기초가 과거 패권전략이었고, 패권전략이 달러의 기축통화 지위, 핵무기의 소수 독점, 미국 주도의 다자주의 제도였다는 점에서 트럼프식 외교는 패권의 특권을 약화시킬 것이다.

트럼프주의가 미국의 대외전략을 규정한다면 베스트팔렌 권역은 거래주의적 운영원리, 강압적 운영원리가 자유주의를 대체할 수도 있다. 트럼프 외교전략이 주류가 될 때 권역질서 유지는 물론, 지구적 자유주의와 국제적 민주주의를 지향하는 권역의 진화는 요원한 일이 될 것이다. 미국이 보통 강대국의 대외전략을 추진하면 자유주의 권역의 중심부 리더십은 약화될 것이다.

이 경우 보통국가 미국을 포함한 여러 선진국들이 권역을 유지할 수 있는 새로운 권역질서를 만들어 갈 수 있는가가 핵심 과제이다. 권역의 강대국들이 군사국가, 경제국가, 식민지국가의 속성을 내재한 채 세력균형과 갈등에 몰두한다면 권역은 약화될 것이다. 유럽권역에서는 세력균형을 유지하는 공동체적 합의가 암묵적으로 존재했다. 세계적 차원에서 세력균형과 다극체제가 진행된다면 새로운 합의에 이르기까지 많은 전쟁과 갈등, 대립의 과정을 거쳐야 할 것이다. 선진국 간 충돌뿐 아니라 제3세계 국가들의 반발과 비국가 행위자들의 견제 역시 권역의 약화에 어려움을 초래할 것이기 때문에 근대 유럽 베스트팔렌-세력균형 권역보다 더욱 취약해질 수 있다.

자유주의 권역의 통합성을 위해서는 많은 조건들이 필요하다. 강대국 간 합의 및 새로운 권역질서에 대한 전망, 수정주의 강대국들에 대한 적극적인 관여 전략, 그리고 제3세계 국가들과 비국가 행위자들의 요구를 수용할 수 있는 포용성 등이 권역진화를 위한 전략적 구성요소들이다. 또한 안보 영역에서 전쟁을 막고 분쟁을 평화적으로 관리할 수 있는 강력한 안보체제를 만들어야 한다. 기존의 동맹을 보다 유연하고 포괄적으로 어떻게 개편할 수 있는가가 중요한 과제가 될 것이다. 미국 역시 기존의 동맹 체제를 더욱 활성화해야 할 것이다.

과거 바이든 정부는 기존의 양자·다자동맹을 강화하고 유럽과 동아시아를 연결하는 지구적 동맹망을 확보하고 동아시아의 바퀴살 체제를 변화시켜 소위 격자형 모델로 다차원적인 소다자 협력네트워크를 만들려고 노력했다. 이러한 노력은 미국 역시 단일 패권이 점차 어려워지는 상황에서 다차원적 안보 네트워크를 만들려고 하는 노력의 일환이다. 미국의 힘이 약화되더라도 자유주의 강대국들이 유지할 수 있는 안보 네트워크의 방안이라고 할 수 있다. 문제는 이러한 노력이 미국 일국 패권의 부활이 아니라 다른 국가들과 공동 패권, 패권연합을 유지하는 목표하에 이루어져야 한다는 점이다. 민주진영의 내부 운영원리가 민주주의에 기반하지 않는다면 패권 연대의 정당성과 권위가 만들어지기 어렵다. 결국 민주진영의 민주화가 새로운 운영원리의 출발점이 되어야 한다. 미국이 여전히 군사력을 바탕으로 일국 패권을 유지하려는 목표를 갖고 동맹체제를 이끌려고 한다면 다른 국가들은 반발할 것이다.

경제적으로 미국은 대외적 취약성을 보완하기 위해 강력한 자국중심주의적인 경제안보 전략을 추구하고 있다. 특히 중국과의 경쟁이 핵심이다. 기존의 자유주의 무역은 약화되었고 미국은 소위 민주주의적 발전국가 형태를 띤 강력한 시장 개입 정책을 추진하고 있다. 중국에 대한 견제뿐 아니라 동맹국들의 협력을 강제하는 모습도 보여 미국과 동맹국 간의 경제적 갈등이 초래되기도 한다. 자유주의 권역 내 국제주의적이고 개방적인 경제질서를 새롭게 창출할 수 있는 치열한 조정 과정이 필요한 상황이다. 권역의 유지와 진화를 위한 위기감이 경제적 협력을 뒷받침하는 전략적 환경이 되어야 한다.

탈냉전과 지구화 이행을 겪으면서 자유주의 권역은 심각한 정치체제의 위기를 겪고 있다. 지구화 이행에서 비롯된 경제적 취약성, 이민 문제 등으로 자유주의 국가의 주권적 권능이 약화되고 우익민족주의나 포퓰리즘이 등장하기에 이르렀다. 많은 국가들이 민주주의 퇴행 democratic backsliding 현상을 보였다. 자유민주주의 정치체제는 거시 이행이 진행되는 동안 그 수가 급속히 줄어들었다. 민주주의의 선진국인 미국과 영국 등 많은 국가들은 자국 우선주의 외교정책으로 국제사회에 충격을 가한 바 있다. 결국 대외적 변수로 국내적 민주주의가 약화되는 현상이 초래된 것이다. 자유주의 권역질서를 새롭게 활성화하지 않으면 권역 내 국가 단위의 자유민주주의 체제를 유지하기 어렵다.

권역 내 개인과 사회의 변화도 두드러진다. 과거와 같은 개인주의적, 사회계약론적 정치 이념이 더 이상 공동체를 유지하지 못한다는 각성 하에 다원주의 자유주의 정치사상을 변화시키려는 다양한 노력이 제기되고 있다. 앞장에서 논한 바와 같이 이러한 노력들이 기존의 국가 단위에서 이루어진다면 국내적 자유주의 정치사상의 진화로 연결될 것이다. 국제질서의 차원에서 자유주의와 민주주의의 효율적 결합이 권역의 진화에 필수적이라고 한다면 보다 근본적인 변화를 희구하는 세력이 늘어나게 될 것이다.

자유주의 권역이 이러한 과제를 해결하는 데 상당한 어려움을 겪는 동안 중국, 러시아, 북한, 이란 등 소위 수정주의 세력은 권역에 속해 있으면서 권역의 기본 질서를 비판하고 대안을 제시하는 노력을 기울일 것이다. 이러한 노력은 다른 제3세계 국가들의 불만과 연결되어 권역의 주변에서 많은 정치적 군사적 갈등을 야기할 수 있다. 중국, 러시아 등 권역의 기본 질서에 도전할 수 있는 힘이 약화되고 불안정성을 해결할 수 있는 권역의 주도 세력이 공고하다면 권역은 유지될 것이다. 진화하지도 않고 분열하지도 않는 권역이라면 불안정을 내포한 상태로 개별 국가들의 생존과 번영이 위협받는 상태가 지속될 것이다.

베스트팔렌-자유민주주의 지구권역으로 진화

세 번째 시나리오의 향방은 현재의 베스트팔렌-자유주의 권역이 유지되면서 보다 바람직한 지구 권역으로 진화하는 것이다. 이때 어느 국가, 혹은 국가군이 권역 진화의 주도권을 쥐는가 하는 문제가 중요하다. 자유주의 권역이 복합거시이행에 성공적으로 대응하면서 근대 권역의 모순을 해결해 나가려면 다음과 같은 과제를 해결해 가야 한다. 첫째, 일국 패권이 불가능한 시대에 어떻게 패권 연합을 효과적으로, 정당성을 확보하며 만들 수 있는가 하는 점이다. 패권연합은 자유주의 권역의 공공재 제공을 감당할 수 있는 능력을 갖추어야 한다. 이를 위해서는 권역의 주도국 간 협력을 원활하게 하고, 이를 제도화할 수 있는 중간 공공재를 생산해야 한다. 권역을 주도할 수 있는 협력적 규범과 규칙, 제도를 만들고, 궁극적으로 충분한 국제적 최종 공공재를 생산할 수 있어야 한다.

둘째, 과거의 운영원리보다 더 정당성 있는 운영원리를 만들어야 한다. 현재의 국제적 자유주의를 넘어 국제적 민주주의, 더 나아가 지구적 자유주의를 포괄하는 운영원리를 만들어야 한다. 특히 권역의 주변에 놓여 있는 제3세계 국가들의 적극적인 참여를 보장할 수 있는 국제적 민주주의의 제도화가 필요하다. 자유주의 권역이 발전하기 위해서는 탈식민의 과제를 포용하는 한편, 중요한 문제들에서 모든 국가의 참여를 독려하여 팔로워십을 확보해야 한다. 더 나아가 비국가 행위자들의 효과적인 참여를 이끌어낼 수 있는 창조적인 질서의 틀을 만들어야 한다.

셋째, 권역을 주도하는 새로운 국가 모델을 만들어야 한다. 현재까지는 자유민주주의가 가장 성공적인 모델이었지만, 복합거시이행 과정에서 자유민주주의 국가 모델은 많은 한계에 부딪혔다. 다원주의 자유주의를 넘어서서 공동체와 시민의 덕을 함께 고양할 수 있는 정치 체제를 만들고, 이러한 정치 체제들 간 협력을 도모할 수 있어야 한다.

마지막으로 새로운 정치이념을 제시해야 한다. 현재까지 개인주의 존재론에 기반한 자유주의가 베스트팔렌 권역과 상통하는 정치사상이었다. 그러나 향후 운영원리의 변화 속에서 새로운 정치이념이 만들어져야 한다. 국가 주권을 존중하면서도 지구화된 정체성과 국가 간의 차별을 넘어서는 권역질서의 기반이 되는 정치의 의미체계가 필요하다.

이러한 의미에서 미국 주도 베스트팔렌-자유주의 권역이 성공적으로 진화할 수 있을까. 먼저 자유민주주의 국가들 간 패권 연대를 새롭게 재조직해야 한다. 현재까지 미국 정부는 동맹 및 파트너 국가들과 협력을 통해 자유주의 권역의 질서 유지를 위해 노력해 왔다. 그러나 미국의 노력이 미국 국익 우선주의나 기존의 일국 패권 모델에 기반한다면 권역의 주도국들 간 협력을 통한 패권 연대 창출은 어려워질 것이다.

미국 주도 자유주의 권역 내에서 집합적 패권, 혹은 패권 연대를 만들고, 리더십을 민주화하는 노력이 우선 필요하다. 광범위하고 균형잡힌 다자주의 제도를 만들어야 한다. 미국의 일방주의를 견제하면서 모든 구성국, 더 나아가 각국의 시민사회와 개인을 권역의 의사결정 과정에 포괄해야 한다.

집합적 패권을 위해서는 구성국 간의 집단안전보장이 가장 중요하다. 이들 간의 안보적, 군사적 긴장과 갈등을 방지하는 것이 협력의 기반이다. 대외 위협에 대한 공동 대응도 중요하다. 나토NATO와 같은 조직에 구현된 이 원칙은 한 회원국에 대한 공격을 모두에 대한 공격으로 간주함으로써 상호 방어와 신뢰를 증진한다. 안보를 우선적으로 확보함으로써 국가들은 외부 위협에 대한 우려 없이 민주적 관계 구축에 집중할 수 있다.

권역 내 핵심 국가들 간 국제관계의 민주화는 강대국의 일방적 결정을 방지하는 것이 핵심이다. 권역의 주요 정책 결정 과정에서 다자주의적 접근이 정착되어야 한다. 이를 위해서는 현재 소수의 국가가 주도권을 장악하고 있는 제도들의 개혁이 필요하다. 의사결정 권한을 더 많은 국가로 확대함으로써 권역 내 핵심 국가들의 일방적 행동을 억제하고 보다 넓은 대표성을 확보할 수 있다.

리더십의 민주화는 국가 행위자 외의 목소리도 반영되어야 함을 의미한다. 권역의 패권 연대 국가들 내 시민사회 조직, 비정부기구NGO, 기타 비국가 행위자들도 국제 정책을 형성하는 데 참여할 수 있어야 하며, 이를 통해 글로벌 거버넌스가 정부의 이익뿐 아니라 시민의 이익도 반영하게 된다.

미국의 과거 바이든 정부는 트럼프 행정부의 미국 우선주의를 견제하고 활발한 대외 개입을 유지하기 위해 동맹 및 전략적 파트너 국가들과 관계를 강조해왔다. 문제는 이러한 연대가 자유주의 권역의 리더십의 민주화를 위한 것인가, 아니면 미국 패권의 공고화를 위한 적대 세력 방지를 위한 것인가 하는 점이다. 예를 들어 바이든 정부는 민주주의정상회의라는 새로운 기구를 만들어 2021년 12월에 최초의 회의를 개최하였다. 111개국이 참여한 제1차 회의는 권위주의, 부패, 인권탄압 등에 반대하는 내용을 주제로 진행되었다. 한국 역시 2023년 3월 2차 회의에서 공동 주최국을 맡았고, 2024년 3월 3차 회의에서는 주최국이 되어 서울에서 회의를 개최하였다. 이 회의는 비단 정부들 뿐 아니라 비정부주체들을 초청하여 여러 주제에 대해 폭넓은 토론을 했다는 점에서 의미를 찾을 수 있다.[9]

그러나 민주주의 국가로서의 자격을 가진 국가를 어떻게 정의하는가 하는 복잡한 문제가 존재했고, 회의의 결과에 대한 명확하고 구속력 있는 실천계획이 부재했다. 무엇보다 자유주의 권역의 새로운 동력을 찾기보다 중국, 러시아 등 권위주의 국가들을 견제하려는 미국의 외교정책 목적이 크게 작용한 것으로 인식되었다. 보다 명확한 자유주의 권역의 공동주도의 연대를 만들기 위해서는 권역의 미래 진화에 대한 명확하고 정당한 명분과 비전이 제시되어야 한다. 현재로서는 미국의 패권적 국익과 권역 진화라는 국제주의적 명분 간에 명확한 구분이 부족한 것이 사실이다.

중국의 탈권역을 막고 중국을 포괄하는 안보, 경제, 이념 부문의 영역별 운영원리와 세부 정책을 완비하는 것도 중요한 일이다. 중국이 탈베스트팔렌의 제국적 이상을 추구하지 않도록 예방하고, 자유주의의 근본 이념과 병립가능한 이념을 유지, 발전시키면서 체제의 차이에도 불구하고 함께 추구할 수 있는 권역의 운영원리를 만들어가야 한다. 미국은 정치적으로 양극화되어 있지만 대중 견제전략에서 양당 간 합의가 존재한다고 논의된다. 미국은 중국이 지속적인 위협이며, 의지와 능력을 갖춘 유일한 경쟁자라고 보고 중국의 현상변경 전략을 막을 수 있는 다양한 정책수단과 국제연대를 강화하고 있다. 그러나 미국의 대중

정책의 최종목적이 무엇이지, 이를 통해 어떠한 미중관계를 달성하려고 하는지에 대해서는 여전히 명확한 비전이 부재하다. 긴밀한 경제적 상호의존이 이루어지는 가운데 지정학적 경쟁을 벌이는 양면적인 강대국 관계는 권역 내 다른 국가들에게 혼란스러운 상황이다.

어떠한 조건 하에서 미중관계가 협력적으로 발전할 수 있고 중국을 포용하는 권역으로 진화할 수 있을지에 대한 논리가 필요하다. 만약 중국을 단순한 패권의 경쟁자로 보고 과거 냉전처럼 중국의 약화에 초점을 맞춘 강대국 전략을 추진한다면 권역의 진화는 어렵다. 중국과 경제적 상호의존 관계에 있는 많은 국가들 역시 미국의 강경한 대중 전략과 보조를 맞추기 어려울 것이다. 중국이 규범과 규칙을 위반하고 자국의 이익만을 위해 강압적인 정책을 사용할 때 기존의 규범을 준수하도록 하는 일도 중요하다. 중국이 강대국으로서 이익을 정당하게 추구할 수 있는 제도적 통로를 만들어야 한다. 이러한 노력이 지속적이고 성공적으로 진행된다면 미중 양국의 합의가 가능할 것이다. 특히 권역의 기반이 되는 정치사상과 이념 차원에서 상호 전파 및 교류도 심화될 수 있을 것이다.

운영원리 차원에서 미국은 국제적 자유주의에 기반한 운영원리를 만들어왔지만, 향후 국제적 민주주의와 지구적 자유주의를 포괄하는 운영원리를 만들어야 한다. 미국은 제3세계 국가들의 적극적 참여, 그리고 중국, 러시아 등 수정주의 세력을 관여하여 이들을 패권 연대에 소속시키려는 노력을 해왔지만, 그리 성공적이지 못했다. 지난 30년간 구공산권과 제3세계를 대상으로 자유주의 권역을 전파하는 과제가 불완전했기 때문에 현재의 권역 내에서 많은 갈등이 존재하고 있다. 특히 제3세계에 대한 자유주의 권역의 전파는 미완의 과제로 남아 있다. 탈냉전 30년 동안 제3세계의 내전은 지속적으로 발생했고, 미국의 국가이익이 걸쳐있지 않은 많은 지역의 내전들, 예를 들어, 수단, 콩고민주공화국, 에티오피아, 우간다, 미얀마 등 많은 국가들의 분쟁은 미국 및 자유주의 권역의 선진국들의 적극적 지원을 받지 못했다. 이에 비해 우크라이나 전쟁은 많은 사상자를 내는 비극적 사건이지만, 다른 제3세계 내전들에 비해 미국이 집중적인 지원을 하고 있다는 점에서 제3세계 국가들의 비난을 받고 있기도 하다.

가장 불안정하다고 평가받는 사하라 이남 아프리카의 경우 2020년 이후, 30년 만에 처음으로 겪는 큰 난관에 직면하고 있다. 지난 5년 동안 이 지역에서는 9차례의 군사 쿠데타가 발생했으며, 이는 2010년에서 2020년 사이의 쿠데타 총수를 초과한 수치이다. 2023년, 이 지역은 세계에서 가장 많은 국가 간 분쟁(28건)을 기록하고, 전 세계 내부 실향민의 거의 절반(3,480만 명)을 차지하고 있다. 정부들은 민주주의 규범을 짓밟으며, 짐바브웨(2023년)에서는 선거 결과를 조작하고, 토고(2024년)에서는 임기 제한을 폐지했으며, 세네갈(2024년)에서는 선거를 연기했다. 말리의 군사 정권은 2023년 12월에 유엔 평화유지군을 추방하고, 니제르의 군사 정권은 2024년 3월에 미군을 추방했다. 냉전기에는 아프리카 지역에 대한 미국과 소련 간의 냉전적 경쟁으로 많은 개입이 이루어졌지만, 탈냉전기에는 러시아와 미국이 냉전 시기 후원하던 국가들에서 손을 떼고, IMF도 아프리카 국가들에 긴축 정책과 조건부 지원을 요구하기 시작하면서, 이 지역 대부분은 분쟁과 위기로 빠져들게 되었다. 미국의 대아프리카 양자 원조는 1992년에 12억 달러로 정점을 찍었지만, 2011년까지 그 수준을 회복하지 못하고 있다. 미국 정부는 1993년부터 아프리카에 투입된 자원을 줄이고 인력을 재배치하기 시작했고, 국무부 아프리카 담당국은 70개의 직책을 삭감했고, 카메룬, 코모로, 케냐, 나이지리아에서 영사관이나 대사관을 폐쇄한 것으로 나타난다.[10]

이러한 상황에서 자유주의 권역의 패권 연대가 제3세계 국가들의 지지를 받기 위해서는 팔로워십을 확보할 수 있는 운영원리의 진화가 필요하다. 제3세계 국가들의 탈식민과제에 대한 근본적인 성찰과 대응 방식의 고려, 현실적인 측면에서 적절히 고안된 개발협력, 그리고 이를 실현할 수 있는 국제제도적 틀의 마련 등이 매우 중요하다.

마지막으로 자유민주주의의 퇴행에 부딪혀 새로운 정치체제의 개발과 정치사상의 발전을 이루어야 한다. 앞장에서 살펴보았듯이 현재 서구 중심의 자유주의 정치사상은 많은 한계에 부딪혀 있다. 이를 해결하기 위한 정치철학적 노력이 진행 중이지만, 어떠한 결실을 맺을 수 있을지는 미지수이다.

중국 주도 자유주의 권역

중국은 베스트팔렌-자유주의 권역에 속해 있으면서 베스트팔렌 조직원리를 적극 수용했다. 자유주의 운영원리 속에서 국제경제질서에 관한 운영원리를 따라 발전했다. 지구안보구상, 지구발전구상, 지구문명구상의 3대 구상은 첫 번째 시나리오에서 본 바와 같이 새로운 권역 창출의 축이 될 수도 있지만, 자유주의 권역 내에서 새로운 주도권을 실현하는 수단이 될 수도 있다.

중국은 자유주의 권역이 커다란 위기에 봉착해 있다고 본다. 미국이 권역의 진화에 실패하면 권역의 위기가 올 것으로 기대한다. 미국이 자유주의 운영원리를 방기하고 거래주의적, 강압적 운영원리를 채택할 때 지구적으로 발생할 정치 공백을 중국이 메우려는 생각도 가지고 있다.

중국은 미국의 자유민주주의가 실패의 근본이라고 비판하고 중국식 민주주의 체제의 우월성을 강조하고 있다. 미국이 중국의 인권 상황을 비판하고 인도주의적 간섭을 시도하면 중국은 오히려 미국의 인권 상황이 훨씬 더 열악하다고 비판한다. 중국은 미국이 경찰폭력과 폭력범죄, 미국식 민주주의의 붕괴위기, 인종차별과 불평등, 저소득층 경제 위기, 여성과 아동 권리 악화, 이민자 탄압 등 많은 인권 문제를 안고 있는 나라라고 비판하고 있다.11 중국이 자유주의 권역의 문제점을 지적하고 대응하는 과정에서 권역의 규범과 규칙을 개선한다면 미국과 서방 국가들을 대체하는 자유주의 권역의 리더가 될 수도 있을 것이다.

문제는 현재 시진핑 정권의 대외전략이 기존의 국제법의 핵심 규칙을 어기고 군사력과 강압에 의한 방법으로 중국의 이익을 실현하는 것으로 비판받고 있다는 점이다. 대표적으로 중국은 2016년 남중국해에 관한 필리핀의 제소에 의해 제시된 유엔해양법협약 제7 부속서 중재재판의 결과를 받아들이지 않고 있다. 이에 의하면 남중국해에는 도서가 존재하지 않고 구단선에 관한 중국의 역사적 권원도 인정될 수 없다. 따라서 다른 국가의 배타적 경제수역 내에 인공섬을 만들어 군사화하고 기존의 다른 국가들의 어업을 방해하는 등 회색지대의 강제력을 사용하는 것은 명백히 국제법의 기본 규칙을 무시하는 행위이다.

이러한 중국의 대국주의적 강압적 외교정책은 다양한 분야에서 나타나고 있다. 이는 중국의 국익 실현을 위한 노력이기도 하지만, 다른 한편으로는 중국 국내의 경제 성장과 정치 불안을 대외 정책을 통해 해결하고자 하는 움직임으로 볼 수 있다. 중국의 정치사를 돌아보면 당이 강화되는 권위주의의 심화 시기와 공산당의 권력 독점이 약화되고 시장이 활성화되는 권위주의 완화의 시기가 교차되어 발전해 왔다. 현재 시진핑 주석은 주석직에 대한 법적 임기 제한을 폐지하고 후계자를 지명하지 않음으로써 자신의 권위를 강화하여 향후 정권 계승의 전망을 불안정하게 하고 있다. 국내적 불만 증가와 외부로부터 견제 속에서 시진핑 이후 정치 변동의 가능성도 생각해 볼 수 있다. 중국이 국내적인 정치 변화 이후 자유주의 권역질서에 부합하는 대외정책을 편다면 권역의 리더 역할을 맡을 수도 있다. 이를 위해서는 권역의 선진국과 중견국들의 적극적 참여 속에 패권 연대를 조직하고, 현재 중국의 대외 전략과는 상당히 다른 전략적 변화를 이루어야 할 것이다. 중국은 제3세계 국가들의 주권을 존중하는 목표하에 제3세계 국가들의 정책을 대변하는 리더로서 자리매김해 왔다. 탈식민 규범을 권역질서의 핵심으로 하는 새로운 리더십을 제시할 수도 있다. 자유주의 권역의 모순인 군사국가와 경제 국가의 문제를 해결하고자 지구안보구상과 지구발전구상을 발전시킬 수 있다면 자유주의 권역의 진화를 중국이 주도할 수 있는 환경도 마련될 것이다.

국내적으로 자유주의 국제규범에 맞는 대외정책을 추구하되 권위주의 정권의 안정성을 해치지 않는 과제는 도전으로 남을 것이다. 베스트팔렌 조직원리와 자유주의 운영원리를 변화시키면서 정치체제의 개혁도 추진해야 할 가능성이 높다. 권역의 다층 구조를 총체적으로 재정비해야 하는데, 중국이 성공한다면 권역을 주도하는 미래가 불가능하지는 않다.

이념적으로 중국은 자유주의를 인정하지 않고 중국식 민주주의를 주장하고 있다. 자유민주주의의 의미에 대해서는 다양한 정치철학적 비판이 존재한다. 다원주의적 자유주의를 반대하는 공동체주의나 공화주의가 대표적이다. 자유주의 이후의 정치체제, 탈자유주의적 민주주의에 대한 요구도 출현하고 있다. 중국이 중국식 민주주의와 다양한 정치사상, 예를 들어 관계주의와 같은 새로운 정치사상을 발전시켜 자유민주주의의 문제를 해결하는 데 실마리를 제공할 수 있다면, 중국이 자유주의 권역의 진화의 주도권을 가질 수 있다.

지구민주주의 신지구권역의 출현

베스트팔렌-자유주의 권역의 자기진화의 마지막 단계는 지구적 차원의 자유민주주의 실현이다. 현재 국제적 자유주의를 넘어 지구적 자유주의와 국제적 민주주의 운영원리가 효과적으로 작동할 경우, 조직원리 자체가 변화하는 것이다. 이는 매우 규범적인 논의이지만 논리적 귀결이기도 하다.

자유주의가 주장하는 개인의 인권과 자유는 현실의 정치체제에서 실현되는 과정에서 많은 굴곡이 있었다. 그러나 인간의 역사에서 후퇴하지 않고 보편적으로 진행되는 가치들이다. 민주주의는 그 자체로 많은 문제가 있지만, 혼합정의 형태로 그 기본적 의미가 부정된 적은 거의 없다. 소위 권위주의 정권 속에서도 민주주의에 대한 합의와 존중은 지속적으로 이루어지고 있다. 2024년의 지구적 정치 상황을 예로 들어보면 70개국에 달하는 국가들에서 40억에 가까운 인구가 선거를 치렀다. 미국의 싱크탱크 프리덤하우스Freedom House에 따르면, 지난 20

년 간 언론, 유권자, 소수민족의 자유가 향상된 국가보다 악화된 국가가 더 많았고, 지난 18년 간 연속적으로 그 비율이 증가했다. 2024년에 투표하는 사람들 중 3분의 1은 지난 5년 동안 선거의 질이 눈에 띄게 악화된 국가에 살고 있다. 그럼에도 불구하고 장기적 관점에서 볼 때 민주주의는 42개국에서 상당히 회복력을 보였고, 자유로운 선거가 이루어졌고, 투표율이 높았으며, 선거 조작과 폭력은 제한적이었다는 흐름이 있다. 투표율도 전반적으로 향상되고 있고 선거방해 등의 노력은 제약되고 자유주의와 민주주의 가치를 고수하는 흐름이 꾸준히 증가하고 있는 것이다.12

이러한 상황에서 지구적 차원의 자유민주주의 신권역의 창출 조건은 상당 부분 이루어졌다. 첫째, 80억 인구의 민주주의를 추구할 수 있는 기술적 기반이 마련되었다. 과거 직접 민주주의에서 간접 민주주의로 이행할 때 개인의 의사를 취합할 수 있는 기술적 한계가 중요하게 작동했다. 그러나 현재의 기술 수준에서 머지않아 80억 인구가 지도자를 뽑거나 중요한 정치 사안을 선택할 때 자신의 주권적 권한을 반영할 수 있는 기술적 기반이 마련될 것이다.

둘째, 지구화로 인해 지구가 하나의 정치 공간을 이루고, 지구적 정체성을 창출할 수 있는 방향으로 나아가고 있다. 여전히 국가별, 대륙별, 지역별, 인종별 정치에 대한 의미권과 미래의 바람직한 권역에 대한 의견 차이는 심각하게 존재한다. 그러나 과거와 비교해 볼 때 매우 빠른 속도로 지구적 공론장이 마련되고 있다. 모든 지구인들이 서로 소통하고 공통의 목적을 향해 나아갈 수 있는 정치적 의미권이 형성되고 있다. 인터넷의 발달과 교통·여행의 증가로 이제 지구는 하나의 정치

공간의 모습을 띠고 있다. 집합 정체성의 창출되면서 지구 차원의 정치 단위를 창출하는 것이 낯설지 않게 느껴지는 단계에 도래했다.

셋째, 인류가 공통으로 부딪히고 있는 초국가적 위협이다. 인류가 직면하고 있는 위협만 하더라도 기후변화와 생태 파괴, 보건 위기, 국가 간 전쟁과 무력 충돌로 발생할 수 있는 핵전쟁, 그리고 규제되지 않은 신기술이 가져올 수 있는 파괴적 효과 등이 있다. 이러한 위협들은 서로 연결되어 상호작용할 수 있다. 예를 들어, 인공지능 기반 핵무기의 지휘통제 시스템의 발전은 인간이 개입하지 못한 채 핵전쟁 발발로 이어질 수 있다. 향후 인공지능 간의 연결이 더욱 활성화되어 인간이 이해할 수 없고 통제할 수 없는 언어와 소통 방식으로 인간 세계의 주요 문제들이 결정되면 이는 커다란 위협으로 다가올 것이다. 인공지능이 환경 문제를 해결할 수 있는 대책을 효과적으로 창출할 수도 있지만, 인공지능 운영에 필요한 막대한 전력이 가져오는 환경 파괴 효과 역시 만만치 않다. 다양한 위험이 향후 어떻게 전개될지 모르는 상황에서 인류의 위기감, 특히 세대 간 정의 문제는 자유민주주의 지구 권역이 필요함을 보여 주고 있다.

베스트팔렌 권역을 넘어서는 새로운 지구적 차원의 권역이 창출된다면 이는 근대 국민국가가 독점하고 있는 주권의 해체를 의미한다. 한편으로 주권의 국가 독점의 해체일 수도 있고, 서구 정치 사상에서 오랫동안 이어져 온 주권 개념과 실천 자체의 해체일 수도 있다. 그럼에도 불구하고 주권이 공유되거나 분산될 경우 국가 자체가 사라질 것이라고 보기는 이르다. 오히려 국가는 국민들의 의사를 대변하는 중간 매개체로서 선호를 취합하는 중간 공공재로 기능할 수 있기 때문이다.

진정한 문제는 국가가 사라진 세계정부의 출현이라기보다는 국가가 포함된 다층적 행위자들의 집합적 정책 결정 방식이 될 것이다. 현재까지 세계시민론자들이나 지구정부론자들이 지구 자유민주주의 권역에 이를 수 있는 다양한 로드맵을 연구해 왔다. 앞으로 신권역의 창출을 위한 논의는 가속화될 것이다.

새로운 인간상의 출현도 필수적이다. 권역이론이 주는 함의 중 하나는 새로운 권역은 새로운 인간상, 정치에 대한 새로운 의미권에 기반한다는 것이다. 동주는 정치사상을 정치적 권위에 대한 복종과 항거의 집합적 관념이라고 정의한 바 있다. 새로운 지구 권역에서 개인들이 어떠한 인간상을 체현하고 어떠한 정치사상을 생활세계에서 의미권으로 보유하게 될지가 흥미로운 요소이다. 향후 생각보다 빠른 속도로 이러한 철학적 논의가 구체화될 수 있기 때문에 가장 바람직한 방향으로 현실화될 수 있도록 새로운 인간상의 구체화에도 노력을 기울여야 할 것이다.

제9장

결론:
다권역 세계질서와
한국의 과제

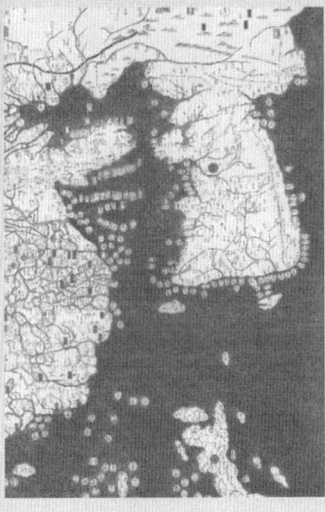

권역이론의 이론적 공헌

　동주는 유교권역이 쇠락하고 근대 유럽권역이 한반도에 자리 잡는 거시이행기를 살며, 당시의 국제정치를 이론화한 학자였다. 새로운 권역의 문이 열릴 때 그 권역의 성격이 무엇인지, 특히 폭력적으로 다가온 권역 전파의 본질을 알기 위해 기존의 권역과 새로운 권역의 편차를 이해하려 노력했다. 권역은 단순히 추상적 질서의 개념이 아니고, 삶의 구석구석에 관념적, 현실적으로 영향을 미치는 엄청난 힘과 문명 표준을 의미했다. 각 권역의 본질과 권역 관계를 이해하기 위해서는 거시적이고 광범위한 연구가 필요했고, 권역이 가지는 장소성은 지구 전체의 지리적 범위와 인류 역사 전체의 시간적 범위에 대한 연구를 요했다.

　21세기 현재를 살아가는 우리 역시 유럽 근대에서 시작해 미국과 소련이 계승하고, 탈냉전기 미국이 유지해 온 거대한 권역의 흐름이 거시이행을 겪고 있음을 직관적으로 느낄 수 있다. 어쩌면 현재 지구적 권역이라고 할 수 있는 탈냉전기 미국 주도 자유주의 권역이 자기분열하여 다권역질서가 만들어질 수도 있고, 현재까지의 과도기를 바탕으로 인류가 진정한 의미의 지구적 단일 권역을 창출할 수도 있다.

인류 절멸의 위기가 가시화되는 시점에서, 기존 권역의 출구에서 앞을 내다보기 어려운 위기감이 존재한다. 국제정치이론의 관점에서 권역이론이 기존 서구 주류 이론이 제시한 세계질서 이해보다 어떤 분석적 이점을 주는지 곰곰이 생각해 볼 필요가 있다. 현재 세계질서 변화를 둘러싼 많은 이론적 논의들이 진행 중이다. 신냉전, 다극 체제, 다질서, 다중심, 탈패권, 탈자본주의, 세계시민주의, 지구민주주의, 행성 질서, 인류세, 포스트휴먼 등 다양한 이론들이 각자의 관점에 따라 논의되고 있으며, 모두 유익하다.

세계질서를 국제정치학 이론으로 본다는 것은 인류 간에 작동하는 정치질서, 즉 힘과 권위를 둘러싼 관계에 집중한다는 의미이다. 힘을 매개로 한 인간 간 관계가 어떤 단위를 중심으로 펼쳐지며, 그 단위들이 만들어 내는 구조와 상호작용을 이론화한다는 의미이기도 하다.

현재는 인간 정치질서의 기본 단위인 국가의 주권적 권능 자체가 흔들리고 있고, 국가 간 관계를 규정했던 주권국가체제라는 조직원리 역시 변화를 겪고 있다. 이 변화에 영향을 미치는 요인들이 다양화되고 있어 군사, 경제, 기술, 문화, 환경 등 기존에 생각하지 못했던 많은 변수들이 이행에 영향을 미치고 있다. 이러한 점에서 현재의 세계질서 이행은 복합거시이행이라 할 만하다.

이러한 변화를 단순히 세계질서 변화라고 할 때, 세계질서 안에 살고 있는 사람들, 특히 국제정치 이론가들의 지식사회학적 측면이 간과되기 쉽다. 질서는 반복적이고 안정적이며 예측 가능하고 정당화될 수 있는 인간들 사이의 정치적 관계 패턴을 의미한다. 그러나 각자가 인식하고 있는 세계질서의 측면을 추상화한다고 해서 그것이 일반이론이 되는 것은 아니다. 세계질서는 장소성과 시간성을 가지는 이론가들의 구체적 생활 세계에서 추상되는 것이다. 추상화와 일반화는 다르다. 모든 일반화 이론 속에 숨겨진 특수성을 밝혀내야 진정한 의미의 일반국제정치학이 가능하다.

권역이론은 세계질서가 하나의 지구 권역질서를 이루어도, 권역 안의 위치에 따라 권역질서가 어떻게 인식되는지, 질서가 미치는 힘의 패턴을 다르게 인식하는지를 보여 준다. 여러 권역들이 병존하며 이루는 세계질서라고 한다면, 개별 권역질서를 느끼는 이론가들의 인식이 다를 수밖에 없다. 탈냉전기는 하나의 지구 권역을 이루었던 시기였기에 보편적 일반이론이 가능할 것으로 생각하기 쉽다. 그러나 권역 내 위치와 권역질서를 이론화하는 지식 범위에 따라 권역질서는 다르게 이론화된다. 현재의 세계질서가 이루어지기까지 개별 권역들의 진화, 권역 간 병존, 경쟁, 전파와 피전파의 역사성을 꼼꼼히 분석하지 않으면, 현재 다층적이고 복합적으로 이루어진 세계질서의 여러 층위를 파악할 수 없다.

권역이론은 현재의 세계질서가 이루어진 과정을 여러 특수들의 종합으로 볼 수 있게 해 준다. 현재 단일한 지구 권역에 내재된 역사성과 복합성도 새롭게 볼 수 있게 해 준다. 이를 통해 다가올 세계질서를 새로운 각도에서 분석할 수 있다.

권역이론이 제시하는 이론적 함의는 몇 가지 점에서 두드러진다. 첫째, 개별 권역은 각각의 질서를 가지지만, 모두 공통적으로 권역 내 힘과 능력, 보편적 권위와 공동체 의식에 기반한다는 것이다. 권위형 권역은 당연히 개별 단위들을 넘어서는 권역 내 보편 권위에 의존한다. 권위는 종교적일 수도 있고 문명적일 수도 있으나, 개별 단위들은 권역질서가 제시하는 권역 보편 규범과 규칙을 내재화하여 행동 지표로 삼는다. 유교권의 예교 질서는 우리가 체감할 수 있었던 권역 보편 권위와 질서의 한 예이다.

유럽 근대권역은 개별 국가들이 주권을 가지고 다원적으로 존재했던 강제력형 권역이었다. 군사력과 경제력이 하나가 되어 부국강병을 기초로 세력의 균형으로 만들어진 권역이었다. 베스트팔렌 권역은 강제력형이기에 권역 내 보편 질서의 기능을 쉽게 망각할 수 있다. 그러나 베스트팔렌 질서가 만들어지고 1차 세계대전이 종식될 때까지 소위 무정부상태였던 유럽 권역 역시 권역 내 암묵적 합의와 권위에 의존했다. 개별 주권 국가들이 힘과 이익에 따라 세력균형을 유지해 왔으며, 제국의 출현을 막는 과정에서 많은 제도가 창출되었다. 이러한 무정부상태에서 개별 국가들의 행동이 각각의 이익에 따른 원자적 행동이었다고 볼 수 있겠지만, 실제로는 이러한 행동을 규율하는 규칙과 규범이 작동했다. 이는 한편으로 유럽의 기독교 문화권에서 파생된 공동체 관념일 수도 있고, 세력균형이 작동하기 위한 근대적 경험의 축적일 수도 있다. 개별 단위들이 진화하면서 만들어낸 시민적 민족주의도 보편적으로 확산되었다. 동주는 개별 권역들이 주권국가체제 조직원리에 기초하더라도 기본적 사회성과 공동체 관념이 없으면 유지될 수 없다는 점을 강조하였다. 즉, 개별 국가의 원자성과 권역질서의 국제주의적 성격 간의 모순 혹은 갈등 관계가 근대권역의 자기 전개를 규정하는 핵심적 힘이라는 점을 강조했다.

권역의 세계사적 진화 과정을 볼 때, 1차 대전 이전까지의 세력균형 권역과 이후 미국과 소련이 창출한 두 개의 개별 권역, 유럽이 발전시키는 국가연합 권역, 그리고 냉전 종식으로 인한 탈냉전기 미국 주도 자유주의 권역으로 대별할 수 있다. 1차 세계대전 이후 현대 세계정치가 출현했고, 유럽의 세력균형 권역을 뒤로 하고 미국은 유럽과 함께 자유주의 권역을 창출했다. 전간기 고립주의의 중간 단계를 거치기는 했지만, 2차 세계대전 이후 자유주의 권역을 공고히 할 때 국제주의를 제시하여 국제주의적 권위를 만들고자 시도했다. 미국은 당시의 시대 정신이었던 민족자결주의를 내세워 국제적 자유주의를 보편화하였고, 이 과정에서 안보와 경제, 이념 차원의 자유주의를 권역의 운영원리로 채택하였다. 특히 소련이 계급을 중심으로 한 새로운 권역을 만들고 이를 보편화하는 확장적 대외정책을 추구할 때, 공산권에 맞선다는 명분은 자유주의 권역의 국제주의적 정당성을 더욱 확고하게 했다. 베스트팔렌 조직원리에 기반하면서도 정당화될 수 있는 국제권위로서 자유주의 운영원리를 개발하는 데 성공한 것이다.

탈냉전기는 일견 냉전기 자유주의 권역의 연속이라고 볼 수도 있지만, 권역을 이끄는 미국의 입장에서 새로운 힘과 국제적 권위를 다시 발견하고 공고화해야 하는 새로운 권역이기도 했다. 미국은 탈냉전기 지구권역을 이끌 수 있는 힘과 권위, 그리고 질서를 보편화할 수 있는 정당성 모두에서 어려움을 겪었기 때문에 현재 자유주의 권역의 위기를 맞이하였다. 권역의 위기는 미국이라는 개별 국가의 힘의 한계와 전략적 선택의 실패라는 단위적 차원에서 고려할 수도 있지만, 그보다 더 중요한 점은 권역 자체가 가지는 모순의 자기전개의 결과라는 점이다.

그러한 점에서 권역이론의 두 번째 이론적 특징이 제시된다. 두 번째 특징은 근대 유럽권역이 가지는 자기모순이다. 동주는 유럽 근대 권역의 단위를 이루는 근대국가는 군사국가, 경제국가, 식민지국가의 성격을 가진다고 보았다.

근대권역은 개별 국가들이 다원적으로 공존하며, 이 과정에서 전쟁을 통해 단위의 성격과 범위를 결정하는 것이 일반화된 권역이었다. 개별 국가 간 갈등을 관리할 수 있는 권역질서가 부재했기 때문에 전쟁을 통해 자연스럽게 영토와 국민, 개별 정부에 대한 국제적 승인의 과정이 만들어져 온 것이다. 전쟁은 국가 간 관계를 결정하는 핵심 요인이었기 때문에 전쟁을 어떻게 제도화하여 질서의 수단으로 삼을 것인가가 중요한 문제였다.

경제적으로 단일한 상호적 경제 과정을 규율하는 새로운 체제가 자본주의 체제였기 때문에 자본주의에 기반한 국가들의 국부 창출이 중요한 시대가 되었다. 자본주의는 속성상 정치적 권력과 무관한 경제 계층의 국제적 활동을 추구하기 때문에 국부를 향한 국민주의 경제와 국제화를 향한 사회경제 세력 간의 갈등 관계가 불가피한 체제였다.

군사국가로부터 나오는 무력에 의한 생존의 필요와 팽창 욕구, 그리고 시장의 국제화에서 비롯된 국민경제의 확장 욕구들이 근대 권력을 특징짓는 힘이 되었다. 이러한 힘들은 유럽권역 내에서는 권역의 보편 질서에 따라 규율되지만, 권역 밖의 다른 행위자들에 대해서는 이러한 규범이 적용되지 않는 무한한 힘의 경쟁으로 표출된다. 권역 내 보편 질서가 어떤 이념에 기반하든 유럽 근대국가는 식민지국가의 속성을 가지고 군사력과 경제적 침탈에 의한 제국주의적 권역 전파의 입장에 나설 수밖에 없다. 이러한 점에서 비록 유럽권역의 보편 질서가 단위 내의 시민적 민족주의나 자유주의에 기반한다고 해도, 이러한 문명 표준은 다른 권역의 행위자와 만날 때 적용되지 않는다는 제국주의적 논리로 변화된다.

제국주의를 통해 유럽의 근대 권역이 전 세계로 전파되고 1차 세계대전 이후 현대 세계정치가 성립되었다. 이후 근대국가의 본질적 성격과, 지구적 권역을 규율해야 하는 국제주의적 필요 간의 갈등은 보편화되었다. 군사국가의 논리는 역설적으로 전쟁의 파괴성을 증가시켜 폭력 사용에 대한 정치적 권능을 강화했다. 경제국가의 논리는 경제적 국가주의와 경제적 세계주의 간의 갈등을 증폭시켜 제국주의로 연결되어 세계대전으로 귀결되는가 하면, 프롤레타리아 국제주의를 표방하는 공산주의 혁명을 가져왔다. 시민적 민주주의를 기초로 한 서구 선진 제국들은 비서구 국가들을 탄압하고 자유를 억압하는 비민주주의의 요소를 내포하는 모순을 안게 되었다. 유럽권역 내에서 문화적 동질성, 문명적 표준에 의해 규율되었던 개별 국가들의 속성과 권역질서 간의 갈등이 지구적 차원에서 표출될 때 모순이 폭발하게 된 것이다.

미국과 소련은 유럽 국가들이 쇠퇴한 이후 다민족 연방국가로서 새로운 국력 표준과 동원 혁명의 기준을 제시했다. 그러나 근대 유럽 권역의 모순은 여전히 존재했고 과도기를 넘어설 수 없었다. 군사국가, 경제국가, 식민지국가의 속성을 내재한 채 보편적 권역질서를 만들어야 하는 두 패권 국가는 이후 권역을 유지하는 데 어려움을 겪었다.

경제국가의 모순을 해결한다고 주장했던 소련은 미국과의 경쟁에서 패배했다. 권역 내 개별 국가들의 갈등과 이를 해결할 수 있는 권역 내 보편 질서를 만드는 데 실패했기 때문에 몰락했다. 소련의 공산권이 몰락했다고 해서 미국 주도 자유주의 권역이 탈냉전기 현대 세계질서를 온전히 감당하게 된 것은 아니다. 미국은 탈냉전기에 근대

국가의 속성을 넘어설 수 있는 권역 내 보편 규범을 만들어야 했다. 그러나 탈냉전/지구화 이행기에 닥쳐오는 많은 도전과 과제 속에서 오히려 군사국가, 경제국가의 속성을 더욱 강하게 드러냈으며, 제3세계의 요구를 충분히 수용하지 못하는 식민지국가의 모순을 드러냈다. 다민족 연방국가가 가질 수 있는 포용력보다는 스스로 단일 민족주의 국가로 변화하면서 탈냉전기 지구 권역을 이끌 수 있는 근대권역의 모순을 드러냈다.

셋째, 동주는 이러한 근대권역의 자기모순이 결국 근대권역의 변화를 가져올 수밖에 없다는 사실을 인식하고 하나의 모델로서 유럽의 국가연합을 제시하였다. 1993년 냉전이 종식되고 새로운 질서가 형성되는 시점에서 미국 주도 권역의 변화보다는 유럽연합의 형성과 발전 과정에 집중했다. 이는 유럽연합과 미국 간의 객관적 국력 차이를 주요 변수로 삼기보다는, 미국이 추구했던 신세계질서 혹은 베스트팔렌 질서의 자기변화보다 유럽연합이 실험하고 있는 새로운 조직원리의 변화가 훨씬 더 흥미를 끌었기 때문이라 생각된다.

유럽의 국가연합은 탈냉전기의 주요 흐름으로 작동하는 세계질서의 분산과 통합화 경향을 수용하고자 했다. 근대 주권체제의 핵심이 되는 국가 주권을 여러 단위로 공유하는 새로운 모델을 실험한 것이었다. 이러한 공유 과정에서 국가뿐 아니라 비국가 행위자들, 국가 이하의 다양한 행위자들과 국가 이상의 지역적 국제제도들이 주권을 공유하고, 이들 간의 관계를 자유민주주의 운영원리 하에 두고자 하였다.

결국 국가 간 자유주의를 넘어서는 국가 간 민주주의, 국가가 아닌 여러 단위들의 역량 강화와 이들 간의 민주적 관계 설정이 새로운 조직원리와 운영원리로 넘어가는 핵심 증거라고 본 듯하다. 국제적 자유주의, 국제적 민주주의, 지구적 자유주의, 지구적 자유민주주의의 단계적 이행의 한 사례를 보여준 것이다. 이러한 점에서 미국의 탈냉전기 질서 운영 방식과 유럽연합은 큰 차이가 난다.

마스트리히트 조약 이후 30년이 지난 지금의 관점에서 유럽연합이 겪고 있는 많은 문제를 생각할 때, 이러한 기대가 실현되지 못할 것이라고 생각할 수도 있다. 그러나 이러한 모델의 현실적 실현 가능성과 모델이 제시하는 비전으로서의 중요성은 구별할 필요가 있다. 향후 미국 주도 자유주의 권역 이후의 권역질서를 생각해 볼 때, 유럽연합은 그 실현 여부와 관계없이 지구 전체 혹은 다른 권역이 숙고해 볼 수 있는 하나의 모델로 남는다는 사실은 확실하다.

탈냉전/지구화 이행과 권역이론

 이 책은 권역이론에 기반하여 지난 30년 탈냉전 지구화 이행기의 세계질서 변화를 분석하고, 향후 가능한 세계질서가 나아갈 몇 가지 길을 제시하는 목적을 가지고 있었다. 권역이론이 주는 이론적 결실을 탈냉전기 이후에 적용하여 미래 세계질서를 예측하고, 현실적으로는 한국이 어떠한 대응을 하는 것이 새로운 문명 표준에 적합한 것인가를 밝히는 함의를 찾는 일이었다.
 이를 위해 권역이론의 몇 가지 구체화를 도모했다. 첫째, 권역을 이루는 5층 구조를 설정하는데, 이를 조직원리, 운영원리, 핵심 단위, 사회경제적 차원, 개인의 차원으로 나누어 보았다. 권역의 5층 구조는 동주의 논의 속에 포함되어 있지만 명확한 개념화가 되어 있지 않기 때문에 이를 나누어 본 것이다. 동주 이후 서구 국제정치학 이론이 추구했던 소위 분석단위의 문제와 역사사회학적 구조 변화를 함께 고려해 볼 때 이러한 분류는 의미가 있다고 본다.

조직원리는 가장 기본적인 권역질서의 핵심 기반으로, 어떠한 단위가 정당한 단위인지, 그리고 이들 단위 간의 기본적 구성적 질서원리가 무엇인지를 보여 준다. 운영원리는 조직원리의 기반 위에서 각각의 단위들이 어떠한 세력배분구조와 상호관계, 제도적 틀 속에서 권역질서를 유지하는가 하는 점이다. 조직원리보다 피상적인 원리로서, 다자주의, 자유주의, 일방주의 및 패권주의, 세력균형 등 다양한 운영원리가 존재했다. 구성주의에서는 무정부상태를 문화적으로 구분하여 운영원리를 세분화하기도 하는데, 이와 일정 부분 상통한다.

단위는 권역을 이루는 가장 중요한 행위자이다. 우리가 살고 있는 베스트팔렌 조직원리에서 국가의 주권적 권능과 핵심 행위자의 지위가 흔들린 적은 사실상 없다. 향후 다른 행위자가 국가보다 더욱 중요한 핵심 단위로 부상한다면, 이는 베스트팔렌 조직원리의 이행과 연결될 것이다. 공산주의 권역은 베스트팔렌 권역의 근대국가 속성을 넘어서기 위해 계급을 핵심 단위로 삼았지만 결국 실패했다.

사회경제적 차원에서는 국가 이하의 행위자들이 중요하다. 특히 자본주의를 핵심 질서로 삼고 있는 베스트팔렌의 조직원리 속에서 경제적 행위자들은 시장의 국제화를 도모하며 베스트팔렌 조직원리와 일정한 갈등 관계를 이루어 왔다. 시민사회, 옹호집단, 인식공동체, 미디어 등도 중요한 사회적 차원의 행위자들이다.

개인은 그 자체로 행위자이기도 하지만, 권역을 이루는 가장 기본적인 단위이다. 생활 세계 속 개인은 권역질서와 정치에 대해 어떠한 구체적인 의미 체계를 가지고 있는지를 보여 준다. 개인 차원의 정치 의미권과 정치라는 일상 용어를 통해 권역의 질서를 이해하는 개인의 인식론적 기반은 권역이론이 제시하는 매우 특징적이고 핵심적인 측면이다. 권역의 조직원리 및 운영원리가 권역에 속해 있는 개인들의 정치사상과 정치 의미권과 어긋난다면 결국 권역 내 모순이 불거지기 때문이다. 모든 권력은 그에 상응하는 인간상을 요구한다. 구조적 차원의 변화가 있더라도 이러한 변화를 개인이 자신의 생활 세계에서 녹아내지 못한다면 권역과 개인 간의 편차는 권역질서 전체의 약화로 이어질 수 있다. 이러한 현상은 특히 권역 간 전파에서 나타나는데, 권역의 조직원리와 운영원리가 구조적 차원에서 전파되더라도 권역이 요구하는 인간상이 개인 차원에서 실현되지 못하면, 불완전한 전파는 결국 탈권역의 동기를 만들어낼 수밖에 없다.

둘째, 동주는 미국 주도 베스트팔렌 권역의 운영원리를 여러 측면에서 분석했지만, 냉전 이후 탈냉전까지 이어지는 미국 주도의 운영원리를 시기적으로 확장할 필요가 있다. 동주는 현대의 용례와 달리 1차 세계대전 이후 현대 세계정치에서 이미 자유주의적 질서가 구성되었다고 보았다. 이는 단순히 미국이 제시하는 전략적 내용이 아니라 근대 권역의 문제를 해결하기 위한 다양한 요소를 포함한 운영원리이다. 자유주의 운영원리는 베스트팔렌 조직원리 하에 있는 이상 현실주의, 패권적 일방주의 요소를 모두 포함하는 원리였다. 동주는 미국이 다민족 연방국가로서 가지는 힘을 분석함과 동시에, 미국이 제시했던 자유주의적 다자주의, 국제제도화, 시장을 통한 상호의존, 자유민주주의라는 이념, 공산권에 대항하는 미국의 이념 체계, 더 나아가 미국인이 보여 주는 실용주의라는 독특한 인간상 등을 여러 저작에서 제시하면서 자유주의 권역을 분석했다. 동주는 미국이 가지는 우월한 군사력의 궁극적인 중요성, 그리고 식민지국가를 극복하고자 하지만 제3세계 국가들과 겪는 불가피한 갈등 관계에도 관심을 기울였다.

그렇게 보면 미국 주도 자유주의 권역이 냉전기 국제적 자유주의를 실현했지만 국제적 민주주의와 지구적 자유주의를 실현하지 못하고 있다는 점을 알 수 있다. 탈냉전기 미국은 여전히 베스트팔렌 권역을 유지하면서 냉전적 대립이 아닌 전 지구를 통괄할 수 있는 새로운 운영원리를 만들어내야 했다. 이 과정에서 민주주의의 공격적 확산, 신자유주의를 통한 시장의 급격한 국제화, 그리고 미국 주도의 국제제도의 지구화 등 자유주의 이론이 뒷받침하는 여러 실천적 프로그램을 제시했다. 그러나 이러한 운영원리는 결국 많은 반발에 부딪히게 되었다. 민주주의 확산에 반발하는 제3세계 국가들의 대응, 신자유주의 지구화가 불러온 경제 위기, 그리고 불완전한 전파의 영역이었던 구공산권과 제3세계가 미국 주도 다자주의에 대해 반발했던 갈등 상황 등이 표출되었다. 미국이 단순한 냉전기 자유주의 권역의 확장이 아니라 거시이행에 걸맞은 운영원리의 진화를 추구했더라면, 현재 자유주의 권역은 더욱 공고해졌을 것이다.

셋째, 권력을 유지하는 데 주도 세력의 힘은 매우 중요하다. 동주는 2차 세계대전 이후 현대 세계정치를 이끄는 주역으로 미국과 소련을 상정했다. 다민족 연방국가로서 근대국가의 패권 유지에 필요한 동원혁명의 새로운 측면을 확보했기 때문이다. 패권은 단순히 다른 국가보다 월등한 국력을 가진 국가가 아니라, 권역질서에 반드시 필요한 국제적 공공재를 제공할 수 있는 힘을 가진 국가이다. 상대적 국력보다 권역질서의 수요를 충당할 수 있는 공공재 제공 능력이 더욱 중요했던 것이다.

냉전기 미국은 막강한 공력으로 이러한 공공재를 충당할 수 있었을 뿐 아니라, 냉전적 대립 속에서 다른 선진국들과 제3세계의 도움을 받아 공공재 생산을 공동으로 이루고 무임승차의 문제를 해결할 수 있었다. 탈냉전기 미국 주도 권역을 되돌아볼 때, 냉전의 종식이라는 강대국 간 세력 배분 구조의 변화뿐만 아니라 지구적 차원의 공공악재의 팽배 현상이 미국의 리더십 위기를 가져왔다. 지구적 공공재를 유지하기 위한 수요 자체가 폭증했을 뿐 아니라, 적이 사라진 자유주의 권역 속에서 다른 선진국과 제3세계 국가들의 공동 공공재 생산을 유지하기도 어려웠다. 탈냉전기는 소련의 몰락뿐만 아니라 기후변화, 생태변화, 보건 위기, 핵 확산의 위험, 그리고 빠른 속도로 발전하는 첨단 기술의 규제 문제 등이 겹쳐서 일어난 시기였다. 이미 냉전 종식 이전부터 이러한 변화가 일어나고 있었고, 시기적으로 겹친 거시적 복합 이행에 미국이 다각적으로 대처하기에는 구조적 변화가 너무 빨랐다.

이러한 상황 속에서 단순히 지구적 권역질서를 유지하기 위한 국제적 공공재뿐만 아니라, 지구적 공공재가 필요한 시기가 되었다. 결국 공공재의 공급 부족이 이루어지고, 미국의 패권적 힘은 약화되었다. 베스트팔렌 권역 내에서 공공재 제공 능력이 부족할 때, 권위와 정당성까지 의심받게 된다. 미국이 진화된 운영원리를 제시했더라면, 일국 패권주의를 버리고 패권 연합을 만들어 지구적 권익을 유지할 수 있는 공고한 권력 기반을 마련했을 수도 있다. 그러나 결국 미래지향적인 선제적 운영원리의 채택은 어려웠다. 때로는 미국이 일방주의와 제국화의 모습을 보여 주어 능력 부족과 함께 패권의 위선이라는 장벽에 부딪히게 되었다.

모든 지구인들은 자신의 생존이 달린 문제가 새로운 지구 거버넌스의 틀 속에서 다루어지기를 원했다. 이는 국가 차원을 넘어선 지구 민주주의의 실현을 요구하는 것이었다. 베스트팔렌 조직원리 속에서 지구적 공공재의 문제를 해결하기 위해서는 운영원리의 유연화 및 다층화가 필요했다.

이를 위해서는 비국가 행위자들의 정책 결정 참여를 늘리고 권능을 강화하는 지구적 자유주의, 그리고 강대국뿐만 아니라 약소국 모두의 목소리를 수용할 수 있는 국제적 민주주의를 운영원리에 포괄할 필요가 있었다. 이러한 유연성과 수용성이 자유주의 정치사상에 근본적으로 내재해 있는가가 현재 세계질서가 당면한 핵심 과제이다.

이미 자유주의는 국내적 차원에서 많은 반대에 부딪히고 있다. 서구 선진 자유민주주의 국가들 내에서도 자유주의가 가지는 정치이념으로서의 한계가 드러나고 있으며, 이에 대한 대안으로 공동체주의나 공화주의 등이 논의되고 있다. 더 나아가 국제적 차원의 자유주의가 현재 자유주의 권역이 직면하고 있는 지구적 문제를 해결하는 데 충분한 이념인가, 그리고 이러한 이념을 내재한 인간상이 미래 지향적일 수 있는가에 대한 많은 논쟁이 진행 중이다.

세계시민론자나 지구민주주의자들은 현재의 운영원리가 가지는 근본적 한계를 지적한다. 보다 자유주의적이고 민주주의적인 진화된 접근이 필요하다는 것이다. 잠정적으로 현재의 자유주의 운영원리는 자유민주주의적인 운영원리로 변화되어야 할 것이다. 그러나 궁극적으로는 베스트팔렌 체제를 넘어서서 개인들이 자신의 운명을 맡길 수 있는 지구 거버넌스가 필요하다. 이는 아마 탈베스트팔렌 혹은 탈근대 이행을 요구하게 될지도 모른다. 그 속에서 국가의 권능 자체가 부정되는 것은 아니고, 국가 권능을 포함한 다차원적 권능의 분산이 필요하게 될 것이다. 이는 다시 동주가 예견했던 유럽연합의 주권 공유와 다층적 민주주의 거버넌스를 떠올리게 한다.

마지막으로, 이러한 자유주의 권역에서 주요 세력들이 탈권역을 이루게 되면, 미래의 세계질서는 다권역 세계질서가 될 수 있다는 점이다. 현재 미국 주도 베스트팔렌-자유주의 권역에서 탈피하여 독자적인 권력을 창출할 수 있는 힘과 의지를 지닌 유일한 국가는 중국이다. 권역이론의 관점에서 중국은 매우 독특한 경우이다. 역사적으로 중국은 지역질서에서 자신만의 권역을 2천 년 이상 유지해 왔다. 동시대 다른 권역들과 비교해 볼 때 월등한 국력과 문명의 수준을 갖추고 있었다. 그러나 유럽권역이 권역질서의 변화와 산업혁명을 동시에 거치면서 중국 주도의 권역을 휩쓸었고, 중국은 반식민지 상태로 전락했다. 소위 100년 간의 치욕을 겪은 이후 두 국가로 분단되었으며, 빠른 경제 성장을 이루어 세계 2위의 강대국이 되었다. 중국은 근대 주권국가로 이행하는 과정에서 국토가 분단되었고 여전히 저항적 민족주의가 대외 관계에 작동하고 있다.

중국은 소련 주도의 공산주의 권역에 속해 있다가 실용주의 노선으로 전환한 이후 탈냉전기 미국 주도 자유주의 권역에 편입되었다. 미국 주도 자유주의 권역에서 자유주의 국제경제 운영원리에 힘입어 경제 성장을 이루었다. 이러한 중국의 성장은 과거 미국과 소련이 유럽권역의 자체 모순에서 비롯된 세계 전쟁의 와중에 동시에 강대국으로 등장하여 두 개의 독립된 권역을 이룬 것과는 역사적 궤적이 다르다. 중국은 미국이 창출한 지구적 차원의 자유주의 권역 내에 편입되어 일정 부분 운영원리의 규칙과 규범, 제도를 내재화하다가, 미국 권역이 약화되면서 탈권역의 조건이 형성된 것이다.

그러한 점에서 전통 권역의 주도권 경험, 새로운 권역을 창출할 수 있는 국력의 축적, 미국 주도 자유주의 권역의 약화라는 객관적 조건이 존재한다. 반식민지를 경험한 비서구 국가인 중국이 글로벌 사우스의 힘을 업고 근대 식민지국가 모순 해결의 기치를 들어 새로운 권역의 자원으로 삼을 수도 있다. 미국이 중국을 패권 경쟁의 상대국으로 보고 총체적 견제 전략으로 돌아섰다는 상황적 요건도 존재한다. 이러한 상황 속에서 중국은 현재 권역에 대한 점증하는 불만족도와 탈권역 의지를 가지게 되었다. 문제는 중국이 미국 권역 내에서 성장하여 새로운 권역을 창출하는 상황이기 때문에 기존의 자유주의 권역보다 더 나은 대안을 마련해야 독자적 권역 창출이 가능하다는 것이다.

베스트팔렌 권역이 가지고 있는 국가 주권에 대한 존중을 벗어나 제국적 권역을 창출하기는 어렵다. 자유주의 운영원리가 제시한 공공재보다 더욱 효과적이고 정당성 있는 국제적, 지구적 공공재도 제공해야 한다. 정치이념적으로도 서구식 자유주의를 넘어서는 새로운 정치이념과 이를 기반으로 한 정치체제와 사회경제 체제를 제시해야 하는 어려움이 있다.

중국은 막대한 경제력으로 일대일로 사업을 추진하여 경제적 영향력을 확장하였다. 그러나 여전히 공산당 일당 권위주의 정치체제를 가지고 있고 자유주의를 대체할 수 있는 선진적인 정치사상이 부족하므로 새로운 대안적 권역질서의 5층 구조를 완성했다고 보기는 어렵다. 군사력이 확보된다면 현재 동아시아의 열전 지대인 남중국해, 대만, 동중국해에서 영향력을 확장할 수 있다. 구단선에 해당하는 남중국해 영역을 자신의 주권적 권리로 확보하고, 대만을 통일하며 동중국해의 해양 영토 분쟁에서 승리하여 소위 제1도련선의 배타적 영향권을 만들 수도 있을 것이다. 한반도에서도 분단이 유지되거나 중국이 핵을 가진 북한을 전적으로 지원한다면 한반도의 군사적 주도권이 북한에게 유리하게 전개될 수도 있을 것이다. 이러한 경우 일대일로와 제1도련선을 합친 중국의 지리적 권역이 확보될 수도 있다.

미중 간의 양권역 질서가 자리잡는다면 이는 단순한 두 강대국 간의 패권 경쟁이 아니라 보다 복합적인 경쟁이 될 것이다. 권역 내에 속한 많은 국가들은 상대 권역의 주도국과 긴밀한 경제적 상호의존을 이루고 있어서 권역 간 배타성이 확보되기는 어렵다. 이미 기술적 차원의 지구화가 이루어졌고, 인류 절멸의 공통 위기를 맞이한 상황에서 두 권역은 밀접한 관계를 유지하면서도 경쟁할 것이다. 이러한 경쟁관계가 핵무기를 가진 두 주도국 간의 군사적 충돌로 이어질지, 아니면 규칙에 기반한 경쟁으로 새로운 지구적 차원의 신권역 질서로 이어질지는 아직 알 수 없다.

그러나 두 권역 모두 베스트팔렌 조직원리에서 생겨난 개별 국가와 국제주의 운영원리 간의 관계, 즉 근대 권역의 모순을 해결하는 새로운 해결책을 제시해야 한다는 점에서는 과거 경쟁과 연속성을 가진다. 특히 지구화 이행 단계에서 지구 전체에 대한 위협이 가중될 때, 베스트팔렌 조직원리 속에서 새로운 운영원리를 제시할지, 아니면 지구 자유민주주의와 같은 탈베스트팔렌으로 이어지는 효과적인 로드맵을 주도하는 경쟁이 될지는 두고 보아야 할 일이다.

이러한 상황 속에서 미래의 세계질서는 몇 개의 시나리오로 대별해 볼 수 있다. 첫째, 미중 간의 양대 경쟁 권역으로 가는 시나리오 안에서 중국뿐만 아니라 러시아와 중동 국가들도 자신만의 권역질서를 만들려는 노력을 기울일 수 있다. 이는 양대 권역질서를 포함한 다권역 세계질서의 도래를 의미한다. 둘째, 미국을 제외한 다른 국가들이 독자적 권역을 창출하지 못하는 상황에서 자유주의 권역 내 많은 국가들이 힘을 합쳐 자유주의 권익을 유지하는 미래도 생각해 볼 수 있다. 그러나 여전히 수정주의 국가들의 도전이 거세질 것이고 혼란스러운 주변 갈등 속에 놓인 자유주의 권역의 미래를 상정해 볼 수 있다. 셋째, 만약 미국과 다른 국가들이 일국 패권주의를 버리고 핵심 국가들이 패권 연합을 형성하며, 제3세계 국가들의 참여를 수용하는 보다 자유민주적인 권력을 창출할 수 있다면, 자유주의 권역은 진화할 것이다. 넷째, 이러한 진화 속에 미국과 자유주의 국가들이 명확한 해답을 만들어내지 못하고 오히려 중국이 내부 정치, 경제 개혁을 통해 급속한 문명 표준을 제시할 수 있다면, 중국 주도의 자유주의 권역도 상상해 볼 수 있다. 마지막으로, 이러한 많은 혼란과 심지어 재난과 위기 상황을 거쳐 전 지구 차원의 자유주의적이고 민주주의적인 지구 질서가 태동할 것을 상상해 볼 수 있다. 기후변화, 보건 위기, 핵전쟁, 테러리즘, 신기술의 통제 불능, 어느 가능성이 어떻게 현실화될지 알 수 없지만 선제적으로 예방하지 못한다면 재난을 통한 불행한 과정이 나타날 수 있다. 문제는 모든 재난이 인류의 절멸로 이어질 수 있는 파괴적인 것들이기 때문에 선제적 예방이나 대처에 실패하면 인류에게 미래는 없다는 것이다.[1]

권역이론은 이처럼 현재 벌어지는 다양한 갈등과 위기를 보다 긴 차원에서, 그리고 권역의 맥락에서 볼 수 있게 하는 분석적 이점을 제시한다. 이를 토대로 미래 세계질서를 새롭게 조망해 보고 그 속에서 각 국가 또는 국가 이외의 행위자들이 추구해야 할 규범적 실천 방안도 고려해 볼 수 있다.

권역이론과 한국의 과제

마지막으로, 권역이론의 관점에서 한국이 걸어온 경로와 현재 상황, 그리고 미래의 실천 방향을 곱씹어 볼 필요가 있다. 한국은 유교권역의 근접 지위에서 근대 베스트팔렌-세력균형 권역의 식민지를 거쳐 현대 베스트팔렌-자유주의 권역의 근접 지위에 올라서 있다. 현재는 자유주의 권역의 위기 앞에서 다권역질서로 세계질서가 변화된다면 권역 간 충돌의 최전선에 서있는 셈이다. 만약 자유주의 권역의 자기진화로 자유민주주의 권역으로, 더 나아가 신지구권역으로 발전한다면 역사의 주인공으로 설 수 있는 잠재력을 가지고 미래를 지향할 수도 있다.

동주 시대에 한국은 현대 세계질서 초입에 놓인 힘없고 가난하고 분단되었고 냉전의 최전선에 놓인 한국 전쟁 직후의 나라였다. 1950년대 동주가 바라본 한국의 과제는 저항적 민족주의를 극복하고 건설적 민족주의를 체현하여 근대 부국강병을 이룩하여 현대 국제정치에서 한 자리를 차지하는 나라가 되는 것이었다. 이 과정에서 근대화는 민족적 과제였으며 저항적 민족주의가 창출한 민족적 갈등과 불완전한 주권을 해결하는 것이 중요했다.

동주는 민족주의가 근대권역의 국가 단위의 핵심 변수이자 실천적 핵심 매듭이라고 보았다. 동주는 한국 민족주의의 한국적 기저의 문제, 민족주의의 대내적 문제와 통일의 문제, 한국 민족주의의 지도 계층의 문제와 이와 관련된 민족주의적 한국인 상, 그리고 민족의 분단 문제, 마지막으로 민족주의의 내부적, 외부적 조건으로서 한국 민족주의의 정신, 즉 얼과 강국정치라는 국제환경의 문제 등을 지적해왔다.

동주에 의하면 민족주의란 "내 나라"라고 하는 정치, 경제, 문화 체제의 형성과 고향을 민족, 국민이라는 인적인 면에서 정당화하려는 집단 의사이다.[2] 민족 개념이 단순한 객관적 실체가 아니라, "내 나라"라는 귀속감과 정감을 소유한 사람과 집단의 집결체이면서 동시에 나라의 주인이라는 권리의 원천으로 규정된다고 설명하고 있다. 여기서 주관적인 요인과 객관적인 요인이 결합되어 민족을 구성한다는 점을 알 수 있다. 민족이란 명분 아래 당시의 주도층과 지배층이 민족상과 공민상을 주도하며, 민족 의식이 통일되고 민족과 국민의 이해의 방향성도 결정된다. 따라서 민족주의에 내포된 주도 계층의 성격이 매우 중요하다는 점을 강조하고 있다. 이 경우 민족의 단결이 매우 중요한데, 단결의 실태는 결국 주도층의 가치관과 이해관계를 국민상과 민족상을 통해 민족 전체의 것으로 납득시키고, 주도층 중심으로 결집하는 것이다.

한국에서 근대적 민족주의는 제국주의를 타고 2차 세계대전까지의 유럽 세력 팽창기가 이어지면서 저항적 민족주의의 형태로 자리잡았다. 이 시기는 비유럽 지역에서 저항적 민족주의가 광범위하게 출현한 시기이기도 하다. 현대에 접어들면서 동주는 탈식민지 시대라는 개념을 강조한다. 2차 세계대전 이후 탈식민지가 된 대부분의 신생국가는 구식민지 시대의 국경선을 따라 독립하였다. 때로는 종족이나 부족끼리 분리되거나, 역사적 단일 민족이 지역적으로 분단되는 현상도 다수 발생했다. 동주는 유럽의 단일 민족주의와는 매우 다른 복잡한 특수 사정을 반영한 민족주의들이 출현했다는 점을 강조하고 있다.[3]

비유럽 지역이 받아들인 민족주의는 민족적 토착적 저항의 수단과 명분이 되었으며, 동주는 민족적 저항과 민족주의적 저항을 구분하여 설명하고 있다. 민족적 저항은 외세에 대한 민족적 투쟁이기는 하지만, 새로운 근대국가를 만들어가는 과정에서 민족주의적 투쟁이 자동적으로 되는 것은 아니다. 존왕주의나 복고 전통 옹호로 귀결되는 대외적인 저항은 민족적 저항일 수는 있으나, 통일된 민족 의식과 이를 뒷받침하는 사회층의 권리 주장이 결여된 경우 민족주의적 저항이 될 수 없었다.

일국주의에 기반한 민족주의는 부국강병의 이념과 결탁하여 침략적 성격을 띨 수 있다. 동주는 부국강병을 목표로 하는 일국 민족주의는 경제주의만으로도 대외 팽창으로 나아갈 수밖에 없다고 지적하고 있다. 서유럽의 시민 민족주의는 원래 시민권의 확립과 개인의 자유, 해방에 중점을 두었으나, 제국주의 시대를 거치면서 민족자결권이 부정된 비유럽 국가들에게는 이러한 대내적 체제의 정비가 우선되지 않았다.[4] 이 과정에서 저항적 민족주의는 전통주의의 미화와 역사적인 것을 자신의 것으로 승화시키려는 자세, 국수주의적 고유성을 강조하는 경향도 낳게 된다. 결국 저항기에 위로부터의 민족주의가 잉태되었고, 온전한 의미의 민족주의를 실현하지 못하는 반민족주의로 나아갈 위험성도 생겨났다. 근대권역의 형성 과정에서 모든 국가들이 부딪혔던 문제는 전통적으로 인식된 민족과 근대국가의 민족, 좀 더 정확히 말하면 정치적 의미의 국민의 범주를 일치시키는 일이었다.

한국은 자유민주주의의 확립으로 남한의 한민족 모두 대한민국 국민으로 자리잡는 데 성공해 왔다. 한국이 당면하여 해결에 어느 정도 성공하였거나 혹은 앞으로 완성해야 문제는 몇 가지로 정리할 수 있다. 첫째, 저항민족주의의 극복, 둘째, 저항민족주의 이후 건설적 민족주의의 완성, 즉, 근대화 과업의 완성, 셋째, 분단의 극복을 통한 민족주의의 완성, 혹은 불완전 주권국가의 완성, 넷째, 민족주의를 넘어 현대 국제관계에 맞는 국제주의, 혹은 지구주의로의 도약 등이다.

이를 보다 자세히 살펴보자면 첫째, 저항 민족주의의 극복과 건설적 민족주의 문제는 동주가 시대적으로 부딪힌 시급한 사안이었다. 한국의 민족주의는 한말 유럽 근대국가와의 접촉에서 시작되었다. 당시 한말의 초기 민족주의 양상에서 한국의 민족주의는 외세에 대한 저항에 집중하였는데, 이 과정에서 지식인이나 동학군과 같은 운동 세력은 정치의 기본 체제를 변화시키는 데 실패했다. 이후 일본의 식민지 체제 하에서 주권 회복과 압정에 대한 저항사가 핵심이었으며, 이 과정에서 명확한 지도 계층과 대중 간의 통합을 이루어내지 못했다고 본다. 저항 민족주의는 타 민족 거부의 제노포비아 성향을 지니고, 지도 계층과 정권 간의 화합과 괴리 문제에 부딪혔다. 또한 민주화와 근대화를 지원할 수 있는 민족주의적 조건을 만드는 데 어려움을 겪는다. 특히 저항 민족주의 과정에서 새로운 지도 계층이 출현하지 못하고 봉건적인 구계급을 포괄하여 저항의 전선을 강화할 수밖에 없는 한계에 부딪히게 된다. 많은 전근대적인 문화 유제와 보수층을 계속 포섭할 수밖에 없는 상황에서 지도 계층과 집권 계층 간의 괴리가 지속적으로 발생한다.

한국사를 되돌아보면 민족사와 왕조사의 뚜렷한 괴리가 중요한 계기로 작동한다. 특히 고려시대를 기점으로 집권층은 사대주의적 안일 속에 자족하여 정권 유지에 급급한 반면, 일반 대중으로서의 한 민족은 정권과 국가의 지원 없이 민족 진출을 시도했다. 동주는 특히 간도의 예를 들며, 정치적 압박, 경제 착취, 인권 유린, 약탈 등에도 불구하고 민족의 생활력으로 대륙으로 팽창하는 동력을 보여 주었다고 본다. 한국 민족주의가 딛고 있는 민족이라는 기저에는 역경 속의 생활력, 정권과의 위화감, 대중의 자율성 등이 작용했다.

한국 민족주의는 식민지배 하에서 민족주의의 상이 설정되기 이전에 국제정치의 압력에 강하게 부딪혔다. 이 과정에서 중산 계급의 육성도 없고 자본주의에 대한 투신도 없는 정체의 모습을 띠게 되었다. 해방 이후 한국이 산업화 경제주의 경제성장론에 힘입어 발전을 추진할 때에도 경제 후진의 의식 속에서 경제 발전을 목표로 올바른 민족주의의 중심 세력을 형성하는 데 어려움을 겪었다. 또한, 분단과 냉전의 와중에 군사적으로 냉전을 통과해야 하는 한민족으로서는 군부의 세력이 강화될 수밖에 없는 어려움도 겪게 되었다.[5]

둘째, 동주는 민족주의가 근대국가화의 단계에 따라 발전하고 새로운 국면에 새롭게 전개되어야 한다고 주장한다. 동주는 근대화를 정의하면서, (1) 세계사적인 견지에서 지도국가들이 지향하고 있는 과정에서의 근대화 일반, (2) 인간 사회에서 물질적인 행복과 번영을 누리고 경제의 공업화 산업화를 이룩한다는 세계적인 확신, (3) 한 국민이 처해 있는 현실을 직시하여 현실과 이상의 편차를 해결하는 것 등으로 정의하고 있나. 근대화를 국제정치적 안목에서만 보지 말고 국내의 가능한 한도에서 찾아 현실적 목표를 설정해야 한다는 것이다.6 그리고 그 핵심 과제는 민족주의의 새로운 주류로서 국내의 지도 계층을 확립하고 가능한 한 지도계층이 정권의 담당층이 되어 민족주의를 발전시키는 것이라고 본다. 이를 바탕으로 서구의 국력을 넘어설 수 있는 경제적 근대화와 민주주의를 완성하는 것이 핵심적인 과제이다.7

한국의 경제 발전과 민주화가 세계적 수준에 도달한 현재, 근대화라는 건설적 민족주의의 과제는 상당 부분 달성되었다고 본다. 문제는 이를 이루는 과정에서 정치적 단일체로서 국민의 내적 역량을 통합할 수 있는 정치적 주도 세력이 형성되고 주도세력이 집권세력이 되고 있는가 하는 문제이다. 중요한 점은 한국 경제 발전과 자유민주주의의 성격을 밝히고 발전시키는 과제가 여전히 존재하지만, 핵심변수인 국제정치와 지구화의 흐름도 인식해야 한다는 것이다. 현재 세계적 차원에서 국내 민주주의의 퇴행과 경제적 양극화, 주권국가의 자율성 축소 및 반세계화의 흐름이 강화되는 상황에서 한국 민족주의의 문제는 국제질서와 밀접하게 연결된다.

셋째, 동주는 통일이야말로 한국 민족주의의 유일한 희망이며, 민족주의가 통일을 위한 상위 개념이 된다고 강조한다. 외세에 대한 저항적 민족주의, 분단된 상대방에 대한 대결적 민족주의가 지속되는 한 온전한 민족주의가 뿌리내리기는 어렵다. 동주는 분단된 민족주의와 냉전이라는 외부의 강제적인 상황 속에서 남한과 북한 모두 내부적으로 주도권 문제를 해결하지 못했다고 본다. 남한과 북한 양측 모두 민족주의 건설에 있어 딜레마에 처했다는 것이다. 해방 이후 저항 민족주의 시대가 지속되면서 누가 주도 계층이 될 것인가에 대한 문제가 해결되지 않았으며, 반봉건 세력이 저항 전선의 일익을 담당했으나 전통 세력을 청산하지 못했다. 결과적으로 남북한 모두 대외적 적의 존재를 통해 민족주의를 유지하는 방식을 택하면서 내부적으로는 민족주의의 발판을 상실하게 되는 결과를 초래했다.

넷째, 이상의 문제들은 불완전 주권국가의 완성에 해당되는 미루어진 과업이다. 미래지향적인 과업은 향후 한국이 어떠한 국력과 비전을 바탕으로 세계적 국가로 발돋움할 수 있는가 하는 문제이다. 동주는 단일민족주의와 이를 극복하는 문제를 중요시했다. 한국은 단일 민족주의를 추구할 수밖에 없는 민족 개념을 가지고 있어, 단일체의 의식 면에서는 분명 유리한 입장에 있다. 그러나 다민족주의나 복합민족주의 국가들에 비해 국력과 자원의 면에서 한계를 겪고 있으며, 특히 분단된 상황에서 민족주의의 이상이 실현되기 어려운 조건에 처해 있다. 단일민족주의이자 양단된 민족주의의 처지이다.

동주는 동북아시아의 주변 국가들 역시 모두 단일 민족주의를 추구하고 있어 배타적 관계에 있으며, 다민족주의나 지역주의로 나아갈 수 있는 여건이 성립되지 않고 있다고 지적한다. 이러한 맥락에서 한국의 민족주의는 고립된 민족주의이며, 매우 고독한 민족주의이다. 동주는 새로운 국제방향의 민족주의, 복합민족주의, 지역민족주의가 역사의 주류가 되어 간다고 보고, 한국의 공고한 지반인 단일민족주의는 민족주의의 소수가 되었고 역사의 주류에서 멀어지는 모델이라고 보았다. 단일민족주의를 넘어 다민족주의, 국가연합 등 다른 길을 찾아 세계적 지위를 향해야 하는데 넘어야 할 큰 장벽이 있다는 것이다.[8]

결국 넓은 의미의 근대화를 이룩한 이후 현대 세계정치에서 한반도를 넘어선 선진국, 강대국, 권역의 주도국으로 발돋움하기 위해서는 새로운 국가모델의 비전이 필요하다. 동주는 단일민족주의를 넘어서 다민족주의, 그리고 지리적 차원의 권역개념에서 한반도를 넘어선 만주와 동북아로 뻗어나가는 한반도를 상상한 것 같다. 냉전의 종식 이후 동주는 유럽의 국가연합 모델을 예의주시하면서 미국과 소련의 다민족주의 모델을 넘은 연합의 모델과 한반도를 겹쳐서 생각했음직도 하다. 탈냉전/지구화 이행기 세계정치는 더욱 복잡해졌고 한국이 추구해야 할 국가모델과 미래 비전을 새로운 방향에서 모색할 필요가 있다.

　동주는 탈냉전 초기 새로운 국가모델을 고민하면서 복합민족주의라는 용어를 사용하였다. 이는 한국이 추구할 방향을 추상적이나마 제시한 지표가 되었다고 본다.[9] 복합민족주의 국가는 동주가 논했던 바 분화와 통합화라는 탈냉전의 추세와 일치하고, 국가 이하, 국가, 국가 간 차원에서 새로운 질서가 형성되고 다층적 주권 공유가 일어나는 상황에 적응해야 할 필요성을 전제하는 개념이기도 하다.

　미래의 한국은 탈냉전/지구화 이행기에 강한 국력과 미래에 대한 비전으로 다가올 세계질서에 대비해야 한다. 이미 세계질서의 무대는 비단 군사와 경제, 제3세계 지역갈등을 넘는 사이버, 우주, 인공지능의 무대까지 확대되었다. 그 속에서 한국이 새로운 국력을 갖춘 역사의 주인공이 되려면 근대식 부국강병 국가를 넘어선 네트워크 지식국가, 그리고 인공지능 시대의 지능형 국가가 되어야 할 것이다.[10]

　미중 전략경쟁을 단순한 패권 경쟁으로 인식하여 한국 외교정책의 방향을 놓고 우왕좌왕할 것이 아니라, 긴 역사적 관점에서 창출해야 할 지구적 신권역을 예상하고, 한국이 기여할 수 있는 바와 전략적 위치를 설정해야 한다. 현재 세계질서의 위기상황을 정확히 진단한다면, 현재의 세계질서 위기를 정확히 파악하지 못하는 국가에 비해 우위를 점할 수 있다. 그러한 점에서 권역이론은 국제정치이론뿐만 아니라, 한국 외교정책에 주는 시사점이 많다고 본다. 권역 간 갈등에서 가장 많은 고난을 겪은 한국이 미래 권역 창출에서 역사의 주인공이 되기 위해서는 세계질서의 흐름을 내다보아야 한다.

참고문헌

민병원, 조인수 외. 2017. 『장소와 의미: 동주 이용희의 학문과 사상』. 고양: 연암서가.
박성우. 2022. "자유주의를 위한 변명." 동아시아연구원 워킹페이퍼.
박종희. 2024. 『힘과 규칙: 국제질서에 대한 두 가지 관점』. 서울: 사회평론아카데미.
손열. 2023. 『개념전쟁: 아시아에서 인도-태평양까지, 강대국의 공간 지배 전략과 한국의 선택』. 서울: 동아시아연구원.
옥창준. 2022. 『냉전 초기 한국 국제정치 지식의 재구성』. 서울대학교 정치외교학부 박사학위 논문.
이용희. 2017. 『동주이용희 전집』. 고양: 연암문고. 1-10권.
이혜정. 2021. "바이든의 미국 우선주의: 중산층을 위한 외교". 『한국정치연구』 30-3: 225–256.
장인성, 김태진 외. 2023. 『이용희의 정치학과 정치사상』. 고양: 연암서가.
장진성. 2022. "이용희와 빌헬름 보링거(Wilhelm Worringer)". 『미술사와 시각문화』 30: 166–187.
전재성. 2024. "북미관계의 권역이론적 분석을 위한 시론". 『한국과 국제정치』 40-1: 233–280.
_____. 2020. 『동북아국제정치이론: 불완전 주권국가들의 국제정치』. 서울: 한울아카데미.
_____. 2019. 『주권과 국제정치: 근대 주권국가체제의 제국적 성격』. 서울: 서울대학교 출판문화원.
_____. 2017. "권역, 전파 그리고 동주의 역사사회학." 민병원, 조인수 외 지음, 『장소와 의미: 동주 이용희의 학문과 사상』 고양: 연암서가.
_____. 2011. 『동아시아 국제정치: 역사에서 이론으로』. 서울: 동아시아연구원.

차태서. 2024. 『30년의 위기: 탈단극 시대 미국과 세계질서』. 서울: 성균관대학교출판부.

_____. 2021. "자유주의와 민주주의의 불화: 한국에서 포퓰리즘적 계기의 출현." 『정치·정보연구』 24-3: 139–169.

하영선. 2011. 『역사 속의 젊은 그들: 18세기 북학파에서 21세기 복합파까지』. 서울: 을유문화사.

하영선, 김상배 엮음. 2006. 『네트워크 지식국가: 21세기 세계정치의 변환』. 서울: 을유문화사.

Baciu, Cornelia. 2022. "Interpolarity: Re-visiting Security and the Global Order." *Defence Studies* 22: 571–90.

Berlin, Isaiah. 2002. *Liberty: Incorporating Four Essays on Liberty*. Oxford: Oxford University Press.

Bobbio, Norberto. 1990. *Liberalism and Democracy*. Translated by Martin Ryle and Kate Soper. London: Verso Books.

Burelli, Carlo. 2019. "A Realistic Conception of Politics: Conflict, Order and Political Realism." Critical Review of International Social and Political Philosophy, published online May 4, 2019.

Dagger, Richard. 2004. "Communitarianism and Republicanism." In *Handbook of Political Theory*, edited by Gerald F. Gaus and Chandran Kukathas, 167-179. Thousand Oaks: Sage Publications, 2004.

Deneen, Patrick J. 2023. *Regime Change: Toward a Postliberal Future*. New York: Penguin Books.

_____. 2018. *Why Liberalism Failed*. New Haven: Yale University Press.

_____. 2018. "The Problems of Liberalism: A Q&A With Patrick Deneen." *The Nation*, May 28, 2018.

Donnelly, Jack. 2015. "The Discourse of Anarchy in IR." *International Theory* 7-2: 393–425.

Dynkin, Alexander, and Natalia Ivanova, eds. 2012. *Russia in a Polycentric World*. Moscow: Institute of World Economy and International Relations(IMEMO).

Eabright, Paul, Jonathan Stieglitz, and Karine Van der Straeten. 2021. "Evaluating Social Contract Theory in the Light of Evolutionary Social Science." *Evolutionary Human Sciences* 3: 1–22.

Flockhart, Trine. 2016. "The Coming Multi-Order World," *Contemporary Security Policy* 37-1: 3-30.

Gruszczyk, Aleksandra. 2016. "Old Dilemmas Renewed: Fear of Freedom vs. Freedom from Fear," *Glocalism: Journal of Culture, Politics and Innovation* 2: 1–17.

Ikenberry, John. 2005. "Power and Liberal order: America's Postwar World Order in Transition," *International Relations of the Asia-Pacific*, 5-2: 133–152.

Kaul, Inge, Isabelle Grunberg, and Marc A. Stern, eds. 1999. *Global Public Goods: International Cooperation in the 21st Century*. New York: Oxford University Press.

Kaul, Inge, Pedro Conceição, Katell Le Goulven, and Ronald U. Mendoza, eds. 2003. *Providing Global Public Goods: Managing Globalization*. New York: Oxford University Press.

Little, Richard. 2007. *The Balance of Power in International Relations: Metaphors, Myths and Models*. Cambridge: Cambridge University Press.

Mastanduno, Michael. 2009. "System Maker and Privilege Taker: The United States and the International Political Economy." *World Politics* 61-1: 121–154.

Morgenthau, Hans J. 1948. *Politics Among Nations: The Struggle for Power and Peace*. New York: Alfred A. Knopf.

Perry, Michael J. 1987. "A Critique of the 'Liberal' Political-Philosophical Project." *William & Mary Law Review* 28-2: 205-233.

Posen, Adam S. 2023. "The End of China's Economic Miracle: How Beijing's Struggles Could Be an Opportunity for Washington." *Foreign Affairs* 102-5(September/October 2023): 10–25.

Qin, Yaqing. 2018. *A Relational Theory of World Politics*. Cambridge: Cambridge University Press.

Scholte, Jan Aart. 2019. "After Liberal Global Democracy: New Methodology for New Praxis." *Fudan Journal of the Humanities and Social Sciences*, 2019: 71-73.

Tilly, Charles. 1990. *Coercion, Capital, and European States, AD 990–1990*. Cambridge: Basil Blackwell.

Turner, Bryan S. 2023. *A Theory of Catastrophe*. Berlin: De Gruyter.

Viroli, Maurizio. 2002. *Republicanism*. Translated by Antony Shugaar. New York: Hill and Wang.

Wölfflin, Heinrich. 1950. *Principles of Art History: The Problem of the Development of Style in Later Art*. Translated by M.D. Hottinger. New York: Dover Publications.

Waltz, Kenneth. 1979. *Theory of International Politics*. Reading, MA: Addison-Wesley.

Worringer, Wilhelm. 1997. *Abstraction and Empathy: A Contribution to the Psychology of Style*. Translated by Michael Bullock. Chicago: Ivan R. Dee.

미주

1장

1 이 책에서는 세계질서, 지구질서, 국제질서의 용어를 사용한다. 세계질서는 가장 넓은 의미에서 지구질서와 국제질서 모두를 포괄하는 용어이다. 지구질서는 국제질서와의 대비 속에서 국가 간 질서를 넘어 개인, 사회, 국가, 초국가 기구 등 다층적인 이해상관자들의 질서의 의미로 사용한다. 국제질서는 국가 중심의 질서를 의미한다. 탈냉전기 동안 국제질서는 지구질서로 점차 이행하고 있다. 만약 탈근대 이행을 통해 조직원리가 변화된다면 매우 장기적인 세계질서를 함께 고려해야 할 것이다. 기후변화로 인간과 자연, 지구 행성, 우주 간의 관계도 논의하게 되었는데, 세계의 의미는 시공 차원에서 가장 포괄적인 범위를 포괄한다.

2 차태서. 2024. 『30년의 위기: 탈단극 시대 미국과 세계질서』. 서울: 성균관대학교출판부; 박종희. 2024. 『힘과 규칙: 국제질서에 대한 두 가지 관점』. 서울: 사회평론아카데미 참조.

3 이 책은 동주가 제시한 국제정치학의 모든 분야를 정리하고 설명하는 목적을 가지고 있지는 않다. 현재까지 많은 학자들에 의해 다양한 분야에서 탁월한 연구가 진행되었다. 이 책은 동주의 권역이론을 세계질서변화의 관점에서 재조명하고 확장해 보는 데 목적이 있다. 동주에 대한 최근의 기존 연구로 민병원, 조인수 외. 2017. 『장소와 의미: 동주 이용희의 학문과 사상』. 고양: 연암서가; 장인성, 김태진 외. 2023. 『이용희의 정치학과 정치사상』. 고양: 연암서가; 옥창준. 2022. 『냉전 초기 한국 국제정치 지식의 재구성』(서울대학교 정치외교학부 박사학위논문) 등 참조.

4 동주의 글은 모두 『동주 이용희 전집』(고양: 연암서가, 2017)에서 인용하였다. 인용시 "전집"으로 약칭하였다. 『일반국제정치학(상)』(1962)(전집3)(이하 『일반국제정치학(상)』로 약칭), 77-81쪽.

5 동주는 국제정치학 강의를 처음 시작한 1948년이 학제로서 국제정치학의 출발점이라고 논하고 있다. 개인적으로도 학문은 근본적으로 실천의 일각이고 "내가 하는 방면의 최고의 교과서는 항상 현실"이었다고 회고한다."독서연대기로 돌아보는 젊은 정신의 회억"(1974), 『독시재 산고』(전집6), 67-68쪽. 하영선. 2011. "제7강. 동주 이용희와 한국 국제정치학," 『역사 속의 젊은 그들: 18세기 북학파에서 21세기 복합파까지』. 서울: 을유문화사.

6 『일반국제정치학(상)』, 16-19쪽.

7 『국제정치원론』(1955)(전집1)(이하 『국제정치원론』으로 약칭), 4쪽.

8 『국제정치원론』, 5쪽.

9 "독서연대기로 돌아보는 젊은 정신의 회억", 66쪽.

10 『국제정치원론』, 81쪽.

11 동주는 국제정치의 자기전개에 관한 논의에서 "초국가적 요인이 단순히 국제주의나 국제사회라는 개념이 아니라, 근대국가의 활동 속에서 태어나는 변증법적인 성질"이라고 언급하고 있는데, 드물게 변증법이라는 용어를 사용하고 있다. 『일반국제정치학(상)』, 264쪽 참조.

12 『미래의 세계정치』(1994)(전집5)(이하 『미래의 세계정치』로 약칭), 11쪽.

13 "『미래의 세계정치』 인터뷰"(1994), 『독시재 산고』(전집6), 623쪽.

2장

1 동주는 『일반국제정치학(상)』과 더불어 하권의 출판을 염두에 두고 있었다. 상권의 서문에 상권은 국제정치학의 학문으로서의 성격과 국제정치의 개념이 추구되고, 그것을 계기로 국제정치의 권역성과 전파라는 국제정치의 논리적 기반이 제시되고, 이어서 근대 국제정치의 유형적인 양태가 잠정적으로 설정된다고 설명하고 있다. 이어 "하권은 국제정치의 양상들을 같은 방법에 의하여 취급"할 것이라고 예고하는 점이다. 상권의 본문에서도 하권 "국제법의 역사적 성격" 및 "세력균형론" 참조"라고 명시하고 있어 대략의 목차도 있었다고 본다. 또한 "본래 본서는 기왕에 출간하였던 졸저 『국제정치원론』(1955년)의 원형이라고 할 수 있다"고 하여 순서상으로는 원론이 먼저 출판되었지만 "내용의 구상은 『일반국제정치학(상)』이 원형"이라는 점도 알 수 있다. "여러 가지로 제약된 환경에서 출판된 국제정치원론은 우선 사용에 응하려는 면에 급급하여 그 원형에 불충실한 것이 되고 말았다"는 설명이 덧붙여져 있다. 『국제정치원론』의 서문에서도 "내가 조금씩 적고 있는 국제정치이론을 미리 일부 요약하려는 것 같이 되고 말

았다"고 쓰고 있어 아마 이 이론이 이후 『일반국제정치학(상)』으로 나온 것으로 추측할 수 있다. 이후 『미래의 세계정치』에서 동주는 "이번에 내가 강의하고자 하는 것이 그 전에 내가 썼던 『일반국제정치학(상)』에 대한 후속 생각이라고 할까, 사상이라고 할까, 그런 내용을 담고 있기 때문에"라는 언급을 보이고 있어 전반적으로 『일반국제정치학(상)』의 말미에 제시된 국제정치의 자기전개적인 여건의 후반부 논의와 연결성을 추측해 볼 수 있다. 그렇다면 2차 세계대전 이후의 현대국제정치의 전개 양상이 주된 내용이었다는 것인데, 위의 내용을 미루어 보면, 국제법, 세력균형론과 같은 중범위 이론의 내용과 현대 국제정치라는 시간적 후반부의 내용이 하권의 내용을 채우고 있지 않았을까 생각해 본다. 한편 노재봉은 개인적 관계에서 동주가 『일반국제정치학』 상권의 철학적 기초를 제시하는 데 집중하는 하권의 내용을 구상하고 있었는데 그 작업이 어려워 하권의 출판이 실현되지 않았다고 설명하고 있다. 즉, "삶의 조건을 파악하고 철학을 해야 장소의 이론이 성립되는데" 이를 추구하다가 미완으로 끝났다는 것이다. 하영선. 2022. 『역사 속의 젊은 그들: 18세기 북학파에서 21세기 복합파까지』. 서울: 동아시아연구원, 299쪽.

2 『일반국제정치학(상)』, 43쪽.
3 『일반국제정치학(상)』, 44쪽.
4 『일반국제정치학(상)』, 56쪽.
5 『국제정치원론』, 6쪽.
6 "서문 1"(1958), 『정치사상과 한국민족주의』(전집2), 4-5쪽.
7 "미술사와 미술사학"(1988), 『우리나라의 옛그림』(전집8), 59쪽.
8 "미술사와 미술사학", 34-39쪽.
9 "미술사와 미술사학", 56쪽.
10 『미래의 세계정치』, 342-345쪽.
11 전재성. 2017. "권역, 전파 그리고 동주의 역사사회학", 민병원, 조인수 외 지음, 『장소와 의미: 동주 이용희의 학문과 사상』. 고양: 연암서가.
12 『일반국제정치학(상)』, 67쪽, 각주 1번 .
13 『일반국제정치학(상)』, 13-35쪽.
14 『일반국제정치학(상)』, 82쪽.
15 "미술사와 미술사학", 23-24쪽, 27-30쪽.
16 Wilhelm Worringer. 1997. *Abstraction and Empathy: A Contribution to the Psychology of Style*. Translated by Michael Bullock. Chicago: Ivan R. Dee.
17 『국제정치원론』, 290쪽.

18 "미술사와 미술사학", 13-16쪽; 장진성. 2022. "이용희와 빌헬름 보링거(Wilhelm Worringer)". 『미술사와 시각문화』 30: 166-187.

19 『한국 회화사론』(1987)(전집9), 5쪽. 동주의 인식론적 전환을 나타내는 부분은 다음과 같다: "한편, 어쩌다가 보링거(W. Worringer)나 뵐플린(H. Wölfflin) 등을 읽게 되어, 지역에 따라 또 시대에 따라 미의식(美意識)도 다르고, 보는 눈에 따라 곧 소위 시형식(視形式)에 따라 양식(樣式)의 개념을 도입하는 것도 다르다는 것을 알게 되었다." Heinrich Wölfflin. 1950. *Principles of Art History: The Problem of the Development of Style in Later Art*. Translated by M.D. Hottinger. New York: Dover Publications.

20 전재성. 2019. 『주권과 국제정치: 근대 주권국가체제의 제국적 성격』. 서울: 서울대학교 출판문화원, 2장 참조.

21 무정부상태 개념의 다양한 용례에 관해서는 Jack Donnelly. 2015. "The Discourse of Anarchy in IR." *International Theory* 7-2 (May 2015): 393–425 참조.

22 전재성. 『주권과 국제정치』. 41쪽.

23 Richard, Little. 2007. *The Balance of Power in International Relations: Metaphors, Myths and Models*. Cambridge: Cambridge University Press.

24 『일반국제정치학(상)』 50쪽.

25 『일반국제정치학(상)』 63쪽.

26 문화권의 주변인 절역지위를 가진 국가는 쉽게 탈권역의 가능성이 높다는 것이 동주의 생각이다. "한일관계와 정신사적 문제"(1970), 『정치사상과 한국 민족주의』(전집2), 333쪽.

27 『국제정치원론』, 292쪽.

28 『국제정치원론』, 291쪽.

29 『국제정치원론』, 294-295쪽.

30 『국제정치원론』, 262-264쪽.

31 『국제정치원론』, 296쪽.

32 『국제정치원론』, 297쪽.

33 『국제정치원론』, 290-300쪽.

34 『일반국제정치학(상)』, 52쪽.

35 『일반국제정치학(상)』, 44쪽.

36 『일반국제정치학(상)』, 48쪽.

37 『일반국제정치학(상)』, 50-51쪽.

38 『일반국제정치학(상)』, 52쪽.

39 『일반국제정치학(상)』, 55-56쪽.
40 『일반국제정치학(상)』, 90쪽.

3장

1 "근세 전편"(1957), 『정치사상과 한국 민족주의』(전집2), 58쪽.
2 전재성. 2011. 『동아시아 국제정치: 역사에서 이론으로』. 서울: 동아시아연구원, 3장 참조.
3 『일반국제정치학(상)』, 178쪽 각주 1번. 동주는 근대와 근세를 유사한 개념으로 구별하지 않고 사용한다.
4 "사대주의"(1972), 『정치사상과 한국 민족주의』(전집2), 518쪽.
5 베스트팔렌 기점설에 관한 다양한 논쟁에 관해서는 전재성, 『동아시아국제정치』, 3장 참조.
6 "고대"(1957), 『정치사상과 한국 민족주의』(전집2), 15쪽.
7 "고대", 36쪽.
8 "중세"(1957), 『정치사상과 한국 민족주의』(전집2), 37쪽.
9 "중세", 40-46쪽.
10 "중세", 53-55쪽; 『국제정치원론』, 48-51쪽도 참조.
11 "근세 전편"(1957), 『정치사상과 한국 민족주의』(전집2), 56-59쪽.
12 『일반국제정치학(상)』, 104쪽.
13 『일반국제정치학(상)』, 109-110쪽.
14 『일반국제정치학(상)』, 108-109쪽.
15 『일반국제정치학(상)』, 116쪽.
16 Charles Tilly. 1990. *Coercion, Capital, and European States, AD 990–1990*. Cambridge: Basil Blackwell.
17 『일반국제정치학(상)』, 121쪽.
18 『일반국제정치학(상)』, 121-123쪽.
19 『일반국제정치학(상)』, 132-136쪽.
20 『일반국제정치학(상)』, 216쪽.
21 『일반국제정치학(상)』, 160-161쪽.
22 『일반국제정치학(상)』, 172-176쪽.
23 『일반국제정치학(상)』, 168-178쪽.
24 "현대민족주의"(1973), 『정치사상과 한국 민족주의』(전집2), 343쪽.
25 『국제정치원론』, 204쪽.

26 Hans J. Morgenthau. 1948. *Politics Among Nations: The Struggle for Power and Peace*. New York: Alfred A. Knopf, 9장 참조.

27 이는 이론적으로 국제정치에서 무정부상태의 개념을 숙고하게 만든다. 무정부상태는 정부가 없는 상태로 질서를 수립하려면 무정부상태에서 단위들 간의 합의가 필요하다. 무정부상태는 질서상태로 정부 없이 질서를 유지할 수 있는 상태이다. 국제사회학파 불(Hedley Bull)의 논의처럼 무정부상태의 사회성에 대한 고찰은 매우 중요하다. 반면 무질서상태, 혹은 혼란의 상태는 무정부상태와 구별되어야 한다. 안정적이고 예측가능한 단위 간 관계가 성립되어 있지 않은 무질서 혼란상태가 국제정치에서 과연 어떻게, 어느 기간 동안 존재할 수 있는가의 문제가 존재한다.

28 『국제정치원론』, 204-217쪽. 모겐소에 대한 부분은 237쪽 각주 7번.

29 『국제정치원론』, 217쪽.

30 "서문1", 4-5쪽; "고대", 13-14쪽.

31 "한국민족주의의 제문제"(1967), 『정치사상과 한국 민족주의』(전집2), 249쪽.

32 『일반국제정치학(상)』, 197쪽, 각주 70번.

33 『미래의 세계정치』, 22쪽.

34 『일반국제정치학(상)』, 196-197쪽.

35 "한국민족주의의 제문제", 249-252쪽.

36 "근세 후편"(1958), 『정치사상과 한국 민족주의』(전집2), 181쪽.

37 "한국민족주의의 제문제", 246-248쪽.

38 "근세전편", 98-106쪽.

39 "근세전편", 63-65쪽.

40 "근세 후편", 107쪽.

41 "근세 후편", 129쪽.

42 "근세 후편", 132쪽.

43 "근세 후편", 156쪽.

44 "현대민족주의"(1973), 『정치사상과 한국 민족주의』(전집2), 343쪽.

45 『국제정치원론』, 58-64쪽.

46 『일반국제정치학(상)』, 243쪽.

47 『일반국제정치학(상)』, 252-253쪽.

48 『일반국제정치학(상)』, 262-277쪽.

49 『미래의 세계정치』, 173-175쪽.

50 『국제정치원론』, 71-72쪽.
51 『일반국제정치학(상)』, 262쪽.
52 『일반국제정치학(상)』, 264쪽.

4장

1 『일반국제정치학(상)』, 231쪽.
2 『일반국제정치학(상)』, 62쪽.
3 『국제정치원론』, 101쪽.
4 동주는 현대 국제정치학의 역사를 논하면서 1947년을 냉전이 시작되는 중요한 기점으로 본 듯 하다. 동주가 『국제정치원론』과 『일반국제정치학(상)』을 저술한 기간을 1950년대로 보면 동주는 냉전 시작 이후 대략 10여 년의 관찰을 국제정치이론화의 기반으로 삼은 것이다. 『일반국제정치학(상)』, 38쪽, 각주 13.
5 『국제정치원론』, 204-205쪽.
6 『일반국제정치학(상)』, 232-253쪽.
7 동주는 집단안전보장 사상도 유럽의 사상사적 흐름과 연결되어 있음을 강조한다. 현대 국제정치가 유럽에서 탈피하여 생성된 것이 아니라 그 연장선상에 있다는 것이다. 고대, 중세를 통한 집단안전보장 사상이 존재하고 있었고, 근대적으로는 피에르 뒤부아(Pierre Dubois)를 시조로 보고 에라스무스(Desiderius Erasmus), 크뤼세, 그로티우스(Hugo Grotius), 쉴리, W. 펜, 생피에르(Abbé de Saint-Pierre), 루소, 벤담, 칸트에 이르기까지 긴 전통을 언급하고 있다. 『일반국제정치학(상)』, 239쪽 각주 33번.
8 『국제정치원론』, 217-235쪽.
9 『일반국제정치학(상)』, 273-277쪽.
10 『일반국제정치학(상)』, 138-149쪽.
11 『국제정치원론』, 327-339쪽.
12 『일반국제정치학(상)』, 255-259쪽.
13 『국제정치원론』, 81-85쪽, 96쪽 참조.
14 『국제정치원론』, 85쪽.
15 "현대민족주의", 345-354쪽.
16 "단일민족주의국가와 다민족주의국가"(1947), 『정치사상과 한국 민족주의』(전집2), 221쪽.
17 "단일민족주의국가와 다민족주의국가", 220쪽.
18 『일반국제정치학(상)』, 35쪽.

19 『일반국제정치학(상)』, 34쪽.

20 『국제정치원론』, 26쪽, 각주 4 참조.

21 『일반국제정치학(상)』, 88-89쪽.

22 『일반국제정치학(상)』, 123쪽.

23 『일반국제정치학(상)』, 132-149쪽.

24 "현대민족주의," 364-365쪽.

25 『국제정치원론』, 348쪽.

26 "미국적이라는 것"(1957), 『독시재 산고』(전집6), 230-250쪽; "미국인의 생활과 실용주의", 『독시재 산고』(전집6), 609-619쪽.

27 "한국의 근대화와 민족주의"(1965), 『정치사상과 한국 민족주의』(전집2), 438쪽.

28 『일반국제정치학(상)』, 88-89쪽.

29 『국제정치원론』, 116-120쪽.

30 『국제정치원론』, 299쪽. 342쪽도 참조.

31 "현대민족주의", 364-365쪽.

32 『국제정치원론』, 369-375쪽.

33 『일반국제정치학(상)』, 64-65쪽.

34 『국제정치원론』, 346-347쪽.

35 『국제정치원론』, 295쪽.

36 『국제정치원론』, 345쪽.

37 『국제정치원론』, 345-346쪽.

38 『일반국제정치학(상)』, 65-66쪽.

5장

1 『국제정치원론』, 114-115쪽.

2 『국제정치원론』, 380쪽.

3 『국제정치원론』, 119쪽.

4 『국제정치원론』, 115쪽.

5 『국제정치원론』, 119-120쪽.

6 『국제정치원론』, 311-316쪽.

7 "현대민족주의", 355-376쪽.

8 『국제정치원론』, 378-379쪽.

9 『국제정치원론』, 178쪽.

10 『국제정치원론』, 181-182쪽.

11 『국제정치원론』, 188쪽.

12 『국제정치원론』, 190-193쪽.

13 Mathias Koenig-Archibugi. 2011. "Is Global Democracy Possible?" *European Journal of International Relations* 17-3: 519-542.

14 Jan Aart Scholte. 2020. "After Liberal Global Democracy: New Methodology for New Praxis." *Fudan Journal of the Humanities and Social Science* 13: 67-92.

15 『미래의 세계정치』, 62-63쪽.

16 『미래의 세계정치』, 28-29쪽.

17 『미래의 세계정치』, 85쪽.

18 『미래의 세계정치』, 255쪽.

19 『미래의 세계정치』, 256쪽.

20 『미래의 세계정치』, 261쪽.

21 『미래의 세계정치』, 354쪽.

22 『미래의 세계정치』, 326쪽.

23 『미래의 세계정치』, 333쪽.

24 『미래의 세계정치』, 327쪽.

25 『미래의 세계정치』, 331-334쪽.

26 『미래의 세계정치』, 11쪽.

6장

1 Alexander Dynkin and Natalia Ivanova, eds. 2012. *Russia in a Polycentric World*. Moscow: Institute of World Economy and International Relations (IMEMO).

2 Cornelia Baciu. 2022. "Interpolarity: Re-visiting Security and the Global Order." *Defence Studies* 22: 571–590.

3 Trine Flockhart. 2016. "The Coming Multi-Order World." *Contemporary Security Policy* 37-1: 3-30.

4 George Modelski. 2015. "Interview with George Modelski." Edited by Manfred Steger and Paul James. In *Globalization: The Career of a Concept*. New York: Routledge.

5 John Ikenberry. 2005. "Power and Liberal order: America's Postwar World Order in Transition." *International Relations of the Asia-Pacific* 5-2: 133–152.

6 Michael Mastanduno. 2009. "System Maker and Privilege Taker: The United States and the International Political Economy." *World Politics* 61-1: 121–154.

7 전재성, 『주권과 국제정치』, 8장 참조.

8 Inge Kaul, Isabelle Grunberg, and Marc A. Stern, eds. 2003. *Global Public Goods: International Cooperation in the 21st Century*. New York: Oxford University Press, 13쪽; Inge Kaul, Pedro Conceição, Katell Le Goulven, and Ronald U. Mendoza, eds. 2003. *Providing Global Public Goods: Managing Globalization*. New York: Oxford University Press도 참조.

9 Kenneth Waltz. 1979. *Theory of International Politics*. Reading, MA: Addison-Wesley, 91쪽.

10 Inge Kaul, Isabelle Grunberg, and Marc A. Stern, eds. 1999. *Global Public Goods: International Cooperation in the 21st Century*, 4쪽.

11 Inge Kaul, Isabelle Grunberg, and Marc A. Stern, eds. 1999. *Global Public Goods: International Cooperation in the 21st Century*, 2-3쪽.

12 Inge Kaul, Isabelle Grunberg, and Marc A. Stern, eds. 1999. *Global Public Goods: International Cooperation in the 21st Century*, 15쪽.

7장

1 Isaiah Berlin. 2002. "Two Concepts of Liberty." in *Liberty: Incorporating Four Essays on Liberty*. Oxford: Oxford University Press. 166-217쪽.

2 Norberto Bobbio. 1990. *Liberalism and Democracy*. Translated by Martin Ryle and Kate Soper. London: Verso Books, 31쪽.

3 Bobbio, *Liberalism and Democracy*, 81-82쪽.

4 Bobbio, *Liberalism and Democracy*, 89쪽.

5 Bobbio, *Liberalism and Democracy*, 43쪽.

6 차태서. 2021. "자유주의와 민주주의의 불화: 한국에서 포퓰리즘적 계기의 출현". 『정치·정보연구』 24-3, 144-145쪽.

7 Maurizio Viroli. 2002. *Republicanism*. Translated by Antony Shugaar. New York: Hill and Wang, 5쪽.

8 Bobbio, *Liberalism and Democracy*, 40쪽.

9 Bobbio, *Liberalism and Democracy*, 39쪽.

10 Bobbio, *Liberalism and Democracy*, 37-38쪽.

11 Bobbio, *Liberalism and Democracy*, 8-9쪽.

12 Bobbio, *Liberalism and Democracy*, 7-8쪽.

13 Eabright, Paul, Jonathan Stieglitz, and Karine Van der Straeten. 2021. "Evaluating social contract theory in the light of evolutionary social science." *Evolutionary Human Sciences*, 3: 1-22.

14 Viroli, *Republicanism*, 13쪽.

15 Richard Dagger. 2004. "Communitarianism and Republicanism." In *Handbook of Political Theory*, edited by Gerald F. Gaus and Chandran Kukathas. Thousand Oaks: Sage Publications, 170쪽.

16 『국제정치원론』, 305쪽, 각주 29.

17 Aleksandra Gruszczyk. 2016. "Old Dilemmas Renewed: Fear of Freedom vs. Freedom from Fear." *Glocalism: Journal of Culture, Politics and Innovation* 2: 1–17.

18 Michael J. Perry. 1987. "A Critique of the 'Liberal' Political-Philosophical Project." *William & Mary Law Review* 28-2: 205-233; 박성우. 2022. "자유주의를 위한 변명" (동아시아연구원 워킹페이퍼)도 참조.

19 Joseph Hogan. 2018. "The Problems of Liberalism: A Q&A With Patrick Deneen." *The Nation*, May 28; Patrick J. Deneen. 2023. *Regime Change: Toward a Postliberal Future*. New York: Penguin Books; Patrick J. Deneen. 2018. *Why Liberalism Failed*. New Haven: Yale University Press.

20 Carlo Burelli. 2019. "A Realistic Conception of Politics: Conflict, Order and Political Realism." *Critical Review of International Social and Political Philosophy*. published online May 4, 2019. 5-7쪽.

21 Carlo Burelli. "A Realistic Conception of Politics: Conflict, Order and Political Realism." 10쪽.

8장

1 북미관계를 권역의 문제를 다룬 연구로는 전재성. 2024. "북미관계의 권역이론적 분석을 위한 시론". 『한국과 국제정치』 40-1: 233–280.
2 국가 간 전략적 경쟁과 밀접하게 연관되어 전개된 지역에 대한 개념 설정의 경쟁, 즉, 개념전쟁을 다룬 연구로는 손열. 2023. 『개념전쟁: 아시아에서 인도-태평양까지, 강대국의 공간 지배 전략과 한국의 선택』. 서울: 동아시아연구원 참조.
3 전재성. 2020. 『동북아국제정치이론: 불완전 주권국가들의 국제정치』. 서울: 한울아카데미, 6장 참조.
4 Robert O. Keohane. 1984. *After Hegemony: Cooperation and Discord in the World Political Economy*. Princeton, NJ: Princeton University Press 중 6장. "A Functional Theory of International Regimes" 참조.
5 Fravel, M. Taylor, Henrik Stålhane Hiim, and Magnus Langset Trøan. 2023. "China's Misunderstood Nuclear Expansion." *Foreign Affairs*. November 10.
6 *People's Daily*. 2024. "75 years on, China's economy emerges stronger with new growth momentum." October 3. https://www.proquest.com/docview/3112834657/fulltext/85B6E5B78A72442DPQ/1?accountid=6802&sourcetype=Newspapers
7 Adam S. Posen. 2023. "The End of China's Economic Miracle: How Beijing's Struggles Could Be an Opportunity for Washington." *Foreign Affairs* 102-5(September/October 2023): 10-15.
8 대표적인 저서로 Yaqing Qin. 2018. *A Relational Theory of World Politics*. Cambridge: Cambridge University Press 참조.
9 바이든 외교전략 방향에 대한 연구로 이혜정. 2021. "바이든의 미국 우선주의: 중산층을 위한 외교". 『한국정치연구』 30-3: 225–256 참조.
10 Judd Devermont. 2024. "Africa Needs More American Involvement—Not Less." *Foreign Affairs*. June 27.
11 The State Council Information Office of the People's Republic of China. 2023. "The Report on Human Rights Violations in the United States in 2022." http://ge.china-embassy.gov.cn/eng/xwdt/202303/t20230328_11050361.htm
12 *The Economist*. 2024. "Over a billion have voted in 2024: has democracy won?: Half the world has had elections so far this year." October 6. https://

www.economist.com/international/2024/10/06/over-a-billion-have-voted-in-2024-has-democracy-won

9장

1 사회학에서 거시이행 과정 중 재난의 중요성에 관해서는 Bryan S. Turner. 2023. *A Theory of Catastrophe*. Berlin: De Gruyter 참조.

2 "현대민족주의", 333쪽.

3 "현대민족주의", 337-339쪽.

4 "현대민족주의", 340-344쪽.

5 "한국민족주의의 제문제", 252-268쪽.

6 "한국의 근대화와 민족주의", 438쪽.

7 "한국민족주의의 제문제", 269쪽.

8 "현대민족주의", 371쪽.

9 "현대민족주의", 371쪽.

10 하영선, 김상배 엮음. 2006. 『네트워크 지식국가: 21세기 세계정치의 변환』. 서울: 을유문화사.

찾아보기

ㄱ

강제력형 권역 71-73, 76, 85, 171, 172, 234, 237, 244, 279, 347, 392

겐츠Friedrich von Gentz 108

경제국가 26, 32, 79, 100, 101, 103, 104, 125-129, 143, 151, 163, 164, 175, 177, 264, 279, 285, 287, 344, 346, 347, 371, 394-396

고립주의 274, 370, 393

공공악재 61, 191, 258, 266, 269, 275, 402

공동체주의 302, 307, 312-314, 316, 318, 322, 324, 350, 383, 403

공산권 47, 59-61, 69, 70, 73, 104, 112, 137, 142, 149, 156, 159, 167, 171, 172, 175-179, 210, 214, 216, 229, 230, 233, 237, 238, 242, 244, 264, 266, 273, 275, 280, 331, 336, 356, 378, 393, 395, 400, 401

공화주의 302, 307, 312-314, 316-318, 322, 324, 383, 403

관계주의 366, 383

관여와 확대 233

구성원리 49

구성주의 17, 399

9.11 테러 62, 229, 231, 240, 242, 245, 267, 357, 370

구조주의 17

국가연합 31, 33, 59, 60, 108, 126, 155, 158, 171, 179, 205, 206, 208-212, 214, 221, 238, 243, 272, 311, 393, 396, 414, 415

국민군 26, 97, 100

국제공공재 33, 52, 53, 108, 241, 250, 265-267, 271

국제관세무역협정~GATT~ 164

국제무역기구~WTO~ 144

국제부흥개발은행~IBRD~ 144, 164

국제연맹 135, 140, 154, 171, 209, 210, 238

국제연합 19, 135, 144, 171, 209, 210, 215, 238, 259, 298, 379, 381

『국제정치원론』 23, 37, 47

국제정치이론 17-19, 25, 49, 71, 160, 170, 186, 247, 280, 285, 304, 308-309, 323, 329, 366, 390, 416

국제정치학 16, 17, 20-25, 37, 39, 40, 44, 90, 99, 136, 158, 169, 251, 305, 306, 390, 391, 398

국제제도 109, 140, 147, 159, 162, 172, 173, 229, 238, 247, 259, 265, 271, 274, 287, 342, 352, 396, 401

국제통화기금~IMF~ 144, 147, 164, 298, 379

군국주의 59, 137

군사국가 32, 99-102, 104, 125-128, 139, 141, 151, 159, 163, 206, 264, 279, 285, 346, 347, 371, 382, 394-396

군주정 246, 291, 292, 351, 356

권위주의 54, 199, 202, 225, 232, 295, 315, 331, 332, 338-339, 345, 349, 351, 355, 365, 377, 382, 383, 405

권위형 권역 67-71, 73, 75, 76, 172, 175, 336, 347, 391

귀족정 291, 292, 350, 351, 356

그루지크~Aleksandra Gruszczyk~ 314

근본적 제도 49

글로벌 국제정치이론 19, 329

글로벌 사우스 62, 217, 333, 334, 342, 344, 355, 405

기독교 47, 69-71, 93, 94, 107, 111, 116, 122, 392

기후변화 13, 17, 61, 189, 191, 202, 220, 229, 231, 275, 332, 385, 402, 407

ㄴ

나머지의 부상 229

나치즘 59, 122, 126, 137, 179, 187

나토~NATO~ 376

남중국해 337, 348, 362, 363, 381, 405

내장된 자유주의 238, 265

네이션 114, 207

니버~Reinhold Niebuhr~ 184, 304

ㄷ

다권역 세계질서 34, 329, 359, 361, 404, 406

다원주의 69, 202, 294, 307, 312, 319, 324, 373, 375

다중심 세계 226, 368

다중 위기 226

다질서 세계 226

다층적 이해관계자(이해당사자) 189, 232, 343

대만 337, 361-363, 405

독일 115, 122, 126, 137, 151, 164, 194, 214, 331

동주 ☞ 이용희

드닌Patrick J. Deneen 320
드워킨Ronald Dworkin 319
디리스킹 335, 355

ㄹ

라스키Harold Joseph Laski 168
러시아 14, 60, 62, 63, 80, 177, 178, 210, 329, 356, 357, 366, 368, 373, 377-379, 406
러시아-우크라이나 전쟁 ☞ 우크라이나 전쟁
로크John Locke 304, 305
롤스John Rawls 319
루소Jean-Jacques Rousseau 206, 305
루이 14세 100
르네상스 81, 90, 96, 111, 196

ㅁ

마르크스Karl Marx 349
마르크스주의 104, 112, 119, 120, 148
마스트리히트 조약 205, 210, 397
마키아벨리Niccolò Machiavelli 116, 196, 316
만하임Karl Mannheim 40
매슬로우Abraham Maslow 315
메타 네이션 스테이트 205, 211
명예혁명 118, 119
모겐소Hans Morgenthau 40, 108, 263
모델스키George Modelski 231
무정부상태 50, 59, 71, 72, 80, 99, 107, 169, 170, 192, 217, 260, 261, 304-310, 392, 399
무정부주의 120

무질서상태 72
문화권 45, 46, 93-96, 107, 122, 158, 212, 392
미국 14, 20, 25, 27, 29, 30, 32-34, 52, 53, 59-63, 73, 80, 85, 118, 123, 126, 127, 134, 136, 142, 143, 146, 147, 149-151, 153-160, 162, 163, 166-169, 171-173, 175, 179, 187, 188, 193, 196, 203-206, 208, 209, 213, 214, 216-219, 221, 225-231, 233-249, 254, 256, 264-268, 272-275, 279, 280, 283, 316, 320, 329-334, 338, 340-344, 346, 347, 352-359, 361-363, 366-373, 375-381, 383, 389, 392, 393, 395-397, 400-402, 404-407, 415
『미래의 세계정치』 31, 204, 211, 213, 214
미술사학 41, 44-47
미중 전략경쟁 14, 34, 218, 225, 329-335, 342, 354, 367, 415
민족자결 19, 122, 123, 146-148, 151, 159, 173, 265, 337, 393, 410
민족주의 21, 32, 33, 54, 60, 97, 105, 112-116, 121, 122, 125, 126, 128, 130, 133, 146, 148, 151, 153, 154-156, 169, 171, 174, 175, 177-179, 193, 194, 205, 211, 212, 219, 225, 226, 232, 241, 297, 316, 357, 372, 392, 394, 396, 404, 408-415
민주정 173, 291, 292, 350, 356

민주주의 32, 34, 54, 74, 97, 112, 115, 118, 119, 121, 125, 128-130, 136, 148, 152, 166, 170, 173, 174, 183, 185-187, 192, 193, 195, 201-203, 205, 209, 215, 219, 221, 225, 226, 232-234, 236, 237, 244-247, 254, 255, 270, 280, 281, 283, 284, 286, 288-299, 301, 309, 310, 312, 315, 317, 318, 320, 322, 323, 326, 338, 339, 343-345, 347-350, 352, 354, 359, 366, 369, 370, 372-374, 376-379, 381, 383, 384, 395-397, 401, 403, 407, 413

민주평화론 186, 247, 248, 285

밀John Stuart Mill 105, 292, 293, 296

ㅂ

바우만Zygmunt Bauman 316

바이든 358, 371, 376

반세계화 242, 413

반접근/지역거부A2AD 363

벌린Isaiah Berlin 282, 314

베스트팔렌 권역 20, 23, 24, 31, 50-53, 55, 60, 61, 69, 89, 91, 97, 99, 107, 152, 172, 174, 175, 177, 199, 204, 209, 216-219, 250, 279, 280, 306, 338, 343, 346, 347, 352, 354, 357, 359, 367, 370, 375, 385, 392, 399-402, 405

베스트팔렌-세력균형 권역 28, 32, 59, 112, 125, 126, 128, 228, 371, 408

베스트팔렌-자유주의 권역 28, 29, 60, 62, 63, 123, 157, 158, 167, 169, 179, 187, 214, 216-219, 221, 226, 245, 249, 259, 280, 311, 312, 326, 329, 334, 336, 338, 348, 359, 368, 374, 375, 380, 383, 404, 408

베스트팔렌조약 23, 26, 91

벤담Jeremy Bentham 292

변증법 27, 130

보링거W. Worringer 46

보비오Norberto Bobbio 295

보완성의 원리 205, 221

복합거시이행 22, 40, 232, 240, 343, 368, 374, 375, 390

복합민족주의 414, 415

볼리외Paul Leroy Beaulieu 105

봉건제도 56, 94

부시George H. W. Bush 208, 233

부시George W. Bush 229

북한 220, 274, 366, 373, 405, 413

북핵 문제 274

불완전 주권국가 218, 230, 334, 337, 347, 362, 411, 414

브레즈네프 독트린 178

비동맹운동 218

ㅅ

사대자소 336

사대질서 56

사무엘슨Paul Samuelson 250

사회계약론 117, 306, 309, 323, 373

사회주의 119, 150, 152, 177, 290, 313, 339, 349, 350, 365
산업혁명 115, 117, 119, 146, 164, 220, 336, 404
30년 전쟁 23, 26, 91
상설중재재판소PCA 348
상호의존 극 세계 226
샌델Michael Sandel 313, 314
세계시민론 386, 403
세계정부 184-187, 386
세대 간 정의 232, 385
세력균형 24, 29, 52, 53, 59, 60, 72, 76, 84, 97, 99, 107-110, 123, 125-128, 138, 139, 151, 158, 161, 171, 173, 228, 236, 237, 250, 263, 279, 306, 355, 371, 392, 393, 399
세방화 185
소극적 자유 282-284, 286, 289, 314, 315, 338
소련 27, 29, 30, 33, 53, 59-61, 70, 85, 126, 136, 137, 142, 143, 146, 147, 149-151, 153-157, 175-179, 187, 193, 194, 199, 205, 213, 214, 217, 226, 228, 264, 331, 332, 336, 340, 344, 346, 363, 379, 389, 392, 393, 395, 401, 402, 404, 415
슈망플랜 144
슈미트Carl Schmitt 246
스미스Adam Smith 164
시에예스Emmanuel Joseph Sieyès 118
시혜적 패권 173

식민지국가 26, 32, 100, 103-105, 125, 128, 130, 145-147, 151, 162, 163, 166, 173, 193, 229-231, 247, 279, 285, 287, 343, 344, 346, 347, 371, 394-396, 400, 405
신고전경제학 260, 261
신공화주의 316, 318
신민 114
신세계질서 208, 233, 396
신자유주의 62, 103, 134, 188, 225, 229, 231, 232, 242, 267, 268, 274, 283, 284, 286, 296, 297, 332, 369, 401
14개 조항 123, 159
십자군 70, 81, 94

ㅇ

아이켄베리John Ikenberry 236
약탈적 패권 173, 353
에커만Bruce Ackerman 319
역사사회학 18, 39, 40, 90, 101, 398
역외균형 370
연성균형 236
왕군 26, 100
용병 26, 100
우크라이나 14, 62, 210, 357
우크라이나 전쟁 14, 221, 225, 242, 356-358, 379
운영원리 24, 27, 29, 32-34, 49-53, 56, 57, 59-61, 63, 70, 72, 73, 75, 79, 84, 91, 99, 100, 107, 110, 123, 125, 127, 128, 138-141, 144, 147, 149, 152,

154, 157, 158, 160-162, 164, 166, 170, 171, 173, 176-179, 183, 185, 186, 191-193, 195, 197-199, 202-205, 209, 213, 214, 216-219, 226-228, 235-237, 242-251, 256, 265, 274, 279-281, 285, 287, 295, 297, 301, 302, 309, 311, 322, 324, 331, 333, 338, 339, 343-345, 347, 348, 352, 359, 367, 369, 370, 372, 374, 375, 377, 378, 380-383, 393, 396, 398-406

원자형 71, 72, 171, 172, 178, 244
월남 48
월츠Kenneth Waltz 260, 261, 263, 307-309
윌슨Woodrow Wilson 123, 159, 226, 233
유고슬라비아 70
유교권역 20, 24, 26, 58, 329, 331, 336, 389, 408
유구 48
유럽석탄철강공동체ECSC 157
유럽연합 31, 60, 126, 136, 157, 158, 185, 204-206, 208-215, 221, 311, 329, 360, 368, 396, 397, 403
유럽협조체제 72
유엔 ☞ 국제연합
유엔무역개발회의UNCTAD 218
이스라엘-하마스 전쟁 14
이슬람 권역 26, 58, 81, 329
이용희 21-31, 33, 37, 39-50, 55-59, 65-70, 72-75, 78-82, 90-93, 96, 100-104, 108-110, 112-114,

116-123, 125, 127, 129, 130, 135-137, 140, 142-144, 146, 150-155, 158-160, 163, 164, 167, 168, 170, 172-174, 177, 179, 183-188, 192-195, 204-211, 213, 214, 216-221, 231, 241, 249, 265, 272, 280, 292, 311, 314, 336, 340, 359, 360, 386, 389, 392, 393, 396, 398, 400, 401, 403, 408-415

2차 세계대전 15, 17, 26, 59, 60, 122, 126, 127, 137, 147, 153, 154, 156, 157, 164, 179, 192, 197, 205, 210, 298, 306, 323, 340, 393, 401, 409, 410
이탈리아 90, 117, 137, 196, 313
인공지능 14, 17, 189, 220, 226, 270, 355, 385, 415
인문주의 81, 90, 111, 116
인쇄술 90
인식론 22, 44, 45, 399
일대일로 331, 341, 364-366, 405, 406
일반국제정치학 24, 25, 44, 391
『일반국제정치학(상)』 37, 47, 90
일본 21, 48, 80, 137, 196, 273, 331, 337, 347, 411
1차 세계대전 22, 24, 26, 28, 29, 33, 40, 52, 53, 58-60, 97, 122, 126-128, 133-136, 139, 142, 144, 145, 155, 157, 159, 170, 179, 184, 188, 214, 229, 233, 241, 249, 279, 352, 392, 393, 395, 400

ㅈ

자본주의 26, 55, 90, 97, 103, 104, 125, 127-129, 146, 151, 164, 167, 177, 226, 238, 264, 265, 314, 321, 349, 350, 394, 399, 412

자연권 118, 119, 284, 288, 292, 303

자연상태 116, 301, 304-306, 319, 323

자유무역 102, 103, 127, 144, 147, 164, 262, 364

자유민주주의 33, 34, 54, 126, 130, 148, 149, 158, 159, 167, 184-187, 192, 202-205, 217, 229, 237, 246-248, 265, 270, 274, 280, 285, 286, 295, 297, 301, 302, 311, 312, 326, 333, 348-351, 359, 372, 373, 375, 380, 381, 383-386, 396, 397, 400, 403, 406, 408, 411, 413

자유주의 17, 24, 26, 27, 29, 32-34, 52, 60, 61, 63, 70, 73, 83, 102, 103, 105, 112, 115, 116, 118, 119, 121, 125, 127, 128, 130, 136, 142, 144, 148, 158-164, 166, 167, 169, 170, 172-174, 185-187, 192, 193, 195, 198, 199, 201-203, 209, 213, 214, 217, 219, 225-229, 235-238, 241-248, 250, 251, 253, 256, 264, 265, 269, 272, 274, 275, 279-293, 295-299, 301, 302, 307, 309, 311-314, 316-322, 324, 325, 331, 332, 334, 338, 339, 343-345, 348-354, 356, 357, 359, 366, 367, 370, 372-375, 377, 378, 380-384, 393, 394, 396, 397, 399-401, 403-405, 407

자유주의 권역 20, 29, 30, 32-34, 52-53, 59-62, 70, 73, 85, 126, 136, 137, 149, 156, 162-164, 166-175, 177, 187, 193, 195, 199, 203-205, 208, 209, 213, 216, 218, 225, 226, 229, 231-234, 237, 238, 240, 242-249, 265, 275, 280, 287, 292, 329-332, 334, 338, 339, 341, 343-346, 348, 352-359, 365-369, 371-383, 389, 393, 395, 397, 400-408

자유주의 세계질서 24, 40, 158-160, 169

자제 전략 243, 370

적극적 자유 282, 283, 285, 286, 289, 314-316, 338

전파이론 21, 22, 209

제국 18, 26, 29, 39, 50-52, 55, 56, 62, 68, 76, 89, 90, 92, 93, 101, 105, 107-109, 122, 125, 128, 129, 134, 138, 142, 145-147, 157, 161, 178, 179, 198, 214, 217, 228, 230, 236, 245, 246, 305-310, 323, 331, 347, 357, 367, 377, 392, 395, 402, 405

제국주의 17, 18, 20, 24-27, 32, 56, 58-60, 103, 105, 121, 127-129, 133, 134, 142, 145, 146, 148, 163, 177, 192, 195, 274, 284, 306, 331, 337, 347, 394, 395, 409, 410

제3세계 17, 19, 25, 61, 62, 147, 192,
193, 195, 215, 217, 229-231, 233,
239, 241, 264, 265, 267, 273-275,
280, 333, 334, 343, 347, 355, 371,
373, 374, 378-380, 382, 396,
400-402, 407, 415

조직원리 18, 23, 24, 29-32, 49, 50, 53,
55-57, 59, 60, 63, 67-71, 73-76, 79,
84, 89, 91, 94, 99, 100, 107, 108,
110, 111, 113, 125, 138, 140, 141,
152, 154, 157, 158, 160, 161, 166,
169-171, 175-179, 183-186, 188,
192, 198, 199, 201-205, 209-211,
213, 214, 216, 218, 219, 226, 227,
235, 237, 245, 246, 251, 260, 261,
280, 284, 301, 305, 309, 311, 331,
337, 338, 343, 345, 346, 348, 352,
366, 367, 369, 380, 382, 383, 390,
392, 393, 396, 398-400, 402, 406

조공체제 51

종교혁명 111

중국 14, 30, 34, 46, 48, 62, 78, 89, 92,
93, 95, 136, 145, 194, 218, 219,
225, 226, 235, 329-334, 336-348,
350, 351, 354-357, 359, 361-369,
372, 373, 377, 378, 380-383,
404-407

중동 전쟁 14, 225, 242, 356, 358

중상주의 26, 102, 103, 127, 163, 164,
238, 286

지구민주주의 189, 201, 202, 234, 299,
311, 312, 318, 322, 324, 359, 383,
390, 402, 403

지구적 전회 19, 25

지구화 13, 14, 20, 29, 30, 61, 62, 127,
134, 183, 188-192, 198, 199, 214,
215, 219, 220, 225-227, 229, 231,
232, 234, 235, 238-241, 245, 248,
249, 255, 269-275, 297, 299, 301,
332, 333, 343, 345, 356, 372, 375,
384, 396, 398, 401, 406, 413, 415

지식사회학 40, 390

질서원리 49, 260, 399

집단안보 52, 140, 159, 163, 166, 238,
264, 265

집단안전보장 139, 151, 157, 174, 238,
376

ㅋ

카아 Edward Hallett Carr 40

칸트 Immanuel Kant 115

코로나 13, 17, 62, 219, 240, 242, 365

코헤인 Robert O. Keohane 355

클럽재 256, 266

클린턴 Bill Clinton 27, 208, 233

ㅌ

탈냉전 19, 20, 27, 28, 30, 31, 33, 40, 59,
61, 62, 158, 179, 187, 191, 198,
199, 203, 205, 206, 208-211, 213,
214, 216, 219, 220, 226-231,

233-236, 238, 242, 244, 245, 247, 248, 266, 267, 269, 272, 273, 275, 283, 333, 334, 356, 372, 379, 389, 391, 393, 395-398, 400-402, 404, 415

탈중세 90

테러 17, 219, 242, 245, 247, 267, 270, 275, 315, 357, 370, 407

테일러Charles Taylor 313

토크빌Alexis de Tocqueville 168, 289, 290, 292, 293, 296, 320

토포스 43

트럼프주의 275, 329, 370

티토Josip Broz Tito 70, 176

틸리Charles Tilly 101

ㅍ

파시즘 59, 122, 126, 137

패권안정이론 83, 235, 251

패권이론 83, 235

패권주의 343, 399, 402, 407

페리Michael J. Perry 319

포콕John Pocock 316

포퓰리즘 191, 215, 225, 232, 297, 372

프랑스 혁명 26, 97, 100, 113-115, 117-119, 129, 254, 309, 348

프롤레타리아 국제주의 29, 60, 70, 157, 175, 176, 178, 344, 395

프롬Erich Fromm 314, 315

플라자협정 273

피히테Johann Gottlieb Fichte 115

ㅎ

하이예크Friedrich von Hayek 286

한국 20-25, 30, 46, 48, 50, 114, 167, 168, 194, 207, 208, 211, 218, 337, 377, 398, 408, 409, 411-416

핵전쟁 14, 202, 220, 221, 226, 270, 362, 385, 407

현실주의 17, 40, 116, 160, 163, 169, 170, 184, 233-236, 241, 251, 263, 280, 324, 325, 352-354, 400

혼합형 69, 72, 74, 176, 237

홉스Thomas Hobbes 305

회화권 45, 46, 48

훔볼트Wilhelm von Humboldt 115

미래 세계정치질서와 권역이론

지은이	전재성
발행인	전재성
발행처	(재)동아시아연구원
편집	박한수
발행일	2025년 4월 21일 초판 1쇄
	2025년 10월 17일 초판 2쇄
주소	03028 서울특별시 종로구 사직로7길 1
전화	02-2277-1683
팩스	02-2277-1684
홈페이지	www.eai.or.kr
등록	제2-3612호(2002.10.7.)
ISBN	979-11-6617-878-8 93340

이 책에 실린 글과 이미지의 무단전재·복제를 금합니다.
이 책 내용의 전부 또는 일부를 재사용하려면 반드시 발행처의 동의를 받아야 합니다.